高等教育旅游管理专业"十三五"规划教材

导游业务

DAOYOU YEWU

主编 李伟丽 李喜梅 叶晨曦

郑州大学出版社

郑州

图书在版编目(CIP)数据

导游业务/李伟丽,李喜梅,叶晨曦主编. —郑州:郑州大学出版社,2019.5(2020.11重印)

ISBN 978-7-5645-5959-5

Ⅰ.①导… Ⅱ.①李…②李…③叶… Ⅲ.①导游-高等学校-教材 Ⅳ.①F590.63

中国版本图书馆 CIP 数据核字(2019)第 025329 号

郑州大学出版社出版发行
郑州市大学路40号　　　　　　邮政编码:450052
出版人:孙保营　　　　　　　　发行部电话:0371-66966070
全国新华书店经销
新乡市豫北印务有限公司印制
开本:787 mm×1 092 mm　1/16
印张:19
字数:464 千字
版次:2019 年 5 月第 1 版　　　印次:2020 年 11 月第 2 次印刷

书　号:ISBN 978-7-5645-5959-5　　　定价:42.00 元

本书如有印装质量问题,请向本社调换

作者名单

主　　编　李伟丽　李喜梅　叶晨曦

副主编　曹丽娟

编　　委　（按姓氏笔画排序）

丁雨莲　叶晨曦　任曼丽

李　顶　李伟丽　李喜梅

贾爱顺　高洪涛　曹丽娟

内容提要

本书为高等教育旅游管理专业"十三五"规划教材,系统地阐述了合格的导游员应具备的素质、知识和技能。全书共12章,分三大部分:第1章和第2章为基础理论,主要介绍导游服务、导游人员的基本概念;第3章至第11章为导游实务,主要内容为团队导游服务程序、散客导游服务程序、导游服务质量、导游服务礼仪、带团技能、导游的审美艺术、导游语言技能、常见问题与事故的处理、旅游者个别要求的处理;第12章为导游服务相关常识。

该教材为适应旅游业的蓬勃发展而及时进行了修订。本书在修订过程中,既注重专业要求,又紧密结合教学特点和时代特征,力争做到理论联系实际,突出实践应用与创新,注重案例教学,精选经典与新颖的案例,根据教学内容的实际需要,在合适的地方增加知识链接和实训的内容。每个章节之后除了思考题和实训环节,还增加了练习部分,辅之以立体化教学。本书内容丰富,层次清楚,适用面广,可操作性强,既可作为高等院校旅游管理专业教材,也可作为提高导游人员素质和导游服务质量的旅游行业培训用教材,同时可作为导游人员等级考核的复习参考教材。

前言

21世纪是中国旅游业在完善社会主义市场经济体制和扩大改革开放的过程中蓬勃发展的世纪。改革开放40年，我国旅游业发展如火如荼。旅游已经成为现代人生活的必要组成部分，越来越多的人加入旅游大军中来。高品位的旅游，要求有高素质的导游人员。改革开放以来，我国的导游员队伍不断发展壮大。

21世纪又是中国旅游业面临全面开放和激烈竞争的世纪。在世界旅游业发展的平台上，最核心的竞争是人才的竞争。为了在国际旅游竞争中立于不败之地，我国实施了旅游人才战略，大力开发旅游人力资源，全面提高旅游队伍的素质，加快了旅游人才的培养，这有利于促进旅游业持续、快速、健康地发展，推动旅游业积极参与国际竞争，实现世界旅游强国的目标具有十分重要而深远的意义。

由于我国旅游教育的兴起是由旅游业发展的需求带动的，旅游人才的培养存在着数量扩张过快、人才素质偏低、社会急需的高级人才短缺等问题。造成这些问题的原因是复杂的，从旅游教育内部来看，主要有教师水平参差不齐、理论与实践严重脱节、学科与教材建设滞后等。

相对于旅游业的蓬勃发展，导游队伍的整体素质远远滞后于旅游业发展的需求。导游人员是旅游业的灵魂，是一个国家和地区形象的代表，时代呼唤更多的有识之士加入这支队伍中来。为此，我们总结自己的课堂教学经验和实际带团的经验，又有带领学生进行导游实习的切身体会，承担了本书的编写任务。

本书作为高等教育旅游管理专业"十三五"规划教材，按照教学改革的需要，我们更加突出实践应用与创新，注重案例教学，精选经典与新颖的案例，根据教学内容的实际需要，在合适的地方增加知识链接和实训的内容，并在每个章节之后增加了立体化教学的内容，突出了教材的系统性、创新性和实用性，力争实现内容与形式的更新。

本书内容丰富，层次清楚，适用面广，可操作性强，既可作为高等院校旅游管理专业教材，也可作为提高导游人员素质和导游服务质量的旅游行业培训用教材，同时可作为导游人员等级考核的复习参考教材。

本书由李伟丽、李喜梅、叶晨曦担任主编，具体分工负责如下：第1、3、9章由南阳师范学院李伟丽撰写，第2、7章由河南农业大学李喜梅撰写，第4、5章由洛阳师范学院曹丽娟撰写，第6、11章由许昌学院高洪涛撰写，第8、12章由平顶山学院贾爱顺撰写，第10章由郑州航空工业管理学院叶晨曦撰写，最后由李伟丽统稿。

本教材内容既有作者二十多年导游业务教学经验的深厚积淀，又有作者实际带团的经验总结，且体现了与时俱进的时代特色和先进性。此教材秉承了原教材的优点，又紧跟旅游业发展的实际，紧紧抓住旅游业发展对当代导游人员素质提出的新要求，及时反映国家旅游及相关行业进程的演变和新成果。

在本书的编辑过程中，我们参考了大量的教材及资料，已列入主要参考文献中，在此谨向原作者表示衷心的感谢；本书的编写和出版也是郑州大学出版社领导和编辑同志心血的结晶，在此向他们表示深深的谢意；感谢所有参与本教材论证、编写的专家、学者和对本教材提出宝贵意见的单位和个人。我们真诚希望关心和使用本教材的单位和个人，对教材提出宝贵的建议，以便今后修改时参考，使之更加适应教学和工作的需要。

编者

2019 年 2 月

目 录

1 导游服务 1
    1.1 导游服务概述 1
    1.2 导游服务的原则 15
    1.3 导游服务的发展趋势 18

2 导游人员 24
    2.1 导游人员概述 24
    2.2 导游人员的职责 23
    2.3 导游人员的素质要求 30
    2.4 导游资格的获取 39

3 团队导游服务程序 46
    3.1 地方导游服务程序 46
    3.2 全程导游服务程序 62
    3.3 海外领队服务程序 67
    3.4 景区景点导游服务程序 72

4 散客导游服务程序 77
    4.1 散客旅游服务概述 77
    4.2 散客旅游服务的业务类型 81
    4.3 散客导游服务的类型 85
    4.4 散客导游服务程序与服务质量 86

5 导游服务质量 93
    5.1 导游服务质量概述 93
    5.2 导游服务质量标准 96
    5.3 导游服务质量管理 101

6 导游服务礼仪 106
    6.1 导游人员的基本礼仪规范 106
    6.2 导游迎送礼仪 109
    6.3 导游沟通协调礼仪 111
    6.4 导游讲解礼仪 116
    6.5 导游处理突发事件的礼仪 117

7 导游人员的带团技能 121
    7.1 导游人员的自我管理 121

		7.2 主要服务环节的处理技能	127
		7.3 向旅游者提供心理服务的技能	132
		7.4 导游人员带团的常用技巧	137
		7.5 对不同旅游者的接待	141
8	导游的审美艺术		152
		8.1 旅游者的审美心理	152
		8.2 旅游审美对象的美感分析	156
		8.3 旅游审美行为的引导与调节	161
9	导游语言技能		168
		9.1 导游语言的魅力	168
		9.2 口头语言	175
		9.3 态势语言	178
		9.4 导游交际语言	182
		9.5 常用的导游讲解方法	188
10	常见问题与事故的处理		195
		10.1 旅游计划和日程变更的处理	195
		10.2 漏接、错接的预防和处理	198
		10.3 误机(车、船)事故的处理	201
		10.4 旅游突发事件的预防和处理	203
		10.5 证件、钱物、行李丢失的预防和处理	211
		10.6 旅游者走失的预防和处理	217
		10.7 旅游者患病、受伤问题的处理	219
		10.8 旅游者死亡问题的处理	222
		10.9 旅游者越轨言行的处理	224
11	旅游者个别要求的处理		239
		11.1 旅游者个别要求的处理原则	240
		11.2 旅游者要求变更旅游计划或日程	241
		11.3 餐饮、住房、娱乐、购物方面个别要求的处理	241
		11.4 要求自由活动和转递物品的处理	245
		11.5 探亲访友和亲友随团活动要求的处理	247
		11.6 要求中途退团或延长旅游期限的处理	248
12	导游服务相关常识		251
		12.1 入出境常识	251
		12.2 交通常识	256
		12.3 货币、保险常识	260
		12.4 卫生保健救护常识	263
		12.5 旅游资源及景点基础知识	265
	附录		276
		附录1 中华人民共和国旅游法	276
		附录2 导游管理办法	289

1 导游服务

> **学习目标→**
> 通过本章的学习,要求学生了解世界和中国导游服务的产生、发展历史,导游服务的地位和作用,熟悉导游服务的类型和范围、导游服务的性质与特点,掌握导游服务的原则,对导游服务的发展趋势有一定的认识和理解,为将来从事导游工作、树立正确的导游服务理念打基础。
>
> **学习难点→**
> 导游服务的性质　导游服务的原则　游客的合法权益　导游服务的发展趋势

1.1　导游服务概述

1.1.1　导游服务的产生与发展

导游服务是旅游服务的一个组成部分,是在旅游活动的发展过程中产生,随着旅游活动的发展而发展的。

1.1.1.1　古代的向导

古代并没有现代意义的旅游。古人的旅行多出于生存的原因,有人是为了寻找新的居住地,有人是为了逃避战争,也有少数是为了某种军事和政治目的,或者为了获取知识、开阔眼界。在古代的社会条件下,任何形式的旅行都是艰苦的,并且带有一定的冒险性,其中的原因,除了交通工具落后外,就是缺乏向导。

我国最早的一部游记是战国时期的《穆天子传》,又名《周穆王游记》,记载的是西周第五代国君穆王驾八骏经华北、西北到中亚会见西王母的故事。他们途经兄弟民族居住地区,互赠礼品,友好交往,加强了友谊和联系,表达了中原人民的美好愿望。战国时期,各国之间交往频繁,互派使臣，互通婚姻；一些策士到处游说，以施展自己的才能，这是为达到政治目的而进行的交游。秦始皇一生出巡多次，五次在统一全国以后。他到过峄山、泰山等地，到处刻石记功，有观光和炫耀的性质。此后的一些皇帝和达官显贵、文人骚客、僧人道士，以及科学家、探险家，为了一定的目的，都进行了长途跋涉，留下了大量文献记载、旅游史料。但在当时的条件下，旅行还是极少数人的活动，为他们提供帮助的向导人数也非常少。

向导是古代对旅行活动中充当类似导游角色的人的称谓，其主要职责是指引道路，避免险情。在古代社会，外出旅行有很多困阻因素，如饥渴劳顿、迷失方向、行囊被窃、车翻船沉等。即使贵为国君，也不能幸免。据《左传》记载，春秋五霸之一的晋文公（公子重耳）在即位之前，曾在外流亡19年，他的身边有狐偃、赵衰等臣子陪侍。一次，他们在一座大山里迷了路，找不到吃的东西，重耳饿得头昏眼花，随臣介子推把自己腿上的肉割下来烤熟给他吃，才渡过了这一关。楚昭王第二次南巡，渡汉水时，竟因船只漏水而被溺死。汉代的石刻画像中还可以看到车辆在桥上行驶时，车轮脱落坠入水中的画面。所以，古人出行有占卜择吉的风俗，还要准备充足的干粮，选择熟悉道路、善于应变的人做向导。

历代帝王巡幸、出游，有大批侍臣护卫。这些人负责沿途一切供奉，也起着导游的作用。如秦始皇每次出巡，都有丞相李斯、次子胡亥跟随，还有文武大臣和众多的侍从。第五次出巡时，途经博浪沙，有刺客行刺仍得以脱险，都是因为采取了可靠的防范措施。汉武帝几次出巡的情况也大致如此。司马迁父子都曾陪同汉武帝封禅，担任文学顾问。张骞在汉武帝手下担任"郎"，就是皇帝的侍从，平时负责守卫宫殿门户，皇帝外出时侍候车骑。公元前140年，张骞奉汉武帝之命出使西域，任务是联合大月氏共同抗击匈奴。出发时，张骞带随从一百多人，向导是奴隶出身的匈奴人甘父。13年后回国时，只剩他和甘父两个人。张骞被困于匈奴十年，对匈奴的情况十分熟悉，再加上他惊人的记忆力和丰富的地理知识，回国后又多次为汉军充当向导。他不仅指点汉军的行军路线，而且能够判断水草、河道的分布，使汉军能及时找到水源和草地，不致过于疲劳和饥渴。由于张骞的指引，汉军克服了长途行军的困难，深入匈奴腹地数百里，取得了对匈奴作战的重大胜利。张骞不仅以"凿空西域"而享有盛名，而且以他坚毅刚强的性格，待人诚恳的宝贵品格，深受西域各族爱戴。张骞的封号是博望侯，此后汉朝派出的使者皆称"博望侯"，汉使所到之处，都因此受到信任和欢迎。

明代著名的外交使节郑和，曾七次航行到印度洋一带，走访了亚、非三十多个国家，创造了世界航海史上的壮举。当时的造船和航海技术已达到一定高度，这为郑和航海提供了必需的物质条件。郑和船队的大船称宝船，最大的长四十四丈、宽十八丈，中号的长三十七丈、宽十五丈。每船平均载四五百人，有九桅十二帆。船只制造精良，航海性能良好，在郑和七次下西洋中都没有发生过意外。导航人员能凭借经验，夜观星斗，晴日看太阳观测方位，阴天依指南针端正方向。指南针的罗盘上有二十四个方位，指示方向相当精确。更重要的是，作为领队的郑和，具有丰富的地理知识和超人的谋略。郑和的先祖是西域人，世代王侯，他的祖父和父亲都朝拜过伊斯兰教圣地麦加，因此熟悉远方异域、海外诸国的情况。这对郑和都有深刻的影响。郑和的随员中，有大批船工、勇士、力士，还有负责对外礼仪的官员、懂天文的阴阳官、管医药治病的医官，还从全国各地选派了通晓阿拉伯语的译员。

如果是远途旅行,向导是不可缺少的。玄奘是中外文化交流的著名人物,他笃信佛教,一心想到佛教的发源地印度去留学。他出发时只有二小僧同行,到了瓜州(甘肃安西县东)后二小僧又先后离去。当时,恰有一个叫石磐陀的西域人,愿意送他过王峰。还有一位老翁送他一匹识途老马。这位老翁去过伊吾(新疆哈密)三十多次,熟悉路途。他说,在沙河(即沙漠)里走,要以枯骨为标记。过了玉门关,玄奘就孤身一人顺着白骨和马粪的踪迹前进。水喝完了,玄奘勉强上马走了几里,老马忽然掉转方向向一片碧绿的草地狂奔,原来那里有一汪清泉。人和马喝了个痛快,才从死亡的边缘挣脱出来。此后,玄奘沿途受到西域各国的接待和使臣的护送,才最终到达印度。

随着社会的发展和进步,中国古代的旅行也逐渐扩大了范围。明代的李时珍、徐霞客都是著名的旅行家、科学考察家。郑和第五次下西洋之后绘制的《航海图》,标明了往返航程,可以作为远洋航行的导游图。

1.1.1.2 商业性导游服务的产生

世界公认的第一次商业性旅游活动是1841年由英国人托马斯·库克(Thomas Cook)组织的。托马斯·库克1808年11月22日生于英格兰德比郡墨尔本镇,自幼家境贫寒,十岁辍学,做过帮工、木工、诵经人等。出于宗教信仰的原因,他主张禁酒。1841年7月初,在他居住的莱斯特城不远的拉夫勒要举行一次禁酒会。为了壮大大会的声势,托马斯·库克在莱斯特城张贴广告、招徕游客,组织了570人从莱斯特前往拉夫勒参加禁酒大会。他向每位游客收费1先令,为他们包租了一列火车,做好了行程的一切准备,使这次短途旅行十分成功。这次旅行成为公认的近代商业性旅游活动的开端。

1845年,托马斯·库克放弃了木工的工作,开始专门从事旅游代理业务,成为世界上第一位专职的旅游代理商。他在英格兰的莱斯特城创办了世界上第一家商业性旅行社,"为一切旅游公众服务"是它的服务宗旨。1846年,托马斯·库克亲自带领一个旅行团乘火车和轮船到苏格兰旅行。旅行社为每个成员发了一份活动日程表,还为旅行团配置了向导。这是世界上第一次有商业性导游陪同的旅游活动。1865年托马斯·库克与儿子约翰·梅森·库克(John Mason Cook)成立托马斯·库克父子旅游公司(即通济隆旅游公司),迁址于伦敦,并在美洲、亚洲、非洲设立分公司。此后,托马斯·库克又组织了到法国等地的旅游活动。1872年他本人带领一个9人旅游团访问纽约、华盛顿、南北战争战场、尼亚加拉大瀑布、多伦多等地,把旅游业务扩展到了北美洲。这次环球旅行声名远播,产生了极大的影响,使人们"想到旅游,就想到库克"。此外,托马斯·库克在1892年还创造性地发明了一种流通券,凡持有流通券的国际旅游者可在旅游目的地兑换等价的当地货币,更加方便了旅游者进行跨国和洲际旅游。

后来欧洲及北美诸国和日本纷纷仿效托马斯·库克组织旅游活动的成功模式,先后组建了旅行社或类似的旅游组织,招募陪同或导游,带团在国内外参观游览。这样,在世界上逐渐形成了专业导游队伍。第二次世界大战后,大规模的群众性旅游活动崛起并得到发展,使导游队伍迅速扩大。到目前,几乎世界各国都拥有一大批数量不等的专职和兼职导游队伍。

1.1.1.3 我国导游服务的发展

我国第一代导游员(也称导游人员)出现于20世纪20年代,至今经历了4个发展阶段。

(1)起步阶段(1923—1949年)

20世纪初期,一些外国旅行社,如美国的通济隆旅游公司(前身即托马斯·库克父子旅游公司)、美国的运通旅游公司开始在上海等地设立旅游代办机构,总揽中国旅游业务,雇用中国人充当导游。

1923年8月,上海商业储备银行总经理陈光甫先生在其同人的支持下,在该银行下创设了旅游部。1927年6月,旅游部从该银行独立出来,成立了中国旅行社,其分支社遍布华东、华北、华南等15个城市。

与此同时,中国还出现了其他类似的旅游组织,如铁路游历经理处、公路旅游服务社、浙江名胜导团等。社会团体方面也相继成立了旅游组织,1935年中外人士组成中国汽车旅行社,1936年筹组了国际旅游协会,1937年出现友声旅行团、精武体育会旅行部、萍踪旅行团、现代旅行社等。这些旅行社和旅游组织承担了近代中国人旅游活动的组织工作,同时也出现了第一批中国导游人员。

(2)初创阶段(1949—1978年)

新中国成立后,我国旅游事业有了进一步发展。新中国第一家"华侨服务社"于1949年11月在厦门筹建,12月正式营业。1957年3月,全国各地华侨服务社在北京开会,决定在社名上增加"旅行"二字,并于同年4月22日在北京成立"华侨旅行服务社总社"。1969年因"文化大革命"因素被短期撤销。1972年8月,中央又批准恢复总社,但考虑到当时许多国外华侨已加入外国国籍,因此1974年经国务院批准,成立了中国旅行社,并与华侨旅行社合署办公,统称中国旅行社("中旅"CTS)。

1954年4月15日,中国国际旅行社("国旅"CITS)在北京成立,其后又在各地设立分支社,主要负责接待外宾,为外国人来华旅游提供方便,但不承担自费的接待任务。1960年开始,随着我国国际关系的改善,西方的旅行者逐年增多,我国的旅游事业有所开拓和发展。1964年6月,国务院批准成立"中国旅行游览事业管理局"作为国务院直属机构,加强对旅游事业的组织和领导。在此期间我国的导游队伍逐渐形成,规模约为二三百人,近十几种语言。这时期导游服务是作为外事接待工作出现的,因此,从事导游服务的工作人员均称为翻译导游人员。在周总理提出的"三过硬"(思想过硬、业务过硬、外语过硬)原则指导下,他们是国际导游队伍的一支后起之秀,为我国旅游事业的发展,创立中国导游风格,总结导游工作经验,扩大我国在国际旅游市场中的影响起到了重要作用。

(3)大发展阶段(1978—1989年)

中国共产党第十一届三中全会后,我国实行对外开放政策,吸引了大批海外旅游者涌入我国,国内旅游也蓬勃发展。为适应旅游业的新形势,1978年,"中国旅行游览事业管理局"改名为"中国旅行游览事业管理总局",各省、市、自治区都设立相应的旅游局。1980年6月,中国青年旅行社总社成立。1984年后随着旅行社外联权的下放,全国各行业和地区性旅行社迅速发展,到1988年底,全国形成了以中旅、国旅、青旅为主干框架的旅行社体系,全国导游人员扩大到25 000多人,他们为这一时期我国旅游业的发展做出了贡献。但由于增长速度过快,导游队伍出现了鱼龙混杂的局面,整体导游水平和素质不如前一阶段,个别导游人员甚至做出了有损人格、国格的事情。

(4) 全面建设导游队伍阶段(1989年至今)

为了整顿导游队伍,1989年3月,国家旅游局在全国范围内进行了一次规模空前的导游资格考试。自此,每年举行一次全国性的导游资格考试;同年,《中国旅游报》等单位发起了"春花杯导游大奖赛",以后又举办了多次全国导游大奖赛,对提高我国的导游服务水平,推进导游工作规范化的进程做出了贡献。这些工作标志着我国开始迈入全面建设导游队伍的阶段。

为进一步规范导游服务、加强导游管理,1994年国家旅游局决定对全国持有导游证的专职及兼职导游员分等定级,划分为初级、中级、高级、特级四个级别,进一步加强导游队伍建设。同年,国家旅游局联合国家技术监督局发布了《导游员职业等级标准(试行)》,1995年国家旅游局和国家技术监督局发布了《导游服务质量》国家标准。1999年5月国务院颁发的《导游人员管理条例》标志着我国导游队伍的建设迈上了法律进程。

2001年,国家旅游局颁发《导游人员管理实施办法》,决定启用新版导游证,实行导游计分制管理,并运用现代科学技术手段建立导游数据库,在全国范围内推行导游电子信息网络化管理。2002年,国家旅游局开展整顿和规范旅游市场秩序活动,把全面清理整顿导游队伍作为三个重点环节之一来抓,明确提出严厉查处乱拿、索要回扣,打击非法从事导游活动,坚决清理一批政治、道德、业务素质不合格的导游人员,建立和完善"专职导游"和"社会导游"两套组织体系和教育管理体系,全面推行导游计分制管理和IC卡管理,这些举措促进了导游工作的规范化和导游队伍的建设。2011年结合我国旅游业的发展对导游服务提出的新要求,国家对《导游服务质量》国家标准进行了修订,并更名为《导游服务规范》。2009年国务院颁布的《旅行社条例》、2013年全国人民代表大会常务委员会通过的《中华人民共和国旅游法》和2017年国家旅游局公布的《导游管理办法》都从法律层面上对导游人员的行为进行了规范。

为加强对导游人员的动态管理,2016年国家旅游局在互联网上设立了全国导游公共服务监督平台。

这个时期导游服务的主要特点有:①导游服务队伍扩展迅速;②导游服务队伍中,社会导游人员占大部分,其中许多人为自由职业者;③导游服务作为旅游服务的一部分构成了旅游产品的重要内容;④导游服务程序和服务质量实现了标准化;⑤导游服务管理实现了制度化、法制化和电子化。

在旅游人才培养方面,全国已初步建立了一个具有一定层次和门类的旅游学校体系。根据2018年4月17日文化和旅游部人事司统计结果显示,具体情况如下。

全国旅游院校基本情况:2017年全国开设旅游管理类本科专业(主要包括旅游管理、酒店管理和会展经济与管理等3个专业)的普通高等院校608所,开设旅游管理类高职专业(主要包括旅游管理、导游、旅行社经营管理、景区开发与管理、酒店管理、休闲服务与管理和会展策划与管理等7个专业)的普通高等院校1 086所,开设旅游相关专业(主要包括高星级饭店运营与管理、旅游服务与管理、旅游外语、导游服务、会展服务与管理等5个专业)的中等职业学校947所。

研究生教育:2017年全国旅游相关专业(方向)博士研究生招生336人,硕士研究生招生2 832人。

本科教育:2017年全国旅游管理类本科专业共招生5.9万人。其中开设旅游管理专业的院校501所,全国共招生3.5万人;开设酒店管理专业的院校222所,全国共招生1.4万人;开设会展经济与管理专业的院校105所,全国共招生5 121人。

高职教育:2017年全国旅游管理类高职专业共招生11.3万人。其中开设旅游管理专业的院校869所,全国共招生5.5万人;开设导游专业的院校90所,全国共招生4 000人;开设旅行社经营与管理专业的院校27所,全国共招生616人;开设景区开发与管理专业的院校38所,全国共招生983人;开设酒店管理专业的院校669所,全国共招生4.5万人;开设休闲服务与管理专业的院校49所,全国共招生1 176人;开设会展策划与管理专业的院校160所,全国共招生6 831人。

中职教育:2017年全国旅游类中职专业共招生10.2万人。其中高星级饭店运营与管理专业全国共招生2.2万人,旅游服务与管理专业全国共招生4.7万人,旅游外语专业全国共招生2 122人,导游服务专业全国共招生5 766人,会展服务与管理专业全国共招生647人。其他旅游类专业全国共招生2.4万人。

全国旅游系统职工教育培训基本情况:2017年全国旅游系统职工教育培训总量为586.5万人次,分为岗位培训和成人学历教育两大类,其中岗位培训562万人次,成人学历教育24.5万人次。其中旅游饭店岗位培训304.9万人次,成人学历教育11.6万人次;旅行社岗位培训125.3万人次,成人学历教育7.3万人次;旅游景区(点)岗位培训95.9万人次,成人学历教育4.1万人次;旅游行政部门岗位培训9.4万人次,成人学历教育0.4万人次;其他旅游企事业单位岗位培训26.5万人次,成人学历教育1万人次。

截至2016年底,我国注册导游总人数在200万左右,但是实际从业并按照规定年审的导游人数约在90万。

我国目前的导游队伍中不乏经验丰富、知识渊博、技能高超的人才,是旅游业的骨干。然而中国的导游队伍毕竟还年轻,大部分导游员的文化水平有待提高,导游的技巧和方法不够熟练,还不能真正承担起肩负的责任,还必须把培训和考核导游人员的工作,作为发展旅游业的重要任务。

1.1.2 导游服务的地位与作用

导游服务是导游代表被委派的旅行社,或同游客签订合同,接待或者陪同游客旅行、游览,按照国家和行业标准向游客提供的旅游接待服务。

首先,导游从执业角度分为两部分,一部分是旅行社委派的,他们可以是专职的,也可以是兼职的或同旅行社签订劳动合同的,按照旅行社同游客签订的旅游合同和计划的旅游线路向游客提供旅游接待服务;另一部分是自由职业者,他们通过线上或线下渠道,根据同游客签订的合同向游客提供向导和讲解服务。其次,导游的主要业务是从事游客的接待。最后,导游向游客提供接待服务,对于团体游客必须按组团合同的规定和导游服务质量标准实施,对于散客必须按事前约定的内容和标准实施。导游不得擅自增加或减少甚至取消旅游项目,也不得降低导游服务质量标准。一方面,导游在接待过程中要注意维护所代表的旅行社、地区和自身的形象和信誉;另一方面,也要注意维护游客的合法权益。

旅行社在现代旅游业的三大要素中处于核心地位,而在旅行社接待工作中处于第一线的关键角色则是导游员,他(她)们是导游服务工作的主体,因而,世界各国的旅游专家都把导游服务视为现代旅游业的代表工种,并给予高度的评价。日本旅游专家土井厚认为"任何行业都有代表性的业务,在旅游业中,就是导游服务"。能够成为某一行业代表性工种的工作,应该具有行业的典型特征、典型工作方式,其工作应该对行业行为具有很强的关联性,能够对本行业的发展起到重要的影响。有些国际旅游界人士说:"没有导游员的旅行,是不完美的旅行,甚至是没有灵魂的旅行。"并将导游服务冠以"旅游业的灵魂""旅行社的支柱""旅行游览活动的导演"等美称。虽然赞词各异,但都说明导游服务在旅游接待工作中不可或缺的作用。

1.1.2.1　导游服务在旅游接待服务中处于主导地位

旅行社在现代旅游业中处于核心地位,是因为旅行社担负着生产和销售旅游产品的职能,旅行社招徕游客的多少直接关系到饭店、交通部门接待游客的数量和经济效益。

旅行社的业务主要有四大项,即旅游产品的开发、旅游产品的销售、旅游服务的采购和旅游接待,其中前三项业务属于产品的生产和交换,后一项业务属于产品的消费,即游客购买了旅游产品后到旅游目的地进行消费。旅游接待过程即是实现旅游产品的消费过程。如果把旅游接待过程看作是一条环环相扣的链条(从迎接游客入境开始,直到欢送游客出境为止),那么,向游客提供的住宿、餐饮、交通、游览、购物、娱乐等服务分别是这根链条中的一个个环节。正是导游服务把这些环节连接起来,使相应服务的部门和单位的产品和服务的销售得以实现,使游客在旅游过程中的种种需求得以满足,使旅游目的地的旅游产品得以进入消费。

因此,导游服务虽然只是旅游接待服务中的一种服务,但与旅游接待服务中的其他服务如住宿服务、餐饮服务、购物服务相比,无疑居于主导地位。

1.1.2.2　导游服务的作用

(1)纽带作用

导游服务是旅游接待服务的核心和纽带。导游人员在旅游服务各环节之间对沟通上下、联结内外、协调左右关系方面起着举足轻重的作用。

1)承上启下。导游人员是国家方针政策的宣传者和具体执行者,代表旅行社执行并完成旅游计划,同时,游客的意见、要求、建议乃至投诉,其他旅游服务部门在接待中出现的问题以及他们的建议和要求,一般也通过导游人员向旅行社转递,直至上达国家旅游管理部门。

2)联结内外。导游人员既代表接待方的旅行社的利益,又肩负着维护旅游者合法权益的责任;导游人员既有责任向游客介绍中国和当地情况,同时又要多与游客接触,进行调查研究,了解外国和当地情况,了解游客。

3)协调左右。旅行社与饭店、餐馆、游览点、交通部门、商店、娱乐场所等企业之间的第一联络员是导游员,他们在各旅游企业之间起着重要的协调作用。导游人员要通过自己的努力使游客在游览过程中的物质补偿及其他生活需求得到满足,而相互协作是导游服务中的生活服务得以顺利进行的重要保障。相互协作是提高生活服务质量的重要保

证,而高质量的生活服务又为导游讲解服务的成功奠定了基础。所以,搞好与各有关部门的相互协作对提高旅游质量至关重要,而导游人员处在各项旅游服务协调的中心位置,所负责任重大。

(2)标志作用

导游服务质量是旅游服务质量高低的最敏感的标志。导游服务质量包括导游讲解质量、为游客提供生活服务的质量以及各项旅游活动安排落实的质量。导游人员与游客朝夕相处,因此游客对导游人员的服务接触最直接,感受最深切,对其服务质量的反应最敏感。旅游服务中其他服务质量虽然也很重要,对游客的旅游活动也会有影响,但除特殊情况外,由于接触时间短,游客的印象一般不如对导游服务质量印象深刻。一般来说,如果导游服务质量高,令游客感到满意,游客会认为该旅游产品物有所值,而且在满载而归后,以其亲身体验向亲朋好友进行义务宣传,从而提高了旅游产品和企业的美誉度;而导游服务质量低劣会导致游客抱怨和不满,并间接影响其周围的人,从而降低了游客对旅游产品和企业的评价。因此,游客旅游活动的成败更多取决于导游服务质量,导游服务质量的好坏不仅关系到整个旅游服务质量的高低,而且关系着国家或地区旅游业的声誉。

(3)信息反馈作用

在消费过程中,游客会根据自己的需要对旅游产品的质量做出这样那样的反映,而导游人员在向游客提供导游服务过程中,由于处在接待游客的第一线,同游客交往和接触的时间最长,对游客关于旅游产品方面意见和需求最了解。导游人员可充分利用这种有利条件,综合游客的意见,反馈到旅行社有关部门,促使旅游产品的设计、包装和质量得到不断改进和完善,更好地满足游客的需要。

1.1.3 导游服务的类型与范围

1.1.3.1 导游服务的类型

导游服务的类型是指导游人员向游客介绍目的地和景区景点情况的方式。导游服务的范围极广,内容相当复杂,不过,就现代导游服务方式而言,大致可分为两大类:图文声像导游方式和实地口语导游方式。

(1)图文声像导游方式

图文声像导游方式也称为物化导游方式。随着科学技术的飞速发展,物化导游的方式更加丰富多样,目前主要分为图文导游方式、声像导游方式、自动讲解器、多媒体导游方式、智慧旅游等方式。

1)图文导游方式。图文导游方式包括各种导游图、交通图、旅游指南、景点介绍册页、宣传册、画册、旅游产品介绍、有关旅游活动的宣传品、广告、招贴等印刷资料。图文导游方式图文并茂,能给人创造一种身临其境的感觉。同时,携带方便,制作快捷,成本低廉,因而是一种良好的导游方式。在旅游业发达国家,这种方式已极为普遍。

2)声像导游方式。包括有关国情介绍、景点介绍的录音带、录像带、影片、幻灯片等。这种导游方式主要是作为旅游者旅行前及旅行期间的旅游指导,通过声音影像给旅游者以深刻的感官印象,帮助旅游者了解旅游目的地的基本概况,起到导游的作用。同时这种方式也是招徕宣传品和旅游纪念品的方式之一。声像导游方式一般多用于重大参观项目、旅游博览会和大型旅游活动中,并且在一些环境相对封闭的旅游景区、景点(如博物馆、教室、游船等),也大多装有先进的声像设施,以方便游人参观游览。

3)自动讲解器。许多景区(景点)为方便游客的观赏和游览,配置了多种语言的该景区(景点)的自助讲解器。

4)多媒体导游方式。多媒体导游方式充分利用各种传输媒介,方便、迅捷地与旅游者进行双向交流。例如旅游咨询处和公共场所的多媒体信息查询系统以及旅游景区内的电子导游系统,旅游者可以通过电脑键盘、触摸屏等与旅游信息数据库进行查询、交流。广义地说,因特网上众多的旅游网站,就是非常不错的多媒体导游系统。

5)智慧旅游。这是一种利用移动云计算、互联网等新技术,借助手机终端设备,使游客与网络实时互动,根据网上提供的相关旅游信息,进行旅游行程安排或适时调整旅游计划的导游方式。

(2)实地口语导游方式

实地口语导游方式,亦称讲解导游方式,包括导游人员在游客旅行、参观途中所做的介绍、交谈和问题解答等导游活动。

图文声像导游与实地口语导游这两种方式都是必要的。图文声像导游方式形象生动、便于携带和保存的优势将会进一步发挥作用,并且由于充分利用了现代高科技手段,使旅游者能够迅速方便地获得大量的旅游信息。通过因特网上的旅游网站,可以非常详细地了解到旅游目的地的"食、住、行、游、购、娱"的相关情况,通过网上预订,事先安排好旅游活动中有关旅游线路、食宿、往返机票和车船票等事宜,并在网上预先对旅游目的地的风景名胜、风土民情和注意事项等进行详细的了解。这样,旅游者就可以毫无后顾之忧地踏上预订的旅程了。并且,旅游者在行程中不需要导游员,依靠网站的指导就可以完成在陌生环境中的观光游览和购物等活动。这是人工导游方式无法比拟的。所以,随着科技的进步,物化导游方式的发展空间非常广阔。

但与此同时,实地口语导游方式的优越性也是物化导游方式所不能替代的。特别是在我国,在相当长时间内,实地口语导游方式仍然是居于主导地位的导游方式,这是因为:

1)导游服务的对象是有思想和目的的游客。由于社会背景和旅游动机的不同,不同的游客出游的想法和目的也不尽相同,有的人会直接表达出来,有的人比较含蓄,还有的人可能缄默不语。单纯依靠图文声像一类千篇一律的固定模式介绍旅游景点,是不可能满足不同社会背景和出游目的的游客的需求的。导游人员可以通过实地口语导游方式掌握游客对旅游景点的喜好程度,了解不同游客的想法和出游目的,然后根据游客的不同需求,在对参观游览的景物进行必要的介绍的同时,有针对性、有重点地进行讲解。导游讲解贵在灵活,妙在变化,绝不是一部机器。

2)现场导游情况复杂多变。现场导游情况纷繁复杂,在导游人员对参观游览的景物进行介绍和讲解时,有的游客会专心致志地听,有的则满不在乎,有的还会借题发挥,提出各种稀奇古怪的问题。这些情况都需要导游人员在讲解过程中沉着应对、妥善处理。在不降低导游服务质量标准的前提下,一方面满足那些确实想了解参观游览地景物知识的游客的需求,另一方面要想方设法调动那些对参观游览地不感兴趣的游客的游兴,还要对提出古怪问题的游客做必要的解释,以活跃整个旅游气氛。此类复杂情况也并非现代科技导游手段可以做到,只有人,而且是高水平的导游员才能得心应手地应对这种复杂多变的情况。

3)旅游是一种人际交往和情感交流关系。旅游是客源地的人们到旅游目的地的一种社会文化活动,通过对目的地社会文化的了解来接触目的地的居民,实现不同国度、地域、民族之间的人际交往,建立友谊。导游人员是游客首先接触而且接触时间最长的目的地的居民,导游人员的仪容仪表、言谈举止和导游讲解方式都会给游客留下难以泯灭的印象。通过导游人员的介绍和讲解,游客不仅可以了解目的地的文化,增长知识,陶冶情操,而且通过接触目的地的居民,特别是与其相处时间较长的导游人员,会自然而然地产生一种情感交流,即不同国度、地域、民族之间的相互了解和友谊。这种游客与导游人员之间建立起的正常的人与人之间的情感关系是提高导游服务质量的重要保证。这同样是高科技导游方式难以做到的。

1.1.3.2 导游服务的范围

导游服务的范围是指导游人员向游客提供服务的领域,即导游人员业务工作的内容。导游服务工作繁重纷杂,服务范围很广,包括食、住、行、游、购、娱、迎送、上下站联络、邮电通信、医疗等,几乎无所不包。但归纳起来,导游服务大体可分为三大类,即导游讲解服务、旅行生活服务和市内交通服务。

(1)导游讲解服务

导游讲解服务包括游客在目的地旅行期间的沿途讲解服务、参观游览现场的导游讲解以及座谈、访问和某些参观点的口译服务。

通过导游人员的介绍、讲解或翻译,帮助游客认识一个国家(或地区)的历史文化、传统风俗、生活方式和现代文明,进而了解他们的精神面貌、价值观念和道德水准,使游客对游览地的社会文化和精神风貌有切身体验,获得在旅游目的地的一次难忘经历和美好的回忆。高质量的导游讲解服务有助于加深游客对游览地的了解和对自然景观、人文景观的认识,从而使他们增长知识,获得更多的旅游乐趣和精神享受,还可以在某种程度上弥补生活服务中的某些不足,消除因生活服务的不尽人意而造成的不愉快。

(2)旅行生活服务

旅行生活服务包括游客迎送、旅途生活照料、邮电通信、安全服务以及上下站联络等。

在现代旅游中,游客以实现享受需求为其出游的主要目的之一。因此,认真做好游客的旅行生活服务显得十分重要。在这方面,导游人员是做好游客旅行生活服务的重要环节。首先,导游人员除了迎送游客、帮助游客住店离店、安排行李运送、注意保护游客安全等日常事务外,还负责与饭店、餐馆、商店等提供旅游接待服务的相关部门进行必要的沟通、协调,使游客在旅游期间的生活顺利、愉快。其次,提供令人满意的旅行生活服务,可以使游客对导游人员产生信赖感,逐渐消除初见时的隔膜和距离。同时,提供热情周到的旅行生活服务,可使旅游生活丰富多彩,游客精神轻松愉快、游兴浓郁,游客和导游之间关系融洽,有利于游客集中精力倾听导游人员的讲解,从而使导游讲解服务取得良好的效果。

(3)市内交通服务

市内交通服务是指导游人员同时兼任驾驶员为游客在市内和市郊旅行游览时提供的

驾车服务。这种服务在西方旅游发达国家比较普遍,目前在我国还不多见,但随着我国散客旅游和散客团队旅游的迅速增加,导游人员为游客提供市内交通服务的也将不断增加。

1.1.4 导游服务的性质与特点

1.1.4.1 导游服务的性质

导游服务的性质在不同的国家由于社会制度和国情的不同而有不同的提法,即使在同一国家内,不同时期的认识也不尽相同。尽管如此,世界各国对导游服务所具有的基本性质却有以下几点共识。

(1)社会性

旅游活动是一种社会现象,在促进社会物质文明和精神文明建设中起着十分重要的作用。在旅游活动中,导游人员处于旅游接待工作的中心位置,接待着四海宾朋、八方游客,推动世界上这一大规模的社会活动。所以导游人员所从事的工作本身就具有社会性,并且导游工作又是一种社会职业,对大多数导游人员来说,它是一种谋生的手段。

(2)文化性

限于语言和生存环境等方面的不同,游客同旅游目的地之间往往存在很大的文化差异,导致交流和欣赏的障碍。为了加强旅游的美感和愉悦程度,游客们迫切地需要导游的引导和服务,需要导游跨越不同的文化范畴,弥合文化差异。俗话说:"看景不如听景。"锦绣山川、艺术宝库、文化古迹,只有加上导游人员的解说、指点,再穿插动人的故事,才能活起来,才能引起游客更大的兴趣,使人增长知识、领略到异乡风情,享受到审美的乐趣。导游服务的文化性主要体现在以下两方面:

1)导游服务是传播文化的重要渠道。导游人员的导游讲解或翻译、与游客的日常交谈,以至一言一行都在影响着游客,都在扩大着一个国家(或地区)及其民族的传统文化和现代文明的影响。导游人员为来自世界各国、各民族的游客服务,通过引导和生动、精彩的讲解给游客以知识、乐趣和美的享受。同时也对各国、各民族的传统文化和现代文明兼收并蓄,有意无意间传播着异国文化。

2)导游服务是审美和求知的媒介。游客要通过旅游去认识过去不曾接触或不曾了解过的事物,以期得到求知欲的满足,但是山水风光或文物古迹的欣赏价值,并不是孤立地存在,它总是与一定的自然、地理、历史、艺术等条件和特点相联系,是一种完美地融合在一起的客观实体。在这方面,有无指导大不相同。导游讲解服务能循循善诱地指导游客以最佳的方式,或最合适的角度去欣赏某一名胜古迹、历史故事、神话传说,能妙趣横生地向游客介绍当地的风俗习惯、掌故趣谈、风味特产等,使游客得到自然美和艺术美的享受,并且在潜移默化中增长知识。由此可见,导游服务起着沟通和传播精神文明、为人类创造精神财富的作用,直接或间接地起着传播一个国家(或地区)及其民族的传统文化和现代文化的作用。

(3)服务性

导游服务,顾名思义是一种服务工作。导游服务与第三产业的其他服务一样,属于非生产劳动,是一种通过提供一定的劳务活动,提供一定的服务产品,创造特定的使用价值的劳动。与一般服务工作不同的是,导游服务不是一般的简单服务,它围绕游客展开,通

过翻译、讲解、安排生活、组织活动等形式,工作内容涉及旅途中的交通、住宿、饮食、娱乐、购物、票证、货币和其他各方面的生活需求,给游客提供全方位、全过程的服务。导游人员除具有丰富的专业知识外,还应具备一定的社会活动能力、应变能力以及独立处理问题的工作能力。

(4) 经济性

导游服务是导游人员通过向游客提供劳务而创造特殊使用价值的劳动。导游的工作对象是游客,导游员通过组织、协调、迎送、翻译、讲解、代理等形式为游客服务,目的在于引导游客,便利游客,满足游客相应的旅游需求,实现旅游企业的经济目标,获取相应的个人经济收入,体现个人的人生和社会价值。因此,导游工作一般具有经济性,由各级各类旅行社提供的导游服务,是旅游部门工作的组成部分。导游服务的经济性主要表现在以下诸方面:

1) 提供服务,直接创收。旅行社组合的旅游产品在形式上是通过签订旅游合同销售出去的,但实际上,旅游产品不同于一般的有形商品,它的销售是多次性的,贯穿于旅游全过程,通过提供综合性服务来实现,而导游服务在其中起着举足轻重的作用。产品的设计是为了接待,宣传和销售的效果需要通过接待来实现。会计业务的顺利进行依赖于接待工作的顺利完成,依赖于导游的协调和回款。导游人员直接为游客服务,为他们提供语言翻译服务、导游讲解服务、旅行生活服务以及各种代办服务,并收取服务费和手续费。旅行社的产品最终是通过导游工作生产和提供出来的。因此,导游服务是旅行社产品的最终生产者和提供者,它直接为国家建设创收外汇、回笼货币、积累资金。

2) 扩大客源,间接创收。游客是旅游业生存和发展的先决条件。没有游客,发展旅游业无从谈起,导游人员也就没有了服务对象。所以,世界许多国家和地区的政府为支持旅游业的发展,不惜投入大量资金和人力,在国内外进行大规模的广告宣传和促销活动以招徕游客。然而,与广告宣传相比,另一种更为有效的宣传方式则是游客的"口头宣传",即游客在旅游目的地参观访问之后,回去向其亲朋好友讲述他在旅游地所受到的接待、旅游经历和体验。这种"口头宣传"不仅向游客周围的人传播了旅游目的地的旅游信息,提高了旅游目的地和旅行社的知名度,而且在一定程度上会对其他游客今后的旅游流向产生影响,因为游客的亲身体验比任何广告宣传更可靠,更令人信服。所以,导游人员向游客提供优质的导游服务,在招徕回头客,扩大客源,以及间接创收方面都起着不可忽视的作用。

3) 因势利导,促销商品。商品和旅游纪念品的开发、生产和促销是发展旅游业的重要组成部分。各国、各地对此都非常重视,并将其视作争夺游客的魅力因素和增加旅游收入的重要手段。据统计,在国际旅游总消费中,用于购物的部分约占50%,在新加坡、中国香港等国家和地区的旅游总收入中,销售商品和纪念品的收入甚至已超过了上述比例。在促销商品过程中,导游人员的作用举足轻重。

4) 增进了解,促进经济交流。我国正在进行大规模的社会主义经济建设,各地都需要资金和先进的科学技术。在来中国旅游的海外人士及在国内游客中,不乏科学家、教授及方方面面的专家和经济界人士,他们中有人希望借旅游之机与各地的同行接触,相互交流信息;或想通过参观访问,了解合作的可能性以及投资的环境。因此,导游人员在与游

客交往过程中要做一个有心人,设法了解他们的愿望,并不失时机地向旅行社报告,在有关领导的指示下积极牵线搭桥,促进中外及地区间的科技、经济交流与合作,为国家和本地的现代化建设做出应有的贡献。

(5)涉外性

发展海外来华旅游是我国旅游业的长期方针,也是一项战略任务;自改革开放以来,我国公民出境旅游发展势头也很强劲。对于前一种旅游,导游人员是为海外游客提供导游服务;而对于后一种旅游,导游人员为中国公民提供出境陪同服务,两者都具有明显的涉外性。导游人员提供的涉外导游服务的政治意义和所起的民间外交的作用主要表现在以下三个方面:

1)宣传社会主义中国。目前中国接待的海外来华游客中,绝大多数人都希望了解中国,了解中国的社会制度、建设情况和各族人民的生活,其中也不乏希望深入了解和研究中国的游客。因此,帮助来自四面八方的海外游客正确认识中国是导游人员义不容辞的责任。同样,导游人员陪同中国公民出境旅游时,目的地的人民也希望从中国导游人员那里了解中国的发展情况。所以,导游人员的导游讲解,甚至一举一动都是在宣传中国。作为中国的导游员,在进行涉外导游服务时,应有鲜明的政治立场,要以积极的姿态,努力将对外宣传寓于导游讲解、日常交谈和参观游览娱乐中。对于那些希望了解中国的游客及其他国家和地区的人民,更应不失时机地宣传中国。当然,在宣传中,形式要多样化,方法要灵活多变,切忌呆板、僵化、千篇一律和强加于人。

2)发挥民间大使的作用。旅游活动是当今世界最大规模的民间外交活动。从这个意义上讲,旅游促进了国家之间、地区之间的人际交往,增进了各国、各地区、各族人民之间的相互了解和友谊,消除因相互隔绝而造成的误解、猜忌,对加强世界各国人民的团结,维护国家安定与世界和平具有重要意义。在这一方面,导游人员起着极为重要的作用。

在游客心目中,导游人员是一个国家或地区的代表,是人民的友好使者,是"民间大使"。导游人员可利用旅游活动的群众性、广泛性的特点广交朋友,可利用接触游客面广、机会多、时间长、无语言障碍又比较熟悉外国和游客等有利条件,与游客进行广泛接触,进行思想感情上的交流。事实上,绝大多数中国导游人员以其高尚的思想品德、渊博的知识、精湛的导游技艺、热情的服务态度,为来自五湖四海的游客提供了不同凡响的导游讲解服务和富有人情味的旅行生活服务,帮助游客认识和了解中国,增进中国与各国(地区)人民的相互了解,在为中国赢得友谊和朋友方面做出了重要贡献,履行着"民间大使"的重任。

3)调查研究。导游服务的涉外性,还体现在导游人员对海外有关情况进行调查研究,特别要了解外国游客的需求及其变化,了解外国旅游企业的运作和经营管理模式。

了解外国游客的需求及其变化,既是导游人员的基本职责之一,也是导游人员做好导游服务工作的需要。因为了解游客的社会地位、文化水平、生活习惯、宗教信仰、兴趣爱好等是导游人员安排旅游活动的重要依据;了解对象国(地区)的概况、社会动态、风俗民情、生活方式、礼节习俗等,将有助于导游人员给游客提供满意加惊喜的导游服务和旅行生活服务;了解游客的经济地位和购物需求,有助于导游人员向他们推荐旅游商品,提供购物服务;了解游客的情绪和心理状态,有助于导游人员能更有针对性地向他们提供心理

服务。

在和外国同行的接触中,导游员可以了解外国旅游企业的经营方式、旅游产品的组合、销售运作和管理模式,有助于中国旅游企业吸取外国先进的管理经验和经营手段,改善和提高中国旅游企业的经营管理水平。

1.1.4.2 导游服务的特点

和其他职业比较起来,导游服务工作具有一些典型的特点,归纳起来主要有以下几点。

(1)独立性强

导游服务工作要求导游员能独当一面。在整个旅游活动过程中,往往只有导游人员与游客朝夕相处,时刻照顾他们食、住、行、游、购、娱等方面的需求,独立地提供各项服务,特别在处理突发性事故时,常常要第一时间当机立断、独立决策。另外,导游讲解也是独立进行的,在同一景点,导游要根据不同游客的不同个性、不同时机进行针对性的讲解,以满足他们的精神享受。这是每位导游人员都必须努力完成的任务,其他人无法替代。

(2)脑体高度结合

导游服务是一项脑力劳动与体力劳动高度结合的工作。由于旅游活动涉及面广,这就要求导游人员具有丰富而广博的知识,如此才能使导游服务工作做到尽善尽美,精益求精。除了具有导游工作能力外,导游人员还必须具有一定的政治、经济、历史、地理、天文、宗教、民俗、建筑、心理学、美学等方面的基本知识,还必须了解我国当前的大政方针和旅游业的发展状况及其有关的政策法规,掌握旅游目的地主要游览点、旅游线路的基本知识。同时,还要了解客源国(或地区)的政治倾向、社会经济、风土民情、宗教信仰、禁忌等。导游人员在进行景观讲解、解答游客的问题时,都需要运用所掌握的知识来应对,这是一种艰苦而复杂的脑力劳动。所以导游人员要不断学习,不仅在学校里学,而且还要在实践中学,努力扩大知识面,使自己成为"万事通",并尽量掌握一两门专业知识,成为游客敬佩的导游艺术家。

另一方面,导游人员的工作量也相当大,除了在旅行游览过程中进行介绍、讲解,还要随时随地应游客的要求,帮助其解决问题,事无巨细,也无分内与分外。尤其是旅游旺季时,导游人员往往会连轴转,整日、整月陪同游客,即使严寒酷暑,也必须长期在外作业,体力消耗大,又常常无法正常休息。因此,要求导游人员必须具备高度的事业心和良好的体质。

(3)复杂多变

导游服务工作具有一定的规程,如接站、送站、旅途服务和各方面关系的接洽、协调等,按照一定的程序进行工作,具有相对的规范性。但导游接待中也存在很多不确定性和未知性。即使是预订的日程和规程范围内,具体的情况也可能千差万别,意外的情况可能随时出现,游览中各种矛盾可能集中显现。因此,导游人员必须具备应对各种可能和偶然情况的能力。归纳起来,导游服务的复杂性主要有以下几方面:

1)服务对象复杂。导游服务的对象是游客,他们来自五湖四海,不同国籍、民族、肤色的人都有,职业、性别、年龄、宗教信仰和受教育的情况各异,性格、习惯、爱好等各不相同。导游人员面对的就是这样一个复杂的群体,而且每一次接待的游客都互不相同,这就

更增加了服务对象的复杂性。

2）游客需求多种多样。导游人员除按接待计划安排和落实旅游过程中的食、住、行、游、购、娱基本活动外，还有责任满足游客随时随地提出的各种个别要求，解决或处理旅游中随时出现的问题和情况，如会见亲友、传递信件、转递物品、游客患病、游客走失、游客财物被窃与证件丢失等。而且由于对象不同、时间场合不同、客观条件不同，同样的要求或问题也会出现在不同的情况下，需要导游人员审时度势、判断准确并妥善处理。

3）人际关系复杂。导游人员的工作是与人打交道的工作，触及方方面面的关系和利益。抛开导游人员是旅游目的地国家（或地区）的代表不谈，导游人员还是旅行社的代表，他们既要维护旅行社的利益，又代表着游客的利益，除天天接触游客之外，在安排和组织游客活动时还要同饭店、餐馆、旅游点、商店、娱乐场所、交通等部门和单位的人员接洽、交涉，以维护游客的正当权益，这自然是一项复杂的工作。单就游客而言，他们由于来自不同的国家，有着不同的旅游心愿和文化背景，他们的旅游需求基本一致却又各具特色，导游人员能够向游客提供令其满意的服务已是难能可贵。但良好的旅途感受是综合的，导游人员还要处理和协调导游人员中全陪、地陪与外方领队的关系，争取各方面的支持和配合。虽然导游人员面对的这些方方面面的关系是建立在共同目标基础之上的合作关系，然而每一种关系的背后都有各自的利益，落实到具体人员身上，情况就更为复杂。因此，导游人员需要具备"十八般武艺"来面对纷繁复杂的人际关系。

4）要面对各种物质诱惑和"精神污染"。导游人员常年直接接触各方游客，直接面对各色各样的意识形态、政治经济、文化观点、价值观念和生活方式，有时还会面临钱、权、色各种诱惑，耳濡目染，直接面对精神污染的机会大大多于常人。常言道"近朱者赤，近墨者黑"，导游人员如果缺乏高度的自觉性和抵抗力，往往容易受其影响。所以身处这种氛围中的导游人员需要有较高的政治思想水平，坚强的意志和高度的政治警惕性，始终保持清醒的头脑，防微杜渐，自觉抵制"精神污染"。

（4）跨文化性

导游服务是传播文化的重要渠道，起着沟通和传播文明、为人类创造精神财富的作用。各类游客来自不同的国家和地区、不同的民族、不同的文化背景。导游人员必须在各种文化的差异中，甚至在各民族、各地区文化的碰撞中工作，应尽可能多地了解中外文化之间的差异，圆满完成文化传播的任务。

1.2　导游服务的原则

导游人员在履行职责、完成接待任务的过程中，必须遵循基本的服务原则。这些原则既是长期导游服务实践的科学总结，也是国际旅游组织所倡导的，对导游服务工作具有指导意义。

1.2.1　"宾客至上"原则

"宾客至上"是服务行业的座右铭，它不仅是一句招徕顾客的宣传口号，更是服务行业的服务宗旨、服务人员的行动指南，也是导游服务工作中处理问题的出发点。

"宾客至上"意味着"游客第一",即在游客与导游服务的关系中,游客是第一位的,没有游客,导游服务便没有了服务对象;没有游客的购买,旅游服务行业的产品价值就不能实现,旅游服务人员的劳动就失去了对象,失去了存在的意义。同样,导游服务也是如此,没有游客,导游人员服务的价值就无从体现,旅游产品就销不出去,旅行社的收益就更无从谈起,导游人员也无法在社会生存。

"宾客至上"表现在旅游服务人员与游客的关系上时要尊重游客,全心全意地为游客服务;表现在导游人员在处理某些问题时要以游客利益为重,不能过多地强调自身的困难、企业的利益,更不能以个人的情绪来对待或左右游客,而应尽可能地满足游客的合理要求。

1.2.2 维护游客合法权益的原则

导游人员在带团游览的过程中,必须主动维护旅游者的合法权益,这既是导游服务的原则之一,也是旅游法规的内容之一。我国颁布的《中华人民共和国消费者权益保护法》和 2009 年 4 月 2 日国家旅游局第 4 次局长办公会议审议通过并已公布的《旅行社条例实施细则》,都对消费者和旅游者应该享受的权益做出了明确规定。旅游者是旅游产品和旅游服务的消费者,其权益也受到《消费者权益保护法》的保护。

游客的合法权益主要有以下几种。

1.2.2.1 旅游自由权

旅游自由权包括旅行自由权和逗留权。旅行自由权是指游客在不违背有关法律规定和履行了必要手续的前提下,可以根据自己的意愿前往各地旅行,其旅行方式、旅行时间和旅行地点均不受任何不合理的干预;逗留权是指游客在旅游目的地或中途有合法停留的权利,其停留的时间、方式、地点不应该受到不合理的限制。

1.2.2.2 旅游服务自主选择权

旅游服务自主选择权是指游客有权自行选择从事旅游经营的企业、旅游线路、旅游项目和服务等级等,不受任何部门、企业、单位和个人的干预。

1.2.2.3 旅游获知权

旅游获知权是指游客在接受旅游服务时,享有获得包括服务内容和其他相关信息的权利,旅游经营企业有向顾客提供真实情况和信息的义务。如游客接受导游服务时,导游人员具有如实向游客介绍有关景区、景点知识和相关知识的义务;游客在购物时,商店有向游客介绍商品的有关知识,并提供货真价实商品的义务等。

1.2.2.4 旅游公平交易权

旅游公平交易权是指旅游经营企业在同游客签订旅游服务合同或进行交易时,应遵循公正、平等、诚实、信用的原则,不得有强制、欺诈和规避义务、违反公平的内容和行为。游客对交易的商品和服务不满意时,有拒绝购买或签约的权利。

1.2.2.5 依约享受旅游服务权

依约享受旅游服务权是指游客有享受旅游合同约定的服务的权利,旅游经营企业和导游人员应按约定的日期、路线、交通工具、旅游活动项目,提供符合标准的服务。旅客对强加的计划外的项目有拒绝权。

1.2.2.6 人身和财物安全权

在旅游活动中,游客享有人身和财物安全不受侵犯的权利。旅游经营企业和导游人员有义务采取一切有效措施,防止盗窃、暴力、交通事故和食品中毒事故的发生,为游客提供安全的服务和旅游环境。

1.2.2.7 医疗、求助权

游客在旅游期间如有患病、受伤等情况发生,有权享受与当地居民同等待遇的医疗服务权。旅客在旅游期间遇到困难时,有请求获得帮助的权利。

1.2.2.8 求偿权和寻求法律救援权

游客在其合法效益受到损害或侵犯时,有向有关部门进行投诉和要求有关旅游经营企业或保险公司赔偿的权利。如果游客的要求得不到满足,有权在当地寻求各种可行的法律支持,或直接向法院提出诉讼。

1.2.3 合理而可能的原则

满足游客的需要,使游客旅游生活顺利愉快是导游服务工作的出发点。因此,对于游客在旅途过程中提出的个别要求,只要是合理的,又是可能办到的,即使有一定困难,导游人员也应该设法予以满足。

但是,有些游客在出游时常出于求全的心理,或出于个人利益,提出一些虽然合理但客观条件无法办到,或看似合理且不合常情,或完全就是不合理的要求,导游人员在面对此类情况时,一要认真倾听,二要微笑对待,三要耐心解释,动之以情,晓之以理,切不可断然拒绝。

对于某些无理取闹的个别游客,导游人员也应该待之有礼,做到有礼、有理、有节,不卑不亢,不损游客自尊。若游客的无理取闹影响到整个旅游团的正常活动,导游人员可请领队协助出面解决,或直接请全体游客主持公道。

总之,导游服务的宗旨是满足游客的合理要求,导游人员既不能因为嫌麻烦或有难度便将游客的合理要求拒之门外,也有权利拒绝那些不合理的苛求和胡搅蛮缠,不能因此而中断对整个旅游团的导游服务。

1.2.4 经济效益和社会效益相结合的原则

导游服务是一种商业性服务,其目的是获得经济效益。导游服务费用包含在旅游路线产品的统一包价中,导游服务所创造的价值是旅行社整体经济效益的一部分,导游人员应该从扩大旅行社经济效益的立场出发做好导游服务工作。导游服务同时又是一种文化传播活动。导游人员的导游讲解、同旅游者交谈以及对其生活的照料等服务,也会产生明显的社会效益,主要表现为:优质的导游服务体现了一个国家或地区人民进取向上的精神面貌和社会的文明程度,有助于提高和改善旅游目的地的声誉和形象;导游人员生动的介绍和精彩的讲解以及帮助旅游者同目的地居民进行接触,可以增进旅游者对旅游目的地的了解,促进不同国家或地区人民之间的交流,从而增进友谊,促进世界和平。

由此可见,导游服务具有双重功能:一是导游人员帮助旅游者消费旅游产品和提供服务,使产品和服务的价值得以最终实现,从而创造经济效益;二是导游人员作为知识和文化的传播者,既满足旅游者的精神需要,又增进旅游者同目的地居民之间的相互了解和友谊,从而产生社会效益。所以,导游人员在进行导游服务的过程中,应该将追求经济效益和追求社会效益结合起来,只讲究经济效益而忽视社会效益是片面的、没有生命力的,而只注重社会效益、无视经济效益,在市场经济环境中,导游服务自身也将失去存在的价值。

1.3 导游服务的发展趋势

1.3.1 旅游业面临新的挑战

进入21世纪以来,我国旅游市场越来越明显地感受到国际旅游新潮的影响,已经反映出的变化有:需求趋于多样化、个性化;团队比重下降,规模趋小;大跨度的长线团减少,环口岸的区域游和淡季一地游增加;游客停留天数和一次性旅游经停城市数趋减;旅行预报周期越来越短,临时变化越来越多。近年来,这种变化又有了新的发展,主要表现在:海外游客直接预订急剧增加(包括机票、客房);入境后的旅游活动也有部分是客户指定内容。这使旅行社导游人员的主动权大大削弱。更有甚者,外国旅行商加紧渗入中国市场,随着中国加入WTO,外国旅行商渴望与中国开设合资旅行社,有的已在中国旅游界物色未来合作伙伴,还有的已以个人身份在中国旅行社中挂靠,直接在中国境内进行销售和接待。这些情况使中国旅行社的经营面临着更加严峻的挑战。

随着旅游业的发展变化,导游服务工作将面临越来越挑剔和成熟的游客。比如近年来,海外旅行商及游客对旅华市场反应仍集中在几个老问题上:①产品老化、单一、缺乏趣味性;②购物次数过多,买到假货、次货的事经常发生;③餐饮水准下降,用餐地点不合理,有时需绕道,路上浪费不少时间;④对导游服务安排提出质疑。

目前中国旅游面临两种不同的游客:一种是成熟的,但对中国的服务条件有一定的心理准备的国际游客;另一种是相对不太成熟的国内游客。随着《消费者权益保护法》的发布,国内游客的投诉增加,他们开始注意保护自己的各项权益,如游客在旅游过程中遭受由于旅行社的责任而导致的物质上、精神上的损失时,有权获得赔偿,游客对涉及旅游接待的各方面咨询有知悉权等。消费主体意识的觉醒仅仅是第一步,随后将是一场广泛的消费者权利保障运动的到来。这是因为,改革开放后旅游业的发展已培养出了一代有旅游意识的、日渐成熟的游客,他们由"止步闺阁"到"已见世面",旅游已成为一种日常性消费行为,由个别人关注到涉及群体利益共同关心的问题,因此旅行社必须通过各种手段来规范导游服务的行为。

1.3.2 导游服务的发展趋势

不断变化的旅游活动的发展趋势对导游服务将会产生影响并提出新的要求。导游服务在未来将出现如下趋向。

1.3.2.1 讲解内容知识化

导游服务是一种知识密集型的服务,即通过导游人员的讲解来传播文化、传递知识,促进世界各地区间的文化交流。在未来社会,人们的文化修养更高,对知识的更新更加重视,文化旅游、专业旅游、科研考察的发展,对导游服务将会提出更高的知识要求。

根据这一趋向,导游人员必须提高自身的文化修养,不断吸收新知识和新信息,导游掌握的知识不仅要有广度,还要有深度,使导游讲解的内容进一步深化,更具有科学性。这样,导游人员的讲解将更有说服力,不仅能同游客讨论一般问题,还能较深入地谈论某些专业问题。总之,在知识方面,导游人员不仅要成为"杂家",还要成为某些方面的专家。

1.3.2.2 导游手段科技化

随着科学技术的发展,将来还会有更先进的科技手段运用到导游工作中来。如图文声像导游、网络导游等先进的导游手段,在游览前或在游览现场引导游客参观游览过程中,不仅让游客看到(听到)了旅游景观的现状,还进一步了解其历史沿革和相关知识,起到深化实地导游讲解和以点带面的作用,现已成为导游工作不可或缺的辅助手段。因此,导游人员必须学会使用它们并在游前导、游中导和游后导中运用自如,与实地口语导游密切配合,使其相辅相成,锦上添花。同时,在导游过程中讲解科技知识、运用科技手段,能够使游客了解到旅游和高科技发展之间的关系,使导游工作充满时代气息。

1.3.2.3 游览方式多样化

旅游活动多样化的趋势,尤其是参与性旅游活动的兴起和发展,要求导游人员随之变化其导游方法。参与性旅游活动的发展,意味着人们追求自我价值实现的意识在不断增强。追求自我价值不仅体现在工作中,人们还将其转移到了娱乐活动之中。人们参加各种节庆活动,与当地居民一起活动、生活,还在旅游目的地学习语言、各种手艺和技能,甚至参加冒险活动等。这要求导游人员不仅会说(导游讲解),还要能动,与游客一起参加各种活动。

旅游活动的这一发展趋向对导游人员提出更高的要求。未来的导游人员不仅是能说会道、能唱会跳、多才多艺的人,还要能动手,有强壮的体魄、勇敢的精神,与游客一起回归大自然,参与绿色旅游活动,一起参加各种竞赛,甚至去探险。

1.3.2.4 导游服务个性化

今天的社会是个性张扬的社会,个性化发展成为时代的主题,人们对旅游的需求个性化,旅游产品的消费也呈现个性化的趋势。导游服务的个性化要求我们导游人员要根据游客的个性差异和不同的旅游需求提供针对性的服务,使不同的游客获得更大的心理满足;另一方面,导游服务的个性化有利于导游人员根据自己的优势或特长、爱好,形成自己的个性风格,朝品牌化导游发展,给游客留下特色鲜明的印象。

1.3.2.5 导游职业自由化

从世界各国导游发展的历史来看,导游人员作为自由职业者是必然趋势。他们身份自由、行动自由、收入自由,靠为游客提供良好的服务和高尚的职业道德取得社会认同。收入取决于上团机会,服务水平高、个人声誉好的导游上团机会就多,收入就高,体现了"优胜劣汰"的原则。目前,我国不少地方成立的导游公司或导游服务中心就是这一趋势的反映。

总之,未来的旅游业要求导游人员要掌握"三十六般武艺"或更多的导游技艺,来满足游客不断变化着的旅游需求。只有这样,导游人员才能胜任未来的导游服务工作,才有

可能将导游服务做得不同凡响。

【本章小结】

本章从导游服务的发展史入手,重点介绍了导游服务的概念、类型和范围,探讨了导游服务的性质,归纳了导游服务的特点,指出导游服务是高智能、高技能的服务;提出导游服务的原则,并对导游服务的发展趋势做了详细介绍。

通过本章的学习,使学生对导游服务的概况有一个大致的了解,加深对导游服务重要性的认识,端正导游服务的态度。

【重点概念】

导游服务　图文声像导游方式　实地口语导游方式　旅游自由权　旅游公平交易权

【案例分析】

案例1-1

行动不便者上黄山

中国旅行社的小俞是一位优秀导游员。一次,他带一个境外团由杭州赴黄山旅游。该团计划7月6日早上坐缆车上黄山,7月8日下午步行下山。在去黄山途中,小俞了解到,团中有一位年过六十、行动不便的游客。在山下那天,小俞主动找这位老先生聊天,意欲劝阻他上山,因为7月8日步行下山,这位老者肯定承受不了。但还没等小俞把意图说出来,这位老先生先道出了他从小就梦想登黄山赏奇景的夙愿,并说这次的目的就是圆他近半个世纪的黄山梦。然而,如果让这位老者和旅游团一起下山则势必耽误大家的时间,怎么办呢?

小俞和领队、地陪为此聚在一起商量,拿出了两套方案。晚饭后,小俞、领队等来到老先生客房。小俞先把旅游团的行程计划介绍给老先生,并委婉地建议老先生上下山都坐缆车,但老先生听后有些不悦,他一定要登一回黄山。这时,小俞提出了第二套方案,提议老先生下山那天最后一个游览点不去,由自己陪他提早下山。老先生接受了这个方案。第三天,小俞带着这位老先生提前两个小时下山。一路上,石阶陡的时候,小俞就扶着老先生走,好走时,小俞边走边为他讲解黄山美景。走累了,两人就在石阶上坐一会儿。这样,走走停停、停停走走,等他俩快到山脚时,其他团员刚好和他们会合。回到饭店后,老先生把小俞叫到自己的客房,拿出100美元,硬是要塞给小俞,并说,这是他的一点心意,一定要小俞收下。小俞推脱不了,只好收下。旅游团行程结束后,小俞向旅行社上交了100美元,并汇报了事情经过。旅行社领导听后十分满意,不但表扬了小俞想游客之所想的举措,并当场决定奖励小俞400元人民币。

点评:

游客参加旅游团,主要目的之一是使自己身心愉悦。有的游客虽因身体年龄原因,行动不便,在别人看来难以完成某些游览项目或将连累他人,但游客自己并不一定这样认为;他们往往把完成这种在常人看来不能完成的事、征服在常人看来不能征服的困难,当作自我实现、自我升华的一种方式。因此,作为导游员必须掌握游客心理,然后依照服务宗旨,尽量满足游客要求。本案例中小俞既为全团游客所想,也为这位老先生着想,最终让游客圆了多年的黄山梦。处理方法两全其美,真不愧是一名优秀的导游员。

(资料来源:中大网校 http://www.wangxiao.cn 2010年导游实务案例分析)

问题:

1. 假如你是该团的导游员,你会这样做吗?
2. 该导游遵循了哪些导游服务原则?

案例1-2

不与小朋友说话的导游

××旅行社某导游员一次带了一个幼儿园小朋友团,回来以后该导游员遭到了随团的幼儿园阿姨的投诉,原因是导游员在带团过程中除与幼儿园阿姨说话外,没有与小朋友说过一句话。后来找到该导游员询问情况时,她说:"反正我说了他们也听不懂。"

点评:

导游员的接待对象千变万化,既有普通成年人,也有老人、孩子,这就要求导游员要学会与不同的人打交道,这就好比一个琴师,他的琴技再高超也只能让普通人欣赏,而对牛弹琴是不会让牛引起共鸣的,只有对牛谈"草",才能引起它的兴趣。

(资料来源:熊剑平.导游实务与案例[M].武汉:湖北教育出版社,2014)

问题:

1. 作为该团的导游员,正确做法应该是什么?
2. 怎样带好小朋友团?

思考题

1. 为什么托马斯·库克被称为近代最早的导游员?
2. 简述中国导游服务的发展史。
3. 导游服务在旅游服务中有着什么样的地位和作用?
4. 导游服务的类型可以分为哪几类?各有什么特点?
5. 导游服务的性质主要有哪些?
6. 导游服务的特点有哪些?认识导游服务的特点有什么现实意义?
7. 导游服务应遵循的原则有哪些?
8. 游客享有哪些合法权益?
9. 请结合实际,谈谈导游服务的发展趋势。

实训题

请同学们根据自己的旅游经历,结合所学内容,以"我眼中的导游员"为题,谈谈你对导游员的看法。

本章练习题

一、单选题（以下四个选项,只有一项是正确的,请选择最佳选项）

1. 英国人托马斯·库克在（　　）年为苏格兰之行中设置了专职导游员,这是世界上第一次为旅行团正式配备职业导游员。
　　A. 1841　　　　　　　　　　B. 1845
　　C. 1846　　　　　　　　　　D. 1872

2. 维护旅游者合法权益主要体现在（　　）。
　　A. 与旅游者合作共事　　　　B. 全心全意为旅游者着想
　　C. 不折不扣地履行旅游合同　　D. 时刻与旅游者保持良好关系

3. 下列类型的服务中,处于旅游接待服务中心位置的是（　　）。
　　A. 饭店服务　　　　　　　　B. 航空服务
　　C. 景区服务　　　　　　　　D. 导游服务

4. 1927年创办了中国第一本《旅行社杂志》的是（　　）。
　　A. 中国旅行社　　　　　　　B. 英国通济隆洋行驻华办事处
　　C. 中国国际旅行社　　　　　D. 美国运通公司驻华办事处

5. 旅游产品的核心内容一般是（　　）。
　　A. 餐饮　　　　　　　　　　B. 住宿
　　C. 购物　　　　　　　　　　D. 游览

6. 2013年,国家旅游局在深入研究、广泛征集意见的基础上,向全行业推出的旅游行业核心价值观是（　　）。
　　A. 热情友好、宾客至上　　　　B. 真诚公道、信誉第一
　　C. 不卑不亢、一视同仁　　　　D. 游客为本、服务至诚

7. 倡导与加强（　　）是培育和践行社会主义核心价值观的一项重要任务。
　　A. 文明旅游　　　　　　　　B. 出国旅游
　　C. 公民旅游　　　　　　　　D. 行前说明会

8. 旅游业是"态度行业",（　　）是这个行业的生命。
　　A. 服务态度　　　　　　　　B. 服务质量
　　C. 服务设施　　　　　　　　D. 服务技能

9. 下列关于导游专座内容说法正确的是（　　）。
　　A. 导游专座应当设置在旅游大巴驾驶员后第一排乘客座椅靠通道侧位置
　　B. 已经设置折叠座椅的旅游大巴可以在合理范围内继续供导游使用
　　C. 导游应当自觉系好安全带,不得站立讲解
　　D. 旅游大巴在旅游服务过程中,应当配备印有"导游专座"字样的座套

二、多选题（以下每小题四个选项中,至少有两项是符合题意的,请将每题的所有正确选项选出,多选、少选或错选,均为错误）

1. 按照《导游领队引导文明旅游规范》的规定,旅游者乘坐飞机时,导游员应提醒旅游者注意的安全规范和基本礼仪应包括（　　）。

A. 不长时间占用通道或卫生间

B. 不强行更换座位

C. 不强行开启安全舱门

D. 不无限制索要免费餐饮等

2. 全心全意为旅游者服务不只是一个道德意识问题,更是一个重要的道德行为问题。也就是说,必须把为旅游者服务具体落实到服务态度和服务质量上来,而其中的服务态度通常包括(　　)等方面。

A. 心理状态　　　　　　　　B. 面部表情

C. 形体动作　　　　　　　　D. 语言表达

3. 下列有关社会公德的说法中,正确的是(　　)。

A. 公共场所保持安静的环境,说话声音以不影响他人为限

B. 飞机一着陆后即可打开手机,应迅速打开行李舱,收拾好行李

C. 在酒店不能用床单擦鞋,可用一次性擦鞋布或毛巾擦鞋

D. 给陌生人照相须征求其同意

三、判断题(正确的打"√",错误的打"×")

1. 职业导游员诞生于近代,此时的导游服务已经有全程陪同服务和地方陪同服务两种类型。(　　)

2. 1927年陈光甫先生在上海成立"中国旅行社",成为中国近代旅游业诞生的标志。(　　)

3. 新中国的第一家旅行社是1954年在北京成立的"中国国际旅行社"。(　　)

学习参考书目

1. 国家旅游局.导游管理办法,2017.

2. 全国导游人员资格考试教材编写组.导游业务[M].3版.北京:旅游教育出版社,2018.

3. 熊剑平.导游实务与案例[M].武汉:湖北教育出版社,2014.

4. 杜炜,张建梅.导游业务[M].北京:高等教育出版社,2002.

5. 郭书兰.导游原理与实务[M].大连:东北财经大学出版社,1999.

6. 张建融.导游服务实务[M].杭州:浙江大学出版社,2005.

7. 李瑞玲.导游业务[M].郑州:郑州大学出版社,2006.

8. 樊丽丽.导游业务训练课程[M].北京:中国经济出版社,2007

9. 李娌.导游服务案例精选解析[M].北京:旅游教育出版社,2007.

10. 中国导游信息网:http://www.52guide.com/

导游人员

> **学习目标→**
> 　　掌握我国导游人员的概念、分类及在导游服务中的角色定位；熟悉全程陪同导游人员、地方陪同导游人员、景区景点导游人员的职责；理解导游人员在思想道德、知识、能力、心理、身体等五个方面的素质要求。
>
> **学习难点→**
> 　　导游人员　角色　职责　素质

2.1　导游人员概述

2.1.1　导游人员的概念

在我国，导游人员是指依照《导游人员管理条例》的规定取得导游证，接受旅行社委派，为旅游者提供向导、讲解及相关旅游服务的人员。

导游人员的这一概念包含以下三层含义。

第一，导游人员要取得导游证。依照《导游人员管理条例》的规定，具有高级中学、中等专业学校或者以上学历，身体健康，具有适应导游需要的基本知识和语言表达能力的中华人民共和国公民，可以参加导游人员资格考试；经考试合格的，由国务院旅游行政部门委托省、自治区、直辖市旅游主管部门颁发导游人员资格证书。

第二，导游人员要接受旅游企业的委派。依照《导游人员管理条例》的规定，导游人员进行导游活动，必须经旅游企业（包括线上和线下旅游企业或景区景点）的委派。未受旅游企业委派的导游人员，不得私自承揽导游业务，进行导游活动。

第三，导游人员是为旅游者提供向导、讲解及相关旅游服务的人员。所谓"向导"，一般是指为他人引路、带路；而"讲解"是指为旅游者解说、指点风景名胜;"相关旅游服务"一般是指为旅游者代办各种旅游证件、代购交通票据、安排旅游住宿、就餐等与旅行游览有关的各种服务。

2.1.2 导游人员的分类

导游人员由于业务范围、业务内容不同,服务对象和使用的语言各异,其业务性质和服务方式也不尽相同。根据目前的实际情况,我国导游人员可以从以下角度进行分类。

2.1.2.1 按业务范围划分

根据业务范围的不同,导游人员分为全程陪同导游人员、地方陪同导游人员和景点景区导游人员。

(1)全程陪同导游人员

全程陪同导游人员简称全陪,是指受组团社委派,作为组团社的代表,监督接待社和地方陪同导游人员的服务,以使组团社的接待计划得以按约实施,并为旅游团(者)提供全程陪同服务的工作人员。

(2)地方陪同导游人员

地方陪同导游人员简称地陪,是指受接待旅行社委派,代表接待社实施旅游行程接待计划,为旅游团(者)提供当地导游服务的工作人员。

(3)景点景区导游人员

景点景区导游人员亦称讲解员,是指在旅游景点景区,如博物馆、自然保护区等处为旅游者进行导游讲解的工作人员。

第一类导游人员的主要业务是进行旅游活动的组织和协调。第二类导游人员既有当地旅游活动的组织、协调任务,又有进行导游讲解或翻译的任务。第三类导游人员的主要业务是从事所在景区景点的导游讲解。

2.1.2.2 按职业性质划分

根据职业性质的不同,导游人员分为专职导游人员、兼职导游人员和自由执业导游人员。

(1)专职导游人员

专职导游人员是指在一定时期内被旅行社固定聘用,以导游工作为其主要职业的导游人员。这类导游人员专职为旅行社带团,由旅行社支付劳动报酬、缴纳社会保险费用。

(2)兼职导游人员

兼职导游人员也称业余导游人员,是指不以导游工作为其主要职业,而利用业余时间从事导游工作的人员。兼职导游人员也必须要通过国家导游资格统一考试并取得导游证。

(3)自由执业导游人员

自由执业导游人员是以导游工作为主要职业,但并不受雇于固定的旅行社,而是通过签订临时劳动合同为多家旅行社服务,其主要收入来源是旅行社支付的导游服务费。

2.1.2.3 按导游使用的语言划分

按照使用语言的不同,导游人员可分为中文导游人员和外语导游人员。

（1）中文导游人员

中文导游人员是指能够使用普通话、地方话或者少数民族语言,从事导游服务的人员。目前,这类导游人员的主要服务对象是国内旅游中的中国公民和来内地旅游的我国港、澳、台同胞。

（2）外语导游人员

外语导游人员是指能够运用外语从事导游业务的人员。目前,这类导游人员的主要服务对象是入境旅游的外国旅游者和出境旅游的中国公民。

2.1.2.4 按技术等级划分

根据技术等级的不同,导游人员分为初级导游人员、中级导游人员、高级导游人员和特级导游人员。

（1）初级导游人员

参加全国导游资格考试成绩合格,获得导游人员资格证书并进行岗前培训,与旅行社订立劳动合同或者在相关旅游行业组织注册后,自动成为初级导游人员。

（2）中级导游人员

取得导游资格证书满三年,或具有大专以上学历取得导游资格证书满两年,申报前实际带团不少于90个工作日,经笔试《导游知识专题》《汉语言文学知识》或《外语》,合格者晋升为中级导游人员。

（3）高级导游人员

取得中级导游人员资格满三年,具有本科以上学历或旅游类、外语类大专学历,申报前实际带团不少于90个工作日,经笔试《导游能力测试》《导游综合知识》(包括对政策法规的掌握和运用能力,对旅游业发展趋势的深入了解,对国内外重大事件的及时掌握和分析,以及对旅游相关知识的综合运用能力),合格者晋升为高级导游人员。

（4）特级导游人员

取得高级导游人员资格五年以上,业绩优异,有突出贡献,有高水平的科研成果,在国内外同行和旅行商中有较大影响,经论文答辩通过后晋升为特级导游人员。

2.1.3 导游人员的角色定位

导游人员的角色定位是指导游人员在导游服务中,在和旅游者的互动交往中所应该扮演的角色。导游人员的角色是一种职业角色,是在旅游活动中导游人员服务于旅游者这种职业关系中形成的。因此,导游人员的角色是由两方面决定的:一是社会对导游人员的职业要求,它体现在国家文化和旅游部所制定的有关导游服务的国家标准中,它反映了社会对导游人员的"角色期望";二是旅游者对导游人员服务的要求,即期望导游人员是其旅游活动中可信赖的伙伴和助手。

根据以上两方面的要求,导游人员的角色是以下社会角色的融合。

2.1.3.1 向导

导游服务的雏形是向导服务。随着时代的发展,虽然现代导游服务的内容已远不止向导服务,但向导服务依然是导游服务的一项基本内容,特别是在地陪的导游服务中,导游人员要在景区景点内引领旅游者沿着最佳游览线路活动。

2.1.3.2 讲解员

导游服务的中心内容是导游讲解,即以口头语言同时辅以态势语言向旅游者传递旅游目的地及游览景点的自然、历史、文化、政治、经济、社会和民俗风情等信息,以满足旅游者消遣、娱乐、求新、求异、增长知识的心理需求。

2.1.3.3 宣传员

导游服务虽然主要是进行文化传播,但导游服务的政治属性决定了这种传播必然带有政治倾向性,导游人员在讲解中或回答旅游者问题时常常涉及社会制度、国家政策、法律法规和思想意识方面的内容,导游人员实际上已经自觉不自觉地进行了这方面的宣传。作为社会主义国家的导游人员,应将宣传我国悠久的历史文化和社会主义制度作为自己义不容辞的职责。

2.1.3.4 服务员

在旅游活动中,导游人员担负着安排旅游者起居休息、日常餐饮、娱乐购物等旅行生活服务,同时扮演着生活服务员的角色。旅游者在旅游过程中遇到的生活问题,如饮食不习惯、突然患病等,都需要导游人员的协助处理。

2.1.3.5 安全保卫员

"没有安全就没有旅游""安全是旅游的灵魂"。在旅游活动中,导游人员要时时刻刻关注旅游者的人身和财物安全,做好安全保卫工作。在《导游人员管理条例》中明确规定:"导游人员在引导旅游者旅行、游览过程中,应当就可能发生危及旅游者人身、财物安全的情况,向旅游者做出真实说明和明确警示,并按照旅行社的要求采取防止危害发生的措施。"

2.1.3.6 促销员

导游人员在进行导游讲解时,同时也是对自己所在的旅行社和旅游目的地的自然和人文景观进行促销。经过导游人员的讲解和服务,旅游者在旅游目的地获得了丰富的旅游经历和体验,旅游心理需求得到了极大的满足,他们返回居住地后,就可能成为旅游目的地的义务宣传员。这种宣传既有利于提高旅行社的形象和知名度,也有助于旅游目的地争取潜在客源。

2.1.3.7 "民间大使"

旅游活动是当今世界规模最大的民间交往活动。对于接待海外旅游者的导游人员来说,可以在工作中利用其接触面广、机会多、时间长等有利条件,广交朋友,促进旅游者和目的地之间的交流,增进人民之间的友好情谊。在旅游者心目中,导游人员是一个国家(或地区)的代表,是人民的友好使者,是"民间大使"。一位外国旅游者曾称赞说:"中国导游人员是通向友谊的桥梁,是中国人民的友好使者。"在我国,绝大多数的导游人员以高尚的情操、广博的知识、热情的服务态度、精湛的导游技巧,为世界各地的旅游者提供了不同凡响的导游讲解服务和富有人情味的旅行生活服务,帮助海外旅游者认识中国,增进各国人民和中国人民之间的相互了解,为中国赢得了友谊和朋友,他们是名副其实的"民间大使"。

导游人员要进行准确的角色定位,必须做到以下几个方面:

第一,要不断进行角色学习。导游人员的角色学习是指导游人员学习导游工作所需

要的知识、技能,培养对旅游者服务的情感和态度。它贯穿于导游人员所从事的导游服务工作的始终。导游人员只有不断进行角色学习,培养强烈的角色意识,才能做好各项导游服务,才能使导游艺术日臻完善。进行角色学习既要学习导游讲解所需要的各个方面的知识,又要掌握导游服务的各项规范;既要学会和旅游者交往与沟通,又要学会处理和解决旅游活动中的突发事件。总之,导游人员要进行全方位的角色学习,这样才能不断地提高导游服务质量。

第二,要有意识地培养角色认知能力。导游人员在工作中,要接触各种各样的旅游者。他们有着不同的职业、不同的文化修养、不同的年龄、不同的性格特点,从而也有着不同的心理需求,有着不同的导游服务质量感知标准,导游人员只有根据他们的不同心理需要提供个性化的服务,才能满足他们的需求。因此,导游人员要做有心人,善于从旅游者的表情、态度反应来判断自己的行为是否符合了他们的需要,找出角色差距,不断调整自己,令旅游者满意。

第三,要善于完成角色转换。角色转换是指导游人员根据导游服务需要,从一个角色的扮演转入另一个角色的扮演,并以新角色的规范约束自己行为的过程。

导游人员在工作中的角色转换大致有以下两种形式:

第一种是导游人员和旅游者之间的角色转换。为了更好地了解旅游者的需要,导游人员应经常站在旅游者的角度考虑问题。学会换位思考,这不仅有利于同旅游者之间的感情交流和意见沟通,也有利于在旅游过程中遇到问题时做出合理可行的、不损害旅游者利益的决定。

第二种是从导游服务角色到其他服务角色的暂时转换。导游人员代表旅行社对旅游团在旅游活动中食、住、行、游、购、娱六个环节全面负责,当旅游者在某一环节有着特殊要求或旅游过程中遇到特殊情况时,需要导游人员暂时扮演其他服务角色,如旅游者在游览中突然扭伤,就需要导游人员运用自己所掌握的常识为旅游者做现场应急处理,担任一个临时医生的角色;旅游者在旅游计划外购物时邀请导游人员前往,导游人员如应允则应在购物过程中起到"导购"或"购物参谋"的作用。导游人员实现导游服务角色向其他服务角色的转换,体现出服务的进一步深化和细化,对于提高导游服务质量,树立导游人员自身形象,起到重要作用。

2.2 导游人员的职责

2.2.1 导游人员的基本职责

导游人员的基本职责是指各类导游人员都应履行的共同职责。各类导游人员由于其工作性质、工作对象、工作范围和时空条件各不相同,其职责重点也各有侧重。但他们的基本职责是共同的,可概括如下:

1)根据旅行社与旅游者签订的合同或约定,按照接待计划安排和组织旅游者参观、游览。

2)负责为旅游者导游、讲解,介绍中国(地方)的传统文化和旅游资源。

3）配合和督促有关单位安排和落实旅游者的交通、食宿等,保护旅游者的人身和财物安全。

4）耐心解答旅游者的问询,协助处理旅途中遇到的问题。

5）反映旅游者的意见和要求,协助安排旅游者会见、座谈等活动。

2.2.2　全陪、地陪和景区景点导游人员的职责

2.2.2.1　全陪导游人员的职责

全陪导游人员是组团旅行社的代表,是旅游活动的主要决策者,对所带领的旅游团的旅游活动负有全责,在整个旅游活动中起主导作用。其主要职责有以下几方面。

（1）实施旅游接待计划

按照旅游合同或约定实施组团社的接待计划,监督各地接待单位的执行情况和接待质量。

（2）联络工作

负责旅游过程中同组团旅行社和各地接待旅行社之间的联络,做好旅行各站之间的衔接工作。

（3）组织协调工作

协调导游服务集体各成员之间的合作关系,督促、协助各地方接待旅行社安排、落实旅游团的食、住、行、游、购、娱等事项,照顾好旅游者的旅行生活。

（4）维护安全和处理问题

在旅游过程中维护旅游者的人身、财物安全,处理突发事件。转达旅游者的意见、建议和要求。

（5）宣传和调研

耐心解答旅游者提出的各种问题,介绍中国（地方）文化和旅游资源;开展市场调研,收集旅游者的意见和建议,协助开发、改进旅游产品的设计和市场促销。

2.2.2.2　地陪导游人员的职责

地陪是地方接待旅行社的代表,是旅游接待计划在当地的具体执行者和组织者。在导游服务集体各成员中地陪的工作责任最大,处理的事物最多,工作最辛苦,所起的作用最关键。地陪的主要职责有以下几方面。

（1）安排旅游活动

根据旅游接待计划,科学、合理地安排旅游团（者）在当地的旅游活动。

（2）做好接待工作

认真落实旅游团（者）在当地的接送服务和食、住、行、游、购、娱等服务;与全陪、领队密切合作,做好当地旅游接待工作。

（3）导游讲解

做好旅游团（者）在当地参观游览中的导游讲解和翻译工作,耐心解答旅游者的问题,积极介绍和传播中国（地方）文化和旅游资源。

（4）维护安全

维护旅游者在当地旅游过程中的人身和财物安全,做好事故防范和安全提示工作。

(5)处理问题

妥善处理当地各相关服务单位之间的协作关系以及旅游团(者)在当地旅游过程中出现的各类问题。

2.2.2.3 景区景点导游人员的职责

(1)导游讲解

负责所在景区景点的导游讲解,解答旅游者提出的问题。

(2)安全提示

提醒旅游者在景区景点参观游览过程中注意安全。

(3)宣讲相关知识

结合景区景点景物向旅游者宣传讲解环境、生态和文物保护知识。

2.3 导游人员的素质要求

导游工作是知识与艺术、体力与智力的有机结合,是一项综合艺术。导游人员的从业素质直接影响到导游服务质量效果的好坏,涉及旅游消费者的切身利益,更代表着一个地区、一个国家的形象,间接影响到整个旅游业的声誉。因此,导游人员良好的从业素质对旅游业的发展就显得特别重要。作为一个导游人员,必须具备良好的思想道德素质、知识素质、能力素质、心理素质和身体素质,才能胜任导游这项工作。

2.3.1 思想道德素质

"高尚的道德永远居于首位",这是联合国教科文组织曾邀请著名专家就"21世纪需要什么样的人才"进行研讨时专家们给出的一致看法。一个人的思想道德素质,调节、支配着他的心理活动和行为方式。旅游业是一个特殊的服务性行业,导游人员只有具备与其职业相适应的、应有的思想道德素质,才能出色地完成导游任务。导游人员应具备的思想道德素质主要包括以下几个方面。

2.3.1.1 **热爱祖国**

热爱祖国是一名合格导游人员的首要条件。首先,导游人员所从事的工作是祖国事业的一部分,祖国培育了导游人员,为导游人员创造了良好的工作环境与发挥自己智慧和才能的条件。其次,导游人员的一言一行都与祖国息息相关,在海外旅游者的心目中,导游人员是国家形象的代表,旅游者正是通过导游人员的思想品德和言行举止来观察、了解中国。最后,导游人员向旅游者介绍和讲解的内容都是祖国灿烂的文化、壮丽的河山、祖国人民的伟大创造和社会主义事业的辉煌成就,没有这些丰富的内容,导游讲解就成了无源之水、无本之木。

2.3.1.2 **爱岗敬业**

导游工作是一项传播文化、促进友谊的服务性工作。导游人员在为八方来客提供旅游服务时,不但可以结交众多的朋友,而且能增长见识、开阔视野、丰富知识。导游人员应树立远大理想,将个人的抱负与事业的成功紧密结合起来,立足本职工作,热爱本职工作,尽职敬业,刻苦钻研,不断进取,全身心地投入到工作之中,热忱地为旅游者提供优质的导游服务。

2.3.1.3 诚实守信

诚信水平是衡量导游人员素质的重要指标。对于旅游者而言,能不能达到预期的出游目的,在相当大的程度上取决于导游人员的服务水平和诚信程度。在导游职业活动中,诚实守信是正确处理导游和旅游者之间实际利益关系的一项行为准则。导游人员必须真实诚恳,信守诺言和合同,做到言行一致,表里如一,不弄虚作假,不欺骗或为难旅游者,不损害旅游者的利益。"诚招天下客,誉从信中来。"导游人员只有诚实守信地对待每一位旅游者,向他们提供优质服务,才能树立良好的信誉形象。

2.3.1.4 遵纪守法

遵纪守法是每个公民的义务,导游人员作为旅游业的形象和代表,应该成为遵纪守法的典范。首先,导游人员在导游工作中必须遵守国家的法律、法规,严格地执行行业和所在旅行社的各项规章制度,遵守旅行社行业的纪律,执行导游服务质量标准,严格按导游操作规程办事,尤其要严格按照《导游人员管理条例》的规定从事导游工作。其次,导游人员在导游活动中要依靠法律武器自觉地维护国家的利益,维护旅游者的合法权益,维护旅行社和导游人员自身的合法权益。

2.3.2 知识素质

旅游的本质是一种追求文化的活动。随着时代的发展,现代旅游活动更加趋向于对文化、知识的追求。人们出游除了消遣,还想通过旅游来增长知识、增加阅历、获取教益,这就对导游人员提出了更高的知识要求。导游人员的服务对象来自各行各业,虽然他们对导游人员的期望有所不同,然而几乎所有的旅游者都希望导游人员知识渊博,能够回答自己在旅游中的各种问题。为了适应旅游者的需要,导游人员要成为一个知识渊博的"杂家",只有将渊博的知识作为后盾,讲解时才能做到内容丰富、言之有据、言之有物。事实证明,导游人员的知识越丰富、信息量越多,就越有可能把导游工作做得有声有色,就能在更大程度上满足旅游者的知识需求。导游人员的知识体系包罗万象,主要包括以下几个方面。

2.3.2.1 史地文化知识

在旅游活动中,旅游者通过对包含有丰富文化内涵的人文旅游景点和自然旅游景点的游览,可以丰富自己的文化知识、增加见识、陶冶情操。对于具体旅游景观的讲解来说,导游人员需要具备丰富的历史、地理、文化、民俗等方面知识。因为人文景观大都蕴含着丰富的文化内涵,具有历史渊源,往往和一些历史典故、民间传说、名人逸事联系起来,自然景观大都与地理和风俗民情联系起来。导游人员要通晓诸如历史、地理、宗教、民族、民俗风情、风物特产、古建园林、文学艺术等多方面的知识,以便在景点的讲解中做到灵活运用、融会贯通、引古喻今,使旅游者从自己的讲解中学到新的知识,获得美的享受。

2.3.2.2 美学知识

旅游作为一种特殊的社会实践活动,总是与审美活动密切联系。审美追求是旅游者的普遍动因。旅游者的一次旅游活动就是一次综合的审美活动。但是,美感不仅仅是一种直观感受,还需要审美主体对审美对象的认识、理解和感悟,方能体会到它的美。不同的旅游资源所承载的美是不一样的,在旅游审美活动中,如何让旅游者领略到各种美的真谛,导游人员起着重要的引导作用,导游人员只有掌握了丰富的美学知识,才能具有较高的美学修养和审美鉴赏能力,才能在导游讲解中使旅游者得到美的享受,从而满足旅游者的审美心理需求。另外,导游人员还要运用美学知识指导自己的衣着打扮和言行举止,因为导游人员本身就是旅游者的审美对象。

导游人员应具备的美学知识主要包括:
1)自然景观美学。(山地、水体、动植物、气象等景观)
2)人文景观美学。(建筑、园林、民俗等)
3)艺术美学。(书法、绘画、音乐、舞蹈、戏剧、手工艺品等)
4)生活美学。(饮食、服饰等)

2.3.2.3 心理学知识

导游工作的服务对象是形形色色的旅游者。由于旅游者的个性不尽相同,而且在不同的情景下,他们还会处于不同的心理状态,有着不同的心理需求。导游人员只有掌握必要的心理学知识,并灵活地把它运用到导游工作中去,这样才能为旅游者提供优质的导游服务,才能成为一名优秀的导游人员。除此之外,导游人员还要与旅游服务部门的工作人员打交道,也要运用心理学知识,以便合作双方建立起良好的合作关系,保证导游工作的顺利进行。同时,导游人员还要运用心理学知识随时调整自己的心理状态,使自己始终精神饱满、热情周到地为旅游者服务。

导游人员应具备的心理学知识包括:
1)普通心理学知识。(人的一般心理活动和行为规范、个性理论、交往技巧等)
2)旅游心理学知识。(专门针对旅游者和旅游从业人员心理和行为的相关知识)

2.3.2.4 政策法规知识

政策法规是导游人员工作的指针。它表现在:①导游人员在进行导游讲解、回答旅游者的问题或同旅游者讨论有关问题时,必须以国家的方针、政策和法规做指导,不能信口开河,否则,会使旅游者产生误解,甚至给国家造成损失。②导游人员在导游服务过程中会遇到许多问题,要根据国家的政策和有关的法律法规正确解决和处理。③导游人员自身的言行要符合国家的政策法规,要自觉遵纪守法。

导游人员要掌握的必要的政策法规知识主要包括:
1)中国的外交政策和对有关国际问题的态度,国际交往原则。
2)国家的现行方针政策,有关的法律法规知识。
3)与旅游业相关的法律、法规。
4)各时期国际国内的热点问题和中国的态度。

2.3.2.5 旅行知识

导游人员带领旅游者在旅游目的地旅游,除了为旅游者提供导游服务外,还要随时随地帮助旅游者解决旅行中的种种问题。导游人员掌握必要的旅行知识,不仅便于工作,还能提高旅游服务的水平,这对旅游活动的顺利进行尤为重要。

导游人员应掌握的旅行知识有:①入出境知识;②海关知识;③交通知识;④通信知识;⑤货币知识;⑥保险知识;⑦救护常识;⑧生活常识;⑨卫生常识。

2.3.3 能力素质

能力素质是一个整体的、综合性的概念,导游人员的能力素质是胜任导游服务工作的必要条件,它直接影响到对客服务的质量和效果,导游人员应具备的能力素质主要有以下几个方面。

2.3.3.1 独立工作的能力

独立性强是导游工作的特点之一。导游人员在工作中要独当一面,较强的独立工作能力对导游人员顺利完成导游工作具有重要意义。导游人员独立工作能力主要表现在以下几个方面。

(1)独立执行国家政策的能力

由于旅游活动中会涉及诸多社会、政治因素,旅游者在游览休闲的同时,进行考察和评价旅游目的地的政治局面、社会状况、经济水平和民俗民风,这就要求导游人员要特别熟悉国家的方针和政策,并以国家的方针政策、法律法规指导自己的言行和工作。对于接待海外旅游者的导游人员,在导游服务中,要利用适当的机会,以合适的方式,向旅游者宣传中国的现行方针政策,使旅游者尽可能全面、正确地认识中国。

(2)独立宣传讲解的能力

从一定意义上讲,导游人员的接待服务过程就是旅游目的地的自我宣传的过程。导游人员要独立地将景区景点内容以及有关情况通过语言传递给旅游者。要想让自己的讲解既客观、公正,又生动、形象,使旅游者心悦诚服,导游人员就要具备较强的独立宣讲的能力。

2.3.3.2 语言表达的能力

"祖国山河美不美,全靠导游一张嘴。"语言是导游人员最重要的基本功,导游语言包括外语、普通话和方言。导游人员在工作中若没有过硬的语言能力,扎实的语言功底,就无法胜任。可以说导游服务效果的好坏在很大程度上取决于导游人员掌握和运用语言的能力。导游人员应该练好导游语言这一基本功,特别是口语表达能力,要做到语音标准,语意清楚,语法准确,语速适中,语调优美,语言流畅。

2.3.3.3 组织协调的能力

在整个旅游活动中,导游人员担任着组织者和协调人的角色。导游人员接到任务后,要根据旅游接待计划合理安排旅游活动,带领全团游览好、生活好,这就要求导游人员具有较强的组织协调能力,在安排旅游活动时有较强的针对性并留有余地,在组织各项活动时讲究方式方法并及时掌握不断变化的客观情况,灵活地采取相应的有效措施。对内,导游人员需要协调好同本社计调、外联、财会等部门的关系,力求导游服务准备充分,万无一失;对外,导游人员要代表旅行社与饭店、宾馆、游览点、交通部门、商店、娱乐场所以及海关、银行、保险、公安等企业和单位联络协调,友好合作。导游工作的开展需要旅游接待服务中的相关部门的配合和支持。这些部门所提供的服务对旅游者的旅游活动来说不仅是必不可少,而且是环环相扣的,任何一个环节的服务出现差错都会对旅游活动的顺利开展产生不利影响。所以,导游人员只有具备较强的组织协调能力,才能实现旅游活动的顺利进行。

2.3.3.4 人际交往的能力

导游人员的服务对象是形形色色的旅游者,他们的个性心理特征存在着差异,对导游服务也有着各自不同的心理需求。同时,在为旅游者提供服务的过程中,导游人员还要与其他合作伙伴如领队、司机等打交道,要处理好同他们之间的关系才能使旅游活动顺利进行。因此,善于和各种人交往是导游人员最重要的素质之一。在与层次不同、品质各异、性格不同的人交往的时候,要求导游人员能熟练、灵活地运用所掌握的有关公共关系学知识和心理学知识。导游人员只有具备了较强的人际交往能力,才能在待人接物时自然、得体,才能把导游工作中做到游刃有余。

2.3.3.5 应对事变的能力

导游人员在导游服务工作中,难免会遇到各种各样的问题。在旅游活动中出现意外事故也在所难免,能否妥善处理问题和事故是对导游人员的一种严峻考验,是旅游者对导游服务质量高低评价的一个标准。临危不惧、处变不惊、头脑清醒、处事果断、随机应变是导游人员处理问题和事故时应有的能力。例如,在旅游过程中出现旅游者走失、受伤、生病、财物丢失、旅游计划变更等,就需要导游人员具有应对事变的能力,即紧急处理问题的能力。在旅游活动中出现问题和事故的时空条件、性质各不相同,导游人员处理时不能墨守成规,而应该根据不同情况采取相应措施,合情、合理、合法地予以处理。

2.3.3.6 察言观色的能力

导游人员所面对的旅游者是千差万别的,旅游者的需求不仅多种多样,而且还是在不断变化的。要想使旅游者对导游人员所提供的导游服务感到满意,导游服务一定要突出一个"活"字。在导游工作中,导游人员会经常遇到这样的旅游者,他们把自己心里所需要的期望服务隐藏起来,不向导游人员直接表述。对于这样的旅游者,导游人员若能透过他们的神态表情、言谈、行为举止等方面的信息来感知和判断他们的心理需求,及时调整自己的导游服务内容,采取必要的措施和多变的方法,提供有针对性的服务,必然会令旅游者感到满意。一般来说,导游人员可以从以下几个方面来观察旅游者。

(1)观察旅游者的面部表情

人的面部表情的变化可以表达出一个人的心理活动和思想情感。一个人的满意、不安、焦虑通常可以在面部表情上反映出来。如在导游人员为旅游者进行讲解时,旅游者如果感兴趣,就会表现出专注的情绪,否则就会东张西望。这时导游人员就需要及时调整自己的讲解。旅游者如果对某一事物好奇时,露出新奇、疑惑不解的表情,这时就需要导游人员及时做讲解,以解除他们的疑团。

(2)观察旅游者的身体语言

一个人的身体语言可以反映出一个人的性格、情绪、职业等。例如,一个人走路敏捷,多数是性格外向、热情、要求很高的;一个人歪头倾听,表明他的注意力集中,对你所讲的事物感兴趣;一个人弯腰驼背,表明他疲倦或是不高兴、不耐烦;当一个人说话或倾听中不时扬起眉毛,表明他不喜欢或不信任对方。导游人员要善于观察,做有心人。

(3)听旅游者的言语特点

一个人说话的内容、表达问题的方式、讲话的速度、使用的"行话"以及带有的"乡音"等,是可以提供一个人的文化修养、性格、职业、身份、祖籍、情绪、需求等信息的。如果一个人讲话准确,注意词语的修饰,经常使用成语,言辞有礼,一般是文化修养较高的人。讲话速度快、连续不断的人多数是性格开朗的人。不少人由于对自己所从事的工作专注、熟悉,所以在交谈中很容易以自己工作中的情况作为话题,导游人员可以从他们的言谈内容中,去分析他可能从事的职业。旅游者对于导游人员所使用的语言不同,表达的含意也不同。例如,旅游者用"我需要……"一般表明他有明确的期望或要求很高;旅游者用"我听到的不是如此",一般表明旅游者不耐烦、沮丧、气愤的情绪。导游人员要善于倾听,把旅游者的言语作为判断旅游者情绪的线索,从而进一步提供因人而异的服务。

导游人员察言观色能力的提高,一方面要靠长期工作的实践,另一方面也需要在平时进行有意识的观察练习。

2.3.3.7 旅游促销的能力

附加游览项目,是现代旅游活动中经常发生并且是必不可少的一部分,它对丰富游览内容是一个补充,是旅游者在游览过程中的一个重要组成部分。但附加游览项目,是需要旅游者在原来所缴纳的费用之外再额外付费才能进行消费的项目,也就是我们常说的自费游览项目。根据我国相关旅游法规中的条例规定,对于旅游活动中的附加游览项目旅游者是否购买,必须遵循自愿的原则,导游人员绝不允许强拉强卖。要想使旅游者对旅游活动中的附加游览项目感兴趣,并且主动购买、消费这些项目,导游人员必须具备较强的旅游促销能力,掌握一定的促销技巧。导游人员在向旅游者进行附加游览项目的促销时,以下几个方面尤为重要。

(1)选择合适的时机

导游人员选择一个合适的促销时机,是促销成功的开始。一般来讲,这个时机应选在旅游者对导游人员有了一定信任度的时候。因此,导游人员在导游工作中必须通过精彩的导游讲解和优质的人性化服务,在旅游者心目中造成一种信任感。旅游者的信任度越深,就越容易对导游人员关于附加游览项目的促销宣传产生爱屋及乌的心理。而当一个服务不到位,给旅游者留下不佳印象的导游人员在进行促销时,就会导致旅游者产生怀疑心理,有时甚至会产生适得其反的效果。所以,附加游览项目促销的基础是优质服务。

(2)打造精彩的促销词

导游人员在为旅游者促销附加游览项目时,所使用的促销词是非常重要的,导游人员的促销词必须精彩。人的天性爱美、好奇、求新索趣,精彩的促销词能激发旅游者的猎奇心理与求美天性,从而导致旅游者对附加游览项目的认同和购买。

附加项目的促销词一般由"切入词、亮点词、报价"三部分构成。切入词,不能像景点简介那样按照地点、特色等导游讲解常规一一列举,而应寻找一个出人意料之外的景点特色切入,一开始就能以独特的魅力激发旅游者的注意力。切入后马上转入对所附加项目的亮点介绍。附加游览项目的促销词应少而精,一般可控制在10分钟左右,所以亮点词只需选择其最具特色的3~4个魅力亮点进行介绍即可,千万不要讲得过多、过长。如果旅游者听到长篇大论的促销词,轻则不听,重则会觉得导游人员的功利心太重,从而会改变原来对导游人员的良好印象。报价时要注意策略,要因团而异,注意旅游者的心理反应。

导游人员的促销词中切不可有过激的加压言词,这样极易引起旅游者的逆反心理。

甚至有可能会激发事变。

(3) 把握旅游者的心理来促销

导游人员在对附加游览项目促销时，必须要把握好旅游者的心理。对于不同心理的旅游者，导游人员的促销重点应有所区别。例如，对于在抵达旅游目的地之前，对导游人员要促销的附加游览项目已有所了解的旅游者，对所加项目的特色只需点到为止，不用详解。对于导游人员要促销的附加游览项目不了解的旅游者，促销的重点是对所加项目的特色、亮点及价格做详细讲解。对于有攀比心理的旅游者，应介绍所加项目旅游者如织的盛况，特别是启发同行旅游者对所加项目的赞美之词。对于有追星心理的旅游者，应介绍明星、名人游览所加项目时的趣闻逸事以及他们对项目的高度评价。

2.3.3.8 调动情绪的能力

一名出色的乐队指挥家，一上台就能把整个乐队的情绪调动起来，作为一名优秀的导游人员，在从事导游工作的时候，就应该像一名乐队指挥，具有较强的调动旅游者情绪的能力。一方面，在旅游者的游览活动中，导游人员要熟练运用丰富的知识、幽默的语言、抑扬顿挫的语调、引人入胜的讲解、富有节奏的导游活动来随时调动旅游者的旅游积极性，使他们顺着自己的思路去认识、分析、判断、欣赏，从而获得旅游的乐趣和美的享受。另一方面，在旅游者坐车到游览点的途中，当坐车时间长或沿途中的景物已经看过的时候，特别容易产生无聊、乏味的感觉，也会影响旅游者的情绪和游览的兴趣。这时候，导游人员在车上，应采取多种手段，开展多种活动，尽可能地调动旅游者的兴趣。例如，导游人员可以向旅游者介绍当地的一些礼仪、习俗；可以教旅游者当地的方言；可以为旅游者唱歌、讲笑话；可以让旅游者参与一些趣味性强的游戏如绕口令、脑筋急转弯、猜谜语等。特别需要强调的是，导游人员有时候会带领旅游者到自己去过多次的景点游览，导游人员一定要注意克服厌烦的情绪，应该使自己始终保持饱满、兴奋的情绪，从而调动起旅游者的游览情绪。

2.3.4 心理素质

心理素质是对导游人员素质要求中的重要构成部分。美国心理学家戴尔·卡耐基提出，一个人事业上的成功，只有15%是由于学识和专业技术，而85%是由于良好的心理素质和善于处理人际关系。导游服务是一种特殊的服务行业，是面对面的接待服务，导游人员的服务对象是具有丰富心理活动的旅游者，导游人员的心态就像无声的语言影响着旅游者的心理，进而影响着旅游活动的成败。而导游服务与其他旅游服务相比，是一种更为复杂的、高智能、高技能的活动，导游人员往往承担着很大的精神压力，具有良好的心理素质尤为重要，导游人员的良好心理素质是导游活动成功的重要保证。

导游人员主要应具备以下的心理素质。

2.3.4.1 积极的自我效能感

自我效能感是指人们对自己实现特定领域行为目标所需的信心和信念。它是美国心理学家阿尔伯特·班杜拉在社会学习理论中提出的一个核心概念。在行动中积极的自我效能感能促进人能力的发展。研究表明，自我效能感越强，就越能够坚持下去。导游人员应具有积极的自我效能感，它主要表现在以下两个方面。

(1) 增强职业自信力

作为一名导游人员要有职业自信力,学会自我肯定。所谓自我肯定就是正确认识自己,就是能够体会到自己存在的价值,既能了解自己,又能接受自己,对自己的能力、性格和特点能做出恰当、客观的评价,并努力发展自身潜能。导游人员如果高估自己,会丧失适合自己的发展机会;而低估自己,则易造成导游人员的自卑感。国外有位著名学者说:"90%的人都为自卑感到苦恼。"自卑、没有职业自信力,会直接影响导游人员职业实力的发挥。所以,导游人员在面对复杂而艰巨、高度智能和技能结合的导游工作时,在面对比自己强的同行时,在面对形形色色的旅游者时,应该相信自己,克服自卑,应该以一种专业的心理状态坦然面对旅游者,这样才能把自己职业实力的最好状态展示给旅游者。增强职业自信力,是提高导游人员自我效能感的核心。

(2) 体会自我成绩

导游人员应该善于体会自己在工作中所取得的成绩。当自己为旅游者提供服务后,旅游者所露出的心满意足的微笑,热情的掌声,口头的或书面的表扬等,都是对导游人员服务的肯定。有了旅游者的肯定,导游人员就会心情舒扬、精神愉快,同时能极大地增强自己的职业自信力,从而进一步激发自己的爱岗敬业精神。

2.3.4.2 良好的性格特征

在心理学上,性格是指一个人在个体生活过程中所形成的,对现实稳固的态度以及与之相适应的习惯了的行为方式。良好的性格特征可以促进个人能力的形成和发展,可以支配和控制气质和习惯。旅游活动的特点对于所从事旅游服务的导游人员提出了以下的性格要求。

(1) 外倾型的性格

瑞士心理学家荣格提出了内倾型和外倾型性格学说的理论。他认为人在与周围环境发生联系时,人的心理有两种指向:一种是指向个体内在世界,叫内倾。具有内倾型性格的人一般具有沉静、富有想象力、爱思考、退缩、害羞、敏感等特征;另一种是指向外部环境,叫外倾。具有外倾型性格的人则具有爱交际、好外出、坦率、随和、易于适应环境等特征。由于导游工作的特点,要求导游人员应是一个精力充沛、坦率随和、热情待人、乐于交往的人。显然,导游人员应当具有外倾型性格特征。性格虽有一定的先天基础,但也在很大程度上可以培养和塑造。对于那些内倾型性格的导游人员,应主动在实践中磨炼自己,努力把自己培养成具有外倾型性格的人,从而与旅游者之间建立和谐的人际关系。

(2) 广泛的兴趣

兴趣广泛,是导游人员成功进行导游的基础。导游人员兴趣广泛,乐于探求一切事物,在旅游过程中,能为旅游者进行精彩的讲解,回答旅游者提出的各种问题,并能巧妙地利用自己的兴趣引导旅游者,能与各类旅游者进行融洽的交流,无形中缩短了导游人员和旅游者之间的心理距离,给旅游者留下良好的印象。

导游人员广泛的兴趣主要应表现在以下几个方面:

第一,热爱本职工作的兴趣。爱因斯坦说过:"热爱是最好的老师。"有人把兴趣比作"成功的胚胎"。导游人员只有热爱本职工作,才能在一定程度上克服繁杂的导游工作中的枯燥情绪和厌倦心理,才能不断进取,全身心地投入工作中,热情地为旅游者提供优质

的导游服务。

第二,不断学习知识的兴趣。导游服务工作的对象是形形色色的旅游者,旅游者的兴趣是多方面的。作为导游服务工作主体的导游人员的兴趣更应有一定的深度和广度。导游人员不仅要对与导游工作密切相关的历史、地理、宗教、艺术等有兴趣钻研,而且要对时事政治、自然科学等知识也有兴趣涉猎。凡是旅游者想知道的,导游人员都应懂得一些,只有这样,才能满足旅游者求知、求奇、求新的精神享受,才能获得旅游者的尊重。兴趣单一、知识面窄的导游人员,往往是不能胜任导游工作的。

第三,培养人际交往的兴趣。导游工作是一项与人打交道的工作。培养交际兴趣,对导游人员来说相当重要。导游人员要善于处理人际关系,既要能够接近别人,又要使自己容易被别人信任,只有这样,才能进行良好的导游服务。

(3)豁达的心胸

导游人员在工作中与旅游者及其他合作伙伴之间出现矛盾、发生纠纷是常有的事。尤其是有些比较挑剔的旅游者,动辄以"投诉"相威胁,语言尖刻,为难导游人员,凭着自己的意愿对导游人员的工作求全责备,甚至寻衅滋事。在明知旅游者不对的情况下,导游人员不能感情用事,急于辨别是非,而要以豁达的心胸来包容,要以理服人,并且理明则让,力争双赢,避免发生正面冲突。

2.3.4.3 健康的职业意志品质

导游人员的职业意志品质是其实现职业目标的心理状态,是一种深层次的工作积极性。健康的职业意志品质,对于导游人员胜利完成导游任务有着重大的影响。

导游人员应具备的健康的职业意志品质主要体现在以下四个方面。

(1)自觉性

自觉性是导游人员的职业意志品质的基本前提。自觉性包括自我认识和自主行动,强调人的主动性、能动性。导游人员要能够自觉支配自己的行动,有明确的工作目标,并努力实现既定的目标。能正确地对待自己的成绩与进步,虚心向他人学习,改正自己的不足,勇于克服各种困难,战胜各种挫折。避免在工作中依赖他人,盲目从事。

(2)果断性

果断性是导游人员为旅游者服务、对旅游者负责的重要的心理基础。果断性包括遇事沉着和处事果断两个方面。在导游工作中无论何时出现何种意外,无论遇到的意外多么紧急、复杂、严重,导游人员都要临危不乱、果断沉着,迅速有效地采取行动,控制局势,寻找可行的补救措施,化险为夷,妥善解决问题。切忌在处理问题时,优柔寡断、犹豫不决或者草率行事。

(3)自制性

导游人员的自制性主要表现在以下三个方面:

第一,导游人员要能够很好地控制自己的情绪,保持稳定的积极情绪。导游人员在工作的时候其精神状态直接影响着旅游者的情绪。所以,作为一名导游人员,只有很好地控制自己的情绪,遇事沉着冷静,对于各种外来因素的干扰,保持一颗平常心,才能在旅游者面前显示出良好的精神状态,始终以愉快、饱满的积极情绪做好导游工作。

第二,导游人员要克制和调节自己的行动。对于旅行社下达的工作任务不挑拣;在带团旅游过程中遇到困难、繁重的任务不回避;处理突发事件时镇静和沉着;处理各种关系时机智灵活、友好协作;遇到旅游者挑剔、投诉时耐心、周到,处理得合情合理。

第三,导游人员在面对各种精神污染和物质诱惑时要能自觉抵制。瑞士导游专家汉斯·乔治·戈根海姆曾明确指出:"我们面前有各种各样的诱惑,金钱、美女、佳肴……"导游人员北野一志先生在《一个中国导游的自白》一书中有一句话:"'诱惑'不仅使你难以抵御,更重要的是使你误入歧途。"作为导游人员要具备很强的自制力,要能自觉抵制各种诱惑。

(4) 坚韧性

坚韧性包括坚强和柔韧两个方面。坚强就是说导游人员在工作中做事要有坚定的正确方向,始终如一的目标,坚忍不拔的毅力,追求成功的锲而不舍的精神。柔韧就是说导游人员在带团过程中做事要有灵活性、讲策略,要随机应变,要做到因人而异,因时制宜,因地制宜。

2.3.5 身体素质

导游服务工作要求导游人员能走路、会爬山,能适应各地的气候、水土和饮食;能为旅游者四处奔波,满足他们的正当要求,解决他们的困难;能适应长期在外、连轴转带团、体力消耗大、无法正常休息的工作特点;对于现在的一些特色旅游产品和体验性产品,如攀岩、探险等,对于导游人员的身体素质有着更高的要求。因此,强健的体魄,也是导游人员必备的素质要求之一。

另外,国外在选择导游人员时,特别重视的条件是个人品格。品格方面的要求是有博爱的性格和同人打交道的热情。加拿大导游专家帕特里克·克伦在其《导游成功的秘诀》一书中对导游人员应具备的素质也进行了阐述。他认为,要成为一名出色的导游人员,必须具备下列品质:领导能力、精干、耐心与宽容、幽默感和坚毅。简而言之,导游人员应是"集专业技能和知识、机智、老练圆滑于一身"的人。

2.4 导游资格的获取

实行导游人员资格考试制度是世界上很多旅游业发达国家的通行做法,导游资格考试是政府行政许可,行业新进人员的选拔考试,导游资格考试制度自推行以来,为旅游业培养和选拔了大批合格的一线旅游人才,对提高行业水准,推动旅游业实现跨越式发展有着重大意义。

2.4.1 我国导游人员资格和获取

根据《中华人民共和国旅游法》《导游人员管理条例》《国家文化和旅游部办公室关于完善"导游人员从业资格证书核发"行政审批事项有关工作的通知》(国发〔2015〕202号)文件和《全国导游人员资格考试管理办法(试行)》的规定,全国导游人员资格考试自2016年起收回分散在全国各省、市、自治区的考试权限,实行全国统一的导游人员资格考试制度。国家文化和旅游部负责制定全国导游人员资格考试的政策、标准和对各地考试

工作的监督管理。省、自治区、直辖市级旅游主管部门负责组织、实施本行政区域内导游人员资格考试具体工作。

2.4.1.1 报名条件

凡是具有高级中学、中等专业学校及其以上学历，身体健康，具有适应导游工作需要的基本知识和语言表达能力的中华人民共和国公民，均可参加全国导游人员资格考试。

2.4.1.2 考试科目及内容

我国导游人员资格考试科目为："导游综合知识"和"导游服务能力"两个方面。考试内容为从事导游工作应掌握的基本知识和技能。

"导游综合知识"为笔试，主要考核内容包括：政策与法律法规、导游业务、全国导游基础知识和地方导游基础知识。

"导游服务能力"为现场考试，主要考核内容包括：导游讲解能力、语言表达能力、导游规范服务能力、导游特殊问题处理及应变能力。外语类考生须用所报考语种的语言进行"导游服务能力"一科考试，并加试口语（中译外和外译中）。

考试语种分为中文和外语，其中外语类包括英语、日语、俄语、法语、西班牙语、朝鲜语、泰语等。

2.4.1.3 教材、命题和考试方式

导游人员资格考试的考试大纲、教材和复习资料由国家文化和旅游部根据考试科目组织相关专家进行编写，并确定每年考试日期、时间。考试形式分笔试与现场考试两种。笔试实行全国统一的计算机考试。现场考试以模拟考试方式进行，由省级旅游主管部门根据考试大纲和《全国导游资格考试现场考试工作标准（试行）》组织。

现场考试考查内容及分值见表 2.1。

表 2.1　现场考试考查内容及分值

现场考试	时　长	景点讲解考察范围	总分值	考察项目及占比情况
中文类考生	≥15 分钟	≥12 个	100 分	景点讲解 45% 语言表达 20% 导游服务规范 10% 应变能力 10% 综合知识 10% 礼貌仪态 5%
外语类考生	≥25 分钟	≥5 个	100 分	景点讲解 30% 语言表达 25% 口译 20% 导游服务规范 10% 应变能力 5% 综合知识 5% 礼貌仪态 5%

2.4.1.4 资格证书的取得

导游人员经资格考试合格者,可获得全国导游人员资格证书,证书由国家旅游局统一印制。各省旅游行政管理部门将考试合格人员名单及证书编号报国家旅游局,由国家旅游局核发资格证书,证书全国有效。

获得了导游人员资格证书只表明持证人具备了从事导游职业的资格,但并不能实际从事导游职业。若从事导游活动,必须与旅行社订立劳动合同或者在旅游行业组织注册,申请导游证后,才能获得从业的许可。

导游证采用电子证件的形式,由国家旅游局制定格式标准,由各级旅游主管部门通过全国旅游监管服务信息系统实施管理。电子导游证以电子数据形式保存于导游个人移动电话等移动终端设备中。

导游证有效期为3年,有效期届满前3个月应申请换发,未申请换发的将注销导游证。

2.4.2 国外导游人员资格获取简介

为了确保导游人员的权益和水平,很多国家的导游法规规定,导游人员必须通过有关部门的考试和考核才能获得从业资格。日本《导游业法》规定,申请导游执照者必须通过运输省的资格考试,合格者持都道府县签发的导游证方能上岗。考试内容包括外语、日本地理、历史和有关经济、政治、文化等方面的常识。考试作弊者,取消参加考试资格3年。

菲律宾《旅游法律》规定,申请导游执照者,必须有两年以上实际工作经验,参加旅游局或旅游局批准的其他组织或个人举办的导游培训班,并通过考试,合格者才能取得执照。

新加坡旅游促进局对导游人员资格有严格规定。要想成为一名导游人员,必须首先接受基本训练,毕业后分配到旅行社接受3个月的实际业务锻炼,在口试、笔试和现场考试通过后,方可获得临时执照,再经过半年的实际工作,表现出色者才能取得导游人员执照。

西班牙政府有较严格的导游资格认证体系,而且利用各种法规条款对导游人员做出明确的执业规范,并通过相应的机构进行监督。依据马德里旅游局的法规规定,导游人员考试每年一次,导游人员需经考试合格后,由旅游局颁发导游证。考取的导游证为终身证件。考取导游证,要具备三个条件:成年人、拥有大学学历、获得观光学学位。所有参考人员在文化、政治、宪法等方面都要求具备一定水准。最重要的是必须精通一门外语。导游考试包括笔试和口试,具体内容有旅游名词条例、语言、文化、历史。评审团由"国立"大学的教授组成,可以问很多突发事件的处理方面的问题,不仅要考西班牙整体知识,还要考马德里地区的相关知识。马德里每年有100多人参加考试,但通过的只有8~10人。

但也有一些国家对导游人员从业资格要求较松。如在澳大利亚,凡有意当导游者,可自愿参加由澳大利亚入境旅游组织举办的半年一次或一年一次的资格考试,通过者可获得该组织颁发的导游资格证书和导游胸卡,并获得全国承认;也可参加被澳大利亚旅游培训委员会认可的学校所组织的导游资格培训班,完成学业并通过考试则自动获得导游资格证书。但是,导游资格证书只是作为专业水平的证明,并不是每个导游必须具备的条

件。在德国,不设导游资格考试制度,当导游不需要导游证和导游资格证明,只要能证明身份,有旅行社雇佣,任何人都能成为导游。

【本章小结】

　　导游人员是导游服务工作的主体。导游服务质量是旅游者关注的重点,而任何一次导游服务的质量高低、效果好坏,主要取决于担任这次导游工作的导游人员的素质、能力及经验。在旅游接待服务集体中,作为导游服务主体的导游人员只有切实履行好自己的职责,扮演好自己的角色,在思想道德、知识、能力、心理、身体等方面具有良好的从业素质,才能提供让旅游者满意的服务。

【重点概念】

　　导游人员　　角色定位　　素质要求

【案例分析】

　　案例2-1

圆　梦

　　一次,上海国旅导游张培忠接待了一个美国旅游团。带团中,他发现一对老年夫妇下飞机时情绪异常激动,游览途中又紧随在他身边,几次欲言又止,似有难言之隐。经张培忠主动与他们交谈,了解到这对老夫妇此次来沪是希望寻觅年轻时曾居住过的旧居。尽管张培忠工作了一天已十分疲劳,次日清晨6点还要送这批外宾,但他还是决意要帮助老人了却多年的心愿。他叫了一辆出租车,沿路慢慢行驶。老夫妇怎么也记不清当年的路名,依稀记得弄堂对面是电话公司。张培忠借助平时积累的知识,仔细分析辨别,居然找到了他们当年住过的小楼。老人深情地一遍又一遍抚摸那木质扶梯的把手、大门、信箱,那激动的神情使张培忠心头洋溢着一种满足的快感……

　　问题:
　　1. 案例中的导游人员是从哪些方面了解到这对老年夫妇的心理需求的?
　　2. 你认为导游人员张培忠为这对老年夫妇能成功地提供针对性服务的根本原因是什么?

　　　　　　　　　　　　　　(资料来源:杜炜,张建梅.导游业务[M].北京:高等教育出版社,2006.)

　　案例2-2

日本的导游小姐

　　日本非常重视导游服务。他们要求导游人员应该是一位"导游演员""旅游者之友""旅游者顾问",而不应该只是一个旅游带路人。日本要求导游人员对旅游者要无微不至地关怀照顾。

　　日本导游小姐对待旅游者热情、友好、周到、礼貌,已经获得了世界广泛的赞誉。以随车导游为例,每天早晨,当旅游者登车出发去游览时,穿着整齐的女导游人员便站在车门旁,向每一位旅游者鞠躬致意,表示欢迎。当旅游者在车中坐好后,导游人员就亲切地向旅游者介绍自己和司机的姓名,便于联系。在介绍车内的基本情况后,导游小姐会面带微笑向客人询问车内温度是否适宜,旅游者是否有不适之感。这些都按照旅游者的意见处理完了,接着便介绍一天的游览项目,以及介绍这一旅游地区的历史、地理、特产和民族风俗、传说等,使旅游者感到非常温暖、愉快。一天旅游结束后,旅游者下车回到旅馆时,导游人员又站在车门旁面带微笑地向旅游者鞠躬道别,使旅游者满意地结束一天的旅游。

问题:

1. 日本导游小姐的服务给你的感受如何?你认为值得借鉴的地方有哪些?

2. 如果你是一位随车导游人员,你会怎么做?根据旅游者的心理需求,你认为应该注意的细节有哪些?

(资料来源:杜炜,张建梅.导游业务[M].北京:高等教育出版社,2006.)

思考题

1. 解释下列概念:导游人员、全程陪同导游人员、地方陪同导游人员、景区景点导游人员。

2. 我国导游人员是如何分类的?

3. 导游人员在工作实践中应该扮演什么样的角色以及如何实现角色的转换?

4. 我国不同业务范围的导游人员的主要职责是什么?

5. 根据导游工作的要求,导游人员应具备哪些素质要求?

实训题

1. 请同学们在课下收集我国优秀导游人员的先进事迹,在课堂上先以口头的形式讲述,然后请同学们分别扮演所讲述的优秀导游人员,进行服务情景再现。同学们通过观看现场模拟,交流自己的体会。

2. 在2018年的7月,郑州市某旅行社的导游人员小王接待了一个由来自全国不同地区的散客组成的一个35人的旅游团,小王是这个旅游团的地陪。这个旅游团在郑州的日程安排中除了固定的旅游项目外,还有禅宗少林音乐大典、卢崖瀑布等附加游览项目。如果你是地陪小王,你会怎样向旅游团的旅游者促销这些附加游览项目?

本章练习题

一、单选题(以下四个选项,只有一项是正确的,请选择最佳选项)

1. 导游人员是指按照( )的规定,取得导游证,接受旅行社委派,或同游客签订合同,为游客提供向导、讲解及相关旅游服务的人员。

A.《导游人员管理条例》　　　　　　B.《旅行社管理条例》

C.《旅游服务基础术语》　　　　　　D.《导游服务质量》

2. 按照有关规定,具有大专或以上学历的初级导游人员晋升为中级导游人员的条件之一是取得导游证满( )。

A. 1 年 B. 2 年
C. 3 年 D. 4 年

3. 一名合格的中国导游人员应该具备的首要条件是（　　）。
A. 热爱祖国 B. 情操高尚
C. 爱岗敬业 D. 遵纪守法

4. 导游人员最重要的基本功是（　　）。
A. 史地文化知识 B. 政策法规知识
C. 语言表达能力 D. 美学知识

5. 代表组团旅行社在整个旅游活动中起主导作用的是（　　）。
A. 海外领队 B. 地方陪同导游人员
C. 全程陪同导游人员 D. 景点景区导游人员

二、多选题（以下每小题四个选项中，至少有两项是符合题意的，请将每题的所有正确选项选出，多选、少选或错选，均为错误）

1. 游人员的知识结构主要包括（　　）。
A. 语言知识 B. 政策法规知识
C. 心理学知识 D. 美学知识
E. 服务采购知识

2. 我国导游人员按照业务范围，可分为（　　）。
A. 出境旅游领队 B. 全程陪同导游人员
C. 地方陪同导游人员 D. 景区景点导游人员
E. 义务导游人员

3. 导游服务三要素指的是（　　）。
A. 独立工作能力 B. 语言
C. 知识 D. 服务技能
E. 进取精神

4. 导游人员的身心健康包括（　　）方面。
A. 身体健康 B. 心态平和
C. 头脑冷静 D. 心情愉悦
E. 思想健康

5. 导游人员的素质要求包括（　　）。
A. 良好的职业形象 B. 广博的知识结构
C. 较强的独立工作能力 D. 熟练的导游技能
E. 健康的体魄和心态

6. 导游较强的独立工作能力包括（　　）。
A. 独立执行政策和进行宣传讲解的能力 B. 较强的组织协调能力
C. 善于和各种人打交道的能力 D. 独立分析、解决问题，处理事故的能力
E. 熟练的导游技能

7. 导游人员的独立工作能力主要表现为（　　）。
　A. 独立执行国家政策的能力　　　　B. 独立宣传讲解的能力
　C. 应对事变的能力　　　　　　　　D. 应对事变的能力
　E. 语言表达的能力
8. 地方陪同导游人员的主要职责是（　　）。
　A. 安排旅游活动　　　　　　　　　B. 做好接待工作
　C. 进行导游讲解　　　　　　　　　D. 维护旅游者安全
　E. 宣传、调研工作
9. 导游人员的基本职责包括（　　）。
　A. 接受任务，搞好推销　　　　　　B. 导游讲解，传播文化
　C. 安排旅游事宜，保护游客安全　　D. 反映意见要求，安排相关活动
　E. 解答问询，处理问题
10. 景区导游人员的主要职责包括（　　）。
　A. 导游讲解　　　　　　　　　　　B. 处理问题
　C. 做好调研工作　　　　　　　　　D. 安全提示
　E. 宣讲相关知识

三、判断题（正确的打"√"，错误的打"×"）

1. 导游人员只有以良好的思想品德做后盾，讲解时才能做到内容丰富、言之有物。（　　）
2. 热爱社会主义祖国是作为一名合格的中国导游人员的首要条件。（　　）
3. 对于提供涉外导游服务的导游人员，还应牢记"内外有别"的原则，在工作中多做请示汇报，切忌自作主张，更不能做违法乱纪的事。（　　）
4. 导游人员的工作对象甚为广泛，善于和各种人打交道是导游人员最重要的素质之一。（　　）
5. 语言知识是导游讲解的素材，是导游服务的"原料"，是导游人员的看家本领。（　　）

学习参考书目

1. 杜炜，张建梅. 导游业务[M]. 北京：高等教育出版社，2006.
2. 郭赤婴. 新导游人员必备手册[M]. 北京：中国旅游出版社，2009.
3. 李伟丽. 导游业务[M]. 郑州：郑州大学出版社，2012.
4. 国家旅游局人事劳动教育司. 导游业务[M]. 北京：旅游教育出版社，2013.
5. 臧其猛. 导游业务[M]. 北京：清华大学出版社，2014.
6. 解程姬. 导游业务[M]. 北京：北京理工大学出版社，2015.
7. 全国导游资格考试通编教材专家编写组. 导游业务[M]. 北京：中国旅游出版社，2018.

# 团队导游服务程序

学习目标→

本章以接待入境团为例,展开学习团队导游服务的程序。通过本章的学习,要求同学们熟练掌握地方导游服务程序各工作环节的要领和技巧,熟悉全陪导游服务的程序,了解海外领队和景区景点导游的服务程序和要领,在导游服务中,地陪、全陪、海外领队和景区景点导游要相互配合,互帮互助,尽职尽责,以确保旅游团队的各项活动顺利进行,争取达到良好的工作效果,做到工作职责、服务程序与标准的统一。

学习难点→

　　地方导游服务程序　　首次沿途导游　　欢迎词　　欢送词
核对、商定日程

　　团队导游服务程序是指导游人员从接到旅行社下达的接待旅游团的接待任务起,到完成对旅游团的接待并做完善后工作为止的整个工作程序。地陪、全陪、领队和景区景点导游的服务程序各不相同。

3.1 地方导游服务程序

　　地方导游服务程序是指地陪自接受了旅行社下达的旅游团接待任务起至送走旅游团并做完善后工作为止的整个工作流程。在这个过程中,地陪自始至终应按照《导游服务规范》来接待来自全国和世界各地的朋友。

　　《导游服务规范》中指出,地陪服务是确保旅游团(者)在当地参观游览活动的顺利,并充分了解和感受参观游览对象的重要因素之一,地陪应按时做好旅游团(者)的迎送工作;严格按照接待计划,做好旅游团(者)的参观游览活动中的导游讲解工作和计划内的食宿、购物、文娱等活动的安排;妥善处理各方面的关系和出现的问题。下面,我们以接待入境团为

例来进行分析。

3.1.1 准备工作

做好准备工作,是地陪提供良好服务的重要前提。地陪的准备工作应在接到旅行社分配的任务,领取了盖有旅行社印章的接待计划后立即开始。接待计划是组团旅行社委托各地方接待社组织落实旅游团活动的契约性文件,是导游人员了解该团基本情况和安排活动日程的主要依据。地陪须在上团前领取接待计划并认真阅读。准备工作可分为以下几个方面。

3.1.1.1 熟悉接待计划与团队情况

《导游服务规范》要求:"上团前,地陪应认真查阅团队接待计划及相关资料,熟悉掌握旅游团(者)的全面情况,团队行程安排、特殊要求或注意事项等细节内容,注意掌握其重点和特点,重要事宜要做记录。"

旅游团体接待计划表见表3.1。

表3.1 旅游团体接待计划表

```
            _____接待计划
                              编号：
致：_____入境旅游中心、旅游团队、结算中心：
    由____旅行社组织的_____团一行__人,将于__月__日乘坐_____航班(车次、船次)抵____
_____,____月____日乘_____航班(车次、船次)离_____赴_____。
    该团在_____住_____饭店,住房早餐由_____订妥。
    出境机票(车票、船票)由_____自理,请代为确认。
    请提供_____等级综合服务。
    请安排游览_____(如有其他要求附此处)。
    联系人:_____电话:_____传真:_____手机:____名单附后:_____拟计划
    单位:_____。
    抄送:总经理、副总经理等。
                                                    年  月  日
```

地陪在接受任务后,通过阅读分析接待计划,应掌握旅游团的以下情况:

(1)旅游团的基本信息

组团社名称(计划签发单位),联络人姓名,电话号码,客源地组团社名称,团号,旅游团的结算方式,旅游团的等级(如豪华团、标准团、经济团等),全陪姓名。

旅游团的团名,代号,电脑序号,人数(含儿童),用车,住房,餐标(是否含酒水)等情况。

在食、住、行、游等方面是否有特殊要求,是否有特殊要求的游客(如残疾游客,高龄游客等)。

(2)旅游团成员的基本情况

客源地,全陪姓名,游客姓名,性别,职业,年龄(有否老人和儿童),宗教信仰,民族。

(3) 全程旅游路线,海外旅游团的入出境地点
(4) 所乘交通工具情况
抵离本地时所乘飞机(火车、轮船)的班次、时间和机场(车站、码头)的名称。
(5) 交通票据的情况
该团去下一站的交通票据是否已按计划订妥,有无变更及更改后的情况;有无返程票。

接海外旅游团应了解该团机票有无国内段;要弄清机票的票种是 OK 票还是 OPEN 票。

OK 票,即已订妥日期、航班和机座的机票。持 OK 票的旅客若在该联程或回程站停留 72 小时以上,国内机票需在联程或回程航班起飞前两天中午 12 小时以前,国际机票需在 72 小时前办理座位再证实手续,否则原座位不予保留。

OPEN 票,是不定期机票,旅客乘机前需持机票和有效证件(护照、身份证等)去航空公司办理订座手续。订妥座位后才能乘机,此种客票无优先权、无折扣优惠。

(6) 掌握特殊要求和注意事项
该团是否要求有关方面负责人出面迎送、会见、宴请等礼遇。
该团有无需要办理通行证地区的参观游览项目,如有,则要及时办理相关手续。

知识链接

礼遇和外事礼遇常识

礼遇是指在外事活动或旅游服务活动过程中,主方人员根据客方人员身份、地位、代表团级别给予相应的接待规格和礼宾(以礼待宾客)待遇。

外事礼遇是指在外事接待工作中对来宾有礼貌的待遇。

外事礼遇有三个原则:对等的原则、破格的原则和从简的原则。

1. 对等的原则:一方出面人员与来访者在级别、职务以及待遇、费用等方面,大体上要对等。除非有特别的安排,礼遇不宜随便提高或降低。

2. 破格的原则:有的来访者身份虽然不高,但因为特殊原因或为了达到某种目的而给来访者以破格的较高礼遇。

3. 从简的原则:即重友谊、重实效,而不重形式,不讲排场。

外事礼遇安排是否得当,直接影响着接待效果。在接待的每一个环节,包括环境布置、迎送陪同、会见宴请、住房、交通、赠送礼品、新闻报道等,都体现着礼遇。

3.1.1.2 落实接待事宜

《标准》要求:"地陪在旅游团抵达的前一天,应与有关部门或人员落实、检查旅游团的交通、食宿、行李运输等事宜。"

(1) 落实旅游车辆
地陪应与为该团提供交通服务的车队或汽车公司联系,问清、核实司机师傅的姓名、车号、联系电话。

接大型旅游团时,车上应贴编号或醒目的标记。

确定与司机的接头地点并告知活动日程和具体时间。

(2)落实住房

地陪应熟悉该团所住饭店的名称、位置、概况、服务设施和服务项目,如:距市中心的距离、附近有何购物娱乐场所、交通状况等。

(3)落实用餐

地陪应提前与各有关餐厅联系,确认该团日程表上安排的每一次用餐的情况,其中包括:日期、团号、用餐人数、餐饮标准、特殊要求等。

(4)落实行李运送

各旅行社是否配备行李车根据旅游团的人数多少而定,地陪应了解本社的具体规定。如该团是配有行李车的旅游团,地陪应了解落实为该团提供行李服务的车辆和人员,提前与之联络,使其了解该团抵达的时间、地点、住哪一家酒店。

(5)了解不熟悉景点的情况

对新的旅游景点或不熟悉的参观游览点,地陪应事先了解其概况:开放时间、最佳游览路线、厕所位置等,以便游览活动顺利进行。

(6)与全陪联系

地陪应和全陪提前约定接团的时间和地点,防止漏接或空接事故的发生。

3.1.1.3　必需物品的查核与准备

《导游服务规范》要求:"上团前,导游员应做好证件、交通票据、资金以及有关资料等必需资料物品的准备。从计调人员处接收团队资料时应做好核查登记,以确保团队的相关资料与票据是适宜和可用的。对不适用的票据或资料应及时提请计调人员处理。团队资料交接记录应予保存。上团前,地陪应做好必要的物质准备,带好接待计划、导游证、胸卡、导游旗、接站牌、结算凭证等物品。"

(1)领取必要的票证和表格

地陪在做准备工作时,一项十分重要的工作就是按照该旅游团中游客的人数和活动日程表中活动安排的实际需要,到本社有关人员处领取门票结算单和旅游团餐饮结算单等结算凭证及与该团有关的表格(如游客意见反馈表等)。地陪一定要注意:在填写各种结算凭证时,具体数目一定要与该团的实到人数相符,人数、金额要用中文大写。

(2)备齐上团必备的证件和物品

导游人员上团必须出具导游身份标识(或电子导游证),带好出团计划书等,举本社导游旗。地陪在上团前一定要提前准备好以上证件和物品。

地陪上团前还应配齐记事本、名片、接站牌,有时还应准备旅行车标志。

3.1.1.4　知识准备

导游员应熟悉旅游地的旅游及文化资源、风土人情、法律法规等情况。根据旅游团的计划和旅游团的性质和特点准备相应知识。如:带专业旅游团所需的专业知识,新开放的游览点或特殊游览点的知识等,对当前的热门话题,国内外重大新闻,游客可能感兴趣的话题等都应做好相应的知识准备。

3.1.1.5 形象准备

导游人员自身美不是个人行为,而是在宣传旅游目的地、传播中华文明方面起着重要作用,且有助于在游客心目中树立导游人员的良好形象。因此,地陪在上团前要做好仪容、仪表方面(即服饰、发型和化妆等)的准备。

1)导游员应仪表端庄,并按照旅行社的要求着装。服装要整洁、大方、得体。导游人员的着装要符合导游人员的身份,要方便导游服务工作。

2)导游员应表情稳重自然、态度和蔼诚恳、富有亲和力,言行有度,举止符合礼仪规范。衣着要整洁、大方、自然、得体,佩戴首饰要适度,不浓妆艳抹。

3.1.1.6 心理准备

导游人员在接团前的心理准备主要有两个方面:

(1)准备面临艰苦复杂的工作

在做准备工作时,导游人员不仅要考虑到按正规的程序要求提供给游客热情的服务,还要有充分的思想准备,考虑对特殊游客如何提供服务,以及在接待工作中发生问题和事故时如何去面对,去处理。

(2)准备承受抱怨和投诉

由于导游人员接待对象的复杂性,有可能遇到一些游客挑剔、抱怨、指责导游人员的工作,甚至提出投诉。对于这种情况,导游人员也要有足够的心理准备,冷静、沉着地面对。

3.1.1.7 其他准备

1)备齐并随身携带与有关接待社各个部门、行李员、车队、餐厅、酒店、剧场、商店、机场、车站等单位联系、问讯的电话号码。

2)地陪上团前要检查自己的手机等现代通信设备是否好用,话费、电池电量是否充足,以保证与旅行社之间的联络畅通。

3.1.2 迎接服务

《导游服务规范》要求:"在接站过程中,地陪服务应使旅游团(者)在接站地点得到及时、热情、友好的接待,了解在当地参观游览活动的概况。"

迎接是指地陪去机场、车站、码头迎接旅游团。迎接服务在地陪服务程序中至关重要,因为这是地陪和游客的第一次直接接触。

3.1.2.1 旅游团抵达前的业务准备

接团当天,地陪应提前到达旅行社,全面检查准备工作的落实情况。

(1)落实旅游团所乘交通工具抵达的准确时间

接团当天,地陪应在出发前向机场(车站、码头)问讯处问清飞机(火车、轮船)到达的准确时间(一般情况下应在飞机抵达前的2小时,火车、轮船预订到达时间前1小时向问讯处询问);做到三核实:计划时间、时刻表时间、问讯时间。

(2)与司机商定出发时间

得知该团所乘的交通工具到达的准确时间以后,地陪应与旅游车司机联系,与其商定出发时间,确保提前半小时抵达接站地点。

(3)与司机商定停车位置

赴接站地点途中,地陪应向司机介绍该团的日程安排。如需要使用音响设备导游讲解,地陪应事先调试音量,以免产生噪音。到达机场(车站、码头)后应与司机商定旅游车停放位置。

(4)再次核实该团所乘交通工具抵达的准确时间

地陪提前半小时抵达接站地点后,要马上到问讯处再次核实旅游团所乘飞机(火车、轮船)抵达的准确时间。

(5)与行李员联系

地陪应在旅游团出站前与行李员取得联系,告知其该团行李送往的地点。

(6)迎候旅游团

旅游团所乘交通工具抵达后,地陪应在旅游团出站前,持本社导游旗或接站牌站立在出站口醒目的位置热情迎接旅游团。接站牌上应写清团名、团号、领队或全陪姓名;接小型旅游团或无领队、无全陪的旅游团时,要写上游客的姓名、单位或客源地。地陪也可以从交团社的社旗或游客的人数及其他标志如所戴的旅游帽、所携带的旅行包或上前委婉询问,去主动认找旅游团。

3.1.2.2 旅游团抵达后的服务

(1)认真核实

找到旅游团后,为防止错接,地陪应及时与领队、全陪接洽,核实该团的客源地、组团社或交团社的名称、领队及全陪姓名、旅游团人数等。如该团无领队和全陪,应与该团成员逐一核对团员、客源地及团员姓名等,无任何出入才能确定是自己应接的旅游团。如因故出现人数增加或减少与计划不符的情况,要及时通知旅行社有关部门。

(2)集中清点行李

地陪应协助该团游客将行李集中放在指定位置,提醒游客检查自己的行李物品是否完整无损。与领队、全陪核对行李件数无误后,移交给行李员,双方办好交接手续。若有行李未到或破损,导游人员应协助当事人到机场登记处或其他有关部门办理行李丢失或赔偿申报手续。

(3)集合登车

地陪应提醒游客带齐手提行李和随身物品,引导游客前往登车处。游客上车时,地陪应恭候在车门旁,协助或搀扶游客上车就座。待游客坐稳后,地陪再检查一下游客放在行李架上的物品是否放稳,礼貌地清点人数,确定游客到齐坐稳后请司机开车。地陪在旅游车上开始工作前,要将通信工具调至静音、振动功能上,无紧急事情不要在旅游车上打电话。

一般情况下,作为地陪,为了更好地为游客服务,应最后上车,最先下车。

3.1.2.3 转移途中服务

在行车途中,地陪要做好如下几项工作,这是地陪给全团留下良好第一印象的重要环节。

(1)致欢迎词

欢迎词内容应视旅游团的性质及其成员的文化水平、职业、年龄及居住地区等情况而有所不同。一般应在游客放好物品,各自归位,静等片刻后,再开始讲。欢迎词要求有激情,有特点,有新意,有吸引力,给游客留下深刻印象。一般应包括如下内容:

1)称呼语。尊敬的各位贵宾、各位朋友或尊敬的游客朋友们。
2)欢迎语。代表所在旅行社、本人及司机欢迎游客光临本地。
3)介绍语。介绍自己的姓名及所属单位;介绍司机。
4)愿望语。表示提供服务的诚挚愿望。
5)祝愿语。预祝旅游愉快顺利。

(2)调整时间

如接入境团,地陪在致完欢迎词后要介绍两国或两地的时差,请游客将自己的表调到北京时间。

(3)首次沿途导游

游客初来一地感到好奇、新鲜,什么都想问,什么都想知道,地陪应把握时机,选择游客最感兴趣、最急于了解的事物进行介绍,以满足游客的好奇心和求知欲,所以地陪必须做好首次沿途导游。首次沿途导游是显示导游人员知识、导游技能和工作能力的大好机会,精彩成功的首次沿途导游会使游客产生信任感和满足感,从而在他们的心目中树立起对导游人员的良好的第一印象。首次沿途导游一般包括如下内容:

1)风光导游。介绍旅游地概况,如地理位置、历史沿革、人口状况、行政区划、市政建设等巨大变化等。

2)风情介绍。地陪在风情介绍时,讲解的内容要简明扼要,语言节奏明快、清晰;景物取舍得当,随机应变,见人说人,见景说景,与游客的观赏同步,如可以谈谈旅游地的饮食习惯、旅游地的气候及旅游地的土特产等。

沿途导游贵在灵活,地陪应把握时机、反应敏锐。

3)下榻酒店的介绍。在旅游车快到下榻的酒店时,地陪应向游客介绍该团所住酒店的基本情况:酒店的名称、位置、距机场(车站、码头)的距离、星级、规模、主要设施和设备及其使用方法、入住手续及注意事项(如赠品和非赠品的区别)。

4)宣布当日或次日的活动安排。地陪在与领队或全陪核对商定节目安排之后,应及时向本团游客介绍当日或次日的活动安排,讲清集合时间、地点,并请游客记住车牌号码。

3.1.3 抵达酒店后的服务

《标准》要求:"地陪服务应使游客抵达酒店后尽快办理好入住手续,进住房间,取到行李。及时了解酒店的基本情况和住店注意事项,熟悉当天或第二天的活动安排。"

3.1.3.1 协助办理住宿手续

游客抵达酒店后,地陪要协助领队和全陪办理入住登记手续,请领队分发住房卡。地陪要掌握领队、全陪和团员的房间号,并将与自己联系的办法如房间号(若地陪住在酒店)、电话号码等告知全陪和领队,以便有事时尽快联系。

3.1.3.2 介绍酒店设施

进入酒店后,地陪应向全团介绍酒店内的外币兑换处、中西餐厅、娱乐场所、商品部、公共洗手间等设施的位置,并讲清住宿注意事项,向游客指明电梯和楼梯的位置。

3.1.3.3 带领旅游团用好第一餐

游客进入房间之前,地陪要向游客介绍酒店内的就餐形式、地点、时间及餐饮的有关规定。游客到餐厅用第一餐时,地陪必须带他们去餐厅,帮助他们找到该旅游团用餐的餐桌,要将领队和全陪介绍给餐厅领班、主管等有关人员,告知旅游团的特殊要求(如用餐标准、游客口味、禁忌等),向游客介绍有关餐饮规定,祝愿游客胃口好。

3.1.3.4 宣布当日或次日活动安排

游客进入房间之前,地陪应向全团宣布有关当天或第二天活动的安排、集合的时间、地点。如该团中有提前入住的游客,必须通知他们次日的出发时间及活动安排。

3.1.3.5 照顾行李进房

地陪应等待本团行李送达酒店,负责核对行李,督促酒店行李员及时将行李送至游客的房间。

3.1.3.6 确定叫早时间

地陪在结束当天活动离开酒店之前,应与领队商定第二天的叫早时间,并请领队通知全团,地陪则应通知酒店总服务台或楼层服务台。

3.1.3.7 协助处理游客入住后的各类问题

游客进入房间后,地陪应在本团游客住宿区内停留一段时间,处理临时发生的问题,如:打不开房门,房间不符合标准,房间卫生差,设施不全或损坏,卫生设备无法使用,行李错投等。有时还可能出现游客调换房间等要求,地陪要协助酒店有关部门处理此类问题。

3.1.4 核对、商定日程

核对、商定日程是旅游团抵达后的重要程序。地陪在接到旅游团后,应尽快与领队、全陪进行这项工作。

3.1.4.1 核对、商定日程的必要性

地陪在接受旅行社下达的接待任务时,旅行社的计调部门已将该团的参观游览内容明确规定在旅游协议书上,并已安排好该团的活动日程。其中包括:每天上、下午安排去哪个参观游览的景点;午、晚餐安排哪家餐厅用餐;晚间活动的内容等。即便如此,地陪也必须与领队、全陪进行核对、商定日程的工作(若无领队和全陪,地陪应与全体游客进行这项工作)。地陪必须认识到,游客提前支付了一笔费用参加旅游团,也就是购买了旅行社产品,作为消费者有权审查产品是否合格。日程安排是旅行社产品的一个重要部分,因此他们有权审核该团的活动计划和具体安排,也有权提出修改意见。导游人员与游客商定日程,既是对游客的尊重,也是一种礼遇。领队希望得到他国导游人员的尊重和协助,商定日程并宣布活动日程是领队的职权。某些专业旅游团除参观游览活动外,还有其他特定的任务(如参观工厂、学校、幼儿园、居委会等),因此商定日程显得更为重要。

3.1.4.2 核对商定日程的时间、地点

在旅游团抵达后,地陪应抓紧时间尽早进行核对、商定日程的工作,这是与领队、全陪合作的开始,并使本团游客心中有数。如果团队抵达后是直接去游览点的,核对商定团队行程的时间、地点一般可选择在机场或行车途中;如果团队是先前往酒店的,一般可选择在酒店入住手续安排好后的一个时间,地点宜在公共场所,如酒店大厅等。

3.1.4.3　核对商定日程时,可能出现的几种情况及处理措施

（1）提出小的修改意见或增加新的游览项目时

地陪及时向旅行社有关部门反映,对"合理又可能"满足的项目,应尽力予以安排；需要加收费用的项目,地陪要事先向领队或游客讲明,按有关规定收取费用；对确有困难而无法满足的要求,地陪要详细解释、耐心说服,取得客人的谅解。

（2）提出的要求与原日程不符且又涉及接待规格时

一般应予婉言拒绝,并说明我方不便单方面不执行合同；如确有特殊理由,并且由领队提出时,地陪必须请示旅行社有关部门,视情况而定。

（3）领队（或全陪）手中的旅行计划与地陪的接待计划有部分出入时

要及时报告旅行社,查明原因,分清责任；如果是接待方的责任,地陪应实事求是地说明情况,并向领队和全体游客赔礼道歉。

3.1.5　参观游览服务

《导游服务规范》要求："参观游览过程中的地陪服务,应努力使旅游团（者）参观游览全过程安全顺利。应使游客详细了解参观游览对象的特色、历史背景等及其他感兴趣的问题。""地陪导游员应认真核实旅游行程,行程宜以组团社的为准。如遇现场难以解决的问题,应及时请示组团社。"

在景点游览过程中,导游员应：在计划的时间与费用标准内,使旅游者充分地游览、观赏,做到讲解与引导游览相结合,适当集中与分散相结合,劳逸适度,并应特别关照老弱病残的旅游者；应注意旅游者的安全并随时提醒旅游者自己注意安全,自始至终与旅游者在一起活动,并随时清点人数,以防旅游者走失或意外事故的发生；在服务过程中始终佩戴导游身份标识,携带接待计划,旅游团人数超过 10 人时打导游旗；积极配合执法部门的检查和监督,遵纪守法,不吸烟酗酒。

参观游览活动是旅游产品消费的主要内容,是游客期望的旅游活动的核心部分,也是导游服务工作的中心环节。因此,地陪在带团参观游览前应认真准备、精心安排；在参观游览过程中应热情服务、生动讲解。

地陪在参观游览服务中应做的工作有以下几项。

3.1.5.1　出发前的服务

（1）提前到达出发地点

出发前,地陪应提前 10 分钟到达集合地点。提前到达的作用：

第一,这是导游人员工作负责任的表现,会给游客留下很好的印象。

第二,地陪可利用这段时间礼貌地招呼早到的游客,询问游客的意见和要求。

第三,在时间上留有余地,以身作则遵守时间,应付紧急突发事件,提前做好出发前的各项准备工作,如夏季、冬季提醒旅游车司机提前启动空调和暖气。

（2）核实实到人数

若发现有游客未到,地陪应向全陪、领队或其他游客问明原因,并设法及时找到；若有的游客愿意留在酒店或不随团活动,地陪要问清情况并妥善安排,必要时报告饭店有关部门。

(3) 落实旅游团的当天用餐

地陪要提前落实本团当天的用餐,对午、晚餐的用餐地点、时间、人数、标准、特殊要求逐一核实并确认。

(4) 提醒注意事项

出发前,地陪应向游客预报当日的天气情况,游览景点的地形特点、行走路线的长短等情况,必要时提醒游客带好衣服、雨具、换上合适的鞋子。这些看起来是小事,但会使游客感到地陪服务很周到细致,也可以减少或避免游客生病、扭伤、摔伤等问题的发生。

(5) 准时集合登车

提醒游客集合时间和地点;游客陆续到达后,清点实到人数并请游客及时上车,地陪应站在车门一侧,一面招呼大家上车,一面扶助老弱者登车;开车前,要再次清点人数。

3.1.5.2 途中导游

(1) 重申当日活动安排

开车后,地陪要向游客重申当日活动安排,包括午、晚餐的时间地点;向游客报告到达游览点途中所需时间;视情况介绍当日国内外重要新闻。

(2) 风光导游

在前往景点的途中,地陪应相机向游客介绍本地的风土人情、自然景观,回答游客提出的问题。

(3) 介绍游览景点

抵达景点前,地陪应向游客介绍该景点的简要概况,尤其是景点的历史价值和特色。讲解要简明扼要,目的是为了满足游客事先想了解有关知识的心理,激起其游览景点的欲望,也可节省到目的地后的讲解时间。

(4) 活跃气氛

如旅途时间长,可以讨论一些游客感兴趣的国内外问题,或组织适当的娱乐活动等来活跃气氛。

1) 唱歌或地方戏。唱本地民歌或地方戏,或问客人家乡的歌曲,请客人教唱,以此调动客人情绪,形成互动。形式可清唱,卡拉 OK 伴唱或与客人对唱。

2) 讲故事,猜谜语,玩小魔术,说绕口令,脑筋急转弯,学方言等。要选取简短又精彩的内容来吸引游客。

3) 播放影碟。风光片,民俗介绍片,相声小品,轻松愉快的电视剧等,但不要播连续剧。

3.1.5.3 景点导游、讲解

(1) 交代注意事项

抵达景点下车前,地陪要讲清并提醒游客记住游览车的车型、颜色、标志、车号和停车地点、开车的时间;尤其是下车和上车不在同一地点时,地陪更应提醒游客注意。

在景点示意图前,地陪应讲明游览线路、所需时间、集合时间、地点等;还应向游客讲明游览参观过程中的注意事项。

(2) 导游讲解

抵达景点后,地陪的主要工作是带领本团游客沿着游览线路对所见景物进行精彩的

导游讲解。讲解的内容要因人而异、繁简适度,包括该景点的历史背景、特色、地位、价值等方面的内容。讲解时,讲解的语言不仅应使游客听得清楚,而且要生动、优美、富有表达力;不仅使游客增长知识,而且得到美的享受。

(3) **严格执行计划**

在景点景区内的游览过程中,地陪应严格执行旅游合同,保证在计划的时间与费用内,使游客充分地游览、观赏。擅自缩短时间或克扣门票费用的做法都是错误的。

(4) **注意游客的安全**

在游览过程中,地陪应做到讲解与引导游览相结合;适当集中与分散相结合;劳逸适度并应特别关照老弱病残的游客。在讲解时,地陪也应眼观六路、耳听八方,注意游客的安全,要自始至终与游客在一起活动;在景点的每一次移动都要和全陪、领队密切配合并随时清点人数,防止游客走失和意外事件的发生。

3.1.5.4 参观活动

如果计划内有参观活动,地陪的任务主要有以下两项。

(1) **安排落实工作**

如果计划内有参观活动,如到工厂、学校、幼儿园参观,地陪一般都应提前做好联系落实工作。

(2) **翻译或语言的传递工作**

在参观时,一般是先由主人做情况介绍,然后是引导参观。这时候,地陪的主要任务是翻译或做语言信息的传递工作;但整个参观活动的时间安排宜短不宜长。

3.1.5.5 返程中的工作

从景点、参观点返回酒店的途中,地陪可视具体情况做以下工作。

(1) **回顾当天活动**

回顾当天参观、游览的内容,回答游客的提问,如在参观游览中有漏讲的内容可做补充讲解。

(2) **风光导游**

如不从原路返回酒店,地陪应该对沿途风光进行导游讲解。

(3) **宣布次日活动日程**

返回酒店下车前,地陪要预报晚上或次日的活动日程、出发时间、集合地点等。提醒游客带好随身物品。地陪要先下车,照顾游客下车,再向他们告别。

(4) **提醒注意事项**

如当天回到酒店较早或晚上无集体活动安排,地陪应考虑到游客会外出自由活动,所以要在下车前提醒游客注意:如要外出,最好要结伴同行,带上酒店的地址和电话号码,尽量乘出租车前往。

(5) **安排叫早服务**

如该团需要叫早服务,地陪应在结束当天活动、离开酒店之前安排。

3.1.6 餐饮、购物、娱乐等服务

游客出门旅游,游览固然是最主要的内容,但是餐饮、购物、娱乐等项目的恰到好处的

安排,能使旅游活动变得丰富多彩,加深游客对旅游目的地的印象。因此,在安排餐饮、购物、娱乐等旅游活动时,地陪同样应该尽心尽力,提供令游客满意的服务。

3.1.6.1 餐饮服务

(1)团队便餐服务

地陪要提前按照接待社的安排落实本团当天的用餐,对午、晚餐的用餐地点、时间、人数、标准、特殊要求与供餐单位逐一核实并确认。用餐时,地陪应引导游客进餐厅入座,并介绍餐厅及其菜肴特色;向游客说明餐标是否含酒水及其酒水的类别。

向领队讲清司陪人员的用餐地点及用餐后全团的出发时间。

用餐过程中,地陪要巡视旅游团用餐情况一两次,解答游客在用餐中提出的问题,并监督、检查餐厅是否按标准提供服务并解决出现的问题。

用餐后,地陪应严格按实际用餐人数、标准、饮用酒水数量,填写"餐饮费结算单",与餐厅结账。

(2)自助餐服务

自助餐是旅游团队用餐常见的一种形式,是指餐厅把事先准备好的食物饮料陈列在食品台上。游客进入餐厅后,即可自己动手选择符合自己口味的菜点,然后到餐桌上用餐的一种就餐形式。自助餐方便、灵活,游客可以根据自己口味,各取所需,因此深受游客欢迎。在用自助餐时,导游员要强调自助餐的用餐要求,告诫游客以吃饱为标准,注意节约、卫生,不可以打包带走。

(3)风味餐服务

旅游团队的风味餐有计划内和计划外两种。计划内风味餐是指包括在团队计划内的,其费用团款中已包括;计划外风味餐则是指未包含在计划内的,是游客临时决定而又需现收费用的。计划内风味餐按团队计划运作即可;而计划外风味餐应先收费,后向餐厅预订。

风味餐作为当地的一种特色餐食、美食是当地传统文化的组成部分,宣传、介绍风味餐是弘扬民族饮食文化的活动。因此,在旅游团队用风味餐时,地陪应加以必要的介绍,如风味餐的历史、特色、人文精神及其吃法等,能使游客既饱口福,又饱耳福。

在用风味餐时,作为地陪,不是游客出面邀请不可参加;受游客邀请一起用餐时,则要处理好主宾关系,不能反客为主。

(4)宴会服务

旅游团队在行程结束时,常会举行告别宴会。告别宴会是在团队行程即将结束时举行的,因此,游客都比较放松自己,宴会的气氛往往比较热烈。作为地陪,越是在这样的时刻越要提醒自己不能放松服务。要正确处理好自己与游客的关系,既要与游客共乐而又不能完全放松自己,举止礼仪不可失常,并且要做好宴会结束后的游客送别工作。

3.1.6.2 购物服务

购物是游客旅游过程中的一个重要组成部分。游客总是喜欢购买一些当地名特产品、旅游商品送给自己的亲朋好友。游客购物的一个重要特点是随机性较大,因此,作为地陪要把握好游客的购物心理,做到恰到好处地宣传、推销本地的旅游商品,既符合游客的购买意愿,也符合导游工作的要求。在带领旅游团购物时,要做到以下几点:

1）严格按照《导游人员管理条例》等有关规章执行接待单位制定的游览活动日程,带旅游团到旅游定点商店购物,避免安排次数过多、强迫游客购物等问题出现。

2）游客购物时,地陪应向全团讲清停留时间及有关购物的注意事项,介绍本地商品特色,承担翻译工作,介绍商品托运手续等。

3）如果商店不按质论价、抛售伪劣物品、不提供标准服务时,地陪应向商店负责人反映,维护游客的利益;如遇小贩强拉强卖,地陪有责任提醒游客不要上当受骗,不能放任不管。

3.1.6.3 娱乐服务

（1）观看文娱节目

旅游团观看文娱演出,也有两种情况:即计划内的和计划外的。

计划内安排的文娱活动,地陪应向游客简单介绍节目内容及特点并需陪同准时前往;与司机商定好出发的时间和停车位置;引导游客入座按时组织旅游者入场,倡导旅游者文明观看节目;要自始至终和游客在一起。演出结束后,要提醒游客带好随身物品。在大型的娱乐场所,地陪应主动和领队、全陪配合,注意本团游客的动向和周围的环境,并提醒游客注意安全,不要分散活动。

计划外的文娱活动,地陪没有义务陪同,但应提醒游客注意安全。旅游者要求自费观看计划外文娱节目时,导游员宜以协助,如帮助购买门票、要出租车等,但不必陪同前往。若在旅游者盛意邀请下应邀前往,导游员应注意适度,且无陪舞的义务。

（2）舞会

遇有重大节庆活动,有关单位组织社交性舞会,邀请游客参加,地陪应陪同前往;游客自发组织娱乐性舞会,如果游客邀请导游人员,是否参加自便,若不愿参加可婉言谢绝,若参加,应注意适度,但无陪舞的义务。

（3）市容游览服务

市容游览,俗称"逛街",是游客认识和了解一个城市的风貌和民情,进而融入当地生活的一种重要方式,也是游客修身养性的一种休闲方式。市容游览的方式有两种:一种是徒步,另一种是乘交通工具。

当地陪带领游客徒步进行市容游览时,要注意所去的游览地应是最能代表当地特色的、最能吸引游客视线的。提高警惕,注意游客周围的环境变化,当好游客的安全保卫员。如果是乘游览车进行市容游览,则要提醒司机车速适中,地陪的导游讲解内容应与车速基本同步。

3.1.7 送站服务

"旅游团（者）结束本地参观游览活动后,地陪服务应使游客顺利、安全离站,遗留问题得到及时妥善的处理。"

送站服务是导游工作的尾声,地陪应善始善终,对接待过程中曾发生的不愉快的事情,应尽量做好弥补工作;要想方设法把自己的服务工作推向高潮,使整个旅游过程在游客心目中留下深刻印象。

3.1.7.1 送站前的业务准备

（1）核实、确认离站交通票据

旅游团离开本地的前一天，地陪应核实旅游团离开的机（车、船）票，要核对团名、代号、人数、去向、航班（车次、船次）、起飞（开车、起航）时间（做到计划时间、时刻表时间、票面时间、问询时间四核实），在哪个机场（车站、码头）起程等事项。如果航班（车次、船次）和时间有变更，应当问清内勤是否已通知下一站，以免造成下一站漏接。

若系乘飞机离境的旅游团，地陪应提醒或协助领队提前72小时确认机票。

（2）商定出行李时间

如团队有大件行李托运，地陪应在该团离开本地前一天与全陪或领队商量好出行李时间，并通知游客及酒店行李员，同时要向游客讲清托运行李的具体规定和注意事项，提醒游客不要将护照或身份证及贵重物品放在托运行李内，托运的行李必须包装完善、锁扣完好、捆扎牢固，并能承受一定的压力；禁止托运的物品等。出行李时，地陪应与全陪、领队、行李员一起清点，最后在酒店行李交接单上签字。

（3）商定出发时间

一般由地陪与司机商定出发时间（因司机比较了解路况），但为了安排得合理和尊重起见，还应及时与领队、全陪商议，确定后应及时通知游客。

如该团乘早班机（火车或轮船），出发的时间很早，地陪应与领队、全陪商定叫早和用早餐的时间，并通知游客；如果该团需要将早餐时间提前（早于餐厅的正常服务时间），地陪应通知餐厅订餐处提前安排。

（4）协助酒店结清与游客有关的账目

地陪应及时提醒、督促游客尽早与酒店结清与其有关的各种账目（如洗衣费、长途电话费、房间酒水饮料费等）；若游客损坏了客房设备，地陪应协助酒店妥善处理赔偿事宜。同时，地陪应及时通知酒店有关部门旅游团的离店时间，提醒其及时与游客结清账目。

（5）及时归还证件

一般情况下，地陪不应保管旅游团的旅行证件，用完后应立即归还游客或领队。在离站前一天，地陪要检查自己的物品，看是否保留有游客的证件、票据等，若有应立即归还、当面点清。

3.1.7.2 离店服务

（1）集中交运行李

旅游团离开酒店前，地陪要按事先商定好的时间与酒店行李员办好行李交接手续。具体做法是：先将本团游客要托运的行李收齐、集中，然后地陪与领队、全陪共同清点行李的件数（其中包括全陪托运的行李）；最后与酒店行李员办好行李签字交接手续。

（2）办退房手续

在团队将离开所下榻的酒店时，地陪要到总服务台办理退房手续。收齐房间的钥匙或房卡、交到总服务台，核对用房情况，无误后按规定结账签字。

过去在酒店业有一个惯例，中午12点之前必须退房结账，否则就要多收房费。近年来，这一行规被指为排除竞争、破坏旅游酒店业竞争秩序、损害消费者权益的规定，全国各地也有酒店纷纷推出"24小时入住退房制度"来打破行规，吸引顾客。中国旅游饭店业协

会最新公布的《中国旅游饭店行业规范》(中国旅游饭店业协会2009年8月修订版)中,已经删去了"12点退房,超过12点加收半天房费,超过18点加收1天房费"的规定,取而代之的是:"饭店应在前厅显著位置明示客房价格和住宿时间结算方法,或者确认已将上述信息用适当方式告知客人。"但并未统一规定酒店新的退房时间,而是把选择权留给了宾馆、酒店。同时,要提醒游客带好个人物品及旅游证件,询问游客是否已与酒店结清账目。

(3)集合上车

所有离店手续办好后,照顾游客上车入座。然后地陪要仔细清点人数。全体到齐后,要再一次请游客清点一下随身携带物品,并询问是否将证件随身携带;此时,地陪最需强调的是提醒游客勿将物品忘在酒店里。如无遗漏,则请司机开车离开饭店赴机场(车站、码头)。

3.1.7.3 送站途中的讲解服务

如果说转移途中讲解是地陪首次亮相的话,那么,送站的讲解是地陪的最后一次"表演"。同演戏一样,这最后一次的"表演"应是一场压轴戏。通过这最后的讲解,地陪要让游客对自己所在的地区或城市产生一种留恋之情,加深游客不虚此行的感受。

送站途中的讲解主要有以下几部分内容。

(1)行程回顾

在去机场(车站、码头)的途中,地陪应对旅游团在本地的行程包括食、住、行、游、购、娱等各方面做一个概要的回顾,目的是加深游客对这次旅游经历的体验。讲解方式可用归纳式、提问式两种,讲解内容则可视途中距离远近而定。

(2)致欢送词

欢送词的内容主要包括以下五个方面:

1)感谢语。对领队、全陪、游客及司机的合作分别表示谢意。

2)惜别语。表达友谊和惜别之情。

3)征求意见语。向游客诚恳地征询意见和建议。

4)致歉语。对行程中有不尽如人意之处,祈求原谅,并向游客赔礼道歉。

5)祝愿语。期望再次相逢,表达美好的祝愿。

致完欢送词后,地陪可将《旅游服务质量意见反馈表》发给游客,请其填写,如需寄出,应先向游客讲明邮资已付;如需导游员带回,则应在游客填写完毕后如数收回、妥善保留。

(3)提前到达机场(车站、码头)

地陪带旅游团到达机场(车站、码头)必须留出充裕的时间。具体要求是:如果乘坐国际航班,要提前3小时到达机场;如果乘坐国内航班,要提前2小时到达机场;如果乘坐火车、轮船离站,应提前1小时抵达车站或码头。

旅游车到达机场(车站、码头),地陪要提醒游客带齐随身的行李物品,照顾游客下车。待全团游客下车后,地陪要再检查一下车内有无遗漏的物品。

3.1.7.4　办理离站手续

(1) 送乘坐国内航班的团队

1) 提前2小时到达机场,带领游客走进机场大厅。

2) 行李检查。

3) 收取游客护照或身份证,集中办理登机牌及行李托运手续。

4) 将机票、登机牌、身份证、行李牌清点后交给全陪(或领队),由后者发给每位游客。

5) 送别。

6) 游客全部进入隔离区后方可离开。

(2) 送乘坐国际航班出境的团

1) 提前3小时到达机场,带领游客走进机场大厅。

2) 移交行李。送出境的旅游团,地陪和领队、全陪一起与旅行社的行李员交接行李,清点、核实后协助游客拿走自己的行李。

3) 向领队或游客介绍如何办理出境手续。

4) 旅游团进入隔离区后,地陪方可离开。

(3) 送乘坐火车、轮船的团队

1) 提前1小时抵达车站、码头,使游客有足够的时间上火车、轮船。

2) 带领游客找到车厢或客轮。

3) 将交通票据或卧具牌、行李票据交给全陪(或领队)。

4) 送别。

5) 车、船启动后方可离开。

送走旅游团后,地陪应与旅游车司机结账,在用车单据上签字,并保留好单据。

3.1.8　善后工作

旅游团结束在本地的游程离开后,地陪还应做好总结、善后工作。

3.1.8.1　处理遗留问题

下团后,地陪应妥善、认真处理好旅游团的遗留问题。如果旅游团离开后,发现游客遗忘了某些物品应及时交回旅行社,设法尽快交还失主;如果游客曾委托地陪办理一些事情,应该向旅行社有关部门反映,尽快帮游客处理完毕。

3.1.8.2　结账

地陪应按旅行社的具体要求并在规定的时间内,填写清楚有关接待和财务结算表格,连同保留的各种单据、接待计划、活动日程表等按规定上交有关人员并到财务部门结清账目。

地陪下团后应将向旅行社借的某些物品,经检查无损后及时归还,办清手续。

3.1.8.3　总结工作

认真做好陪团小结,实事求是地汇报接团情况。涉及游客的意见和建议,力求引用原话,并注明游客的身份。

地陪应及时将《旅游服务质量意见反馈表》(见表3.2)交到旅行社有关部门。此表对旅游活动中旅游服务的各方面都有一个比较客观的反映。旅行社各部门在接到此表

时,会认真对待游客的评议。凡是针对地陪的表扬或意见,地陪应主动说明原因,反映客观情况,必要时写出书面材料。如果属于针对餐厅、饭店、车队等方面的意见,地陪也应主动说明真实情况,由旅行社有关部门向这些单位转达游客的意见或谢意。如果反映的意见比较严重、意见较大时,地陪应写出书面材料,内容要翔实,尽量引用原话,以便旅行社有关部门和相关单位进行交涉。

旅游接待中,若发生重大事故,要整理成文字材料向接待社和组团社汇报。

表3.2 旅游服务质量意见反馈表

尊敬的游客:

欢迎您参加旅行社组成的团队出外旅游,希望此次旅程能为您留下难忘的印象。为不断提高我市旅游服务水平和质量,请您协助我们填写此表(在每栏其中一项中打"√"),留下宝贵的意见。非常感谢您!欢迎再来旅游!

组团社:　　　　　　　　全陪导游姓名:

团号:　　　　　　　　　人数:

游览线路:　　　　　　　天数:

游客代表姓名:　　　　　联系电话:

单位:　　　　　　　　　填写时间:　　年　　月　　日

项　目	很满意	满　意	一　般	不满意	评　价
咨询服务					
线路设计					
日程安排					
活动内容					
价格质量相符					
安全保障					
全陪导游业务技能					
地陪导游服务态度					
地陪导游服务					
住宿					
餐饮					
交通					
娱乐					
履约程度					
整体服务质量评价					

3.2　全程导游服务程序

全程导游服务程序是指全陪自接受了旅行社下达的旅游团(者)接待任务起至送走旅游团(者)整个过程的工作程序。在《导游服务规范》中,对这个过程的主要工作也做了规定,全陪必须认真执行。

《导游服务规范》中对全陪导游服务的重要性做了如下概述:"全陪服务是保证旅游团(者)的各项活动按计划实施,旅行顺畅、安全的重要因素之一。"要求"全陪作为组团社的代表,应自始至终参与旅游团(者)移动中各环节的衔接,监督接待计划的实施,协调领队、地陪、司机等旅游接待人员的协作关系。全陪应严格按照服务规范提供各项服务。"全陪导游员或地接社等相关接待单位应建立并保持有效沟通,互通情况,以确保团队接待的相关事宜得到妥善安排。

3.2.1 准备工作

准备工作是做好全陪服务的重要环节之一。

3.2.1.1 熟悉接待计划

全陪在拿到旅行社下达的旅游团队接待计划书后,必须熟悉该团的相关情况,注意掌握该团重点游客情况和该团的特点。

1)听取该团外联人员或旅行社领导对接待方面的要求及注意事项的介绍。

2)熟记旅游团名称、旅游团人数,了解旅游团成员性别构成、年龄结构、宗教信仰、职业、居住地及生活习惯等。

3)掌握旅游团的等级、餐饮标准,游客在饮食上有无禁忌和特别要求等情况。

4)有无特殊安排,如有否会见、座谈,有否特殊的文娱节目等。

5)了解收费情况及付款方式,如团费、风味餐费等。

6)掌握旅游团的行程计划、旅游团抵离旅游线路各站的时间、所乘交通工具的航班(车、船)次,以及交通票据是否订妥或是否需要确认、有无变更等情况。

3.2.1.2 物质准备

1)陪团中所需旅行手续,如边防通行证(如去经济特区深圳、珠海需办理);带齐必要的证件,如身份证、导游证、胸卡等。

2)必要的票据和物品,如旅游团接待计划书、分房表、旅游宣传资料、行李封条、旅行社徽记、全陪日记、名片等。

3)结算单据和费用,如拨款结算通知单或支票、现金,足够的旅费等。在这里,要强调全陪须慎重保管好所带的支票及现金。在旅行社尤其国内旅行社业务来往中,有时是采用现金支付的方法,全陪所带现金数额往往较大,如不加以妥善保管而发生意外,给自己和旅行社都会带来重大经济损失。

4)回程机票,国内团的回程机票若是由组团社出好并由全陪带上,全陪则须认真清点,并核对团员名字有无写错。

3.2.1.3 知识准备

1)根据旅游团的不同类型和实际需要准备相关知识。了解各旅游目的地的政治、经济、历史、文化、民俗风情和旅游点的大概情况,以应对游客的咨询;同时还应了解游客所在地的上述情况,以便能做相互比较,和游客做更多的沟通。

2)沿途各站的相关知识。如全陪对该团所经各站不太熟悉,一定要提前准备各站的基本知识,如主要景观、市容民情、风俗习惯等。

3.2.1.4 与接待社联系

根据需要,接团前一天与第一站接待社取得联系,互通情况,妥善安排好接待事宜。

3.2.2 首站接团服务

首站接团服务要使旅游团抵达后能立即得到热情友好的接待,让游客有宾至如归的感觉。

3.2.2.1 迎接旅游团

1)接团前,全陪应向旅行社了解本团接待工作的详细安排情况。

2)接团当天,全陪应提前30分钟到接站地点迎接旅游团。导游员应提前到达团队出发地点,展示旅行社团队标识,迎候旅游团/者,致欢迎词并简介本次旅游行程。

团队出发时,全陪导游员应:清点团队人数,引导旅游者乘坐约定的交通工具;发放本次行程的相关资料;乘坐飞机时,协助旅游者办妥登机、安检和行李托运等相关手续,并适时引导旅游者从正确的登机口依次登机;乘坐火车时,全陪导游员应协助办好铺位的登记和分派等手续。

3)接到旅游团后,全陪应与领队尽快核实有关情况,做好以下工作:问候全团游客;向领队做自我介绍(可交换名片)并核对实到人数,如有人数变化,与计划不符,应尽快与组团社联系。

3.2.2.2 致欢迎词

在首站,全陪应代表组团社和个人向旅游团致欢迎词,内容应包括:表示欢迎、自我介绍、提供热情服务的真诚愿望、预祝旅行顺利等。

由于全陪在整个旅游过程中较少向游客讲解,所以要重视首站的介绍。致完欢迎词后,全陪要向全团游客简明扼要地介绍行程,对于住宿、交通等方面的情况适当让游客有所了解;还要向游客说明行程中应该注意的问题和一些具体的要求,以求团队旅途顺利、愉快。这种介绍有利于加快游客对全陪的信任。

3.2.3 入住酒店服务

旅游团进入所下榻的酒店后,全陪应尽快与地陪一起办好有关住店手续。

3.2.3.1 分房

和地陪一起到酒店总台领取房间钥匙,由领队分配住房;掌握旅游团成员所住房号,并把自己的房号告诉全体团员。

3.2.3.2 热情引导游客进入房间
3.2.3.3 处理入住后的问题

协助有关人员随时处理游客入住过程中可能出现的问题。遇有地陪在酒店无房的情况,全陪应负起全责,照顾好全团游客。

3.2.3.4 掌握与地陪的联系方法

请地陪留下家庭电话和移动电话的号码,以便联络。

3.2.4 核对商定日程

全陪应分别与领队和地陪核对、商定日程,以免出差错,造成不必要的误会和经济损失。一般以组团社的接待计划为依据;尽量避免大的改动;小的变动(如不需要增加费用、调换上下午的节目安排等)可主随客便;而对无法满足的要求,要详细解释。如遇难以解决的问题(如领队提一些对计划有较大变动的提议或全陪手中的计划与领队或地陪手中的计划不符等情况)应立即反馈给组团社,并使领队得到及时的答复。详细日程商定后,请领队向全团宣布。全陪同领队、地陪商定日程不仅是一种礼貌,而且是十分必要的。

3.2.5 各站服务

各站服务工作是全陪工作的主要组成部分。全陪要通过这一项工作使旅游团的计划得以顺利全面的实施,使旅游团有一次愉快、难忘的经历和体验。

3.2.5.1 联络工作

全陪要做好各站间的联络工作,架起联络沟通的桥梁。

1)做好领队与地陪、游客与地陪之间的联络、协调工作。

2)做好旅游线路上各站间,特别是上、下站之间的联络工作。若实际行程和计划有出入时,全陪要及时通知下一站。

3)抵达下一站后,全陪要主动把团队的有关信息,如前几站的活动情况、团员的个性、团长的特点等通报给地陪,以便地陪能采取更有效、主动的方法。

3.2.5.2 监督与协助

在旅游过程中,全陪要正确处理好监督与协助这两者的关系。一方面,全陪和地陪的目标是一致的,他们都是通过自己的服务使游客获得一次美好的经历,让游客满意,并以此来树立自己旅行社的品牌。因此,从这方面来说,作为全陪,协助地陪做好服务工作是主要的。但是全陪和地陪毕竟分别代表各自的旅行社,且全陪会更多地考虑游客的利益,因此,监督地陪以及其所在接待社按旅游团协议书提供服务也是全陪必须要做的工作。所以,协助是首要的,监督是协助中的监督,两者相辅相成。

1)若活动安排上与上几站有明显重复,应建议地陪做必要的调整。

2)若对当地的接待工作有意见和建议,要诚恳地向地陪提出,必要时向组团社汇报。

3.2.5.3 旅行过程中的服务

(1)生活服务

生活服务的主要内容包括:

1)出发、返回、上车、下车时,要协助地陪清点人数,照顾年老体弱的游客上下车。

2)游览过程中,要留意游客的举动,防止游客走失和意外事件的发生,以确保游客人身和财产安全。

3)按照"合理而可能"的原则,帮助游客解决旅行过程中的一些疑难问题。

4)融洽气氛,使旅游团有强烈的团队精神。

(2)讲解服务和文娱活动

作为全陪,提供讲解服务虽然不是最重要的,但适当的讲解仍是必要的。尤其是两站之间,在汽车上做较长时间的旅行或火车专列或包车厢时,全陪也要提供一定的讲解服务。其讲解内容则一定是游客感兴趣的。此外,为防止长途旅行时,团队气氛沉闷,全陪

还要组织游客开展一些文娱活动,如唱歌、讲故事、讲笑话、玩游戏等。形式上力求丰富多彩,但要有吸引力,使游客能踊跃参与。

(3)为游客当好购物顾问

食、住、行、游、购、娱是旅游内容的一个重要组成部分。和地陪相比,全陪因自始至终和游客在一起,感情上更融洽一些,也更能赢得游客的信任。因此,在很多方面(诸如购物等),游客会更多地向全陪咨询,请全陪拿主意。在这种时候,全陪一定要从游客的角度考虑,结合自己所掌握的旅游商品方面的知识,为游客着想,当好购物顾问。

3.2.6 离站、途中、抵站服务

3.2.6.1 离站服务

每离开一地前,全陪都应为本站送站与下站接站的顺利衔接做好以下工作:

1)提前提醒地陪落实离站的交通票据及核实准确时间。

2)如离站时间因故变化,全陪要立即通知下一站接待社或请本站接待社通知,以防空接和漏接的发生。

3)协助领队和地陪妥善办理离站事宜,向游客讲清托运行李的有关规定并提醒游客检查、带好旅游证件。

4)协助领队和地陪清点托运行李,妥善保存行李票。

5)按规定与接待社办妥财务结账手续。

6)如遇推迟起飞或取消,全陪应协同机场人员和该站地陪安排好游客的食宿和交通事宜。

3.2.6.2 途中服务

在向异地(下一站)转移途中,无论乘坐何种交通工具,全陪应提醒游客注意人身和物品的安全,安排好旅途中的生活,努力使游客旅行充实、轻松愉快。

1)全陪必须熟悉各种交通工具的性能及交通部门的有关规定,如两站之间的行程距离、所需时间、途中经过的省份、城市等。

2)由领队分发登机牌、车船票,并安排游客座位。

3)组织旅游团顺利登机(车、船),自己殿后。

4)与交通部门工作人员(如飞机乘务员、列车乘务员等)搞好关系,争取他们的支持,共同做好途中的安全保卫工作、生活服务工作。

5)做好途中的食、住、娱工作。如乘火车(或轮船)途中需要就餐时,上车(或船)后,全陪应尽快找餐车(或餐厅)负责人联系,按该团餐饮标准为游客订餐。如该团有餐饮方面的特殊要求或禁忌应提前向负责人说明。

6)旅游团中若有晕机(车、船)的游客,全陪要给予特别关照;游客突患重病,全陪应立即采取措施,并争取司机、乘务人员的协助。

7)做好与游客的沟通工作。

3.2.6.3 抵站服务

1)所乘交通工具即将抵达下一站时,全陪应提醒游客整理带齐个人的随身物品,下机(车、船)时注意安全。

2)下飞机后,凭行李票领取行李,如发现游客行李丢失和损坏,要立即与机场有关部门联系处理并做好游客的安抚工作。

3)出港(出站),全陪应举社旗走在游客的前面,以便尽快同接该团的地陪取得联系。如出现无地陪迎接的现象,全陪立即与接待社取得联系,告知具体情况。

4)向地陪介绍本团领队和旅游团情况,并将该团计划外的有关要求转告地陪。

5)组织游客登上旅游车,提醒其注意安全并负责清点人数。

3.2.7　末站服务

末站服务是全陪服务的最后环节,和地陪工作一样,全陪仍要一丝不苟,通过这最后服务,加深游客对行程的良好印象。

1)当旅行结束时,全陪要提醒游客带好自己的物品和证件。

2)向领队和游客征求团队对此次行程的意见和建议,并填写《团队服务质量反馈表》。

3)致欢送词,对领队、游客给予的合作和支持表示感谢并期望再次重逢。

3.2.8　善后工作

下团后,全陪应认真处理好旅游团的遗留问题。

1)对团队遗留的重大、重要问题,要先请示旅行社有关领导后,再做处理。认真对待游客的委托,并依照规定办理。

2)对团队的整个行程做总结。若有重大情况发生或有影响到旅行社以后团队操作的隐患问题,应及时向领导汇报。

3)认真、按时填写《全陪日志》。

4)及时归还所借钱物,拿回借条,按财务规定办理报销事宜。全陪带团到各地参观游览,见识颇多,又同各种各样的领队、地陪打交道,每送走一个旅游团,应及时总结带团的经验体会,找出不足,不断提高全陪导游服务的水平,不断完善自我。

3.3　海外领队服务程序

按照《中国公民出国旅游管理办法》和《旅行社出境旅游服务规范》的规定,目前,我国出国旅游均采取团队形式,团队的旅游活动须在领队带领下进行。

3.3.1　出境前的准备工作

3.3.1.1　与计调交接

(1)移交出团资料

1)团队构成的大致情况。(人数、性别、年龄、职业等)

2)团内重点团员的情况。(是否有贵宾或重要人物)

3)团队的完整行程。

4)团队的特殊安排和特别要求。(住宿、餐饮或其他方面的要求)

5)召开行前说明会的时间。

(2)移交出境旅游行程表,行程表的内容
1)游览线路、时间、景点。
2)交通工具的安排。
3)食宿标准、档次。
4)购物、娱乐安排以及自费项目。
5)组团社和接团社的联系人和联络方式。
6)遇到紧急情况的联络方式。
(3)移交《中国公民出国旅游团队名单表》
名单表一式四联:出境边防检查专用联、入境边防检查专用联、旅游行政部门审验专用联、旅行社自留专用联。领队只需带其中的一、二联即可。中国公民出国旅游团队名单表见表3.3。

表3.3 中国公民出国旅游团队名单表

组团社序号			团队编号			年份	
领队姓名			领队证号			编号	
序号	姓名		性别	出生日期	出生地	护照号码	发证机关及日期
	中文	汉语拼音					
游客							
1							
2							
3							
4							
5							
6							
7							
8							
9							
10							
11							
12							
年 月 日由 口岸出境							
年 月 日由 口岸入境			总人数:(男: 人 女: 人)				
授权人签字: 组团社盖章	旅游行政管理部门 审验章					边检检查站 加注(实际出境 人) 出境验讫章	
旅游线路: 组团社名称: 联络人员姓名及电话: 接待社名称: 联络人员姓名及电话:							

中华人民共和国国家旅游局印制

3.3.1.2 研究旅游团及接待计划

1)熟悉旅游团成员的基本情况:旅游团的名称、团号;成员的姓名、性别、年龄、职业、宗教信仰、饮食禁忌、生活习惯等;较有影响的成员、需特殊照顾的、知名人士的情况。

2)熟悉旅游行程接待计划:抵离各地的时间、交通工具、全部游览项目、下榻的酒店、行程中文娱节目的安排及用餐等。

3.3.1.3 核对旅游团成员的证件、签证、机票和表格

1)核对游客护照、护照内的签证以及出国旅游团队名单表。

护照重点检查:姓名、护照号码、签发地、签发日期、有效期、是否本人签名。

签证重点检查:签发日期、截止日期、签证号码。

名单表重点检查其信息是否和护照以及签证信息一致。

2)核对机票及行程:乘机人姓名、乘机日期、航班号。将机票信息与旅游行程进行对照,核对航班号、日期和起飞时间。

3)其他。检查全团的预防注射情况,查验境外住店分配情况。

3.3.1.4 物质准备

(1)带团必备物品

1)证件和机票。(必须有复印件)

2)出国旅游名单表。

3)出境旅游行程表及辅助说明的文件。

4)分房名单。

5)境外接待社联系方式。

6)其他相关的必备物品:如领队证、名片、队旗、托运行李不干胶标签等。

(2)工作辅助物品

资料书籍,紧急求助电话,中国驻外大使馆电话,预备应急小礼品等。

(3)个人生活用品

3.3.1.5 开好出国旅游说明会

召集时间一般定于出团前一天至一周内。

(1)出国旅游说明会的内容

1)致欢迎词,向游客发放《出境旅游行程表》《旅游服务质量评价表》和团队标识等。

2)对旅游行程进行说明(包括出境、入境手续与注意事项,旅游行程)。

3)介绍旅游目的地国家的基本情况、风俗习惯和相关的法律法规知识,并提出要求。

4)告知外币兑换与手续。

5)公布分房名单。

6)强调集合时间,回答游客的问题,登记游客的特殊要求。

(2)会上出境旅游领队要注意的问题

要以良好的精神面貌和礼貌的语言亮相;着重强调时间,尤其是出发时间;将自己的手机号告诉游客。

3.3.2 全程陪同服务

3.3.2.1 出境服务

(1) 出发前

1) 领队应提前到达。比规定时间至少早 10 分钟;将队旗直立竖起,等待旅游团到达。

2) 为游客签到。

3) 发表简短讲话。告知将要办理的登机、海关等手续。

(2) 办理海关申报

1) 了解海关通道。海关通道分为"红色通道"(亦称"应税通道")和"绿色通道"(亦称"免税通道")。

2) 领队带游客办理海关申报手续。①我国海关规定,我国出境人员,除享受免验待遇的人员外,都应填写《中华人民共和国海关进出境旅客行李物品申报单》,并将全部行李物品向海关交验。②无须申报物品的游客走绿色通道。③需申报物品的游客走红色通道并办手续:如携带摄像机、照相机、收录机、电脑等个人物品须据实申报。持申报单交验护照。

(3) 办理乘机手续及行李托运手续

1) 了解民航国际航班的行李托运携带规定。

2) 协助办理乘机手续及托运行李。

集体办:领队收齐全团游客的护照、机票到"团队"专用柜台办理。

单独办:由游客持护照、机票自己办理。

3) 将边检、登机所需物品发给游客:证件、机票、登记卡等。

(4) 卫生检疫

1) 黄皮书查验。黄皮书即《国际预防接种证书》,封面是黄色得名。出境旅游领队带领游客在关口的卫生检疫柜台,接受黄皮书查验。如游客未办理黄皮书,应按照卫生检疫部门的要求,现场补办相关手续。

2) 其他卫生检疫检查。出境人员应如实填写入境健康申明卡,接受体温测量。

(5) 边防检查及登机安检

1) 边检步骤。填《边防检查出境登记卡》(如是团体签证或到免签国家出示《中国公民出国旅游团队名单表》即可),接受检查。

2) 安全检查。安全检查即安检,是世界各国普遍采用的一种检查制度。主要包括:搜身,用磁性探测器近身检查。检查方式有过安全门,物品检查,红外线透视仪器检查等。

3.3.2.2 入境服务

(1) 卫生检疫

各个国家的形式有所不同,有的需要查验黄皮书和健康申报单;有的只是对游客进行检视。

(2) 办理入境手续

许多国家由移民局把守,出示证件(护照、签证、机票、入境卡等),接受盘问(问入境原因),入境检查。

(3)领取托运行李

如行李破损或遗失,持行李牌报机场行李部门。如确认丢失,填写行李报失单由航空公司处理。

(4)办理入境海关手续

世界各国的海关检查有四种情况:免检;口头申报(此种方式较普遍);填写海关申报单;填写海关申报单并开箱检查。

(5)与接待社导游员会合。

3.3.2.3　境外旅游服务

(1)领队与导游密切合作

领队向全团介绍境外导游,并与导游就具体接待事项进行商定。

(2)境外住店及用餐服务

1)住店。领队分房间并提醒和告知游客注意事项。如中外星级标准的差别,小费问题,房间物品的使用,国外的行为礼仪等。

2)用餐。中西餐的差异,告知游客用餐的规矩。

(3)购物及观看演出服务

1)购物。监督地陪安排购物的时间和次数;正确指导游客购物;提醒注意事项(如退税规定;限制携带出入境数量;使用信用卡等)。

2)观看演出。正规场合对服装有要求。

(4)游览观光

1)让游客清楚了解每日的行程计划。

2)辅助当地导游完成游览计划。

3)留意游客动向,保护游客安全。

(5)境外其他服务

1)返程国际机票确认。

2)监督旅游计划执行和接待质量。

3)维护旅游团内部团结。

4)保管证件和机票等工作。

3.3.2.4　返程服务

(1)离他国境服务

1)办理乘机手续。托运行李;换领登记卡;将证件、机票发给游客。

2)购买离境机场税。购买机票时一起付清,但个别国家例外,如泰国需在乘机前现场购买。

3)办理移民局离境手续。

填出境卡,通过离境边检(护照盖离境章或签证盖"USED"章)。

4)办理海关手续。

5)办理购物退税手续。

欧美、澳洲以及南非等国家都实行退税规定。可现场办理,也可回国内办理。北京、上海、广州等大城市设立退税点。

6）登机。（注意登机闸口是否改变）

（2）入中国境服务

1）接受检验检疫。（同出境）

2）接受入境边检。

3）领取行李。若遗失,通常在查找21天后向所搭乘航空公司索赔。

4）接受海关检查。游客申报物品复带入境。

3.3.3 后续工作

（1）和计调交接

1）上交《领队日志》。

2）上交《旅游服务质量评价表》。

（2）整理游客意见、处理投诉或委托事项

对于投诉,领队要如实汇报,不得推卸责任。

（3）报账和归还物品

按旅行社要求报账,领取个人带团报酬,如有借款或个人垫付费用一并结清。

（4）与游客保持联络

3.4 景区景点导游服务程序

3.4.1 服务准备

（1）熟悉情况

1）了解团队基本情况.通过观察或询问的方式简单了解旅游团人数、团员的身份、在景区停留时间等。

2）熟悉环境保护、文物保护、安全知识和景区管理规定。

3）掌握景区景点知识。了解景区景点的基础知识,包括建筑特色、建筑风格、历史沿革、民间传说等。熟悉景区景点相关背景知识及所涉及的学科知识,如讲解嵩山,涉及地质、植物、历史、文化等知识；讲解少林寺,涉及历史、宗教、古建筑、武术等知识。

（2）物质准备

1）准备导游图或纪念品。以备发放给游客免费导游图和旅游纪念品。

2）准备导游讲解工具。扩音器、聚光手电等,新型导游工具——耳麦式讲解器（游客人手一副无线接收器,减轻工作强度,游客在100米内都可听到,还避免影响其他游客）。

3.4.2 导游服务

（1）致欢迎词

内容包括：向游客问好；介绍自己；表明热忱服务的态度；预祝在景区游览顺利。

（2）交代景区游览路线和注意事项

景区大门导游图前,门票印有游览线路,主要线路和所需时间,景区游览注意事项等。

(3)景点讲解

1)按游览顺序参观,进行分段讲解,不得擅自减少旅游项目、缩短讲解时间。

2)注意宣传环境、生态和文物保护知识。

3)及时、耐心解答游客问询,注意正确应付游客的专业性或"刁难"性问题。

4)留意游客的动向与安全,对涉及安全的方面做出真实说明和明确警示。

5)尊重游客的宗教信仰。

3.4.3 送别服务

(1)致欢送词

内容包括:表示感谢,回顾总结,表达良好祝愿。

(2)征求游客的意见和建议

(3)赠送景区资料和纪念品

一般是小册子或带有景区标志的小纪念品。

【本章小结】

本章以接待入境团队、以乘坐飞机为例,主要介绍了地方导游、全程导游、海外领队、景区景点导游的服务程序与标准。地方导游服务程序是本章的重点,希望引起同学们的重视。地方导游服务程序包括准备工作,迎接服务,入店服务、核对商定日程服务,参观游览服务,其他服务,送站服务,善后工作八个步骤。

全程导游服务程序包括准备工作,首站接团服务,入住饭店服务,核对商定日程、离站、途中,抵站服务,末站服务,善后工作;海外领队服务程序包括准备工作,全程陪同服务,后续工作组成;景区景点导游服务程序包括服务准备,导游服务,送别服务三项内容。

【重点概念】

团队导游服务程序　礼遇

【案例分析】

景区导游好,收入却不高

刘兰是某历史文化遗址的景区导游,从业近两年,工作兢兢业业,尤得游客的好评,不少旅行社团队都点名邀请刘兰讲解。刘兰每天工作时间比谁都长,但收入却在景区的20多位讲解导游中处于中低水平,原因在于景区导游工资收入的主体是带团提成,刘兰对每团讲解都较为详细,还在介绍景区展品基本情况之外充实了大量左证材料,同时不厌其烦地回答客人的疑问,虽然游客满意度非常高,但这样全天带团数就很低,只是其他导游的1/2左右,收入自然高不起来。

景区导游部在调查中发现,几乎所有的讲解导游都对刘兰的讲解水平和敬业精神赞叹不已,但却没有一位主动向她学习。由于导游部没有规定对每个团队基本的讲解时间

（考虑到旺季时导游人手不够，导游部同样有尽可能缩短讲解时间，多接团队的愿望），因此，多数导游都只带客人走走主线，讲几个重要景点后就让客人自由观赏了，而客人不知内情，自然不会投诉。

找到原因后，导游部向景区管理部门建议并得到同意，重新修订景区导游工资制度，内容是：

1. 实行景区讲解导游评星制。即根据讲解导游的讲解质量和游客满意度，分别确定一至五星级景区讲解员，这既是荣誉称号，也与个人收入挂钩。

2. 改变过去固定工资差距极小的现象，给予不同星级的景点讲解导游不同的工资待遇。

3. 按景点讲解导游的星级确定讲解费提成比例，星级越高的导游，每次讲解的提成越高。这一制度实施后，不仅刘兰的收入水平提高了，优质服务的风气也在景区导游中树立起来了。更重要的是，由于讲解到位，游客满意度大大提高，景区价值得到更多游客的认同，景区游客量也比往年有了较大增长。

问题：

1. 如果你是景区导游，你会像刘兰那样做吗？为什么？
2. 如何保证景区导游服务不缩水？

思考题

1. 试述地陪导游服务程序。
2. 地陪在接团前的准备工作有哪些？
3. 地陪怎样进行首次沿途导游？
4. 地陪与全陪的工作程序有何不同？
5. 在景点组织游览时，地陪导游员应注意哪些方面？
6. 如果你是某个大学生旅游团的地陪，试写一份规范的致这个旅游团的欢迎词或欢送词。
7. 简述海外领队出国旅游说明会的大致内容。

实训题

1. 主讲教师指导学生自行设计几条行车路线，如从火车站到所在学校、从汽车站或机场到某酒店等，并设定接待对象，要求学生致欢迎词或欢送词，并模拟首次沿途导游。

2. 主讲教师设计出若干条行车路线，将学生分成几个小组，各小组分别根据指定的旅游路线，模拟导游接团、带团程序，做好各项服务工作，并进行导游讲解。

同学们可以按给出的旅游接待计划，模拟地方导游服务程序中的服务准备、迎接服务、入住酒店服务、核对商定日程、参观游览服务、其他服务、送站服务、善后工作等主要环节的服务操作；并做好导游讲解工作。

实训要求：

（1）要求学生按实训计划进行带团前的准备，熟悉导游带团程序，并应该根据导游路线，查阅参考书或上网搜索积累相关资料。

(2)结合实训内容,理论联系实际,在实训期间要认真做好记录。

(3)实训期间不得缺席,否则无实训成绩。

(4)实训报告每篇1 000字左右。

3.根据班级学生人数多少,将学生分成若干小组,分别扮演不同的角色:地陪、全陪、领队、景区景点导游、旅游者等,根据当地旅游业发展的实际,制订一套旅游计划,让学生按照导游服务程序模拟练习。

本章练习题

一、单选题(以下四个选项,只有一项是正确的,请选择最佳选项)

1.(　　)是导游员给客人留下良好第一印象的首要环节。

　A.旅游团抵达前的服务安排　　　　B.景区导游服务

　C.致欢迎词　　　　　　　　　　　D.入住饭店时的导游服务

2.旅游团在饭店集合准备前往景点游览时,地陪首先要做的是(　　)。

　A.宣布当天的活动日程　　　　　　B.介绍新闻和热门话题

　C.沿途风光讲解　　　　　　　　　D.提醒旅游者带好游览用品

3.下列地陪的工作中,属于旅游团在离店前应做好的服务是(　　)。

　A.集中交运行李　　　　　　　　　B.通知酒店退房

　C.向全陪移交交通票据　　　　　　D.热情与客人告别

4.如果旅游团是乘国际航班(车、船)出境,帮助旅游者办理有关离境手续的是(　　)。

　A.地陪　　　　　　　　　　　　　B.全陪

　C.领队　　　　　　　　　　　　　D.游客自己

5.旅游团中有老弱病残者,导游员的下述做法中,不正确的是(　　)。

　A.制订计划时要留有余地

　B.体力消耗大的项目不要集中安排

　C.活动节奏不要太快,做到劳逸结合

　D.夏天午后注意多休息,一般安排晚间活动

二、多选题(以下每小题四个选项中,至少有两项是符合题意的,请将每题的所有正确选项选出,多选、少选或错选,均为错误)

1.地陪首次沿途导游的内容主要包括(　　)。

　A.致欢迎词　　　　　　　　　　　B.风情导游

　C.风光导游　　　　　　　　　　　D.酒店介绍

2.下列关于导游员进行沿途导游的作法中,正确的有(　　)。

　A.面带微笑站在车的前部,司机的右后侧

　B.对重要的内容要重复讲解或加以解释

　C.不论任何情况都必须站立讲解

　D.旅游者如果比较疲劳,导游员可少讲解,多让旅游者休息

3. 旅游团抵达景点后,地陪的导游服务有(　　)。

A. 使旅游者明确参观游览结束后的集合时间和地点

B. 提醒旅游者记住旅行车的型号、颜色、标志、车牌号

C. 在参观游览过程中注意旅游者的动向

D. 在景点示意图前,地陪应向旅游者讲解游览线路,提醒游览注意事项

4. 地陪在旅游团入住酒店时的服务有(　　)。

A. 分发房卡

B. 记下全陪、领队和全团成员的房号

C. 到旅游团所住楼层查看住房情况

D. 带领游客到电梯或楼梯处

5. 下列关于旅游团在游览地用餐的说法中,正确的有(　　)。

A. 在游览地就餐时,为了照顾游客,地陪可与游客同席用餐

B. 用餐前,地陪应将本团团餐是否含酒水告诉游客

C. 地陪应提前落实订餐工作

D. 旅游团用餐期间,地陪应巡视1~2次,询问旅游者的意见

三、判断题(正确的打"√",错误的打"×")

1. 旅行团在向异地城市移动过程中,全陪主要的任务是提醒旅游者注意人身和财物的安全。(　　)

2. 旅游者上下车时,导游员应恭候在车门旁,热情地搀扶和协助每一位游客。(　　)

3. 景点游览完旅游者上车后,导游员等客人坐稳,就可以示意司机开车了。(　　)

学习参考书目

1. 郭书兰.导游原理与实务[M].大连:东北财经大学出版社,1999.

2. 张建融.导游服务实务[M].杭州:浙江大学出版社,2005.

3. 樊丽丽.导游业务训练课程[M].北京:中国经济出版社,2007.

4. 韩荔华.实用导游语言技巧[M].北京:旅游教育出版社,2002.

5. 蒋炳辉.导游带团艺术[M].北京:中国旅游出版社,2002.

6. 王连义.怎样做好导游工作[M].北京:中国旅游出版社,2000.

7. 周国忠,孙艺.导游业务[M].北京:中国旅游出版社,2004.

8. 赵湘军.导游学原理与实践[M].长沙:湖南人民出版社,2003.

9. 李娌.导游服务案例精选解析[M].北京:旅游教育出版社,2009.

10. 国家技术监督局发布.导游服务规范,2011.

11. 国家旅游局.旅行社出境旅游服务规范,2011.

4 散客导游服务程序

学习目标→

通过本章的学习,要求学生掌握散客旅游、单项委托服务和选择性旅游的定义;掌握散客旅游与团队旅游的区别、散客旅游的特点;熟悉散客导游服务类型和散客导游服务程序与服务质量;了解散客旅游现状、趋势和快速发展的原因。

学习难点→

散客旅游　散客旅游服务　散客旅游特点
散客导游服务程序

旅游目的地的旅游接待设施日益完善,旅游信息传播越来越通畅,旅游者的旅游经验日益丰富,旅游者的需求更加多样化,追求更为自由、便利和个性的旅游体验,因此,产生了散客旅游形式,出现了越来越多的散客旅游者。这一旅游形式的改变,也就使旅游饭店、旅游交通、旅行社等旅游接待企业在众多方面发生着重大的变化。特别是旅行社的接待业务方面也发生了较大变化,导游服务也就随之发生了重大的变化。

4.1 散客旅游服务概述

散客旅游与团队旅游不同,正是为了满足旅游者追求自由、个性而出现的一种旅游形式,并日益受到旅游者的喜爱。面对这些变化,旅游行业各接待企业,特别是旅行社,应调整接待机制,为散客旅游的发展创造良好的环境。

4.1.1 散客旅游及散客旅游服务

散客旅游也称自助或半自助旅游,在国外称为自主旅游,它是由旅游者自行安排旅游行程,零星现付各项旅游费用的旅游方式。散客旅游服务,就是旅行社根据散客的要求提供各项旅游服务,主要有旅游咨询服

务、单项委托服务和选择性导游服务。

散客旅游同团队旅游的区别主要有以下几点：

第一，旅游行程的计划与安排不同。旅游团队的行程安排一般都是由旅行社或旅游服务中介机构提前安排。而散客旅游则不同，其外出旅游的计划和旅游行程都是由自己来安排，旅行社处于从属地位，更多的是提供建议或协助。

第二，两者付费方式不同。旅游团队是通过旅行社或旅游服务中介机构，采取支付综合包价的形式，即全部或部分旅游服务费用由旅游者在出游前一次性支付。而散客旅游的付款方式更多是零星现付，即购买什么，购买多少，按零售价格当场现付。

第三，两者消费价格不同。因为散客旅游的旅游项目的价格是零售价，团队旅游是批发价，所以相同级别的旅游项目，散客旅游所需的费用相对团队旅游贵一些。

第四，两者自由度不同。旅游团队是有组织按预订的行程、计划进行旅游，团队旅游的旅游者受团队约束。而散客旅游的随意性很强，变化多，服务项目不固定，而且自由度大。

第五，两者旅游人数不同。旅游团队一般是由9人以上的旅游者组成。而散客旅游以人数少为特点，一般不超过9人，甚至可以是单个的旅游者。

4.1.2 散客旅游的现状

随着经济和交通的快速发展，人们出游的机会增多，出游的频率也大大增强。旅游者的出游动机呈多元化，自主意识和能力也进一步增强。这使散客旅游迅速发展，成为国际旅游业的主要形式。

在散客旅游快速发展的背景下，我国国内的旅游市场也发生着重大的变化。根据《2016年中国旅游业统计公报》的统计，2016年我国公民出境人数达到1.22亿人次，经旅行社组织出境旅游的总人数为5 727.1万人次，仅占出境旅游总数的2.14%。在我国境内旅游中，国内旅游人数44.4亿人次，全国旅行社共组织国内过夜游客15 604.9万人次，只占出游总人数的28.46%。由此可见，我国无论是出境旅游还是国内旅游，与世界的发展步伐是一致的，即散客旅游成为我国各种旅游活动的主要形式。

散客旅游迅速发展的原因包括以下几方面。

4.1.2.1 在游客人群中，中青年人数迅速增加

随着消费意识的改变及生活水平的提高，游客类型中，中青年人数快速增长，人数逐年上升。中青年人群体的消费特点是性格大胆，敢于冒险，带有明显的个人爱好，追求自由而不愿受团队旅游的约束和限制，同时可自由支配的收入又十分有限。散客旅游的自由、消费弹性大等特点无疑对中青年旅游者产生巨大的吸引力，使中青年旅游者成为散客旅游的重要组成部分。

4.1.2.2 旅游者自主意识的增强和旅游经验的丰富

相对于大多数旅游者而言，初次出游多会选择旅游团队，但随着出游次数的增多，旅游经验的丰富，相当一部分的游客在随后的旅游中会更乐意自主出游或结伴出游，逐渐加入散客旅游队伍。

4.1.2.3 现代交通和通信的发展为散客旅游提供了便利条件

随着航运行业的快速发展,以及各国之间边境开放,人们自驾车或采用飞机、火车等交通工具到邻近国家或地区旅游十分便利。同时,现代电信的发展,也使人们无须依赖于旅行社就可以在互联网上或其他服务机构安排自己的旅行,这都大大促进了散客旅游的发展。

4.1.2.4 世界各国为发展散客旅游都在努力调整其接待机制,增加和改善散客接待设施

为了发展旅游业,加强本国的旅游竞争力,许多国家都设立了旅游咨询电话、电脑导游显示屏、旅游专线等旅游配套设施,甚至在最小环节的旅游景区也都配备一定数量的讲解员、电脑导游显示屏等,这些也都为散客旅游的发展创造了良好的环境。

4.1.3 散客旅游的发展趋势

散客旅游的发展较团队旅游而言,受到外部环境约束的因素较多,对旅游保障机制要求更为严格,但这些并不能阻碍散客旅游的快速发展。在全球各国追求和平的前提下,散客旅游将继续向前发展,趋势表现在以下几方面。

4.1.3.1 散客旅游迅速发展

国际旅游业人士普遍预计,尽管目前全球经济前景因金融市场动荡而不明朗,但国际旅游业仍将保持较快发展势头。随着各国经济的复苏,在全球旅游业恢复正常秩序的背景下,散客旅游也将随之恢复并保持快速发展的势头。另一方面,随着信息、资源的全球化,旅游者获得信息的途径、信息量较以往更为丰富,旅游者追求个性化、自由化等因素都将促进散客旅游的快速发展。

4.1.3.2 互动性将成为散客旅游所追求的目标

散客旅游与团队旅游相比,一个重要的区别就是散客旅游给旅游者提供了更为自由的活动空间,这就为散客进行互动性提供了很大的可能。旅游者的参与、社区的参与、与自然界人文的交流互动的程度,成为今后旅游产品的重要品质,这一品质将最先体现于散客旅游。散客旅游将在今后的发展中对旅游产品的互动性提出更高的要求,这就要求旅游目的地对所提供的旅游产品进行革新,使旅游产品从纯观赏性向互动性转变。

4.1.3.3 中远程长线旅游将进一步增强

新生交通形式的出现将极大地促进旅游者前往更为广阔的旅游目的地。随着安全、快捷、舒适、经济的新兴客机的研制和运营,全球性的大规模中远程旅游将成为可能。散客旅游在中远程长线旅游发展方面将进一步增强。

4.1.3.4 散客旅游对旅游安全将更为重视

在具备金钱、时间和旅游欲望的旅游者中,唯一使得旅游者能够放弃旅游计划的原因就是安全因素。就旅游安全来说,旅游者考虑的因素主要有局部战争和冲突、恐怖主义活动、旅游目的地政局不稳定、传染性疾病流行、交通事故频繁、治安混乱等。因此不管是旅游客源地还是旅游目的地,加强对于旅游安全的保证,才能对散客旅游起到良好的保护。

4.1.3.5 中国将是重要的散客旅游目的地

随着中国国际影响力的提升,境外游客对于中国有了全新的认识。国内旅游业的快速发展,旅游接待设施的日益完善,旅游从业人员在数量和质量上面的提升,旅游产品的

日益丰富,都促进我国散客入境旅游和国内散客的快速发展。因此,对今后的散客旅游,中国将占据重要的份额。

4.1.4 散客旅游的特点

散客旅游与团体旅游是两种不同的旅游形式,存在着一定的差异性。这些差异主要表现在旅游者的人数,旅游活动的灵活度,旅游产品的价格,导游人员的素质,旅行社的接待等方面。

4.1.4.1 旅游服务批量少

散客旅游多以游客本人外出或与家人、朋友结伴而行,因此与团队旅游相比,人数规模小得多,多数为9人以下。这就要求旅行社打破传统的接待大批量旅游团队的习惯,不能因为散客旅游的批量少而不开展此类业务。就全球旅游业的发展趋势来说,未来旅游团的规模将会愈来愈小。

4.1.4.2 旅游服务批次多

由于散客旅游的迅速发展,选择散客旅游的人数在一定程度上也超过了团队游客的人数,再加之散客旅游具有批量少的特点,这就导致了散客旅游批次多的情况。另外,散客要求旅行社提供的服务往往不是一次性,有时在旅游过程中多次要求旅行社提供服务,这就进一步增加了旅行社的批次。这一特点无疑给旅行社增加大量的工作量,这就要求旅行社的工作人员要有严谨的工作态度。

4.1.4.3 旅游产品预订期短

由于散客旅游行程由旅游者自行计划和安排,旅游者的自由度较大,散客在参加旅游时要求旅行社提供的往往只是单项服务或几项服务,但在旅游过程中却会根据情况而临时改动或增加服务项目,同时要求旅行社在较短时间内为其安排或办妥有关手续。所有这些原因导致散客旅游的旅游产品预订期往往都较短。这就要求旅行社要提高办公效率,建立一个快速、便捷的预订系统。

4.1.4.4 旅游者要求多

散客中多数是以家庭或朋友结伴而行,随意性较强,缺乏一定的约束性,同时多数费用都是现付的形式,往往临时改变计划或增加要求。特别是商务和探亲性质的散客,他们在旅游过程中往往有许多交际应酬,这就要求旅行社根据其活动安排随时调整日程安排。这对导游人员就提出了更高的服务标准。

4.1.4.5 旅游行程变化多

由于散客是自己计划旅游安排,缺乏经验,因此极容易在旅游过程中多次发生旅游行程的变更或取消,最终导致更改甚至全部取消事先向旅行社预订的服务项目,而要求旅行社为其预订新的服务项目。这就要求旅行社必须建立一个庞大、快捷的网络预订系统和拥有高素质的工作人员。

4.1.5 散客旅游接待要求

散客旅游是旅游市场发展的必然趋势,也是旅游市场成熟的重要标志之一。一方面表明旅游者自主旅游的意识日益增强,旅游消费行为日益成熟。另一方面由于散客对旅游服务的效率和质量的注重往往比团队旅游的旅游者更高,这就要求旅游接待各部门要适应其要求提高工作效率,特别是旅行社,要根据散客旅游的特点,提供好散客旅游接待业务。

4.1.5.1 增加旅游产品的文化含量和便于游览

散客旅游是一种较为自由的自主式旅游形式,参加这种旅游的旅游者一般文化层次较高、旅游经验较为丰富,这就势必对旅游产品的文化含量提出更高的要求。散客不仅要求旅行社能开发出具有丰富文化内涵和富有浓郁地方特色和民族特色的旅游产品,而且还要满足他们追求个性化和多样化的消费心理,提供知识面广、文化素质高、擅长沟通的导游人员,以丰富他们的知识领域。

散客在旅游过程中追求自由、不受约束,可能不会要求导游人员提供讲解服务,这就要求旅游景区组建一支高素质的讲解员,或者旅游产品配备完善、多样的介绍方式。

4.1.5.2 建立高效、全面的计算机网络预订系统

散客旅游的特点就是要求旅行社的预订系统迅速、高效地运行。为此,旅行社应建立以计算机技术为基础的网络化预订系统,这不仅可以方便散客旅游活动的进行,而且对旅行社拓展散客旅游业务大有益处。

为了便于散客旅游者的预订,除了旅行社之外,其他的旅游接待部门,如旅游饭店和旅游交通部门还应积极建设、完善计算机网络预订系统。使散客不仅仅依赖旅行社来完成其旅游预订事项。

4.1.5.3 建立高效、广泛、优质的旅游服务供应网络

建立高效、广泛和优质的旅游服务供应网络是针对散客旅游的特点而言,散客在旅游过程中,旅游计划常发生变动,对旅行社提供的旅游服务项目在时间上要求快,旅游服务设施和服务质量要求高。旅行社要适应散客的这种要求,就必须逐步在旅游目的地建立起覆盖面大、服务效率高、服务质量优异的旅游服务供应协作网络,以满足散客的需要。

4.1.5.4 高素质的导游人员

散客旅游者对接待人员的要求较高。散客导游与团队导游之间最大的区别是沿途的导游方式不同。团队导游人员只需按照事先安排好的日程,按部就班地为旅游者提供导游讲解服务即可,在整个服务中,导游员是主角,处于主导地位。而散客导游,导游人员与游客双方都是主角,彼此之间更多的是对话式的交流,而且涉及的交流内容也非常广泛,不必拘泥于眼前正在观赏的景物。正因为这样,导游人员在组织游客的过程中,要因人而异、以客为主。所以散客旅游者的接待必须是高素质的导游人员。

4.2 散客旅游服务的业务类型

散客的要求多样,旅行社能受理的服务项目而言,大体可分为单项委托服务、旅游咨询服务和选择性旅游服务三大类。这些服务都是通过旅行社在酒店、机场等设立的门市柜台和旅行社的散客部门来受理。

旅行社门市业务主要指旅行社通过门市柜台这一重要窗口,向旅游者提供门市接待和票务的服务。门市接待业务开展成功与否的主要因素包括两方面,一是门市柜台的设

立,二是业务人员的选择。门市柜台的设立,首先,要考虑的是接近目标市场,一般以选择客源相对集中的机场、车站、码头、酒店、社区、闹市街区等为宜;其次,要考虑位置恰当、方便顾客,一般以选择交通干线的临街店面房为宜;最后,可考虑选择旅行社门市相对集中的区域。门市接待人员的素质要求是相当高的,必须对旅行社的散客业务相当熟悉,并了解旅游者的心理,积极促其成交。

4.2.1 单项委托服务

单项委托服务是指旅行社为散客提供的各种按单项计价的可供选择的服务。散客在选择单项委托时,往往根据自身对旅游目的地的熟悉程度及项目处理的难易度等进行选择,熟悉程度越低和处理难度越大,旅游者委托旅行社办理的可能性就越大,而且选择的项目也必将越多。目前,国内旅行社为散客提供的单项委托服务主要包括以下内容:抵离接送服务;行李提取和托运服务;代订酒店服务;代租汽车服务;代订、代购、代确认交通票据服务;代办入境、出境、过境临时居住和旅游签证服务;代办国内旅游委托服务;提供导游服务;代向海关申报检验手续服务。

根据委托者的所属地的不同,单项委托服务又可分为受理散客来本地旅游的委托、办理散客赴外地旅游的委托和受理散客在本地的各种单项服务委托。

4.2.1.1　受理散客来本地旅游的委托

旅行社散客部或门市柜台在接到外地旅行社为其散客来本地旅游需要提供的单项委托服务通知时,应根据相关规定进行以下工作。

1) 记录有关内容。受理异地散客到本地旅游委托时,应记录散客的姓名、国籍(地区)、人数、性别、抵达日期、所乘交通工具抵达时间、需提供的服务项目、付款方式等。如要代办在本地出境的交通票据,则要记录散客护照上准确的姓名拼写、护照或身份证号码、出生年月、交通工具具体情况,以及外地委托社名称、通话人姓名和通话时间等。这些内容应该记录完整、详细,以便经办人顺利办理。

2) 认真填写任务通知书。旅行社散客部一旦受理了异地散客的委托,就要根据散客的情况和要求填写任务通知书。任务通知书一般一式两份,一份留旅行社备查,一份连同原件送经办人办理落实相关的委托业务。若散客要求提供导游接待服务,应及时下达接待计划并通知导游人员。

3) 如果旅行社无法提供散客委托的服务项目时,应在 24 小时内通知外地委托旅行社。

4.2.1.2　代办散客赴外地旅游的委托

旅行社散客部或门市柜台为本地散客代办赴外地旅游的委托,应在其离开本地前三天受理,若代办当天或次日赴外地旅游的委托时,需加收加急长途通信费。

代办赴外地旅游委托时,如委托人在国外,旅行社可告知与该社有业务关系的国外旅行社,通过该旅行社办理;如委托人在非本地的我国境内,可让其直接到与其有业务关系的旅行社办理。

旅行社散客部或门市柜台人员在受理此项委托业务时,必须耐心询问客人要求,认真检验其身份证件。根据客人各项服务要求,逐项计价,现场收取委托服务费用,然后向客人开具发票或收据。

如果散客委托他人代办委托手续,受委托人在办理委托时,必须出示委托人的委托书和受委托人本人身份证件,然后再按上述程序进行。

4.2.1.3 受理散客在本地旅游的委托

旅行社散客部或门市柜台受理本地散客在本地旅游的委托的操作,与代办散客赴外地旅游的委托相同。

4.2.2 旅游咨询服务

旅游咨询服务是旅行社散客部或门市柜台工作人员向前来问询的潜在旅游者提供各种与旅游有关的信息和建议的服务。

旅游信息包括的范围是相当广的,主要包括旅游交通、饭店住宿、餐饮设施、旅游景点、旅行社产品以及各种旅游产品的价格,等等。旅游建议就是旅行社散客部人员根据客人的初步想法及要求向其提供若干种可供选择的旅游方案,供其考虑与选择。

根据咨询人员采用的不同形式,旅游咨询服务又可分为电话咨询服务、信函咨询服务和人员咨询服务。

4.2.2.1 电话咨询服务

电话咨询服务是旅行社散客部人员通过电话回答客人关于旅行社散客旅游及其他旅游服务信息的问题,并向其推荐旅行社有关旅游产品。电话咨询服务是最主要的咨询方式,在进行电话咨询服务时,散客部工作人员应注意以下几方面要求。

(1)尊重客人

散客部工作人员在接听旅游咨询电话时,要认真倾听客人提出的问题并给予耐心而准确的回答。回答时声调要热情友好,语音应该礼貌规范,以显示对客人的尊重。

(2)主动推荐

打电话咨询的客人是旅行社的潜在旅游者,一般都具备了一定的出游条件,旅行社的工作人员在接到客人打来的旅游咨询电话时,要反应迅速,积极主动地进行推荐,即在圆满回答客人提出的各种问题时,积极主动地向客人提出各种合理的建议,不失时机地向客人推荐本旅行社的各种旅游产品。

(3)做好咨询记录

旅行社的咨询人员在为客人进行电话咨询服务时,要做好相关信息的记录工作,客人咨询的内容往往是最重要的旅游消费信息,可以为旅行社的开拓市场、扩大业务提供重要信息。

4.2.2.2 信函咨询服务

信函咨询服务是旅行社散客部人员以书信形式答复客人提出的有关散客旅游和旅行社旅游产品的各种问题,并提供各种旅游建议的服务方式。

随着互联网通信的快速发展,传统的书信咨询方式逐渐被电子邮件和网络留言所取代。同时,社会生活节奏的加快,使客人要求快速得到旅行社的回应,这就要求旅行社散客部工作人员要及时快速地回复。同时,信函答复应做到语言明确、简练规范、条理清晰。若是电子邮件,咨询人员要做好相关旅游信息的网址链接,以方便咨询者进一步了解相关

信息。

4.2.2.3 人员咨询服务

人员咨询服务是指旅行社散客部或门市柜台工作人员接待前来进行旅游咨询的潜在旅游者,回答咨询者提出的有关散客旅游方面的问题。在为客人提供咨询服务时,工作人员要热情周到地向客人介绍、建议和推荐本旅行社散客旅游产品。具体来说,在向客人面对面地提供旅游咨询服务时,旅行社散客部或门市柜台接待人员应该做到以下几点。

(1) 接待要热情、得体

客人到旅行社散客部或门市柜台来咨询时,接待人员应热情友好、面带微笑、礼貌待客,积极、准确地回答客人提出的问题,主动介绍散客旅游产品。在接待客人的咨询过程中,工作人员除了要仔细认真听取客人的询问并对询问进行解答之外,还要将问题和要求做详细的记录,对无法当场解答的问题,工作人员要及时向上级请示并做出准确的答复。

(2) 宣传要主动、有针对性

旅行社散客部或门市柜台接待人员在回答客人提出的问题时,应向其提供各种可行的建议,以便于客人的选择。同时,还应给客人提供本旅行社散客旅游产品的宣传资料,让客人带回去仔细的查阅,以加深客人对旅行社及旅游产品的印象,努力为旅行社争取客源。

(3) 积极促其成交

客人亲自到旅行社散客部或门市柜台进行当面咨询,表明客人出游的动机相当明显,所以接待人员在向客人回答问题和提出建议的时候,应尽力促其成交。如果客人提出特殊要求,在尽可能的情况下,应立即与有关业务人员联系并及时确定。

若客人无法当场做决定,工作人员应本着诚实守信的原则,不可为促其成交而许下虚假承诺,更不可采用欺骗或强迫的手段与客人签下旅游合同。工作人员可以记录客人的相关信息和需要,在今后可继续努力促其成交。

4.2.3 选择性旅游服务

选择性旅游是旅行社散客部或门市柜台通过招徕,将赴同一旅行线路或旅游景点的不同地方的游客组织起来,分别按单项价格计算的旅游形式。选择性旅游是我国目前较为普遍的一种散客旅游形式。

选择性旅游的具体形式多样,主要有小包价旅游中的可选择部分;散客的市区游览、晚间文娱活动、风味品尝;到近郊或邻近城市旅游景点的短期游览参观活动,如"半日游""一日游"以及"购物游"等。

目前,旅行社提供的选择性旅游服务包括散客包价旅游、半包价旅游、小包价旅游、零包价旅游、组合旅游和单项服务等形式。散客旅游者可以根据情况自主选择。

随着小长假的增多,选择性旅游形式日益受到旅游者的喜爱,逐渐成为旅行社的一项重要业务。旅行社发展选择性旅游业务,重点应做好销售和接待这两个主要环节的工作。

销售工作就是要旅行社散客部或门市柜台的工作人员做好宣传和接待工作,使选择性旅游形式及其产品深入人心,被广大潜在旅游者接受。

接待购买选择性旅游产品的游客,是旅行社散客旅游服务的另一个重要方面,由于选择性旅游具有品种多样、涉及范围广、订购时间短、变化多样等特点,所以接待选择性旅游的游客要比接待团体包价旅游更为复杂、琐碎,因此,旅行社应重点做好及时采购和搞好接待两方面的工作。

4.2.3.1 旅行社及时采购散客预订的相关旅游产品

选择性旅游产品的预订期短,但是涉及有关线路、活动和住宿等方面,因此,旅行社应及时、迅速地做好相关旅游服务的采购工作。即建立和完善包括酒店、餐厅、旅游景区景点、文化娱乐单位、交通运输部门、旅游商店等企事业单位的服务采购网络,以保证游客预订的服务项目能够准时落实。

此外,旅行社还应掌握这些相关部门的服务价格、优惠条件、预订政策、退订手续等情况和相应变化,以便在保障游客的服务供应前提下,尽量降低产品成本,扩大采购选择的余地,增加旅行社的经济效益。

4.2.3.2 导游人员搞好散客旅游过程中的接待

由于选择性旅游团队的成员是由来自不同地方的散客临时组成,旅游时间又较短,客人之间的包容性较差,一般不设领队和全陪,因此,与团体包价旅游的接待相比,选择性旅游团队的接待工作难度要大得多。为了接待好选择性旅游团队,旅行社首先要为其配备经验丰富、独立工作能力强的导游人员。

在接待过程中,导游人员在组织好各项旅游活动的同时,随时注意观察游客的动向,听取游客的意见和要求,在不违反对游客提供有关服务的承诺和不增加旅行社经济负担的前提下,对旅游活动的内容可做适当调整,但是一定要获得游客的同意。不能因为散客旅游团没有领队或全陪而出现随意增减相关项目、增加旅游购物时间等违规操作行为。

4.3 散客导游服务的类型

散客导游服务主要是针对选择性旅游服务而提供的导游服务,由于散客的选择性旅游服务较为复杂和自由,因此所提供的导游服务也就存在着较大的差异。散客导游服务可以从不同角度进行分类。

4.3.1 根据旅游者的人数划分

散客导游服务根据参加的旅游者人数可分为散客的团队活动导游服务和零星散客导游活动服务两种。

4.3.1.1 散客的团队活动导游服务

散客的团队活动导游服务指的就是为散客包价旅游提供导游服务,该团队由9名以下散客组成,有组织地按预订行程进行旅游。其提供的导游服务项目与团体旅游相同,服务项目通常包括:服务准备、迎送服务、入店服务、核对和商定节目安排、参观游览服务、其他服务、送站服务、后续工作等服务项目。导游人员在带团过程中采用的方法大体上与带标准旅游团相似。

4.3.1.2 零星散客活动导游服务

零星散客活动导游服务指的是为少数几个散客提供导游服务,即导游人员服务的人数极少。零星散客旅游行程随意性较强,旅游行程计划改动性较大,导游人员为零星散客提供的服务较其他而言有很大的差异,基本是以客为主,根据散客的需要提供相应的服务。

4.3.2 根据散客付费方式划分

散客支付旅游费用的方式较多,根据旅游者支付费用的方式大体上可分为散客包价导游服务和散客小包价导游服务两大类。

4.3.2.1 散客包价导游服务

散客包价导游服务指的就是为散客包价旅游团提供的导游服务,散客采取一次性预付旅游费用,有组织地按预订行程计划进行旅游。导游人员为该类型的散客提供的服务与带团队旅游相同。

4.3.2.2 散客小包价导游服务

散客小包价导游服务是指导游人员服务的散客的费用由非选择部分和可选择部分构成。非选择部分包括住房及早餐、机场(车站、码头)至饭店的接送和城市间的交通费用,其费用由游客在旅游前预付;可选择部分包括导游服务、午餐和晚餐、参观游览、欣赏文艺节目、品尝风味等,其费用可由游客旅游前预付,也可由游客现付。此类型的导游服务较为复杂,需要导游人员在保证计划内的活动前提下,尽可能向旅游者介绍旅游产品,促其成交。

4.4 散客导游服务程序与服务质量

散客导游服务与旅游团队导游服务相比较,在服务程序与服务方面存在着较大的差异。总体而言,散客导游服务较团队导游服务更为繁杂、多变,对导游服务的选择往往是若干个项目,而不是完整的一个导游服务程序。这就要求导游人员在工作中要区别对待。目前,根据散客要求,旅行社所提供的可供选择导游服务项目包括接站服务、导游服务和送站服务。

4.4.1 接站服务

散客接站服务就是旅游者订购了导游人员为其提供旅游目的地由旅游交通点到酒店之间的导游服务。对于初到旅游目的地的散客而言,导游员的接站服务可以为其旅游活动提供一个好的开端,使旅游者迅速熟悉旅游目的地的基本情况,避免浪费旅途时间。

4.4.1.1 服务准备

导游人员应认真做好迎接的准备工作,这是接待好旅游者的必要前提。导游人员的服务准备工作主要包括认真阅读接待计划、做好出发前的准备和联系交通工具。

(1)认真阅读接待计划

导游人员在阅读接待计划时,应明确旅游者抵达的准确日期、航班或车次的抵达时间;散客姓名、人数、年龄以及联系方式;散客将下榻的酒店情况;预订的服务项目;有无航班或车次及人数的变更;是否与其他游客合乘一辆旅游车至下榻的酒店是否有其他特殊要求等。

(2) 物质准备

导游人员要准备好迎接游客接站牌或小包价旅游团的欢迎标志、地图,携带电子导游证、佩戴导游身份标识,并开启导游执业相关应用软件、导游旗、接站牌;所需要的相关票证。

(3) 特殊情况

若是零星散客,导游人员最好与旅游者本人进行联系,进一步确认相关的信息和特殊要求,以便为其提供更好的接站服务。

(4) 联系交通工具

导游人员应提前与旅行社散客部计调人员确认司机姓名,并与司机本人联系,了解旅游车情况,约定出发的时间和集合的地点。

(5) 落实酒店

导游人员应提前与旅游者下榻的酒店联系,问询游客预订房间的情况,以督促酒店做好接待准备。

4.4.1.2 接站服务

导游人员要提供热情友好的接站服务,要提前到达交通点等候。

(1) 提前到港等候

导游人员若迎接的是乘飞机而来的散客或小包价旅游团,应提前20分钟到达机场,在国际或国内进港隔离区门外等候;若是迎接乘火车而来的散客或小包价旅游团,就提前30分钟进车站台等候。并及时注意客人搭乘的交通工具的最新动态,以备交通工具提前抵站。如果客人乘的是火车,此时最好与客人用电话联系,说明自己的特征,以便客人下车认找。

(2) 迎接散客

在航班或列车抵达时刻,导游人员应与司机站在不同的出口(或列车软卧或软座车厢外)易于被游客发现的位置高举接站牌等候,以便游客前来联系,导游人员也可根据游客的民族或地域特征上前询问。导游人员接到客人后要主动问候,并介绍所代表的旅行社和自己的姓名,对其表示欢迎。

导游人员与散客正式见面后应询问游客在机场或车站是否还有需要办理的事情,并给予必要的协助。询问游客行李件数并协助其进行清点,帮助游客提取行李并引导客人上车。如果是小包价旅游团,将行李清点后统一交给酒店的行李员运送。

导游人员如果未接到应接的游客或小包价旅游团时,应该及时询问机场或车站的工作人员,确认本次航班或列车的游客确已全部进港和在隔离区内已没有出港的乘客。导游人员要及时与散客取得电话联系,如果无法联系,导游人员要与司机配合,在尽可能的范围内寻找至少20分钟。若确实找不到应该接的游客,应立即同旅行社计调人员联系,报告迎接的情况,核实游客或小包价旅游团抵达的日期或交通工具有无变化。若散客或小包价旅游团推迟的时间不长,导游人员和司机应继续在机场或车站等候,若证实迎接无望时,得到计调部门工作人员同意后可离开机场或车站,重新落实接站事宜。

4.4.1.3 沿途导游服务

在从机场或车站前往下榻酒店的途中,导游人员对散客或小包价旅游团应该进行沿途讲解,介绍所在城市的概况,下榻酒店的位置和设施,以及沿途景物和有关注意事项等。对于小包价旅游团来说可采用与旅游团一样的讲解方式,但对于散客则可采取对话的形式。

4.4.1.4 入住酒店服务

到达下榻酒店后,导游人员就尽快协助游客或小包价旅游团完成住宿登记手续,同时要热情介绍酒店的服务项目及有关注意事项,与游客确认日程安排与离店的有关事宜。

(1) 协助办理住店手续

散客或小包价旅游团抵达酒店后,导游人员应帮助游客办理酒店入住手续,导游人员应热情介绍酒店的服务项目及住店的有关注意事项。按接待计划向游客明确酒店将为其提供的服务项目,并告知游客离店时要现付的费用和项目。导游人员应记下游客的房间号码。小包价旅游团的行李抵达酒店后,导游人员要负责核对行李,并督促行李员将行李运送到游客的房间。

(2) 确认日程安排

导游人员在协助游客办理完入住手续后,要与游客确认日程安排。当游客确认后,导游人员将填好的安排表、游览门票及赴下站的交通票据交给游客,并让其签字确认。如游客参加大轿车游览,就详细说明各种票据的使用,集合时间、地点,以及游客离店时的时间与送站安排。

(3) 确认机票

如果游客将要乘飞机前往下一旅游目的地,而游客又没有向旅行社预订此项的票据业务时,导游人员应叮嘱游客要提前预订和确认机座。

如果游客需要导游人员为其办理,导游人员应收取相应费用并开具证明。

如果游客本人购票,但需要导游人员协助确认机座时,导游人员可告知其确认机票的电话号码,如果游客愿意将机票交与导游人员帮助其确认,而接待计划上又没有注明需要协助确认机票,导游人员需要向游客收取确认费,并开具证明。

导游人员帮助游客购买并确认机票后,应向旅行社散客部计调部门报告航班号和离港时间。

(4) 推销旅游服务项目

导游人员在迎接游客的过程中,应相机询问游客在本地停留期间还需要旅行社为其代办何种事项,并表示愿竭诚为其提供服务。积极推销旅行社的旅游服务项目。

4.4.1.5 后续工作

导游人员迎接游客完毕后,应及时将同接待计划有出入的信息及游客的特殊要求反馈给旅行社散客部。

对于未在机场或车站接到游客的导游人员来说,回市区后应立即前往散客下榻的酒店前台,询问散客是否已入住酒店。如果客人已到达酒店,导游人员应主动与其联系,说明情况并表示歉意,按规定与游客安排旅游期间的相关事宜。最后向旅行社散客计调部门汇报全过程。

4.4.2 导游服务

导游服务是散客接待的一项重要环节,做好散客的导游服务工作,应有高度的工作责任感,采用对话的形式,多倾听游客的意见,做好行程的安排工作。特别是对于小包价旅游团,由于团员们来自不同的地区,彼此语言不通,民族、地区习惯差异较大,游览过程中相互约束性较弱。所以,相对于旅游团队而言,带团的难度较大。因此导游人员更应该尽心尽力,多做提醒工作,多提合理建议,努力使散客安全、满意。

4.4.2.1 出发前的服务

出发前,导游人员应做好有关的准备工作,如携带游览券、导游小旗、宣传材料、游览图册、导游证、胸卡、名片等物品,并与司机联系集合的时间、地点,督促司机做好有关准备工作。

由于人数较少,导游人员可提前15分钟抵达集合地点,引导游客上车。如果是小包价旅游团,游客分住不同的酒店,导游人员应偕同司机驱车按时到各酒店接游客。游客全部接到后,再按计划行程进行。根据接待计划的安排,导游人员必须按照规定的路线和景点率团游览,不可随意更改接待计划。

4.4.2.2 沿途导游服务

散客的沿途导游服务与旅游团队大致相同。如果导游人员接待的是临时组合起来的散客小包价旅游团,初次与游客见面时,应代表旅行社、司机向游客致以热烈的欢迎,表示愿意竭诚为大家服务,希望大家给予合作,多提宝贵意见和建议,并祝愿大家游览愉快、顺利。

导游人员必须注意的是如果是人数不多的几位散客,在沿途导游过程中,尽可能以对话的形式交流。

在沿途导游服务过程中,由于散客自由度较大,在一定程度上缺乏纪律性,这就要求导游人员向游客强调在游览过程中的安全问题。

4.4.2.3 现场导游讲解服务

游客抵达游览景点后,导游人员应对景点的历史背景、发展概况、特色资源等进行讲解,语言要生动形象,引导游客正确地欣赏景点。

如果是少数散客,导游人员应采用对话形式讲解。游览前,导游人员应向其提供游览路线的合理建议,由游客自行选择,但导游人员要做好相应的提醒工作,控制好游客的游览进程。如果不是游客个人要求,导游人员应时刻跟随散客,保证游客的人身财产安全。

如果是小包价旅游团,导游人员应陪同旅游团,边游览边讲解,随时回答游客的相关疑问,并且要时刻注意观察游客的动向和周围的情况,以防游客走失或遇险。

接待计划规定的景点游览结束后,如果游客没有特殊要求,导游人员应将游客送回下榻的酒店。

4.4.2.4 其他服务

由于散客的自由活动时间较旅游团队多,游客回到酒店后,导游人员应当好游客的顾问,做好安全提示工作。如果游客有购物或晚间娱乐等活动要求,导游人员应给予相应协助,提醒游客注意安全,引导游客去健康的娱乐场所。如果是游客预订项目,导游人员应

陪同前往,如果是游客自由活动,导游人员无陪同的义务。

4.4.2.5 后续工作

导游服务完成后,导游人员应及时将接待中的有关情况反馈给旅行社散客部工作人员,及时填写《零散旅游者登记表》,与旅行社结清相关费用,归还相关物品。

若游客有遗留问题,导游人员及时办理。

4.4.3 送站服务

散客在结束本地参观游览活动后,如果预订了送站服务,导游人员应使游客顺利、安全地离开本地。

4.4.3.1 服务准备

散客的送站服务相当复杂,特别是小包价旅游团,游客可能分住不同的酒店、乘坐不同的交通工具,这就给导游人员的送站服务带来了较多的麻烦。因此,导游人员要做好送站前的服务准备工作,以避免发生耽误交通工具事故,给旅行社和游客带来不必要的损失。

(1)详细阅读送站计划

导游人员应详细阅读送站计划,明确所送游客的姓名或小包价旅游团人数、离开酒店的具体时间、所乘航班或车次、游客下榻酒店,有无航班或车次以及人数的变更,考虑是否与其他游客或散客小包价旅游团合乘一辆旅游车前往机场或车站。

(2)做好送站准备

导游人员接到送站任务后,必须在送站前24小时与散客或散客小包价旅游团确认送站时间和地点。若游客不在房间,应给饭店留言并告之再次联络的时间,然后继续联系,直到与游客确认离站的准确时间,同时要检查游客的交通票据。

导游人员还要与散客部计调部门确认与司机会合的时间、地点及车型、车号。

如果散客乘坐的是境内航班离站,导游人员应该掌握好时间,使游客提前1小时到机场;如果散客乘国际航班离站,必须保证游客提前2小时到机场;如果散客乘火车离站,应该使散客提前40分钟到火车站。

4.4.3.2 到酒店接运散客

按照与散客约定的时间,导游人员必须提前20分钟到达游客下榻的酒店,协助游客办理离店手续,交还房间钥匙,清点好行李,提醒游客带好随身物品,最后照顾好游客上车离店。旅游车离开酒店时,要再次提醒散客是否带齐物品和相关证件。

若导游人员按如期到酒店后,未找到送站的游客,导游人员立即到酒店前台了解游客情况。如果游客没有离店,导游人员应该与司机共同寻找,若超过约定时间20分钟仍未找到游客,应向散客部计调部门报告,请计调部人员协助查询,并随时与其保持联系;当确认无法找到游客后,经计调人员或有关负责人同意后,可停止寻找并离开酒店。

若导游人员送站的散客与住在其他酒店的散客合乘一辆车到机场或车站,导游人员一定要严格按约定的时间和顺序抵达各个酒店。或全车运送游客途中遇到严重交通堵塞或其他特殊情况,需要调整原约定的时间顺序和行车路线时,导游人员在抵达更改后的第一个酒店时,应及时打电话向散客部计调部门报告,请旅行社散客部计调人员将时间上的变化通知后面未接游客。

4.4.3.3 到站送客

导游人员送散客时,应如同送旅游团队一样,在前往交通点的途中有沿途讲解服务。同时,导游人员应向散客征询在本地旅游中的感受、意见和建议,并代表旅行社向游客表示感谢。

游客到达机场或车站后,导游人员应提醒和帮助游客带好行李与物品,协助游客办理机场税。一般情况下,机场税由游客本人自付,但如果送站计划上注明代为游客支付机场税时,导游人员应照计划办理,事后到旅行社凭票报销。

导游人员在送游客到机场后,应向机场工作人员确认航班是否准点起飞,若航班延时起飞,导游人员应主动为游客提供相应帮助。

若确认航班准点起飞,导游人员应将游客送至隔离区入口处并与其告别,再次对游客的到来表示欢迎并希望游客能下次再来。若游客乘坐的是国内航班离开本地,导游人员要待飞机起飞后方可离开机场。

导游人员送游客去火车站时,导游人员要安排游客从贵宾候车室上车入座,协助游客安放好行李后,将车票交给游客,然后同其道别,欢迎其再来。

导游人员送站结束后,应及时将有关情况反馈给旅行社散客部计调部门。

导游人员提供散客导游服务时,要注意以下相关事项:①导游人员与散客相识后,应尽快记住客人的姓名和体貌特征,并设法尽快了解客人的职业、性格和习惯等情况。②导游人员要特别留心散客的行李,以防丢失。③导游人员对散客托付的事情要铭记在心,认真落实,最好是用记事本记录客人的委托事宜,以免忙中忘记,办妥后要将结果及时告知客人。④导游人员的导游标识要鲜明,由于散客人数较少,导游人员可以让客人戴色调分明的帽子,以便辨认。

【本章小结】

本章主要介绍散客旅游服务概念和类型。重点讲解散客旅游同团队旅游的区别和散客旅游的特点。旅行社受理的散客旅游服务项目概述及要求。

【重点概念】

散客旅游　单项委托服务　选择性旅游

【案例分析】

王先生一家三口在郑州旅游期间,与郑州某旅行社签订了两天的散客导游服务。在游览的第二天,王先生提出晚上想参加少林寺的"禅宗"表演,请导游人员安排相关事宜。导游人员以协议内没有晚上娱乐项目为由给予拒绝,要求自己解决。最终导致张先生三人未能参加晚上的娱乐节目。三先生一家非常生气,向旅行社提出投诉。

(资料来源:编者带团总结)

问题:

1. 案例中的导游员在为散客提供导游服务的过程中,游客是否有权提出增加服务

项目?
2.面对王先生一家提出的请求,导游人员的处理措施是否正确?
3.若不正确,又该如何处理?

思考题

一、填空题

1.散客旅游服务项目主要有_____、_____和_____。
2.目前,根据散客要求,旅行社所提供的可供选择导游服务项目包括_____、_____和_____。

二、简答题

1.散客旅游与团队旅游的区别是什么?
2.分析散客旅游的现状和发展趋势。
3.散客旅游有何特点?

学习参考书目

1.国家旅游局人事劳动教育司.导游业务[M].北京:旅游教育出版社,1999.
2.赵爱华、朱斌、张岩.导游业务[M].北京:中国旅游出版社,2016.

5 导游服务质量

学习目标→

通过本章的学习,要求学生掌握导游服务和导游服务质量的概念,掌握导游服务质量的国家标准、提高导游服务质量的方法;理解旅游者感知的导游服务质量标准;熟悉导游服务质量考核的内容和方法、导游人员等级考核的标准、导游服务质量管理制度、旅游者监督。

学习难点→

导游服务质量 导游服务质量标准 导游服务质量考核 旅游者监督

导游服务是旅行社工作的核心。随着旅游市场竞争的全球化,服务质量的高低直接关系到我国旅游业整体质量的好坏和市场竞争力。由于导游服务属于服务产品的范畴,是一个动态的服务过程,具有生产与消费不可分离及异质性等特点,而且导游服务质量最终取决于旅游者的满意程度,因此对导游服务质量的理解与评价是相当的复杂。这就要求旅游行政管理部门加强导游人员和导游服务质量的监督和管理,制定和完善具有可行性的制度。

5.1 导游服务质量概述

导游服务质量的高低与服务提供者的实施状态和被服务者的主观感知有密切的联系。导游人员提供的导游服务是旅游者追求更高层次的精神享受的过程,导游人员提供服务的环境复杂性和旅游者对所享受服务的高要求,都使导游人员的服务质量成为旅游者更为关心的问题,也是决定旅游质量高低的重要标准,使导游服务质量日益成为提高旅游业质量的关键环节。

5.1.1 导游服务的概念

旅游业包含的各项业务中,最具代表性的就是导游服务,在旅游各项服务中处于主导地位。根据《导游管理办法》对导游人员的规定,可以对导游服务做如下定义:导游服务是导游人员代表被委派的旅行社,接待或陪同旅游者旅行、游览,按照组团合同或约定的内容和标准向其提供的旅游接待服务。

作为旅游业中最具代表性的业务,导游服务与其他旅游服务相比,有其自身的特点,主要表现在以下三方面:

第一,其他旅游业务属劳动密集型,导游服务属知识密集型。旅游者出游的各项目的中最重要的一项就是增长知识和阅历,这就要求导游人员在带团过程中需要向旅游者介绍大量的人文地理知识,以满足旅游者对知识的渴求。

第二,其他旅游业务主要是技术性操作,导游服务主要是智能性和技能性操作。导游人员在提供服务过程中,除了要求按照相关的操作技能提供服务外,还要具备较高的智能。这是因为导游服务的服务对象是千差万别、层次不同、需求不同、习俗不同、有独立思维的人,这些特殊性要求导游人员要运用更高的智能,才能为旅游者提供满意的服务。

第三,其他旅游业务是简单劳动,导游服务是复杂劳动。导游人员在带团过程中,需要合理安排旅游者在旅游目的地的吃、住、行、游、购、娱等活动,这些活动的安排是一项非常复杂的劳动。而且导游人员在合理安排这些活动的同时,还要提供讲解服务,解决旅游者提出的各项要求和提问,处理各类突发性的事件,所有这些都使导游服务成为一项复杂的劳动。

5.1.2 导游服务质量的含义

导游服务质量的内容较为复杂,既有旅游行政管理部门规定的服务质量标准,又有旅游者感知的服务质量高低。面对同一导游服务产品的质量,不同的旅游者有着不同的感受和判断标准,存在着较大的差异性,这是因为旅游者对服务质量的评价带有很强的主观性。因此,导游服务质量的判断是一个相对复杂的问题。

旅游者是旅游企业生存和发展的基础,旅游者对产品的看法和满意程度将决定其消费心理和今后的购买行为,进而影响到企业经营的成败。所以导游服务质量最终将由旅游者评判,其质量的高低将以旅游者的看法和理解来评判。总体说来,旅游者感知或意识到的服务质量,包括两个基本方面:一是技术方面,二是职能或过程方面。导游人员按照导游服务规范及旅行社与旅游者的协议,向旅游者提供的导游讲解服务和旅行生活服务就构成了导游服务的技术质量;同时,旅游者还受到导游人员传递这些技术质量内容所用方式的影响,如导游员的言谈举止、服务态度、办事效率、解决问题的能力以及为旅游者提供所需要的特殊服务等则构成导游服务的职能质量。随着旅游业竞争的日益加强,职能质量已经成为旅游企业竞争的焦点。虽然旅游者对职能质量的感知具有极强的主观性和随意性,但在旅游者可感知质量的形式上,职能质量已经或正在成为较技术质量更为重要的因素。

5.1.3 导游服务质量的提高

导游服务质量不仅仅是导游人员服务质量,它是一个综合指标,需要导游人员、旅行社及旅游管理部门工作人员的共同努力,当然导游人员的服务质量处于核心地位。导游人员若想提高服务质量,必须提高服务的技术性和职能性两方面的质量。

5.1.3.1 强化服务意识

导游服务意识是提供优质导游服务的基础,良好的导游服务意识就是要求导游人员随时为旅游者提供全方位服务的积极思想准备。这就要求导游人员加强对导游服务工作的热爱和认同,有较强的导游服务意识。

导游人员要做到这一点,可以从两方面入手。一是,导游人员要强化角色意识,即导游人员一旦上团,就要暂时忘掉自己的其他社会角色,全身心得投入到导游工作中。导游人员切不可将日常生活中的情绪带入工作过程中,更不可对旅游者带有个人偏见,正确认识自己在工作中的角色定位。因此,导游人员可以在工作过程中,通过与旅游者的沟通,找到自己与所扮演角色的差距,在工作中缩小这种差距,努力成为旅游者心目中认可的导游角色。二是,导游人员要时常做到"角色转换",即导游人员在带团过程中,要设身处地为旅游者着想。导游人员可假设自己是旅游者,判断旅游者的旅游需求,以提供有针对性的导游服务。特别是具有较长工作经验的导游人员,对待旅游者切不可千篇一律,要跟上时代的步伐,了解旅游者最新的旅游心理。

通过这些方法,导游人员可以强化自身的服务意识,根据不同时期旅游者的旅游心理提供相应的服务,进而提高自己的服务质量。

5.1.3.2 提高导游技能

导游技能是指导游人员对导游知识和导游操作技能掌握的熟练程度。它是以广博的服务知识、熟练的服务技能为前提条件的。导游人员如果只有较强的服务意识,而缺乏必要的知识、技能和方法,要想取得良好的导游效果是不可能的。

较高的导游技能就是要求导游人员结合导游工作的特点、要求,掌握相关的导游服务所需要的知识技能和操作方法。因此,不同的导游人员提高导游技能的方法是不相同的:初级导游人员在文化知识的宽度和深度方面都略显不足,需要继续刻苦学习,积累文化知识;初级导游人员在带团经验方面更是有所欠缺,需要积极向老导游人员学习经验,在带团过程中逐步提高自身的导游技能。对于经验和知识都较丰富的老导游人员而言,要注意加强知识的更新、方法的创新,特别是保持较好服务精神状态,不可千篇一律地接待所有的旅游者。

总之,导游人员在带团过程中,要运用所有知识和技能,进行有针对性的服务,并及时补充、更新知识,总结带团经验,以提高导游技能,为旅游者提供优质的服务。

5.1.3.3 严格按规定的程序和质量标准提供服务

导游行业有其严格规定的国家带团程序和服务质量标准,同时还有更为严格的业内标准,它们都是提高导游服务质量的保障,为此导游人员必须按照该规定进行操作。

这就要求导游人员在带团过程中,要熟记导游人员带团程序和服务质量,不得随意更改。由于职能质量较技术质量更为直观,旅游者对职能质量更为敏感,导游人员应该在严

格按规定的程序和质量标准工作外,要提供更多的个性化服务。特别是对于旅游者提出的合理的服务要求,导游人员应该认真对待,以提高、完善职能质量。

除此之外,旅行社和旅游行政管理部门都应加强导游服务质量监督与检查,搞好导游服务质量的控制,并建立健全质量保证系统,通过旅游行政主管部门对导游人员职业规范检查,业务部门对导游人员操作规程的定期检查,质量管理部门的抽查及旅游者的意见反馈,及时纠正导游人员在服务过程中的偏差,从而确保导游服务质量的不断提高。

5.2 导游服务质量标准

虽然导游服务是一个动态的过程,其质量的高低很难进行量化控制,但是国内外旅游行业还是对导游服务的质量制定了相应的标准,以保证导游人员提供的服务具有统一性、可控性及易于管理。

5.2.1 导游服务质量的国家标准

随着旅游业在国内的兴起,国家旅游局为了保障和提高导游服务质量,促进中国旅游事业的健康、快速发展。2011年《导游服务规范》标准代替GB/T1971—1995《导游服务质量》,本标准规定了导游服务的要求和导游服务过程中若干问题的处理原则。本标准适用于中华人民共和国境内旅行社导游员在接待旅游团(旅游者)过程中提供的服务。出境旅游领队服务宜适用本标准。

5.2.1.1 导游员素质要求

(1)政治素质

导游员应热爱祖国,遵纪守法,恪守职业道德,自觉维护国家利益、民族尊严和旅游者与旅行社的合法权益,自觉抵制团队运作过程中的违法行为。

(2)思想素质

导游员应有优秀的道德品质和高尚的情操,讲文明,遵守社会公德,尽职敬业,为旅游者提供热情周到的服务,完成旅游接待计划所规定的各项任务,按照旅游合同的约定兑现旅游服务。

(3)技能素质

1)语言能力。导游员应具备过硬的语言表达能力、娴熟的导游讲解技巧和强烈的礼貌语言使用意识。

2)接待操作能力。导游员应符合法定的上岗资质,并具备独立工作能力、组织协调能力、人际交往能力和应急问题处理能力。

3)知识要求。导游员应掌握法律法规常识、旅行常识、政治经济和社会知识、旅游地历史、地理、文化和民俗知识和心理学与美学知识。

(4)心理素质

导游员应心胸开阔、善解人意、耐心细致,并具有良好的观察能力和感知能力、调整旅游者情绪的能力、自我心理平衡能力、承受能力和沉着冷静与有条不紊的处事能力。

(5)身体素质

导游员应具有健康的体魄和充沛的体力。

(6)职业形象

1)仪容仪表。导游员应仪表端庄,并按照旅行社的要求着装。服装要的整洁、大方、得体。

2)仪态。导游员应表情稳重自然、态度和蔼诚恳、富有亲和力,言行有度,举止符合礼仪规范。

(7)继续教育

导游员应参加继续教育培训学习(尤其是相关应急预案培训),不断提高自己的业务知识和操作技能。

(8)职业等级

导游员的职业等级是导游服务能力的标记,导游员应通过不断的学习考核和实操锻炼,获得更高的职业等级。

5.2.2 导游服务通用要求

5.2.2.1 准备工作

(1)熟悉接待计划与团队情况

上团前,导游员应认真查阅团队接待计划及相关资料,熟悉掌握旅游团(者)的全面情况,团队行程安排、特殊要求或注意事项等细节内容,注意掌握其重点和特点。

(2)必需物品的查核与准备

上团前,导游员应做好证件、交通票据、资金以及有关资料等必需资料物品的准备。从计调人员处接收团队资料时应做好核查登记,以确保团队的相关资料与票据是适宜和可用的。对不适用的票据或资料应及时提请计调人员处理。团队资料交接记录应予保存。

(3)知识准备

导游员应熟悉旅游地的旅游及文化资源、风土人情、法律法规等情况。

(4)联络与沟通

全陪导游员或地接社等相关接待单位应建立并保持有效沟通,互通情况,以确保团队接待的相关事宜得到妥善安排。

地陪导游员应与食宿、交通、游览等有关部门落实、核查旅游团(旅游者)的交通、食宿、行李运输等事宜;确认旅游团(旅游者)所乘交通工具及其准确抵达时间;与司机确认车辆停放的位置,需要时,在旅游团出站前与行李员取得联络,落实行李运输事宜。

5.2.2.2 团队出发与迎接

导游员应提前到达团队出发/迎接地点展示旅行社团队标识迎候旅游团(者),致欢迎词并简单介绍本次旅游行程。

(1)团队出发时,全陪导游员应该注意的事项

1)清点团队人数,引导旅游者乘坐约定的交通工具。

2)发放本次行程的相关资料。

3）乘坐飞机时,协助旅游者办妥登机、安检和行李托运等相关手续,并适时引导旅游者从正确的登机口依次登机。

4）乘坐火车时,全陪导游员应协助办好铺位的登记和分派等手续。

（2）团队抵达时,地陪导游员应该注意的事项

1）旅游团（旅游者）出站后,确认应接的旅游团,有全陪的,及时与全陪接洽;及时引导旅游团（旅游者）前往停车场,在车门旁恭候旅游者上车,并协助旅游者就座。

2）开车前礼貌地清点人数,以确保不落下旅游者。

3）需要时,协助旅游者与全陪核对行李件数无误后将行李移交给行李员。

4）行车途中,做好途中讲解,包括介绍本地概况、沿途主要景观、相关注意事项等。

5.2.2.3 在途服务

（1）导则

导游员应在交通服务、食宿服务、游览服务、购物服务、娱乐服务等环节注意保护旅游者人身及财产安全,及时有效地处理各类问题和突发事件。

（2）交通服务

在乘坐飞机或火车的途中,全陪导游员应提醒旅游者注意人身和财物的安全;取得乘务人员的支持,照顾好旅游者的旅途生活;安排好火车卧铺座位,并引导旅游者依次登车休息,单位集体包团时火车铺位可交由该单位代表分派;可行时,组织适当的娱乐活动,以活跃气氛;交通工具不正常运行时,与交通部门和旅行社保持有效沟通并稳定旅游者情绪,适时安排引导旅游者登机/车;因交通工具原因被迫在当地过夜时,协助相关部门/方面安排或请示旅行社安排好旅游者的住宿。旅游者有需要时,提供必要的帮助和协助。

（3）食宿服务

1）住宿。旅游团（旅游者）抵达酒店时,导游员应及时办妥住店手续,热情引导旅游者进入房间和认找自己的大件交运行李,并进行客房巡视,处理旅游团（旅游者）入住过程中可能出现的各种问题。

全陪导游员应做好分房方案,并按照方案办妥入住登记手续。属于单位集体包团或入境游团队中有境外旅行社代表的,分房方案应分别交由包团单位代表或境外旅行社代表制定。

地陪导游员应与酒店保持有效沟通和联系,落实住宿安排,取得客房钥匙;告知旅游者酒店基本设施和住店注意事项;酒店名称、位置和入店手续,有关服务项目和收费标准;当天或次日游览活动的安排,以及集合的时间、地点;酒店内就餐形式、地点、时间;掌握全陪和旅游者的房间号,便于联系;需要时,等待行李送达酒店,核对行李,督促行李员及时将行李送至旅游者房间;必要时,安排次日的叫早服务。

2）饮食。导游员应按照旅游合同约定的安排饮食。全陪导游员应对此实施监控。

旅游团（旅游者）就餐时,地陪导游员应提前与餐厅联系,核实订餐情况;简单介绍餐馆及其菜肴的特色;引导旅游者到餐厅入座并介绍餐馆的有关设施;旅游者如需另加酒水或菜肴,应向其说明类别和价格;满足有宗教习惯的旅游者的用餐需求;随时关注用餐情况,解答旅游者在用餐过程中的提问,解决出现的问题。

5.2.2.4 行程游览服务

（1）导则

全陪、地陪导游员应认真核实旅游行程，行程宜以组团社的为准。如遇现场难以解决的问题，应及时请示组团社。

在景点游览过程中，导游员应在计划的时间与费用标准内，使旅游者充分地游览、观赏，做到讲解与引导游览相结合，适当集中与分散相结合，劳逸适度，并应特别关照老弱病残的旅游者；应注意旅游者的安全并随时提醒旅游者自己注意安全，自始至终与旅游者在一起活动，并随时清点人数，以防旅游者走失或意外事故的发生；在服务过程中始终佩戴导游证，携带接待计划，旅游团人数超过 10 人时打导游旗；积极配合执法部门的检查和监督，遵纪守法，不吸烟酗酒。

（2）全陪导游员

全陪导游员应与各站保持有效沟通使旅游接待计划得以全面顺利实施，并监督各站服务适时到位；适时向接待社和地陪提出相应的建议和意见，确保各站按旅游合同约定兑现旅游服务，确保团队接待服务质量符合要求；在乘坐交通工具向异地移动途中，提醒旅游者注意人身及财物的安全，安排好旅游者旅途生活，适时组织娱乐活动或专题讲解，努力使旅游团（旅游者）在旅途中感到充实、轻松、愉快；游览过程中，协助和配合地陪导游员做好其各项工作；在地陪导游员缺位或失职的情况下，兼行地陪导游员职责。

（3）地陪导游员

地陪导游员应提前到达集合地点，并督促司机做好出发前的各项准备工作；团队出发及每次移动前清点人数；向旅游者报告当日重要新闻、天气情况及当日活动安排，包括午、晚餐的时间、地点。在前往景点的途中，向旅游团（旅游者）介绍本地的风土人情、自然和人文景观，回答旅游者提出的问题，主动与旅游者进行交流。抵达景点前，向旅游者介绍该景点的简要情况，尤其是景点的背景、价值和特色；抵达景点时，告知旅游者在景点停留的时间，以及参观游览结束后集合的时间和地点和游览过程中的注意事项；游览过程中，尽量使用生动、风趣、吐字清晰易懂，富有感染力的讲解语言，对景点作繁简适度的讲解，包括该景点的历史背景、特色、地位、价值等内容，使旅游者游览点的特色、价值、风貌、背景等及旅游者其他感兴趣的问题有基本的了解；当日游览活动结束时，询问旅游者对当日活动安排的反映，并预报次日的活动日程、出发时间及其他有关事项。

5.2.2.5 购物服务

导游员应严格按照旅游合同的约定安排统一的购物活动，非经旅游者主动要求，不应擅自增加旅游合同约定以外的购物安排或者强迫旅游者购物。

旅游团（旅游者）购物时，导游员应向旅游团（旅游者）介绍商品的主要品种及特色；需要时，向旅游者提供购物过程中所需要的服务，如翻译、介绍托运手续等。

5.2.2.6 娱乐服务

（1）计划内娱乐节目

旅游团（者）观看计划内的文娱节目时，导游员应陪同前往并简要介绍节目内容及其特点；按时组织旅游者入场，倡导旅游者文明观看节目；在观看节目过程中，导游员自始至终坚守岗位。提醒旅游者在大型娱乐场所注意安全，统一集中活动，并随时注意其动向和

周围的环境,以防不测;剧终散场时提醒旅游者不要遗留物品并依次退场。

(2)计划外娱乐节目

旅游者要求自费观看计划外文娱节目时,导游员宜予以协助,如帮助购买门票、要出租车等,但不必陪同前往。若在旅游者盛意邀请下应邀前往,导游员应注意适度,且无陪舞的义务。

5.2.2.7 离/末站服务

(1)离店服务

离店当天,地陪导游员应做好以下工作,全陪导游员应予以协助:集中交运行李;办理退房手续,并协助酒店结清与旅游者的有关项目;提醒旅游者带好身份证件及贵重物品;清点人数并集合登车。

(2)送行前服务

团队送行前,地陪导游员应做好以下工作,全陪导游员应予以协助:提前确认或落实联程/返程交通票据,以确保团队能按时启程;商定并宣布行前集中行李、叫早、早餐以及集合出发的时间;宣布有关离站注意事项。

(3)离站送客服务

离站送客时,导游员应代表各自的旅行社向旅游者致欢送词,向旅游者派发《游客意见表》征询旅游者对旅游接待服务的意见。

地陪导游员应做好以下工作,全陪导游员应予以协助:带领团队及时抵达机场(车站、码头);办妥航班登机手续,向全陪导游员移交机票即登机牌,并引导旅游团/这依次通过机场安检。

全陪导游员应提醒旅游者保管好自己的物品和证件;引导旅游团(旅游者)在候机楼或候车室休息等候,并按机场/车站的安排按时组织登机/车;

5.2.2.8 其他相关服务及工作

(1)处理遗留问题

下团后,导游员应认真、妥善处理旅游团留下的问题,按有关规定办理旅游者临行托办的事项。必要时应向旅行社领导请示。

(2)总结工作

接团任务完成后导游员应填写并向旅行社递交《导游日志》,详细报告接团经过突发事件;尽快结清有关账目;做好带团总结。

5.2.2 入境游导游服务特别要求

入境游团队进出中国边境口岸时,导游人员应提供必要的协助。入境时,应提醒旅游者做好需复带出境贵重自用物品的海关登记,必要时应为入境团队办理入境签证。

离境前,导游人员应向旅游者说明我国海关通关的有关规定,介绍办理出境手续的程序,如中国海关的有关规定、托运行李的要求等。需要时协助旅游者办好离境通关手续。

5.2.3 导游人员服务质量的改进

导游人员应不断总结和交流带团经验,针对自身的服务各方面存在的薄弱环节或者

旅游者的投诉(抱怨),分析问题存在的根本原因,并采取纠正与预防措施消除该根本原因,达到服务质量的持续改进。

5.3 导游服务质量管理

对于服务行业而言,服务质量和质量管理是服务行业的核心问题,也最难用标准化和数量化来进行管理和监督。然而,在市场竞争日益激烈的时代,提高服务质量是一种追求卓越和确立竞争优势的重要手段。导游服务质量及其管理对于确立我国旅游业及旅行社竞争优势是极其重要的。我国对导游服务的质量管理主要通过考核和制度建设来实现。

5.3.1 导游服务星级评价体系

考核是导游服务质量管理的一项重要管理措施,它是一项综合性的管理职能,是对导游人员的导游服务质量的一种行之有效的控制。国务院旅游行政主管部门对导游服务质量的考核内容和方法都进行了相关规定,这些规定对规范和提高导游人员的服务质量起到了重要的监督和约束作用。完善的导游人员考核制度是优质导游服务的保障,是提高一个国家和地区整体旅游服务质量的保证。

2018年1月1日起施行的《导游管理办法》对导游服务质量管理提出了导游服务星级评价体系。该体系是对导游服务水平的综合评价,星级评价指标由技能水平、学习培训经历、从业年限、奖惩情况、执业经历和社会评价等构成。导游服务星级根据星级评价指标通过全国旅游监管服务信息系统自动生成,并根据导游执业情况每年度更新一次。

旅游主管部门、旅游行业组织和旅行社等单位应当通过全国旅游监管服务信息系统,及时、真实地备注各自获取的导游奖惩情况等信息。

各级旅游主管部门应当积极组织开展导游培训,培训内容应当包括政策法规、安全生产、突发事件应对和文明服务等,培训方式可以包括培训班、专题讲座和网络在线培训等,每年累计培训时间不得少于24小时。培训不得向参加人员收取费用。

旅游行业组织和旅行社等应当对导游进行包括安全生产、岗位技能、文明服务和文明引导等内容的岗前培训和执业培训。

导游应当参加旅游主管部门、旅游行业组织和旅行社开展的有关政策法规、安全生产、突发事件应对和文明服务内容的培训;鼓励导游积极参加其他培训,提高服务水平。

5.3.2 不同等级导游人员的服务质量要求

由于我国的导游人员按等级可分为特级导游员、高级导游员、中级导游员和初级导游员四种,而不同等级的导游人员的导游服务质量要求是不相同的。根据国务院旅游行政主管部门的规定,国家对导游人员实行等级考核制度。导游人员职业等级标准是评定导游员等级的依据。

依照导游人员职业等级标准的概念,各个等级的导游人员必须符合的政治思想、职业道德和身体要求是:拥护中国共产党的领导,热爱祖国,遵纪守法,忠于职守,钻研业务,宾客至上,优质服务,遵守职业道德,身心健康。

(1)初级导游人员等级标准

初级导游人员的等级标准包括知识、技能、业绩、学历和资历五个方面:

1)知识要求。了解我国的大政方针和旅游及其有关的政策法规;掌握当地主要游览点的导游知识,了解我国主要旅游景点和线路的基本知识;了解与业务有关的我国政治、经济、历史、地理、宗教和民俗等方面的基本知识;了解有关主要客源市场的概况和习俗;掌握导游工作规范。外语导游员基本掌握一门外语,达到外语专业大学三年级水平;中文导游员掌握汉语言文学基础知识,达到高中毕业水平。

2)技能要求。能独立完成导游接待工作;能与旅游者建立良好的人际关系;能独立处理旅行中发生的一般问题;能与有关业务单位和人员合作共事;导游语言正确、通顺。外语导游员的外语表达基本正确,语音、语调较好;中文导游员的普通话表达清楚、流畅,语音、语调正确、亲切;导游体态大方得体;能准确填写业务所需的各种票据;能起草情况反映、接待简报等有关应用文。

3)业绩要求。完成企业要求的工作,无服务质量方面的重大投诉,旅游者反映良好率不低于85%。

4)学历要求。外语导游员具有外语专业大专或非外语专业本科及其以上学历;中文导游员须高中及其以上学历。

5)资历要求。取得导游员资格证书后工作满一年。

初级导游员的考核评定,采取考核方式。凡取得导游人员资格证书后工作满一年的人,经考核合格,即可成为初级导游员。考核内容为工作表现、导游技能、遵纪守法和旅游者的反映。

(2)中级导游人员等级标准

中级导游人员的等级标准包括知识、技能、业绩、学历和资历五个方面:

1)知识要求。熟悉我国的大政方针,掌握旅游及其有关的政策法规;全面掌握当地主要游览点的导游知识,了解我国主要旅游景点、线路的有关知识;掌握与业务有关的我国政治、经济、历史、地理、社会、宗教、艺术和民俗等方面的基本知识;熟悉有关主要客源市场的概况和特点;熟练掌握导游工作规范。外语导游员掌握一门外语,达到外语专业本科毕业水平;中文导游员掌握汉语言文学的有关知识,达到大专毕业水平。

2)技能要求。能接待不同性质、类型和规模的旅行团,有比较娴熟的导游技能;能独立处理旅行中发生的疑难问题;能正确理解旅游者的服务要求,有针对性地进行导游服务;能与旅游者、有关业务单位和人员密切合作,有较强的公关能力;导游语言流畅、生动,语音、语调比较优美,讲究修辞。外语导游员的外语表达正确;中文导游员能使用标准的普通话,并能基本听懂一种常用方言(粤语、闽南话或客家话);能培训和指导初级导游员。

3)业绩要求。工作成绩明显,为企业的业务骨干;无服务质量方面的重大投诉,旅游者反映良好率不低于90%。

4)学历要求。外语导游员的学历与初级导游员的学历要求相同;中文导游员具有大专及以上学历。

5)资历要求。取得初级导游员资格两年以上。

中级导游员的考核评定,采取考试和考核相结合的方式。考试科目为导游专业知识(包括政策与法规、导游基础知识、汉语言文学知识三部分内容)、现场导游两科。考核内容与初级导游员相同。中级导游员的评定每两年组织一次。考试以国家旅游局为主组织实施,考核以省(区、市)旅游局组织实施。

(3)高级导游人员等级标准

高级导游人员的等级标准包括知识、技能、业绩、学历和资历五个方面:

1)知识要求。全面掌握我国的大政方针和旅游及其有关的政策法规;全面、深入地掌握当地游览内容,熟悉我国有关的旅游线路和景点知识;掌握与业务有关的我国政治、经济、历史、地理、社会、宗教、艺术和民众等方面的基本知识;有比较宽广的知识面;掌握有关客源市场的重要知识及其接待服务规律;熟练掌握导游工作规范。外语导游员熟练掌握一门外语,初步掌握一门第二外语;中文导游员熟练掌握汉语言文学的有关知识,初步掌握一种常用方言(粤语、闽南话或客家话)。

2)技能要求。有娴熟的导游技能,并有所创新,能预见并妥善处理旅行中发生的特殊疑难问题;有一定的业务研究能力,能创作内容健康、语言优美的导游词。外语导游员能用一门外语自如、准确、生动、优美地表达思想内容,并能胜任一般场合的口译工作;中文导游员能用标准的普通话和一种常用方言(粤语、闽南话或客家话)工作,语言准确、生动、形象;能培训和指导中级导游员。

3)业绩要求。工作成绩突出,无服务质量方面的重大投诉,旅游者反映良好率不低于95%,在国内外同行和旅行商中有一定影响;通过优质服务能为所在企业吸引一定数量的客源;有较高水平的导游工作研究成果(论文、研究报告等)。

4)学历要求。与中级导游员的学历要求相同。

5)资历要求。取得中级导游员资格四年以上。

高级导游员的考核评定,采取考试、考核和评审相结合的方式。考试科目为导游词创作和口译(中文导游员补考)两科。评审采用跟团实查和专家审议两种形式;考核内容与中级导游员相同。工作步骤为省(区、市)旅游局初评,国家旅游局评定。评定工作每三年进行一次。

(4)特级导游人员等级标准

特级导游人员的等级标准包括知识、技能、业绩、学历和资历五个方面:

1)知识要求。对于有关的方针、政策和法规有全面、深入和准确的理解;对当地游览内容有精到的认识,全面掌握我国的有关旅游线路和景点的知识;有宽广的知识面,在与业务有关的某一知识领域有较深的造诣;掌握有关客源市场的知识,全面、准确、具体地了解其特点和接待服务规律;熟练掌握导游工作规范。外语导游员精通一门外语,基本掌握一门第二外语;中文导游员掌握汉语言文学知识,基本掌握一种常用方言(粤语、闽南话或客家话)。

2)技能要求。导游技能超群,导游艺术精湛,形成个人风格;能预见和妥善解决工作中的突发事件;能通过优质服务吸引客源;有较强的业务研究能力;有很高的语言表达能力。外语导游员能胜任旅游专业会议及其他重要场合的口译工作。中文导游员能胜任某一有关专业(如重点寺庙、古建筑或博物馆)的解说;能创作富有思想性、艺术性和立论确

凿的导游词;能培训和指导高级导游员。

3）业绩要求。职业道德高尚,工作成绩优异,有突出贡献,在国内外同行和旅行商中有较大的影响;无服务质量方面的重大投诉,旅游者反映良好率不低于98%;有一定数量的、高水平的并正式发表的导游工作研究成果。

4）学历要求。学历要求与高级导游员相同。

5）资历要求。取得高级导游员资格五年以上。

特级导游员的考核评定,采取以评审考核为主,考试为辅的方式。评审采用论文答辩、跟团实查和专家审议三种形式;考试科目为第二外语或一种方言;考核内容和工作步骤与高级导游员相同。评定工作不定期进行。

在实际的操作过程中,导游管理部门可以按照不同等级导游员的职业标准,对导游员的语言、知识和技能进行综合考试或分科考试,实现对导游员服务质量的考核。在每年进行的年审中可以将此作为培训的依据和标准,以了解和掌握每个导游员的业务水平。

当前形势下,随着旅游市场的快速增长,对于导游人员的管理提出了更大的挑战,导游的管理应该可视化、可量化,还要加强对旅游产业链各环节的把控,推动相关管理工作的升华和细化。国家旅游局监管司已开始设计和开发汇集导游基本信息、执业信息、游客评价及旅行社、旅游部门奖惩评价信息为一体的全国导游公共服务监管平台。新型游客评价体系和诚信经营机制的建立,将从过去仅仅靠行政执法人员现场扣分转变成游客评价、导游信用、用人单位考核、行政奖惩等综合计分管理规则,从过去"一年一审"转变为实时动态监管。

在导游自由执业试点工作和导游信用综合评价体系建设工作中,导游人员的行为和服务质量将交由游客、社会和部门共同监管,逐步构建科学化、智慧化、规范化、法治化的事中事后监管机制和体系。当前形势下,随着旅游市场的快速增长,对于导游人员的管理提出了更大的挑战,导游的管理应该可视化、可量化,还要加强对旅游产业链各环节的把控,推动相关管理工作的升华和细化。国家旅游局监管司已开始设计和开发汇集导游基本信息、执业信息、游客评价及旅行社、旅游部门奖惩评价信息为一体的全国导游公共服务监管平台。新型游客评价体系和诚信经营机制的建立,将从过去仅仅靠行政执法人员现场扣分转变成游客评价、导游信用、用人单位考核、行政奖惩等综合计分管理规则,从过去"一年一审"转变为实时动态监管。

导游人员的行为和服务质量将交由游客、社会和部门共同监管,逐步构建科学化、智慧化、规范化、法治化的事中事后监管机制和体系。

【本章小结】

本章主要介绍导游服务质量管理。导游服务质量的内容较为复杂,既有旅游行政管理部门规定的服务质量标准,又有旅游者感知的服务质量。导游服务质量是一个综合的指标,需要导游人员、旅行社及旅游管理部门工作人员的共同努力。

在即将推行的导游自由执业试点工作和导游信用综合评价体系建设工作中,导游人员的行为和服务质量将交由游客、社会和部门共同监管,逐步构建科学化、智慧化、规范化、法治化的事中事后监管机制和体系。

【重点概念】

导游服务　导游服务意识

【案例分析】

某旅行社组织了 25 人的旅游团到洛阳进行两日旅游。按照旅游计划,旅游团到达的当天要参观神州牡丹园,但是地方陪同导游员未与旅游者协商,擅自将游览神州牡丹园的行程改为第二天。就在当天的晚上开始下大雨,持续到第二天的中午旅游团即将离开洛阳,该团队的游神州牡丹园的计划被迫取消,旅游者返回后,向旅行社提出赔偿要求。

问题:

1. 案例中的地方陪同导游员在带团过程中做了哪些违反导游服务质量标准的行为?
2. 若导游需要调整旅游计划,正确的操作流程是什么?

(资料来源:编者带团总结)

思考题

一、填空题

1. 目前,我国对导游服务的质量管理主要通过_____和_____实现。
2. 导游服务质量考核的内容主要有导游员的_____、_____和_____三方面,即 ASK 原则。

二、简答题

1. 如何理解导游服务质量的含义?
2. 导游人员应如何提高导游服务质量?
3. 旅游者可感知的导游服务质量标准包括哪些内容?

学习参考书目

1. 国家旅游局人事劳动教育司.导游业务[M].北京:旅游教育出版社,1999.
2. 赵爱华,朱斌,张岩.导游业务[M].北京:中国旅游出版社,2016.

6 导游服务礼仪

> **学习目标→**
> 导游人员是旅游服务接待工作的支柱力量。导游服务礼仪是导游人员必备的素质,直接关系到旅游服务质量的高低。通过本章的学习,掌握导游基本礼仪规范,掌握迎送的礼仪、与游客的沟通协调的礼仪、讲解礼仪,了解导游现场处理突发事故的礼仪。
>
> **学习难点→**
> 基本礼仪规范　迎送礼仪　沟通协调礼仪　讲解礼仪　处理突发事件的礼仪

礼仪礼貌是人与人在接触交往中,通过言谈、表情、姿势相互表示谦虚、恭敬和友好的言行规范。导游服务礼仪是导游人员必备的素质和基本条件。导游人员是旅游业最具代表性的工作者,是旅游服务接待工作的支柱力量。导游人员是旅游从业人员中与旅游者接触最多、接触时间最长的人,他们给旅游者留下的印象也最为深刻。在旅游者心目中,导游人员往往是一个地区、一个民族乃至一个国家的形象代表。因此,导游人员在不断提高个人综合业务技能的同时,自觉加强礼仪修养的意义也是非同一般的。

6.1　导游人员的基本礼仪规范

6.1.1　基本要求

6.1.1.1　守时守信

遵守时间是导游人员应遵循的最为重要的礼仪规范。由于旅游者参观游览活动都是有一定的行程安排并有较强的时间约束,因此,为了确保团队活动的顺利进行,导游人员必须尽早将每天的日程安排明白无误地告知给每位游客,并且随时提醒。同时,导游人员应按照规定的时间提前到达集合地点,并按约定的时间与客人会面。如有特殊情况,必须耐心地向客人解释,以取得谅解。此外,导游人员还应该做到诚实守信,答应客人办理的事情,必须尽力帮助处理并及时告知处理的结果。

知识链接

守时可以说是几乎对所有人德国人绕不开的印象了,虽然有种老生常谈的既视感,但对于每个德国人来说,这是一个非常值得重视的品质,正如德国一句谚语所说,"守时是国王的美德"。德国著名的哲学家康德每天早上准时5点起床;7点去大学;9点到13点在书桌前写作;15:30又准时出门散步,在菩提树大道来回走8圈;22点再准时上床睡觉。如果"守时"这个词具有人形,康德就是它的化身。现代生活的快节奏,呼唤着人们的时间意识。守时,是现代人所必备素质之一。作为导游人员,守时更是我们应该遵守的重要规范之一。

6.1.1.2　尊重游客

导游人员在带团过程中,应尊重旅游者的宗教信仰、风俗习惯,应特别注意他们的宗教习惯和禁忌。对游客应一视同仁,不得厚此薄彼,但对于旅游团中的长者、女士、幼童及残疾游客等特殊人员应给予更多的关照,做到体贴有加而非同情、怜悯。对重要客人的接待服务应把握好分寸,做到不卑不亢。对随团的其他工作人员(如领队或全陪)也应给应有的尊重,遇事多沟通,多主动听取意见,以礼待人。

6.1.1.3　互敬互谅

导游工作只是整体旅游接待工作的一个组成部分。如果没有其他相关人员,尤其是随团的汽车司机、旅游景点、购物商场以及酒店等一系列为游客提供直接和间接服务的工作者的大力支持与通力合作,导游服务接待工作就无法圆满完成。为此,尊重每位旅游服务工作者,体谅他们的工作处境与困难,积极配合他们的工作,是做好导游服务工作的前提保障,也是导游人员良好礼仪素养的又一体现。

6.1.2　仪容仪表的要求

6.1.2.1　仪容修饰

在日常生活中要养成讲卫生、爱清洁的习惯,这不仅是导游人员个人文明的表现,也是导游职业礼仪的基本要求。上岗时,导游人员更应保持良好的仪容修饰。一个人的容貌虽然是天生的,但经过适当的修饰可以得到美化,特别是对精神面貌有相当大的影响。导游员的容貌修饰总的要求就是整洁、端庄。

1)头发应保持清洁和整齐。注意经常梳洗,不存有头屑,长短适宜,不梳怪异发型。头发被吹乱后,应及时梳理,但不可当众梳头,以免失礼。

2)牙齿应保持洁净。导游人员要经常开口说话,洁白的牙齿给人以美感。故此,导游人员应坚持早晚刷牙,饭后漱口。带团前忌吃葱、蒜、韭菜等易留异味的食物,必要时可用口香糖或茶叶来减少口腔异味。

3)为保持面部光泽,女士可施淡妆,但不要浓妆,不当众化妆或补妆。男士应修短鼻毛,不蓄须。

4)要经常清理鼻腔,修剪鼻毛。

5)注意手部清洁。指甲应及时修剪,不留长指甲,指甲内不藏污纳垢,不涂抹有色指甲油。

6.1.2.2 服饰穿戴

服饰,一方面是一个国家、地区和民族生活习惯和风俗的反映,另一方面也体现出一个人的品位、修养和精神面貌。

(1)基本要求

服饰穿戴有两个基本的要求,一是整洁,即服装要注意保持平整洁净;二是协调,也就是要与穿戴者的年龄、职业、身份相称,与所处的环境、场合协调,款式及色彩的搭配要协调,等等。

(2)职业特点要求

除基本要求外,根据导游工作的特点,导游员的服饰还有以下一些要求:服饰不可过分华丽、时髦甚至怪异。导游员的服饰如果过于华丽、时髦,超过了旅游团中的游客,将会给游客以炫耀轻浮的感觉,容易使游客产生距离感甚至会感到有压力。另一方面游客也会因为导游员过于注重服饰,而对他的责任心产生疑问。怪异的服饰更是会令游客产生反感。

服饰也不可过于庄重。游客来旅游度假就是要寻找轻松、自在,特别是对经常要在自然景区跋山涉水的导游员来说,过于庄重的服饰还会给活动和工作造成不便。

(3)注意细节

此外,导游员在服饰上还应注意一些细节:如男导游员不穿无领汗衫和短裤,不赤脚穿凉鞋;女导游员一般除了代表本人婚姻状况的指环外,不宜戴耳环、手镯、脚链、胸针等过多饰物,要穿与肤色相近的袜子,注意不要将袜口露在裙裤外;衬衫要经常更换,特别要保持领口和袖口的干净;经常更换内衣、内裤和袜子,身上不能有汗臭味,等等。

知识链接

笑透,不笑露

西方游客,对我们一些女导游、女服务员穿衣服太透而表示反感,认为太欠文雅。甚至一些社会学家还认为,衣服太透,连内衣都看得见,会诱导犯罪。一位从纽约回来的中国女外交官也谈到类似观点,在纽约的招待会上,西方女士们对中国一些女士衣着透明度过高表示反感。然而,西方女士们在隆重场合,特别是晚会,她们的晚礼服上身露得很多,这种露被视为"装饰的一部分"。像"奥斯卡金像奖"的发奖仪式,女明星们穿得是很"露"的。他们认为"露"是文雅的,并不"诱导犯罪",这就是"笑透,不笑露"。

当然,我们中国人不一定习惯于这一习俗,我们应当既不太"露",更不要"透",特别要注意,防止衣服"太透"。

在接待场合,特别是夏日服饰,导游人员应特别注意下列几点:女导游员勿穿超短裙。可以光脚穿鞋,若穿袜子袜口一定不要让人看见。无论天气多热,切勿撩裙当扇,有伤风雅。男导游勿穿圆领汗衫,勿穿短裤。

6.1.2.3 基本仪态

仪态是指人的姿势和风度。姿势是指身体呈现的样子,风度则是举手投足间所表露出的气质。在人际交往中,人们的感情流露和交流经常会借助于身体的各种姿态,即通常所说的"体态语言"。它作为一种无声的"语言",在导游接待服务中有着特殊的意义和重要作用。导游员的仪态包括各种体态和表情。合乎规范、优美大方是对导游员仪态的基本要求。

(1) 站姿

导游人员的站姿应稳重、自然。站立时,身体直立,挺胸收腹,双肩后展,两臂自然下垂(除手持话筒外),两脚或同肩等宽,或呈"V"字形,身体重心可轮流置于左右两脚之上。手的位置有三种摆法:一为侧放式,即双手分别放置于腿的两侧;二为前腹式,即双手相交于小腹前;三为后背式,即双手相握放置腰际处。无特殊情况,忌双手叉腰,或插在衣裤袋中,或将双臂相绕置于胸前。

(2) 坐姿

端稳是导游人员坐姿的基本要求。即便是在行进的汽车上,导游人员也应注意保持规范的坐姿,双手可搭放在座位的扶手上,或交叉于腹部前,或左右手分放于左右腿之上。双腿自然弯曲,两膝相距,男士以一拳为宜;女士双膝应并拢,切忌分腿而坐。此外,无论男女,坐姿均不可前倾后仰,东倒西歪,不高跷二郎腿,脚底示众,不随意抖动腿脚。

(3) 步态

步态是导游人员最主要的一种工作姿态,如前行引导,登山涉水,导游人员无不靠行走来完成其导游工作。带团时,导游人员的步态应从容、轻快,即上体挺直,抬头含颔,收腹挺胸,身体重心略向前倾;双肩放松,两臂前后自然摆动;步幅适中、均匀,步位平直。行进中,避免弓背、哈腰、斜肩,左右晃动,双手插袋,步伐滞重,更不得随意慌张奔跑。

6.2 导游迎送礼仪

旅游团队的迎接是导游人员的一项十分重要的工作,是导游人员的"首次亮相"。接团工作的礼仪是否周全,直接影响着旅行社和导游人员本人在游客心目中的第一印象,进而影响到后续的交往。送别旅游团队是导游人员带团的最后一项工作,送团工作的礼仪是否周全,直接形成游客对于导游工作甚至是对旅游目的地的最后印象,进而影响导游服务工作在客人心目中的整体形象。如果送团时出现了礼貌不周的问题,会破坏旅行社和导游人员在游客心目中的美好印象,就可能使得前期的努力前功尽弃,且由于游客即将离开本站,以至于没有机会弥补。为此,搞好导游服务工作,迎送礼仪十分重要。

6.2.1 迎接客人的礼仪

迎接客人是导游人员与游客的首次接触。在迎接过程中,要让旅游团在迎接地点得到及时、热情、友好的接待,了解在当地参观游览活动的概况。

6.2.1.1 着装得体

着装应符合导游职业要求,以大方得体为佳。女性导游人员不浓妆艳抹,可以施以淡妆。佩戴导游证,以做到持证上岗、挂牌服务。在为游客提供服务时,做好微笑迎客、主动热情、端正大方。

6.2.1.2 提前等候

凡导游人员到机场、车站、码头迎接客人,必须比预订的时间早到,等候客人,而决不能让客人等候接团导游。一般来说,全陪和地陪应该提前半个小时到达接站地点迎候旅游团,并掌握团队用车停放的位置。

6.2.1.3 准备细致

1)接团时,应事先准备好足够旅游团客人乘坐的旅游车,并督促司机将车身和车内清洗、清扫干净。

2)备好醒目的接团标志,事先了解旅游团的特征,如国籍、旅游者的民族特征、衣着、组团社的徽记等。接团标志上要写清团名、团号、领队姓名,接小型旅行团或无领队时要写上客人姓名。

3)旅游团所乘的交通工具抵达后,导游人员应在旅游团出站前,持接团标志站立在出站口醒目的位置,热情迎候旅游团的到来。

6.2.1.4 迎接礼貌

1)当客人从出站口缓缓走出时,导游人员要尽快找出旅游团,举起接团标志旗帜,向到达客人挥手致意。

2)接到客人后,应说欢迎语。欢迎语要与握手、微笑等态势语并用,如"欢迎您来郑州旅游!""一路辛苦了",等等。

3)对客人的称呼要尊重对方的习俗。世界通用的称呼:对男子称"先生",对女子称"女士或小姐";对海外旅游者,称呼之前还可以加上他的姓名、职称、职务。如"秘书小姐"。

4)主动介绍自己的单位及姓名。介绍过后,迅速引导客人来到已安排妥当的交通车旁,指导客人有秩序地将行李放入行李箱后,再招呼客人按次序上车;客人上车时,导游人员应主动、恭敬地站立于车门口,欢迎每一位游客,并协助其上车,待客人上齐后方可上车。

5)游客落座后及时清点人数。清点人数时,有条件者可使用计数器清点,亦可用默数或标准点人数法清点,即右手自然垂直向下,以弯曲手指来记数。忌用社旗来回比画,也不能用手拍打客人的肩背部位,更不得用单手手指对游客头部或脸部指指点点。

6.2.1.5 服务适度体贴

1)客人入座后,待客人稍做歇息后,将旅游活动的日程表发到客人手上,以便让客人了解此行游程安排、活动项目及停留时间等。为帮助客人熟悉城市,可准备一些相关的出版物给客人阅读,如报纸、杂志、旅游指南等。

2)注意观察客人的精神状况,如客人精神状况较好,在前往酒店途中,可就沿途街景做一些介绍;如客人较为疲劳,则可让客人休息。

3)到达酒店后,协助客人登记入住,并借机熟悉客人情况,随后,将每个客人安排妥帖。

4）客人进房前先简单介绍日程安排,并宣布第二天的日程细节。第二天活动如安排时间较早,应通知总台提供团队客人的叫早服务,并记住团员所住房号,并再一次与领队进行细节问题的沟通协调。

5）不要忘记询问客人的健康状况,如团队客人中有身体不适者,首先应表示关心,若有需要,应及时想办法为客人提供必要的药物,进行预防或治疗,以保证第二天游程计划的顺利实施。

6）与客人告别,并将自己的房间号码告知客人。

6.2.2　送客的礼仪

客人活动结束前,要提前为客人预订好下一站旅游或返回的交通工具(如飞机、火车、船)。客人乘坐的车厢、船舱尽量集中安排,以利于团队活动的统一协调。

为客人送行,应使对方感受到自己的热情、诚恳、礼貌和修养。临别之前应亲切询问客人有无来不及办理、需要自己代为解决的事情,应提醒客人是否有遗漏物品并及时帮助处理解决。

火车、轮船开动或飞机起飞以后,应向客人挥手致意,祝客人一路顺风,然后再离开。如果自己有其他事情需要处理,不能等候很长时间,应向客人说明原因并表示歉意。

6.2.3　VIP客人的迎送

迎送贵宾时,应事先在机场(车站、码头)安排贵宾休息室,并准备好饮料、鲜花。如有条件,在客人到达之前可将酒店客房号码或乘车牌号通知客人。

派专人协助办理出入关手续。客人抵达前,应通知酒店总台,在客人入住的房间内摆上鲜花、水果。宾客抵达住所后,一般不易马上安排活动,应留一些时间让宾客休息。

6.3　导游沟通协调礼仪

带团旅游,涵盖了旅游六大要素中食、住、行、游、购、娱的方方面面。团员中,兴趣、爱好、要求各不相同,素质参差不齐,要使每个团员都满意,确实不易。对于导游人员来说,要做好沟通协调工作,也应遵循一定的礼仪规范。

6.3.1　善于洞悉游客心理

导游人员带团的过程,就是与游客交往的过程。为游客提供的服务包括功能服务和心理服务两个方面。心理服务即导游人员为调节游客在旅游过程中的心理状态所提供的服务。导游人员应该懂得交际、善于观察、会照顾人,要分析游客的旅游心理,多给他们情感上的关怀,让游客倍感在"家外之家"中的愉快与温暖。可以从以下方面去把握游客心理。

6.3.1.1　从人口统计因素中了解不同游客的心理特征

人口统计因素包括游客的年龄、性别、职业、收入、受教育程度、家庭人口、国籍、民族、

宗教、社会阶层等。游客的国籍、职业、年龄、性别和所属社会阶层的不同会反映出一些特征。对于大多数游客来说,这些特征具有普遍性。导游人员掌握了这些基本特征,就可结合所带旅游团游客的结构情况,安排好他们的旅游活动。

6.3.1.2 从旅游动机了解游客心理

动机是需要的表现形式。一个人有什么样的需要,为了满足这种需要,就会表现出相应的旅游动机。因具体需要而产生的旅游动机可划分为下列四种基本类型。

1)身体方面的动机。它包括为了调节生活规律和促进健康而进行的度假休息、体育活动、海滩消遣、娱乐活动,以及其他直接与保健有关的活动。

2)文化方面的动机。人们为了认识、了解自己生活环境和知识范围以外的事物而产生的动机。其最大的特点是希望了解异国他乡的情况,包括了解其音乐、艺术、民俗、舞蹈、绘画及宗教等。

3)人际(社会交往)方面的动机。人们通过各种形式的社会交往,保持与社会的接触,包括希望接触他乡人民、探亲访友、逃避日常的琐事及惯常的社会环境、结交新友等。

4)地位和声望方面的动机。这方面的动机主要与个人成就和个人发展的需要有关。属于这类动机的旅游包括事务、会议、考察研究、追求业余爱好以及求学等类型的旅游。

导游人员了解和把握游客的动机,就能更恰当地安排旅游活动和提供导游服务。

6.3.1.3 从旅游活动各阶段游客的心理变化了解游客

由于生活环境和生活节奏的变化,在旅游的不同阶段,游客的心理活动也会随之发生变化。

1)整个旅游活动期间。群体心理求安全、方便、省钱的旅游动机促使旅游者愿意参团旅游,所以,旅游者对旅游团、对导游人员的依赖性较大,期望导游人员自始至终对他们热情关心、周到服务;导游人员也要利用这种"群体心理"从游览活动一开始就设法建立旅游活动的秩序,例如准时出发、参观游览期间的集体行动等。

2)旅游活动初期阶段。求安全心理、求新心理。旅游者初来乍到,兴奋激动,但由于人地生疏、语言不通,因而会产生孤独感、茫然感、不安全感和惶恐感。存在拘谨心理、戒备心理,怕举手投足犯忌、被人笑话的心理。在这个阶段,旅游者的另一个突出心理特征是"探新求奇"。旅游过程中,旅游者的注意力和兴趣容易转移,到处寻找刺激,以满足求新、求异、猎奇、增长知识的心理需求。

3)旅游活动中期阶段。求全心理、懒散心态。随着时间的延长、接触增多,旅游团成员之间、客导之间越来越熟悉,旅游者的神经越来越放松,行为越来越随便,每个人的弱点越来越暴露。

4)旅游活动结束阶段。忙于个人事务。即将踏上归途时,旅游者的心情波动较大,开始忙乱起来。他们希望与亲友联系、购买称心如意的物品,但又怕行李超重。总之他们希望有更多的时间处理个人事务。

6.3.1.4 从言行举止了解游客心理

人们的言谈、举止、面部表情往往是其心理活动的外部表现。游客举止的种种表现,如情绪高涨或低落、面带笑容或沉默不语、饶有兴趣或心不在焉等都是其内在心理的反映。此外,游客说话的内容、表达问题的方式、讲话的速度均可提供一个人的文化修养、个性、情绪、需求等信息。导游人员要善于察言观色,这对于加强与游客沟通、有效激发游客兴趣具有重要作用。

6.3.2 善于激发游客的兴趣

游客游兴如何是导游工作成败的关键。游客的游兴可以激发导游的灵感,使导游在整个游程中和游客心灵相融,一路欢声笑语;相反,如果游客兴味索然,表情冷漠,尽管导游竭尽所能,也会毫无成效。

6.3.2.1 激发游客游兴的因素

游客兴趣具有多样性和复杂性,同时也有能动性特点。如何使游客的兴趣由弱到强,并具有相对的持久性和稳定性,这与导游的积极调动、引导有很大的关系。激发游客游兴的因素包括两个方面:一是景观本身的吸引力;二是导游借助语言功能调动和引导的作用。

导游的景点介绍,一定要注意讲解的针对性、科学忄和语言表达主动性的完美结合,应根据不同的景点(人文景观如洛阳龙门石窟、嵩山少林寺等;自然景观如洛阳牡丹、焦作云台山等)进行详略不同的介绍,有的具体详尽,有的活泼流畅,有的构思严谨,有的通俗易懂。总之,景点介绍的风格持点和内容取舍,始终应以游客的兴趣为前提。

6.3.2.2 选择游客感兴趣的话题

在游览过程中,要善于变换游客感兴趣的话题,可根据不同游客的心理特点,做如下选择:

1)满足求知欲的话题。游客常常把旅游作为学习和掌握异地文化、历史、自然景色、科学技术等知识的一种方法。所以,那些具有知识性的话题最能激起游客的兴趣。如河南旅游资源丰富,名胜古迹众多,是中华民族的主要发祥地之一,是我们的先民生活和创业的地方。历史上先后有20多个朝代在这里建都,中国七大古都中,殷商古都安阳、九朝古都洛阳、七朝古都开封都位于河南境内。导游人员可介绍这些古都的情况满足游客求知的需要。

2)刺激好奇心理的话题。游客往往都有好奇心理,凡是珍闻奇录、传奇传说、不解之谜以及其他不知道又关心的事都能使他们饶有兴趣。如游览安徽九华山,游客会对九华山高僧肉身不腐的现象充满好奇,导游人员可适时地为游客介绍。

3)决定行动的话题。如游览线路安排、往返交通问题、文娱活动、天气预报、风味餐食、住宿标准等,因为这些话题都与他们有关因而不会没有兴趣。

4)满足优越感的话题。在导游活动中,如果导游人员说一些尊重游客身份、地位、才智的话,他们将会如沐春风。

5)娱乐性话题。适当穿插一些笑话、幽默故事,以增添游客的兴致。

6.3.3 善于调节游客的情绪

情绪是人对于客观事物是否符合本身需要而产生的一种态度和体验。旅游活动中,由于有相当多的不确定因素和不可控制因素,随时都会导致计划的改变,例如有时由于客观原因游览景点要减少;游客感兴趣的景点停留时间要缩短;预订好的中餐因为某些不可

控制的因素,临时改变吃西餐;订好的机票因大风、大雾停飞,只得临时改乘火车……类似事件在接团和陪团时会经常发生。这些都会直接或间接影响到游客的情绪。

6.3.3.1 补偿法

补偿法是导游人员从物质上或精神上给游客予以补偿,从而消除或弱化游客不满情绪的一种方法。譬如,如果没有按协议书上注明的标准提供相应的服务,应给游客以补偿,而且替代物一般应高于原先的标准;如果因故无法满足游客的合理要求而导致其不满时,导游人员应实事求是地说明困难,诚恳地道歉,以求得游客的谅解,从而消除游客的消极情绪。

6.3.3.2 分析法

分析法是指导游人员将造成游客消极情绪的原委向游客讲清楚,并一分为二地分析事物的两面性及其与游客的得失关系的一种方法。

6.3.3.3 转移注意法

转移注意法是指在游客产生烦闷或不快情绪时,导游人员有意识地调节游客的注意力,使其从不愉快、不顺心的事上转移到愉快、顺心的事情上去。譬如,有的游客因对参观什么内容有不同意见而不快;有的游客因爬山时不慎划破了衣服而懊恼;有的游客因看到不愉快的现象产生联想而伤感,等等。导游人员除了说服或安慰游客以外,还可通过讲笑话、唱山歌、学说本地话或讲些民间故事等形式来活跃气氛,使游客的注意力转移到有趣的文娱活动上来。

6.3.4 导游沟通协调技巧

6.3.4.1 问候客人技巧

导游人员在带团过程中,不同时间、场合见到本团旅游者应随时主动打招呼问候。如,早晨地陪来到酒店见到本团旅游者:"早上好!""昨晚休息得好吗?"一天旅游结束后道一声:"您辛苦了!"对身体不适的旅游者的问候:"您感觉好点了吗?"常用的还有"下午好""晚上好""晚安"等。对西方的旅游者打招呼要避免使用亲热有余而庄重不足的问候语,如英语中的"hello""hi";还要避免向外国旅游者使用中国式的招呼,如"您吃了吗?"他会误解为你想请他吃饭;同时也不要说"你上哪去呀"或"你到哪去了",在西方人看来你在打听他的私事,这是一种不礼貌的语言。与日本旅游者打招呼要常说"您早""您好""拜托您了""请多关照""对不起""失陪了"等。

6.3.4.2 征询意见技巧

征询游客意见时,常常使用征询语和委婉语。征询语的使用可以使旅游者感到倍受尊重和体贴,导游要经常向旅游者表示愿为他们服务的态度。委婉语也叫"婉言",指讲话时出于对旅游者尊重的考虑,不直接说明本意,而是用委婉的词语加以暗示,既能达到使对方意会的效果,又不至于让对方尴尬,甚至伤害对方的情感。在导游服务中,委婉语和征询语的作用不可低估。它可以减少刺激性,帮助消除矛盾,使交际双方免于难堪或使导游人员说话留有余地而免于被动。得体的委婉语和征询语能表达善意和尊重,体现导游人员良好的语言素养进而显示出文明、高雅的风度。征询用语举例:"我能为您做些什么?需要我帮助您做些什么吗?您还有别的事情吗?我会打扰您吗?您喜欢……吗?您需要……吗？如果您不介意,我可以……吗？"

6.3.4.3 回答问题技巧

游客来自世界各地,兴趣爱好不同、旅游动机不同,因而提问的方式五花八门,提出的问题稀奇古怪,对不同问题所采取的立场态度和所选择的回答方法,是检验一个导游人员灵活运用语言的能力和临场应变能力的标准之一。回答疑难问题可以运用下列技巧：

1) 原则问题是非分明。客人提出的某些问题涉及一定的原则立场,一定要给予明确的回答。这些问题有些涉及民族尊严,有些涉及中国的国际形象,如我国香港的"一国两制""台湾问题"等,要是非分明、毫不隐讳,并力求用正确的回答澄清对方的误解和模糊认识。

2) 诱导否定。对方提出问题以后,不马上回答,而是先讲一点理由、提出一些条件或反问一个问题,诱使对方自我否定,自我放弃原来提出的问题。

3) 曲语回避。有些客人提出的问题很刁钻,使导游在回答问题时表示肯定或否定都会有漏洞,左右为难,还不如以静制动,或以曲折含蓄的语言予以回避。

6.3.4.4 拒绝技巧

游客的性格各异,要求也五花八门,对于有些合理的要求作为导游人员应当尽量予以满足,而有些要求却不尽合理,但按照礼貌服务的要求,导游不要轻易对客人说"不"。如何让客人在要求得不到满足时不至陷入尴尬境地呢？下面介绍几种符合礼貌服务的拒绝艺术。

1) 微笑不语。遭人拒绝是最令人尴尬难堪的事,为了避免遭遇这种难堪,一般人通常选择不轻易求人。所以不论是何种情况,导游人员都不应直截了当地拒绝客人的要求。但有时客人提出的一些要求,又不得不拒绝,此时,微笑不语可谓是最佳选择。满怀歉意地微笑不语,本身就向客人表达了一种"我真的想帮你,但是我无能为力"的含义。微笑不语有时含有不置可否的意味。

2) 先是后非。在必须就某个问题向客人表示拒绝时,可采取先肯定对方的动机,或表明自己与对方主观一致的愿望,然后再以无可奈何的客观因素为托词而予以回绝。

例如,在故宫博物院,一批外国游客看到中国皇宫建筑的雄伟壮观,纷纷要求摄影拍照,而故宫的有些景点是不允许拍照的,此时导游人员诚恳地对客人说："从感情上讲,我真想帮助大家,但这里有规定不许拍照,所以我无能为力。"这种先"是"后"非"的拒绝法,可以缓解对方的紧张情绪,使对方感到你并没有从情感上拒绝他的愿望,而是出于无奈,这样在心理上他们更容易接受。

3) 婉言谢绝。婉言谢绝,是指以诚恳的态度、委婉的方式,回避他人所提出要求或问题的技巧。即运用模糊语言暗示客人,或从侧面提示客人,其要求虽然可以理解,但却由于某些客观原因不便答复。为此只能表示遗憾和歉意,感谢大家的理解和支持。

拒绝客人的方法还有不少,如顺水推舟法。即拒绝对方时,以对方言语中的某一点作为拒绝的理由,顺其逻辑性得出拒绝的结果。顺水推舟式的拒绝,显得极为涵养,既能达到断然拒绝的目的,又不至于伤害对方的面子。

总之,多数情况下,拒绝客人是不得已而为之,只要措辞得当,表达得体,态度诚恳并掌握适当的分寸,客人是会予以理解和接受的。

6.4 导游讲解礼仪

6.4.1 导游讲解语言服务礼仪

语言是导游服务的重要手段和工具,导游人员的服务效果在很大程度上取决于其语言的表达能力。导游人员驾驭语言的能力越强,信息传递的障碍就越小,旅游者满意的程度也就越高。可见,导游语言的表达事关导游人员自身价值的实现。

在语言的表达方面,导游人员应如何体现自身良好的礼仪素养呢?就一般而言,导游人员语言的表达应力求做到:达意、流畅、得体、生动和灵活。

6.4.1.1 达意

达意是要求导游人员所传递的信息不仅应准确,而且还要易被游客理解。达意的导游语言,一是发音正确、清楚;二是遣词造句准确、简洁;三是表达有序,条理清晰。切忌空洞无物、言过其实,更不该无中生有、胡编乱造。

6.4.1.2 流畅

流畅即要求导游人员的语言力求表达连贯,无特殊情况,一般言语中间不做较长时间的停顿,语速适中,快而不乱,慢而不滞。口语表达中过多的重复和停顿以及不良的习惯无疑都会影响游客的倾听效果。

6.4.1.3 得体

所谓得体,就是言语运用要妥当,有分寸。得体的导游语言必须符合导游人员的角色身份,以做到真正体现对游客的尊重为前提。在带团过程中,应多用敬语、服从语和委婉、征询的句式与游客交流。此外,还应避免游客的言谈忌讳。

6.4.1.4 生动

生动是导游语言最为突出的特点。导游人员在讲解内容准确的前提下,应以生动、有趣且具感染力的语言活跃气氛,增添游客的游兴,以趣逗人。照本宣科、死板老套不可取,"黄色幽默"和低级趣味的笑话更应杜绝。

6.4.1.5 灵活

灵活强调的是导游人员的语言表达应做到因人、因地、因时而异,导游人员在讲解时必须充分考虑游客的文化背景、认知水平、兴趣爱好及职业特点等异同,并据此有针对性地决定内容的取舍和表达方式的选择,以提高游客的接受和理解能力。

6.4.2 导游讲解服务的礼仪

6.4.2.1 树立良好的讲解服务形象

1)在提供讲解服务时,导游人员站姿要到位,站姿能显示导游人员的风度。一般来说,导游人员讲解时,身体要挺胸立腰,端正庄重。所谓"站如松,坐如钟"就是这个姿态。导游人员若在车内讲解,必须站立,面对客人,肩膀可适当倚靠车厢壁,也可用一只手扶着椅背或扶手栏杆。在实地导游时,一般不要边走边讲。在讲解时,应停止行走,面对客人,把全身重心平均放在脚上,上身要稳,要摆出一副安定的姿势。要注意的是,不可摇摇摆摆,焦躁不安,直立不动,或把手插在裤兜里,更不要有怪异的动作,如抽肩、缩胸、乱摇头、不停地摆手、舔嘴唇、掐胡子、抠鼻子、拧领带等。

2) 讲解时精神要饱满,表情要自然,与游客保持良好的"视觉交流",目光应关照全体在场者,以示一视同仁。手持话筒,音量适当,规范讲解。手势力求到位,动作不宜过多,幅度不宜过大。

3) 导游人员应随时提醒客人注意行路安全,凡遇难以行走或拐弯之处,应及早提醒客人多加注意,对年老体弱者更应及时提供必要的帮助。导游人员的行走速度不宜过急过快,以免游客掉队或走失。

4) 导游人员应自觉携带旅行社社旗,行进中,左手持旗,举过头顶,保持正直,以便队尾的团友及时跟进。将社旗拖于地面或扛于肩头都是不合乎规范的做法。

5) 手持话筒讲解时,话筒不应离嘴过近,也不要遮住口部。

6) 团队离开活动场所之前,应及时提醒游客注意安全,随身携带好自己的贵重物品。

7) 讲解时不得吸烟,进入室内公共场所,应将烟掐灭。

6.4.2.2 讲解内容熟练准确

导游人员讲解应内容准确、表达流畅、条理清楚、语言生动、手法灵活。讲解中不掺杂封建迷信、低级庸俗的内容;不介绍游客参加不健康的娱乐活动;善意提醒游客文明旅游。

6.4.2.3 服务主动热情

带客游览过程中,导游人员应认真组织好客人的活动,做到服务热情、主动、周到。根据客人的特点,有针对性地组织讲解内容。尊重游客的风俗和生活习惯,主动运用他们的礼节、礼仪,表示对他们的友好和敬重。此外,还应注意给客人留有摄影时间。

6.5 导游处理突发事件的礼仪

突发事件是指导游人员在提供服务时,一些预料之外的状况或情形。突发事件给旅游服务工作带来困难,处理不当会影响到旅游服务质量,给旅游者带来暂时的不快,或带来烦恼和痛苦。因此,导游人员在带团过程中要尽心尽力做好服务工作,采取各种必要措施,避免突发事件的发生,或面对突发事件时将其对旅游活动的不利影响降低到最小。

6.5.1 对突发事件做到防患于未然

6.5.1.1 坚持"游客第一"的服务宗旨

"游客第一"是导游的行动准则和规范。要求导游人员心中要时刻想着游客、关心游客,一丝不苟地做好服务工作。

6.5.1.2 认真做好服务准备工作

导游人员要认真做好服务的准备工作,如事先了解旅游目的地、旅游景点的基本情况、治安状况,对新开放的景点及不熟悉的游览地,要详细了解,根据旅游团队具体情况和游客的年龄、身体状况,周密地安排游览活动。

6.5.1.3 日程安排要留有余地

制订旅游接待计划、安排活动日程要留有余地,科学合理地安排游览项目,容易使游客劳累的游览项目不能集中在一天,以免游客疲于奔命,要做到有张有弛。

6.5.1.4 做好预报与提醒工作

对于旅游景点的天气、地形要做好预报工作,游览参观时的注意事项要做到提醒工作,以切实杜绝突发事件的发生。

6.5.1.5 游览时密切关注游客动向

游览参观时,要时刻与游客在一起,留意游客在精神、行为方面有无异常变化,留意周围环境是否有潜在的安全隐患问题,做一个有心人,一旦发现立即采取应变措施,防患于未然。

6.5.2 突发事件的一般处置方法

由于旅游活动有较多的不确定因素,加之涉及需要协调、衔接的部门、环节较多,很难预料在组织游览过程中,会发生怎样的突发事件。一旦突发事件发生,导游应该如何面对呢?一般有如下处置方法。

6.5.2.1 周密安排

尽量在带团出游前对游览计划、线路设计、搭乘交通工具、景点停留时间、沿途用餐地点等做出周密细致的安排,并根据以往的带团经验充分考虑容易出现问题的环节,准备好万一出现问题时所采取的对策及应急措施。

6.5.2.2 准备充分

应准备一些常用的药品、针线及日常必需品,将应付突发事件需要联系的电话号码(如急救、报警、交通票务服务、旅行社负责人、车队调度等)随时带在身上。

6.5.2.3 关注重点游客

出发前应亲切询问团队客人的身体健康状况,对老年团队成员尤其要细心。

6.5.2.4 强调特殊事件的安全

游览有危险因素的景点或进行有危险的活动,如爬山、攀岩、游泳等,一定要特别强调安全问题,并备有应急措施。

6.5.2.5 沉着冷静

事件发生以后要沉着冷静,既要安抚客人、稳定客人情绪,又要快速做出周密的处理方案和步骤,尽量减少事件带来的负面影响。

【本章小结】

本章介绍了导游人员的基本礼仪规范,系统介绍导游人员上岗的仪容仪表要求。分述导游服务工作中几个关键环节导游服务礼仪:导游迎送礼仪阐述导游人员迎接客人、送别客人以及迎送 VIP 客人的礼仪规范;导游沟通协调礼仪阐述导游人员问候客人、征询客人意见、回答客人问题、拒绝时的礼仪规范;导游讲解礼仪阐述导游员讲解服务的语言规范以及礼仪规范。导游员应坚持"游客第一"原则,认真做好服务准备工作,以防止突发事件的发生。面对突发事件时应冷静处理,将突发事件的不良影响降低到最小。

【重点概念】

仪表　突发事件

【案例分析】

案例6-1

为何苏导不被游客喜欢？

风景旅行社导游人员苏小姐,青春妙龄,亭亭玉立,楚楚动人。其人爱好打扮,服饰总是处在时代前列。

一次,苏小姐接了一个境外的奖励旅游团,旅游团成员多为30左右的女士。当苏小姐以良好的形象出现在游客面前时,使这些女士黯然失色。加上游览期间,苏小姐名牌"行头"的不断变换,更使旅游团中的那些女士成了她的衬托者。在游览过程中,苏小姐虽然讲解生动形象,为人亲切,服务周到,但不知为什么,那些年轻的女性游客,总不愿与她在一起。苏小姐自己也有一种被冷落的感觉。

问题:

1. 游客不喜欢导游人员苏小姐的原因可能有哪些?
2. 导游人员上岗时,仪容仪表规范表现在哪些方面?

（资料来源:http://www.tylyzyxy.com 陆霞等.导游实务（精品课程）太原旅游职业学院,2009）

案例6-2

旅游车的轮胎爆了

出了上饶火车站后,旅游团的全陪杨小姐和武夷山的地陪王小姐顺利地接上了头。此团由25位年轻人组成,目的地是武夷山。从上饶到武夷山,汽车有四个多小时的路程。坐了近七个小时的火车现在又坐上汽车,游客们虽已有些疲劳,但第一次到一个地方的新鲜感使他们游兴丝毫未减。游客们一边认真地听王小姐的沿途讲解,一边欣赏车窗外的田野风光,还不时地提出些问题。车厢里始终洋溢着欢笑声。车行两个多小时后,路况越来越差,车越来越难走。王小姐诙谐地称这段路为"妈妈的摇篮",又说大家来这儿旅游是为老区建设做贡献。车上的年轻人都乐了,兴奋地大声笑闹。过了一会儿,天渐渐黑下来。车子驶上了一个大山坡,车灯所照之处,尽是雨后从山上坍塌下来的石块泥土。杨小姐一边叮嘱游客坐稳,一边关照司机把车开慢点。车子在山坡上扭秧歌似的行驶着,游客们也都累了,王小姐停止了她的讲解,因为她知道,这时游客最需要的是闭目养神。除了车子行驶的声音,四周非常平静。突然,一声炸响从车底下传来,车上昏昏欲睡的游客都被惊醒了。"车胎炸了,这下坏了,我们要在车上过夜了。"车上有人说。司机马上刹住了车,王小姐、杨小姐随着司机下了车,司机绕着车子检查了一番,说:"糟糕,炸了两个轮胎。"怎么办? 车子刚好驶在半山腰,前不着村,后不着店,而此时是晚上七点多,游客们肚子已咕咕直叫。

杨小姐和王小姐、司机商量了一下,当机立断:由杨小姐先安抚游客,把情况跟大家说清楚,然后全体下车;地陪王小姐配合司机先把备用轮胎换上,尔后两人尽快去前面山脚下一个汽车修补厂补胎。司机驾着车和王小姐走了。全陪杨小姐和二十多位年轻人留在武夷山的这条公路上,虽然大家都是从大城市里来的,但因人多,心里并不发慌。杨小姐真诚地向游客道了歉,请他们原谅自己没把防范工作做好。游客们被杨小姐的真诚所打动,都表示只要把车修好,他们等久一点儿,再饿一点儿也能坚持。

武夷山的夜景是那样的美。夜空中晶莹的繁星点缀在黑色的苍穹上,树丛中有不知名的小虫在鸣叫。置身于这样的大自然中,使这些来自城里的游客有一种说不出的惬意,也使他们觉得时间过得特别快。

一个多小时后,汽车终于回来了。这二十多位年轻人,还有杨小姐都乐了,他们叫着、喊着、笑着,这声音久久地回荡在大山中……

问题:

1. 案例中,面对着路况欠佳、旅游车爆胎,两位导游是如何来劝导与调节游客情绪的?
2. 面对旅游突发事件,你认为应如何处理?处理应注意哪些礼貌礼节?

(资料来源:http://www.emhero.com 隋维林等.导游业务(精品课程)牡丹江大学经贸与管理学院,2009)

思考题

1. 导游服务礼仪的基本要求是什么?
2. 导游人员带团时仪容修饰应注意的事项有哪些?
3. 导游人员带团时在仪态方面应注意哪些问题?
4. 为了体现出对客人最大程度尊重,导游人员在提供迎接服务时应注意哪些方面?
5. 导游人员回答客人问题的技巧与礼仪要求?
6. 导游讲解服务语言礼仪规范要求有哪些?
7. 如何树立良好的导游讲解服务形象?
8. 面对突发事件,导游现场处理的礼仪要求?

学习参考书目

1. 张利民.旅游礼仪[M].北京:机械工业出版社,2004.
2. 全国导游人员资格考试教材编写组.导游实务[M].北京:旅游教育出版社,2001.

7 导游人员的带团技能

学习目标→

通过本章的学习,了解导游人员如何进行自我管理;在此基础上,掌握主要服务环节的处理及向旅游者提供心理服务的技能;同时,还应掌握导游人员的带团常用技能以及对不同旅游者的接待;综合运用各种技能为旅游者提供高质量的导游服务,从而使旅游活动更加顺利进行。

学习难点→

"食""住""行""游""购""娱"六大服务环节的处理技能
如何调整旅游者的情绪　常用的带团技巧
不同旅游者的接待

导游人员的带团技能是导游人员根据旅游团整体需要和不同旅游者的个别需要,熟练运用能提高旅游产品使用价值的方式、方法和技巧的能力。导游带团技能作为导游服务技能的重要组成部分,它贯穿于旅游活动的全过程,直接影响导游服务的效果。

导游人员在带团过程中其个人形象、领导能力、处事方法、工作态度、知识水平往往给旅游者留下深刻的印象,尤其是带团技能可增强团队的凝聚力和帮助旅游者最大限度地获取旅游活动的愉悦感。导游带团技能没有一个固定的模式,它的运用要因团、因人而异,需要通过反复的导游服务实践,在实践中不断探索、总结和提高。

7.1 导游人员的自我管理

导游人员的自我管理,是指导游人员对自己本身的目标、思想、心理和行为等表现进行的管理,自己管理自己,自己激励自己,最终达到提高导游带团技能的整个过程。导游人员在带团过程中要想管理好旅游者,首先就要管理好自己,因为一个优秀的导游人员必定是一个卓有成效的

自我管理者。

7.1.1 导游人员的角色管理

7.1.1.1 旅游者心目中的导游人员

在旅游者的心目中,导游人员应该扮演好以下几个角色。

(1)旅游者之友

导游人员同旅游者朝夕相处,一直陪同旅游者旅行、游览,为旅游者安排各项旅游活动,关心旅游者的安全、健康和心理感受。因此,在旅游者心目中,导游人员不仅是为他们提供服务的人员,更是懂礼貌、讲礼节,理解人、热心帮助人的朋友,是可以信赖、能与之交流思想感情、共同欣赏美妙景致的伙伴。

(2)旅游者之师

随着旅游业的不断发展,现代旅游活动更加趋向于对文化、知识的追求,许多旅游者在游览过程中已不满足宣传小册子上的介绍,他们希望了解更多的旅游景点、风土人情、历史典故、民间传说等方面的知识。导游人员向旅游者讲解旅游地的人文和自然,介绍风土人情和习俗,解答旅游者提出的各种问题,并且在有关地点讲述历史或传说,使旅游者更好地了解和记住历史事件。所以,在旅游者心目中,导游人员不仅是他们进行旅游活动的组织者、协调者,而且是通晓旅游目的地各方面情况的"专家",是旅游者之师。

(3)国家(地区)形象的代表

导游人员虽然受旅行社所委派,代表旅行社接待旅游者并为他们安排参观游览活动,但是,在外国(外地)旅游者心目中,不管导游人员代表的是哪一家旅行社,都是中国人(当地人)的代表,代表着国家(地区)形象。因此,外国(外地)旅游者往往从导游人员的言谈举止、服饰仪表来衡量中国人(当地人)的道德水准和价值观念,从导游人员的讲解和对问题的处理来看待中国(当地)导游人员的水平和旅游服务质量。

7.1.1.2 导游人员的角色定位

导游人员在带团过程中在不同的场合,面对不同的服务对象,要扮演着不同的角色,可以说导游人员是多角色的统一体。我国老一代的优秀导游人员在自己长期工作的基础上,曾总结出了"八大员"的说法,即导游人员带团时要充当"语言翻译员""游览组织员""政策宣传员""生活服务员""安全保卫员""对外调查员""座谈报告员""财务统计员",这是对导游人员所扮演角色的一种形象描述。导游人员在不同情况下要承担教师、母亲、领导、社交人员、心理学家、朋友、护士等多种角色。导游人员应分清不同角色的作用并适时完成角色转换,摆正自身与旅游者的位置关系。

7.1.2 导游人员的形象管理

导游人员通过对自我形象的管理在旅游者心目中树立良好的导游形象,有助于增强旅游者对导游人员的信任度,自觉配合导游人员的工作,使旅游活动顺利开展。

7.1.2.1 树立良好的第一印象

第一印象即"首因效应",也叫"最初效应",指的是当一个人第一次到达一个新的地方,或第一次和某人接触所留下的深刻印象,这种深刻印象常常构成人们的心理定式,进而不知不觉成为判断一个人的主观依据。在带团过程中,如何塑造良好的第一印象,是每个导游人员必须重视的问题。

旅游者在与导游人员的接触中往往通过对导游人员的外在形象的观察进而得出对其内在素质的判断。虽然这种"以貌取人"的判断往往并不准确,甚至有失公正,但它在客观上又是不可避免的,而且这种印象一旦形成就很难改变。因此,导游人员在工作一开始就应该注意给旅游者留下一个好的印象。

迎接旅游团是导游人员与旅游者接触的开始,导游人员应以真挚热情的表情,礼貌得体的语言,文雅大方的举止,修饰有度的衣着打扮来吸引旅游者。而且还要通过周密的工作安排、高效的工作效率给旅游者留下良好的第一印象。从接站地点到下榻酒店的交通工具、行李运送和沿途讲解,导游人员都要做好妥善安排,并迅速满足旅游者的合理要求。导游人员在接团前如能记住旅游者的姓名、特征,迎客时能叫出他们的名字,旅游者会迅速消除初到异地的疑虑和茫然感,增强安全感和信任感。这是导游服务成功的良好开端,也为以后导游人员与旅游者友好相处奠定了基础。但是,导游人员真正的第一次"亮相"是在致欢迎词的时候,只有在这时,旅游者才会静下心来"掂一掂导游的分量"。他们会用审视的目光观察导游人员的衣着装束和举止风度是否得体;用耳倾听导游人员的讲话声音、语调、用词、态度是否真诚等,然后通过分析对导游人员做出初步的结论。譬如,对导游人员的衣着装扮,旅游者就有自己的想法,如果导游人员太注重修饰自己,旅游者可能会想:"只顾修饰自己的人怎么会想着别人、照顾别人?"但是,如果导游人员衣冠不整,旅游者又可能会想:"连自己都照料不好的人又怎能照顾好客人?"因此,导游人员应特别注意致欢迎词这一环节的衣着和言行举止,力求在旅游者心目中留下良好的第一印象。

7.1.2.2 保持良好的形象

良好的第一印象只体现在导游人员接团这一环节,而维护形象则贯穿在导游服务的全过程之中,因此,维护形象比树立形象往往更艰巨、更重要。有些导游人员只注意接团时的形象,而忽视在服务工作中维护和升华自身的良好形象,随着与旅游者接触时间的增加逐渐放松对自己的要求,比如不修边幅,说话不注意,承诺不兑现,迟到等,这样会使导游人员在旅游者中的威信逐渐降低。导游人员必须明白良好的第一印象不能"一劳永逸",因为形象的塑造是一个长期的、动态的过程,它贯穿于导游服务的全过程。导游人员在旅游者面前要始终表现出豁达自信、精神饱满、衣着得体、坦诚乐观、沉着果断、办事利落、知识渊博、技能娴熟等形象,注重在服务过程中不断巩固和升华良好的形象。

导游人员留给旅游者的最终印象也非常重要,若导游人员留给旅游者的最终印象不佳,就可能导致前功尽弃。旅游业界有这样的共识:旅游业最关心的是其最终产品——旅游者的美好回忆。导游人员要把自己的良好形象保持到最后一刻。一个游程下来,尽管导游人员已感到很疲惫,但从外表上依然要保持精神饱满而且热情不减,这一点常令旅游者对整个游程抱肯定和欣赏的态度。同时导游人员要针对旅游者开始想家的心理特点,要提供周到的服务,不厌其烦地帮助旅游者,如帮助旅游者选购旅游商品和捆扎行李等。致欢送词时,要对服务中的不尽如人意之处,诚恳道歉,广泛征求意见和建议,代表旅行社预祝旅游者一路平安,并真诚地请他们代为问候亲人。导游人员此时以诚相待是博取旅游者好感的最佳策略。良好的最终印象能使旅游者对即将离开的旅游地和导游人员产生

较强烈的不舍之情,从而激发故地重游的可能性。旅游者回到家乡后,通过现身说法还可以起到良好的宣传作用。

总之,导游人员在带团过程中,不仅要重视树立良好的第一印象,而且要自始至终用自己的行为来维持、巩固和升华这一印象。时刻牢记导游服务中"100−1=0"的公式,善始善终做好导游服务工作。

7.1.2.3 凸显内在气质

一般来说,通过短暂的接触,人的外在美往往给人留下深刻印象,而随着时间增长,人的内在美则显现出来。旅游者对导游人员的观察是一个由表及里不断深化的过程,导游人员外在的仪表和风度之美尽管具有直观的审美吸引力,但只能引起初级的审美愉悦,而导游人员的内在美即心灵美所表现出来的情感、道德、魅力等,才能带给旅游者更高的审美感受。在导游带团过程中,导游人员的内在美是通过具体的行为表现出来的,如周到细致的服务、精彩的讲解、高超的带团技能等,它体现出的是导游人员思想、情操、品德的美。内在美的培养,需要导游人员在掌握丰富知识的基础上,努力学习导游方法、技巧,并不断总结、提炼,形成适合自己特长的导游方法、技巧及自己独有的导游风格。并不断提高文化素养,积累人生经验,丰富内在气质,只有这样才能保持自己特有的个性和魅力。

7.1.3 导游人员的性格管理

性格是指一个人在生活过程中所形成的对现实稳固的态度以及与之相适应的习惯了的行为方式。每个人都有不同于其他人的独特之处:有的开朗,有的腼腆;有的刚毅,有的怯懦;有的活泼好动,有的稳重;等等。一般来说,人们都喜欢和精神饱满、开朗大方的人打交道,尤其是在外出旅游时。旅游活动的特点要求从事旅游服务的导游人员要具有乐观外向、宽容理智、独立果断、团结诚实等性格特征。

7.1.3.1 乐观外向

导游人员必须有乐于和人打交道的性格。旅游业是一个"高接触"的行业,导游人员不断和来自四面八方、各不相同的旅游者打交道,导游人员应是一个精力充沛、情绪饱满、乐于交往的人,是一个具有自信、灵活、待人诚恳、富有幽默感、处事果断的人,具备了这样的性格特征,导游人员就能与旅游者建立和谐的人际关系。而那些性格内向、不爱和人打交道的导游人员,应主动在带团中磨炼自己,通过经验的积累以及不断学习,培养处理人际关系的能力。

7.1.3.2 宽容理智

旅游是一件愉快的事情,但也随时会有不愉快的事情发生,这就要求导游人员善于控制自己的情绪,保持宽容和理智。当出现不愉快甚至旅游者抱怨、投诉时,导游人员应控制情绪,继续履行自己的职责。当旅游者出现不礼貌行为时,导游人员要表现得不卑不亢、从容大度,既不要心怀怨意,也不要低声下气,而是继续扮演好"导游人员"的角色。面对那些挑衅的旅游者,导游人员要善于调整自己的心态,控制自己的情绪和言行,不因旅游者的问题而生气,保持一颗平常心,以豁达包容的心态达到旅游者、导游人员双赢的效果。

7.1.3.3 独立果断

导游服务的特点之一是独立性强。在带团外出的过程中,导游人员要独立地实施旅游计划,宣传执行国家政策,处理与各协作单位的关系,处理各种突发事件和旅游者的个别要求,这些都要求导游人员具有很强的独立性,要敢于当机立断地处理与解决问题。

当然,人的性格不是整齐划一的,但作为导游人员,应根据导游服务的工作特点,努力修身养性,使自己更好地适应工作要求。

知识链接

一位美国加州人在申请当导游时,填写了她所具有的能力和个人素质。这些素质分为五个方面:精力旺盛,热情饱满;能同各种类型、各种性格和各种年龄的人打交道;喜欢广交朋友;有能力解决矛盾;有幽默感。以上这几个方面值得有志于导游职业的人士参考,尤其是善于和人打交道的性格很重要。导游特别需要从感情上与旅游者沟通。出现问题时,解决得好,导游员与旅游者的关系会进一步融洽,所有困难都变得容易解决;如果处理不好,旅游者自然会对导游产生回避心理,关系越来越难处,甚至无法接受导游员的服务,最终不欢而散。大家都有这样的感受:一名好的导游员往往能带动全团的情绪,即使是在游人多、困难多的情况下,也能轻而易举地解决意外事件。

7.1.4 导游人员的身心管理

导游人员的身心管理就是导游人员对自己的身体和心理实行有效的调节,这种调节是合格导游人员的必备技能,主要包括身心调节和心理调节。

7.1.4.1 导游人员的身体调节

导游服务工作是一项脑力劳动和体力劳动高度结合的工作,导游人员在带团过程中,除了进行景观的讲解,还要安排旅游者的食、住、行、游、购、娱各个环节,还要随时随地满足旅游者的合理要求,解决旅途中出现的各种问题,可谓事无巨细,再加上现在的一些特色旅游产品和体验性产品,如攀岩、探险、体育等,要求导游人员不仅具有广博的知识,还要有健康的体魄。特别是在旅游旺季,导游人员往往连轴转,整日整月陪同旅游者,体力消耗大,又常常无法正常休息。所以,注重加强平时的体育锻炼,不断提高身体素质,对导游人员而言非常重要。同时,在带团期间,导游人员也要注意忙中有闲,适当休息,应把酒店作为家的延伸,留出自我休息、调整的时间,以便更好地为旅游者提供服务。

7.1.4.2 导游人员的心理调节

导游人员的心理调节是指导游人员通过对自己心态的调节和控制,使自己的情绪达到最佳状态。导游人员在带团过程中,需要具备一定的心理承受能力,并善于进行情绪状态的自我调节。

(1)心理调节的方法

1)形象控制法。形象控制法是一种通过美好形象的联想,从而有效地调动潜在能力、开发创造力的心理调节方法。在带团过程中,如导游人员信心不足时,就可以通过联想让自己的脑海里生动地浮现优秀导游带团的情景,使自己的潜意识根据这些情景,迅速

进入一种充满信心的情绪状态。这种情绪状态是导游人员出色完成当前工作任务的重要保证。

2）想象演习法。想象演习法就是通过预想可能出现的问题及问题解决的办法，来保证自己在将会遇到的情境和将要从事的活动中处于良好的情绪状态。这一方法对于初次上团的导游人员尤为适用。初次上团的导游人员往往对自己能否在将会遇到的情境中处于良好的情绪状态缺乏信心，不知道自己在全体旅游者面前能否讲解得轻松自如，也不知道如果遇到特别挑剔的旅游者能不能保持冷静。心理学研究证明，在采取实际行动前所做的想象演习，是"积累成功经验"的一条有效途径。导游人员想象演习时，要尽可能地想象出自己带团时可能出现的问题；要尽可能具体地想象出自己将要采取的行动；以及采取有效行动时良好的感受；要充分估计到事情的复杂性和发展变化的多种可能性，使自己在带团时无论遇到什么情况，都会以良好的心态解决问题。

3）姿态矫正法。姿态矫正法是通过改变身体姿态，使不良情绪得以矫正。导游人员一旦发现自己情绪不佳，就应该以最快的速度把它矫正过来，而见效最快的方法就是姿态矫正法。一般来说，改变身体的姿态总是要比改变自己的内心世界容易得多。当然，姿态矫正法应该与形象控制法和想象演习法配合使用才能取得良好的效果。要有效运用姿态矫正法，一方面要留心自己在不同的情绪体验时，通常会有什么样的动作和姿态。另一方面，可以有意地做出一些不同的动作和姿态，体会一下这些动作和姿态能对自己的心情产生什么样的影响。经过自我训练，有了较高的敏感性以后，一旦发现自己情绪不佳，就可以对自己的姿态进行调整。

4）延缓反应法。延缓反应法是通过有意识地延缓自己的反应来增强自控能力。一个人在即将做出冲动的反应时，若能延缓自己的反应，就能赢得思考的时间，而经过思考，常常能改变原来凭直觉对情境所做的不正确评价和估量，使人从惊慌和气恼等易导致举措失当的情绪状态中解脱出来，避免由此而招致的不良后果。导游人员在带团过程中常常会遇到一些棘手的事情，如果举措失当就会造成严重后果，所以增强自控能力就显得特别重要。

5）放松训练法。放松训练法是通过身体的放松，使紧张不安的心情得以缓解。带团时快节奏的忙碌和所遇到的种种复杂情况，常常会使导游人员处于紧张状态之中；而导游服务的原则又要求导游人员能够带着轻松愉快的心情出现在旅游者面前，能够从容不迫地处理各种问题。这就需要导游人员掌握一种能迅速而有效地变紧张为轻松的自我调节的方法。放松训练法的使用，一是放松自己的肌肉，二是放松自己的呼吸。

（2）初次带团的心理调节

初次上团的导游人员往往由于心理压力过大而导致失常反应。比如见到旅游者，就开始背诵事先准备好的导游词，既不敢看旅游者，也不理会旅游者的反应，只是机械地背诵，背完以后，无话可讲，张口结舌，使本来轻松愉快的旅游者也跟着紧张起来。导游人员第一次带团出现紧张是正常的，关键是要做好自我心理调节。除了使用上述介绍的方法以外还应注意以下几点：

1）自信。相信自己长时间的积累和努力一定不会白费，坚信自己一定能像资深导游一样出色，使旅游者满意。要知道资深导游的口若悬河、游刃有余，也是在平时千百次的锤炼中培养起来的,他们在开始带团时也出现过各种各样的问题。

2) 自知。通过与周围资深导游的比较,发现自己的特长和优势,并积极加以发挥,扬长避短才会形成自己的风格。对优秀的导游既要学习他们的长处,又要避开他们的缺陷。口若悬河是长处,热情真诚同样能打动旅游者。一些年轻导游人员带团时难免出现差错,却能得到客人的肯定和谅解,就是因为他们的诚恳和热情。

3) 期望值不要过高。一些初次带团的导游人员,往往期望自己一鸣惊人,以在单位和同事中树立自己良好的形象。但是,由于带团过程中有许多不可预知和不可控制的因素,初次带团,很难做到尽善尽美,会有这样那样的不足和遗憾发生。对初次带团的导游人员来说,自信应该有,但不应演变为自大。要知道,高超的导游技能是长期积累与锤炼出来的,不可能一蹴而就。若期望值过高,碰到意想不到的问题,就会紧张不安,不知所措,从而影响服务效果。

7.2 主要服务环节的处理技能

7.2.1 导游人员对"食"的安排技巧

在旅游活动中,安排好旅途中的"食"非常重要,如果没有各地的美味佳肴,不能安排好旅游者途中用餐,那整个旅游就会大为失色,所以提高餐饮质量,安排好旅游途中用餐,是提高接待服务质量的重要环节。

7.2.1.1 介绍中餐

导游人员在陪同旅游者用餐的过程中,要向旅游者介绍饮食文化,旅游者对了解旅游目的地的饮食文化有着浓厚的兴趣,尤其是外国旅游者,他们时常认为,吃中餐是了解中国文化的开端。

中餐最讲究"色、香、味、形、声、器"六个字;又根据不同地域、不同口味及物产,分为浙、徽、湘、闽、鲁、川、淮扬、粤、京、沪十大菜系;又根据不同的菜系,有南甜、北咸、东辣、西酸的主要特点。曾有人这样总结,吃法国大餐,主要满足"口福"(味道);吃希腊美味,主要满足"鼻福"(气味);吃日本料理,主要满足"眼福"(形式);而吃中餐,既可以饱"口福",还能饱"眼福"和"鼻福"。

中餐是一种文化,它的发展和我国五千年的文明史息息相关,它的发展与旅游业的发展关系极为密切,在我国,大凡风景名胜之地,肯定会有与景色相关的名菜,如糖醋黄河鲤鱼、虎跑素腿、黄山炖鸡、西湖莼菜汤等。品尝名吃、名菜和美味佳肴是旅游的一大乐趣,导游人员除了向旅游者介绍旅游目的地的饮食文化以外,还应该协助旅游者选择有特色的名菜、名吃。如北京的烤鸭和涮羊肉,广州的烤乳猪,山东孔府的三大宴(家宴、喜宴、寿宴),西湖的醋鱼,南京的板鸭,无锡的脆鳝,安徽的芙蓉蹄筋等。

7.2.1.2 途中饮食安排

在旅途中旅游者只有吃得饱,才有精力去旅游;只有吃得好,才能游得好;只有吃得干净,吃得卫生,才能游得愉快,游得顺利。在旅途中,导游人员在安排饮食时,要特别注意旅游者的特殊饮食要求,如旅游者由于宗教信仰、生活习惯、身体状况等方面的原因,在饮

食方面有特殊要求,如不吃荤、不吃辣、要吃半熟或全熟的食物等;导游人员要提醒旅游者,不要过多在旅途中改变以往的饮食习惯;注意饮食卫生,不食用小摊上的食物;注意饮食平衡,对待各种食物要有节制。

知识链接

　　客人是否"听话",自觉服从指挥,很大程度决定于导游员的号召力、感染力和凝聚力。因此,对客人讲话,就要充满爱心与真诚,讲深情的话、生动的话、准确的话、及时的话、肯定的话,不讲模棱两可的话、生硬的话、似是而非的话、"大概""可能""也许"之类的话、粗鲁的话,"话是开心的钥匙",讲话有要学问、有艺术,导游员要认真研究自己在组织安排活动中的讲解内容,如发布信息,提出要求,进行讲评,说明日程,沿途导游,介绍景点,猜谜语做游戏等,所有的组织讲解既要严肃认真,活泼有趣,又要动之以情,晓之以理。

　　感人之处在细节,如用餐前,导游应将桌号告诉客人,引领入席,并为每位客人倒上一杯"欢迎茶",饭前叮嘱服务员先上饭后上菜,菜与菜之间不要间隔时间过长,特色菜或风味餐,导游应做必要的介绍,以增加餐饮的文化性,导游员吃饭的速度要快于客人,因为要在客人就餐结束前去前台结账,饭后可再为客人倒一杯"再来茶",并询问一下是否有需要改进的地方,最后查看餐桌四周是否有客人遗漏的物品。类似接待的每个细小环节想得做得说得要越细越好,"细"字见真情,"细"字见功夫。

7.2.2　导游人员对"住"的安排技巧

　　旅游者外出旅游,期望有个安全、舒适的下榻之处,在整个旅途中,酒店状况是旅游者最为关心的。为此,导游人员要学会介绍酒店,并掌握为旅游者提供酒店入住服务的基本技能。

7.2.2.1　介绍酒店

　　介绍酒店可以使旅游者了解酒店的名称、等级、规模、位置、设施、服务、交通状况等情况,让旅游者入住前对酒店有所了解,使旅游者住得更加满意和舒心。介绍酒店是导游人员水平的体现,也是导游人员必备的能力之一。介绍时应突出酒店的特色和优势,如繁华路段的酒店——交通便利,商铺云集,夜生活丰富多彩;偏僻路段的酒店——远离城市的喧嚣,环境清幽,悠闲舒适;建筑古朴的酒店——历史悠久,是身份和地位的象征;现代豪华的酒店——现代气息浓厚,是时尚之选;其他类型的酒店——早餐品种多、民族风情浓、电视频道全,等等。

　　另外,导游人员还可以通过星级酒店基本标准的不同突出酒店的特点和优势,如五星酒店强调豪华和贵宾待遇;四星酒店强调高级,环境优雅;三星酒店强调设备齐全,服务全面;二星酒店强调有必要的设施,提供24小时服务;一星酒店强调基本设施,干净并按标准服务。

7.2.2.2　快速入住技巧

　　旅游团抵达酒店后,地陪导游人员应将旅游者引领到大堂或者其他较空旷的地方集合、休息,请旅游者清点自己的行李、物品,帮旅游者取一些酒店介绍、宣传册、景点介绍等让旅游者翻阅。全陪导游、地陪导游、领队分工协作办理入住登记,地陪导游向酒店总服务台接待人员说明预订的旅行社名称、团号、房间数,领队或全陪导游将事先填好的住房名单及身份证件(身份证需要全陪导游或领队在到达饭店之前收齐)交给接待人员,地陪导游可以先垫付全部的房卡押金,从而快速地拿到房卡。

7.2.3　导游人员对"行"的安排技巧

"行"作为旅游活动的重要组成部分,是旅游活动得以实现的必要条件,也是旅游活动成功的保障,据不完全统计,在旅游效果影响要素中,与住宿、饮食、景点及其他服务消费等项目相比,60%左右的人将交通列为首位。因而,导游人员必须掌握"行"的安排技巧。

7.2.3.1　安排"行"的基本要求

在现代旅游活动中,旅游者对旅游交通的要求日益提高,已经从初级的"通",中级的"快",发展到现在的快捷、舒适、方便等。因此,导游人员在安排乘坐交通工具时,必须对旅游目的地交通的现状进行深入调查,选择最适宜的交通方式和交通工具,并制订详细具体的线路计划,使旅游交通线路合理、形式多样、衔接方便,例如乘坐夜行卧铺列车、轮船等,既可以节省住宿费用,又能节省时间。一般来说,旅行时间越短,游览的时间就越长,旅游者旅游体验的满意度也会越高。

7.2.3.2　安排"行"的注意事项

"行"是很具体的,是通过乘坐不同的交通工具实现的。导游人员在乘坐任何交通工具时,按国际惯例,都要第一个下,最后一个上,以便于照顾旅游者;在位置的选择上,导游人员应选择坐在团员中间靠走道的位置(汽车团坐在导游座的位置),以便在行进途中照顾自己的团员;途中如有晕机晕车的旅游者,可提醒他出发前先吃一片晕车药,在途中出现晕机晕车反应的,导游人员可让旅游者用手压其合谷穴处以减轻反应,若严重的,可请乘务员、列车员协助解决。

7.2.4　导游人员对"游"的安排技巧

"游"是旅游活动的核心内容和主要目的,没有"游",一切都无从谈起。但想要"游"得好,导游人员必须认真准备、精心安排、热情服务、生动讲解。在"游"的环节上施展更多的技巧。

7.2.4.1　介绍旅游景观

吸引旅游者千里迢迢、不怕舟车劳顿前来游览欣赏的正是旅游景观,它们或是以其独特的地貌景观,或以其建筑奇景,或以其丰富的历史遗迹,或以其多彩的风俗民情吸引来自四面八方的旅游者,导游人员要把这些独特的旅游景观介绍给旅游者,就要不断提高自己的讲解水平,还应学会总结旅游景观的特点,抓住景观特点进行讲解。具体要突出五个方面的特点:①极其丰富的文化内涵;②明显的育人作用;③华夏文化的具体展现;④先人信息的固体传递;⑤古今人们情感交流的媒介。

7.2.4.2　引导旅游者欣赏景观

"祖国景观美不美,全凭导游一张嘴"。旅游者在欣赏景观的过程中,能否感受到美,

获得愉悦,获得教益,导游人员在其中发挥着重要的作用。

景观可分为很多类型,不同类型的景观,需要用不同的方式去欣赏。大致来讲,对于自然景观,如山水风光、风景名胜等,导游人员要引导旅游者采用"不同角度"法去欣赏;对于人文景观,如文化古迹、历史名胜等,导游人员要引导旅游者采用"领略文化内涵"法来欣赏。另外,任何一个建筑、名胜,都是那个时代文化、思维的反映。对此,导游人员应通过挖掘,了解景观背后所包含的内容及其文化积淀。通过"欣赏景观六要素"进行讲解,即历史背景、景观用途、景观特色、景观地位、景观价值、名人评论。它是检验导游人员景观讲解成功与否的基本标准。

在景观导游过程中,导游人员应保证在计划时间和费用内,使旅游者充分地游览、观赏,做到导与游相结合,集中和分散相结合,劳逸相结合;讲解时,要做到心中有数,先讲什么,后讲什么,中间穿插什么典故和趣闻故事,都要预先设计;讲解内容应翔实,语言流畅,讲究讲解方法和技巧,并观察旅游者的反应,灵活掌握所讲解的内容及速度;力求做到有声有色、情景相容、详略得当、有虚有实,给旅游者以生动、形象、亲切、灵活的感受。最终使旅游者"游"得开心,"游"得愉快,"游"得满意。

7.2.5 导游人员对"购"的安排技巧

购物是旅游活动的重要组成部分,是旅游过程的延伸和物化,它对丰富旅游活动内容,提高旅游目的地形象,增加当地旅游收入,扩大社会效益都有十分重要的作用。

旅游者在游览过程中每到一地,都希望购买一些旅游纪念品以及当地的土特产品,或是馈赠亲友,或是留作纪念。导游人员就自然成了旅游者最直接的咨询与依赖对象。协助旅游者进行购物是导游人员的责任之一,做好"导购"工作需要导游人员掌握与购物促销有关的知识和技巧。

7.2.5.1 介绍旅游商品

介绍当地有特色、有知名度的旅游商品,是导游服务的一项重要内容。一般而言,旅游商品有旅游工艺品(如饰物、手编、民间工艺品等)、旅游纪念品(带有当地景观的小型纪念品,如泰山手杖、长城纪念章等)、文物古玩、民间收藏、土特产品、旅游日用品等几类。导游人员可根据当地旅游商品的情况在城市概况及景点导游中有意识地穿插讲解,把当地有民族特色和地方特色的旅游商品介绍给旅游者,为安排购物进行必要的铺垫。

7.2.5.2 导游人员购物促销技巧

导游人员购物促销是整个导游过程中一个重要的环节,也是一位优秀导游员接团时必备的能力之一。

(1)做好进店准备

导游人员应了解商品的知识和特点。应在平时加强学习,掌握一些基本的促销商品的业务知识。如一个对珠宝玉器如数家珍颇为专业的导游人员,其促销效果肯定要比一个只会空口说好的导游人员更胜一筹。导游人员可通过印制精美的购物点宣传折页,以及通过自身对旅游商品的使用达到促销的效果,如女导游人员特地戴上小水晶或珍珠项链,或水晶眼镜、翡翠戒指等,这种以自身的穿戴做广告宣传的精心策划可以影响和带动旅游者进行购物。

· 130 ·

(2) 合理安排进店时间

进店时间正确与否会直接影响购物效果。大多数旅游者旅游的首要目的是游览景点,所以不能将进店安排为每天的第一项活动;也不能安排连续进店,否则会引起旅游者严重的逆反心理。一般来说,进店应该安排在游览了一个大景点之后或午饭前后及晚饭之前。许多导游人员有意识地将上下午的游览结束时间控制在距开餐还有50分钟左右,此时既完成了观景任务,距离开餐还早,应是最佳进店时间。

(3) 营造促销氛围

由于各方面因素的影响,旅游者对导游人员在导游服务过程中促销旅游商品非常敏感,导游人员应为自己的购物促销营造一定的氛围。

1) 信任氛围。没有信任就谈不上购物促销,而信任源自优质服务。只有为旅游者提供优质服务的导游人员,才能被旅游者接纳、认可,才能相信导游人员的购物促销;如果导游人员在工作中粗心大意,讲解浅薄,旅游者则很难听得进去导游人员的购物促销,可能讲得越多,旅游者越反感。所以说优质服务是购物促销的基础。

2) 合作氛围。旅游者一般信任领队胜过信任全陪,信任全陪胜过信任地陪,信任地陪胜过信任定点商店的导购人员。因而领队、全陪合作与否,直接影响购物。地陪从一开始就应高度重视与领队、全陪的关系,要尊重他们,多征求他们的意见,要把他们当成重点客人一样多提供个性化服务,以建立融洽的合作甚至友谊关系。另外,在旅游团中对于有影响、有权威、号召力强的旅游者或喜欢挑刺的旅游者,地陪应主动向他们提供个性化服务,争取他们对购物工作的支持。

(4) 调节气氛

购物促销离不开旅游者的快乐心情。如果对着非常沉闷而又昏昏欲睡的旅游者促销,效果可想而知。特别在夏天,旅游者旅途辛苦,容易疲劳,往往对导游人员的促销宣传不是感到讨厌,就是反应迟钝。有的还消极对待,到定点商店不愿下车配合导游人员参观、购物。因此,要想取得良好的效果,导游人员应在抵达定点商店之前开展一些让旅游者参与的联欢活动,唤醒客人,把客人的精神带入一个最佳的境界,然后再开展进店导游促销活动。

(5) 促成交易

一般情况下,进购物商店为了让旅游者买得放心,导游人员应配合店内的导购员组织旅游团先学习商品鉴别等常识,然后再进入购物商场。旅游者在购物时,导游人员应勤于走动,观察每一位旅游者的反应,主动当好旅游者的参谋,帮助旅游者做出选择,最终促成交易。

此外,为了取得预期的购物促销效果,导游人员在购物中要扮演好三个方面的角色,即"当顾问,不当推销员";"当参谋,不当旁观者";"当朋友,不当局外人"。只有这样,才能让旅游者在购物中感到"开心、放心和满意",从而达到"热心做导游,开心创效益"的目的。

7.2.6 导游人员对"娱"的安排技巧

"娱"是指以娱乐、消遣、放松为目的,以获得精神愉悦和身心平衡为感受的多种旅游活动方式的总称。"娱"作为整个旅游活动的放松环节,在导游人员整个带团工作中占有重要的地位。导游人员应根据旅游者的需要,合理安排各项娱乐活动。

目前在我国已开设的旅游娱乐项目按照活动内容可分为文化娱乐(音乐、戏剧、动感电影、水幕电影、魔术、音乐喷泉、灯会、激光表演、电子游戏、棋牌、舞会等);游艺体育运动(各种游乐设施、庙会、滑雪、高尔夫、游船、各种比赛等);表演型娱乐(民族风情表演、历史文化表演、体育竞技表演、动物表演等);参与型娱乐(民族民俗生活参与、农家/渔家/牧家参与、复古生活参与、探险参与等);导游人员应对本地的娱乐项目有一个详细的了解,以便事先在恰当的时机向旅游者做简单的介绍,让旅游者在参与娱乐项目之前,先有一个基本认识,从而达到促销和观看的良好效果。

由于大部分娱乐活动都是在晚间进行的,导游人员在开展晚间娱乐活动时,一定要提醒旅游者注意安全,遵守有关规定,切勿到不健康场所,以免引起不必要的麻烦。同时,还要提醒旅游者晚间娱乐活动一定要把握"度",内容应以轻松为主,不要过分劳累,影响休息。

7.3 向旅游者提供心理服务的技能

心理服务也称情绪化服务,是导游人员为调节旅游者在旅游过程中的心理状态所提供的服务。旅游团中的旅游者受到团体的限制,旅游者的个别要求难以在旅游合同中反映出来。但旅游者在旅途中,个人的想法和要求会在心里产生,继而在情绪上、行动上有所反映。此外,旅游者还可能遇到一些问题,这些问题有的来自接待服务某个环节的欠缺,有的来自与旅游团中其他旅游者的关系,有的来自旅游者本人或其家庭。这就需要导游人员除了提供旅游合同中规定的旅游者有权享受的服务之外,还要向旅游者提供心理服务,真正使他们高兴而来,满意而归。

7.3.1 了解旅游者的心理

在带团过程中,导游人员要探索导游服务的规律,分析旅游者的心理,使自己的导游服务工作更有灵活性和针对性,保证带团技能和服务质量的不断提高。

7.3.1.1 从个人背景了解旅游者

导游人员在接到旅游团接待计划后,应认真、详细地了解旅游团成员的基本情况,如旅游团来自哪个国家或地区、旅游者姓名、性别、民族、所属阶层、年龄、文化、宗教信仰等。

(1)民族、风俗习惯、文化

不同的国家和民族,都有自己的文化传统和风俗习惯,具有不同的性格特征和思维方式。如西方人较开放、感情外露,喜欢直截了当地表明意愿,其思维方式一般是由小到大、由近及远、由具体到抽象;东方人较含蓄、内向,往往委婉地表达意愿,其思维方式一般从抽象到具体、从大到小、从远到近。导游人员需要注意细节,在旅游过程中注意避免说不该说的话,做不该做的事,从各个角度提供有针对性的服务,这样才能取得好的效果。

(2)所属社会阶层

来自不同社会阶层的旅游者有不同的需求和表现。上层社会的旅游者大多严谨持重,发表意见时往往经过深思熟虑,他们期待听到高品位的导游讲解,以获得高雅的精神享受;中等社会阶层的旅游者一般表现为自信、开明;一般旅游者在参观游览时,期待听到故事性的导游讲解,常表现出立即获得和满足感的行为。

(3)年龄、性别

年龄和性别对旅游者的心理影响是显而易见的。女性旅游者喜欢谈论商品及购物,喜欢听带故事情节的导游讲解;男性旅游者对社会问题感兴趣;年老的旅游者对名胜古迹、会见亲朋好友较感兴趣,他们希望得到尊重,希望多与导游人员进行交谈;年轻的旅游者喜欢逐新猎奇的项目。

7.3.1.2 从旅游动机了解旅游者

旅游动机指的是驱动旅游者的行为以满足其内心需要的心理动力。目前在对旅游动机的研究中,由于分类的标准不同,看问题的角度不同,旅游动机可分为许多类别。从旅游的角度来看,旅游者的旅游动机主要包括:①以探亲访友、考察国情民风、体验异域生活为主的社会动机;②以游览风景名胜、探求文化差异、寻求文化交融为主的文化动机;③以休闲度假、体育健身、消遣娱乐为主的身心动机;④以考察投资、进行商务洽谈、购物为主的经济动机。

对旅游者而言,有人可能是以某种动机为目的而出游,而有的旅游者可能各种动机兼而有之。导游人员在和旅游者交往时要利用合适机会主动了解其旅游动机,有的放矢地安排活动,以满足其需要和愿望。如对休闲型旅游者,应安排轻松、悠闲的活动,不使其心理上感到紧张,身体上感到疲累,选择住处应优美安静。

7.3.1.3 通过分析各阶段心理变化了解旅游者

旅游者来到异国他乡,由于生活环境和生活节奏的变化,在游览的不同阶段,其心理活动也随之发生变化,具体有以下几方面表现。

(1)游览初期

主要表现为求安全、求新心理。旅游者刚到旅游地,人生地不熟,语言又不通,兴奋之余,会陷入孤独、不安、茫然,唯恐举手投足犯忌,被人笑话,害怕发生不测,危及财产甚至生命。这时旅游者的求安全心理表现得特别突出,消除旅游者的不安成为导游人员该阶段的首要任务。旅游目的地全新的环境,奇异的景物、独特的民族风情,使旅游者逐新猎奇的心理空前高涨,对此,导游人员要站在旅游者的角度进行生动精彩的讲解,即使是幼稚可笑问题,导游人员也要认真耐心解答,以满足其求新求异心理。

(2)游览中间阶段

主要表现为懒散心理和求全心理。随着旅游活动的深入,旅游团成员之间、旅游者与导游人员之间接触增多,相互之间更加熟悉,旅游者的紧张情绪逐渐缓解,进入轻松愉快的状态。但正因为这种状态,旅游者的个性充分暴露,开始出现懒散心态,在游览活动中自由散漫、丢三落四、内部矛盾逐渐增加;另一方面,旅游者把旅游活动理想化,对导游服务横加挑剔,求全责备。

在这一阶段,导游人员的工作量最为艰巨,因此,导游人员必须高度集中精力,全身心投入,讲解要精彩,活动安排要合理,对任何事情都不能掉以轻心。同时,这个阶段也是对导游人员组织能力和独立处理问题能力的实战检验,是对其领导技能和心理素质的全面检阅,所以导游人员要十分重视这一阶段的工作。

(3) 游览最后阶段

主要表现为忙于个人事务。这一阶段，旅游者即将返程，心理波动较大，开始忙乱起来，譬如，归心似箭，希望买到称心如意的纪念品回去分送亲友等。旅游者希望有更多的时间处理个人事务。在这一阶段，导游人员要给旅游者留出充分的时间，同时多提供超值服务，如帮助捆扎行李、选购纪念品等；做好送别工作，必要时做些弥补工作，使前一段未得到满足的个别要求得到满足。

总之，在游览的不同阶段，旅游者有不同的心理活动和行为规律，导游人员要善于总结和把握其中的规律。然而，上述心理活动虽具有普遍性，但不同的人在游览的各阶段心理特征依然不同，这就要求导游人员要做一个有心人，善于了解旅游者不同的心态，把握其不同的需求，以获得更好的工作效果。

7.3.1.4 通过性格了解旅游者

旅游者的个性各不相同，在与旅游者的相处过程中，导游人员可通过观察旅游者的言行举止从而判断其性格。

(1) 活泼型旅游者

这类旅游者爱交际，好相处，谈吐诙谐，处事果断，乐于助人，文明礼貌，对于这类旅游者，导游人员应扬长避短，要乐于和他们交朋友，又要避免过多地与他们交往，以免引起其他团员的不满；遇事多征求他们的意见，因为这类旅游者在团队中往往能够影响其他人，但不能让其左右旅游活动，打乱正常的活动安排；在长途旅行或气氛沉闷时，可请其帮助活跃气氛。导游人员应该和此类旅游者打好关系，在适当的场合表扬他们的配合并表示感谢。

(2) 稳重型旅游者

该类旅游者老成持重，讲究风度，有分寸，不轻易发表见解，但一旦发表，希望得到别人的尊重；他们容易交往，但不主动与人交往；游览时，喜欢细细欣赏。导游人员要尊重这类旅游者，主动与他们交往，尽量满足他们的合理而可能的要求，因为他们一般不愿给别人添麻烦；与他们讲话时要诚恳，客气，速度要慢，声音要低；谈论问题时要平心静气，认真对待他们的意见和建议。

(3) 急躁型旅游者

这类旅游者性急，好动，易冲动，情绪不稳定，心直口快，好遗忘。面对这类旅游者，导游人员要避其锋芒，不与他们争论，不激怒他们；提供服务时尽可能快捷迅速，语言简练，回答正确；多对他们微笑，服务要热情周到，而且要关心他们，随时注意他们的安全。

(4) 忧郁型旅游者

这类旅游者身体弱，易失眠，忧郁孤独，少言语但重感情。面对这类旅游者，导游人员应多尊重他们的隐私，多关心体贴他们，多主动与他们交谈一些愉快的话题，但不能过分与之亲近，更不能与他们开玩笑。

这四种个性的旅游者中以活泼型和稳重型居多，急躁型和忧郁型只是少数，不过，典型个性只能反映在少数旅游者身上，多数旅游者往往兼有其他类型个性的特征；而且，在特定的环境中，人的个性往往会发生变化，因此导游人员应善于发现旅游者的情绪，针对旅游者的情绪提供更好的导游服务，从而让旅游者满意。

7.3.2 调整旅游者情绪

情绪是人对客观事物所持的态度体验。情绪的产生跟人们的心理需要有密切的关系，旅游者在游览过程中，会随着自己的需要是否得到满足而产生不同的情绪体验。当他们的需要得到满足时，就会产生愉快、高兴、欣喜、满意等积极肯定的情绪，反之则会产生烦恼、懊悔、不满甚至愤怒等消极、否定的情绪。情绪具有短暂性、不稳定性和可变性，导游人员应努力使自己成为旅游者情绪的调节者。旅游者情绪好，游兴浓，旅游活动就会顺利进行。

旅游者消极情绪产生的因素有：个人要求没有得到满足；导游人员态度不好，工作技能差；日程或交通工具的变更；旅游者突然生病；天气变化，如突然下雨、下雪等；意外事故，如交通、治安、火灾事故等。

这些因素中，既有主观因素，也有客观因素。导游人员应善于从旅游者的言谈举止、表情的变化去了解旅游者的情绪变化。导游人员在发现旅游者出现消极或否定情绪后，应及时找出原因并采取相应措施来消除和进行调整。调节情绪的方法可归纳为以下几种。

(1) 补偿法

这种方法是针对旅游者情绪变化的起因，设法迅速给予适当的补偿，以满足旅游者的某种需求，使其情绪好转。补偿法包括精神补偿和物质补偿。如果因某种原因无法满足旅游者的合理要求，可用精神补偿法，诚恳地说明原因，并赔礼道歉，让旅游者的不满情绪发泄出来；如果是接待方在服务上有不合乎标准之处，在"合理而可能"的原则之下，要给予物质的补偿。比如，由于团餐在数量和质量上未达到应有的标准，致使旅游者心中不满。这时消除不满情绪的最佳方法就是在这方面进行补偿，如加菜、加酒等，而且替代物一般应强于原先的标准。

(2) 分析法

分析法是指导游人员将造成旅游者消极情绪的原委向旅游者讲清楚，并一分为二地分析事物的两面性及其与旅游者得失关系的一种方法。譬如，由于交通原因不得不改变日程，旅游者要多花时间在旅途中，常常会引起他们的不满，甚至愤怒抗议。导游人员应耐心地向旅游者解释造成日程变更的客观原因，诚恳地表示歉意；并分析改变日程的利弊，强调其有利的一面或着重介绍新增加的游览内容的特色和趣味，这样往往能收到较好的效果。

(3) 转移注意法

转移注意法是指通过新的刺激把旅游者的注意力从一个对象转移到另一个对象的方法。当旅游者产生烦闷或不愉快的情绪时，导游人员要有意识地去调动旅游者的注意力，使其从不愉快、不开心的事转移到愉快开心的事情上去，使情绪从消极中解脱出来。例如，旅游者在游览中不小心碰坏了相机，导游人员要对旅游者进行安慰以外，还可以用幽默的语言、诙谐的故事来活跃气氛，吸引旅游者，使旅游者的兴趣转移到当前有趣的话题或活动上来，忘掉或暂时忘掉不愉快的事情，体验愉快的情绪。

(4) 暗示法

心理暗示在导游过程中是一种控制和影响旅游者心理的有效手段。由于导游人员在团队中的主导身份，加上旅游者身在异国他乡，其情绪特别容易受导游人员的影响。导游人员在带团过程中，可以充分利用这一心理特点，运用暗示的方法，通过自己的语言、表情、手势、行为感染、影响甚至改变旅游者的心理活动。如有的旅游者在参观中对自己所见的内容表示怀疑、茫然或有偏见，如果导游人员带着亲切、自然的微笑，以友好自信的态度，进行绘声绘色的讲解，并表现出博古通今、见多识广的才智来，就容易使旅游者心理得到暗示，在不知不觉中改变原来的认识和情感，实现导游讲解的目的。又比如，突然发生意外事故，旅游者惊慌忙乱，不知所措，这时如果导游人员镇定自若地组织抢救，能使旅游者情绪很快安定下来，保证事故的顺利解决和行程的顺利进行。

导游人员在运用上述方法调整旅游者情绪时，应根据实际情况灵活地选用一种或多种方法，以求取得良好的效果。

7.3.3 激发旅游者游兴

兴趣是人们力求认识某种事物或某种活动的倾向，这种倾向一经产生就出现积极主动、专注投入、聚精会神等心理状态，形成良好的游览心境。导游服务要取得良好的效果，需要导游人员在游览过程当中激发旅游者的游兴，使旅游者始终处于兴奋、愉悦的氛围之中。

由于人的兴趣具有转移性和可变性，可随时从对一种事物的兴趣转移到对另一种事物的兴趣，兴趣的程度也可随时增减。兴趣的这种能动性的特点要求导游人员在游览过程中应随时注意观察旅游者的反应，判断旅游者兴趣大小，对旅游者的心态需求做出切合实际的判断，并使旅游者的兴趣能持久保持。

7.3.3.1 直观形象法

直观形象法是指借助直观的视觉形象来调动旅游者兴趣的方法。旅游者常常对新奇的事物感兴趣，所以被借助的视觉形象必须是新鲜奇特的。导游人员在利用新奇事物激发旅游者的兴趣时，首先应该注意突出旅游景观本身的直观形象，要引导旅游者从最佳角度观赏，以便突出形象，使旅游者得到审美满足，从而增添兴趣。譬如，湖北通山九宫喷雪崖，崖顶的湖水喷涌而出，直落涧底峡谷，深达70余米。因谷口通风，跌落之水化成缕缕雾霭，绕崖旋转，色白如雪，蔚为壮观。导游人员要引导旅游者从最佳的角度欣赏，才能突出喷雪崖的直观形象，使旅游者产生叹为观止的美感，激起旅游者强烈的兴趣。

导游人员在利用直观形象法时，还要避免游览内容的重复。因为景物内容的重复使旅游者兴味索然。另外，还要运用日常事务吸引旅游者，激发他们的游兴。地域和文化的差异使旅游者对异域的生活环境产生较强的新奇感，一些在当地看来很平常的事，比如道路上如流水般骑自行车的人流，在西方旅游者的眼中，都会构成一道独特的风景线。所以，导游人员要善于从司空见惯的现象中发掘令旅游者感兴趣的内容来提高旅游者的游兴。

7.3.3.2 语言激励法

导游人员运用语言艺术可以调动旅游者的情绪，激发旅游者的游兴。形态奇特优美的旅游景物其直观形象可以激起旅游者的游兴。有些景物，虽然在直观形象上不会引起旅游者的兴趣,但却可以通过导游人员准确而生动的讲解,使旅游者游兴大增。譬如,通过讲解历史故事可激发旅游者对名胜古迹和民间艺术的探索;通过朗诵名诗佳句可激起旅游者漫游名山大川的豪情;通过提出生动有趣的问题引起旅游者的思考和探讨。

知识链接

  导游人员通过运用导游语言艺术,可以激发旅游者积极、乐观的情绪,提高旅游者的游兴。如一个香港旅游团到达杭州,刚巧遇上连绵细雨。早餐后导游员召集旅游者上车,见大家心情沮丧,还有人声称要回房间睡觉。导游略加思索,露出笑容,大声对旅游者说:"各位,我想大家一定熟悉宋朝大诗人苏东坡的一首好诗:
    水光潋滟晴方好,山色空蒙雨亦奇。
    欲把西湖比西子,淡妆浓抹总相宜。
  阳光明媚的西湖固然美不胜收,烟雨迷蒙的西湖也是景中一绝。晴了多天的杭州,知道各位远道而来,特意把雨中西湖这难得一见的淡妆美呈现出来,这真是诸位的好福气呢!怎么样?赶快上车出发吧!"众人欢笑着,争先恐后涌出宾馆大门。

7.3.3.3 组织丰富多彩的活动

  一次成功的旅游活动,仅有导游讲解是远远不够的,导游人员还应抓住时机,组织丰富多彩的文娱活动,动员全团人员共同营造愉快氛围。例如,在旅游活动开展的初期,玩一些团队建设的游戏,增加旅游者之间的熟悉和了解,缓解拘谨的气氛,并从中发现活跃人物和有特长者,以便在以后的活动中继续发挥他们的作用;如在长距离行车和乘船途中,导游人员可以组织旅游者唱歌、猜谜语、做游戏,教外国旅游者数数、使用筷子、学说中国话等,还可以用"记者招待会"的方式回答旅游者提出的各种问题,使旅游者情绪热烈,兴趣盎然;同时,导游人员也应有一两个"保留节目"在娱乐活动中展露风采,如有的导游人员会吹民族乐器,常带着唢呐、笛子上团;有的导游人员会唱山歌,他们常在途中为旅游者演奏民乐和演唱山歌,使外国旅游者惊叹不已,对中国民间艺术兴趣倍增。

7.3.3.4 使用声像导游手段激发旅游者的游兴

  声像导游是导游人员重要的服务手段,在旅游者游览某个风景区之前或之后,为旅游者放映幻灯片、录像带、光盘等,使旅游者一览该景区的全貌或精华,给旅游者留下完整而美好的印象。通过声像导游的手段可弥补因景区面积大,景点多,而旅游者由于受时间、体力的限制,不能将其景点全部游览,对其全貌也难以有一个总体的印象。另外,如果是在旅游车上进行导游讲解,导游人员还可以利用车上的音响设备配上适当的音乐,或在行车途中为旅游者播放地方特色的歌曲、乐曲、戏曲等都可以使车厢内产生轻松愉快的气氛,让旅游者始终保持游兴。

7.4 导游人员带团的常用技巧

  导游人员在带团过程中,首先要从全局把握,有步骤、有重点地实施整个旅游计划。导游人员需要以旅游者的情感为依托,灵活调整,保证整个旅游的顺利性和愉悦性。在带

团中,难免会出现各种问题,导游人员需沉着应对,及时做出处理,给旅游者留下美好的印象。在带团中,最优秀的导游人员也可能遭到投诉,因此导游人员在遇到这种情况的时候,要注意处理方式和方法。

7.4.1　把握全局的技能

所谓掌控全局是指导游人员有计划、有步骤、妥善而又完整地把握旅游活动的过程,并运用灵活机动和有效的做法,去完成旅游接待任务的一种导游方法。导游人员在整个带团过程中处于主导地位,能否带好团,关键看导游人员对全局的把握。把握全局是导游人员最重要的工作方式之一,也是导游人员工作的灵魂和核心,是导游人员必备的职业素质。

导游人员带好一个旅游团队并非易事,因为其服务对象的广泛性和复杂性,以及旅游者需求的多样性和个体特征的差异性,因此需要导游人员从以下几个方面注意把握全局。

7.4.1.1　了解旅游者的基本状况

对一个旅游团来说,了解旅游者的基本状况,特别是体质上的差异,对导游人员安排好整个旅游活动具有十分重要的意义。处理好团内旅游者体质差异的基本原则是使整个旅游团队始终保持在一定的距离范围内,使导游人员既能看住队伍整体移动的大局,又能照顾每位旅游者。因此,导游人员要善于将较长距离的路程,有计划地分割成几个较短的路程,还要加上风趣幽默的导游服务。导游人员还要把握行进的节奏,除了要照顾好年老体弱等体质较差的旅游者,还要满足旅游者求新、求知的需求,把握好行进和讲解的节奏。

7.4.1.2　处理好多数与少数的利益关系

作为一名导游人员,总是希望旅游者在自己的带领下顺利参观游览,但往往事与愿违,这是因为一个旅游团中的成员各有所需,即使他们彼此认识,甚至同属一个单位,但仍存在着经历、修养、个性等的差异。因此在带团过程中,经常会出现多数旅游者与少数旅游者发生利益矛盾问题。比如,旅游团大部分旅游者想去景点观光游览,而小部分旅游者想去购物,对此,导游人员应该如何处理?通常的做法是导游人员将购物的旅游者安排在景点附近的购物商场(必须要指派领队或一名旅游者负责安全问题),并且确定集合时间,然后带领另一部分旅游者前往观光游览,最后按照约定的时间,将全体旅游者集中起来进行下一个旅游项目。对这种情况,导游人员千万不要采取举手表决的做法,这样不仅可能出现多数与少数的问题,还可能会出现四分五裂以及意见得不到统一的尴尬局面,导游人员将完全处于被动地位。当然,如果旅游者提出过分和不合理的要求,则另当别论。总之,导游人员应努力使自己所带的团队在不影响正常计划的前提下,尽量满足他们"合理而可能"的要求。

7.4.1.3　处理好与领队、"群头"的关系

导游人员在带团过程中,离不开领队和"群头"的配合与支持。领队作为旅游团的领导者,导游人员要积极与其建立良好的关系,在工作中积极争取领队的支持和配合,充分尊重领队的意见,尽可能满足领队提出的合理而又可能的要求。

"群头"是指在旅游团中有威望,有影响的人物。当导游人员工作出现差错使旅游者不满,部分旅游者就会煽动群头"反击"和"进攻",虽然有些旅游者觉得不妥,但为了顾大

局,也会从众,随声附和。如何处理好与群头的关系,有以下两种办法:一是利用"群头"的特点来配合导游人员工作,充分发挥"群头"本身的责任心;二是导游人员主动找"群头"做个别工作,与他商量,以满足"群头"的自尊心和荣誉感。

导游人员如果处理好与领队、"群头"的关系,即使后期工作出现一些遗憾和不足,他们也可以帮助导游人员弥补这些遗憾和不足,保证旅游活动的顺利开展。

7.4.1.4 合理组织活动内容

旅游者外出旅游,往往希望在有限的时间里得到尽可能多的满足。因此作为旅游活动的组织者、领导者的导游人员,不仅要当好讲解员,还要合理组织好活动内容。

(1)遵循游览活动的一般规律

导游人员在景区景点的选择上尽可能选择旅途时间短而游览时间长的景点。在选择景点游览顺序上,导游人员可采取"先一般后精彩,渐入佳境"的方法,高潮放在最后,就好比人们观看电影一样,精彩的结果总能给人以美妙的感觉和美好的回忆。同时,兼顾"先远后近"和"先高后低"的原则。所谓"先远后近"是指在游览活动中,先到离旅游者住宿点最远的一个景点游览,然后再到离旅游者住宿点近的景点游览,这样做的目的是能使旅游者在心理上具有安全感;所谓"先高后低"是指导游人员可以先安排体力消耗较大的项目(如登山项目)再安排其较为轻松的项目。这样做可以保证旅游者在游览第一个景点时,有好的精神状态以及充沛的体力。最后,还应注意尽可能不走重复路和回头路,以不断调动旅游者的情绪和激发旅游者的游兴。

(2)科学安排游览内容

参观与游览相结合。导游人员在安排一天的游览内容时,首先应尽可能避免重复,如上午安排游览园林,下午就可以安排参观寺庙等,而不可安排相同或类似景点,否则会招致旅游者的抱怨甚至投诉。其次,游览与购物、娱乐相结合。旅游活动包括食、住、行、游、购、娱六大环节,其中,游是旅游者的首要任务,但其余五个环节也不可少,只有六大要素统筹兼顾,才会满足旅游者的最大需要。最后,点、面要相结合。点指当地最具代表性和游览价值的景物,如郑州的二七纪念塔、河南博物院等;面是指能反映本地基本面貌的内容,如安排旅游者游览郑州市容等。通过点面结合,既可以突出点,同时又可以通过点来带动面。

7.4.1.5 重视交代注意事项

导游人员要重视交代注意事项。从导游工作角度考虑,旅游者在景点停留多长时间,在哪个地点集合,如何尊重当地的民俗礼仪,如何注意人身安全等,这都是要交代的问题。特别是安全问题,一定要强调。没有安全,整个旅游没有任何意义。导游在带团过程中应多次重复注意事项,但要注意方法,交代事宜必须明确。

7.4.2 导游讲解的技巧

导游在讲解时往往会遇到这样的情况,旅游者不愿听,有的甚至在聊天、开玩笑或做别的事情。这些干扰因素既妨碍了其他旅游者听讲,也影响导游人员的情绪。一般来说,产生这些干扰因素的主要原因有:①导游人员过高或过低估计旅游者的层次,所讲内容缺乏针对性;②导游人员讲得过多、过于啰唆,旅游者产生审美疲劳;③导游人员讲解水平一

般,既无新意,又无特色,而且语音、语气缺少变化,不能引起客人兴趣;④导游翻译的词汇不确切,旅游者听不懂;⑤导游对行程安排过于紧张,缺少旅游者间相互交流的时间。

针对上述情况,作为导游人员应在控制好情绪的基础上,及时调整讲解的内容、方式、方法以及讲解时间,善于根据旅游者的特点调整导游讲解技巧。

7.4.2.1 控制要得法

导游人员的讲解内容一般以短小精悍、风趣幽默为主,对某一个景点的讲解时间最好控制在 15 分钟之内,这样旅游者的兴趣比较大。反之,旅游者就会产生厌倦和疲劳感。如果讲解内容不能压缩,那讲解中间要穿插一些生动活泼的提问和回答,其目的是转移旅游者厌倦情绪和疲劳感的产生。

7.4.2.2 控制要因时、因地、因人而异

导游人员在带团过程中应严格按照旅行社确定的接待计划,安排旅行、游览活动,不得擅自增加、减少旅游项目,但各项活动时间的长短是由导游人员来自行控制的。比如,在旅游过程中,导游人员经常会碰到旅游景点人满为患的场面。在这种情况下,导游人员讲解不仅自己累,而且旅游者也容易产生焦虑情绪,注意力容易分散,甚至出现旅游者走散的情况。为避免出现这种状况,需要导游人员控制好自己的讲解时间。

7.4.2.3 控制要随机应变

导游人员按照自己的思路滔滔不绝地讲解,而旅游者却对别的事情更感兴趣时,导游人员应随机应变,改变原有思路,把话题转移到旅游者感兴趣的事物上,这样才能收到更好的效果。

最佳控制法突出一个"佳"字,贵在使讲解内容和旅游者兴趣有机地结合起来,创造出一种和谐与轻松愉快的气氛,使旅游活动顺利进行下去。特别要提出的是,导游人员讲解要控制时间,并不是意味着导游人员砍除必要内容,相反应保留这些内容,充分利用这些内容,在精练上多下功夫,切忌淡而无味,平铺直叙,缺乏真实情感。要做到这一点,还需要导游人员不断地积累和实践。

7.4.3 对导游服务缺陷的处理技巧

在现代旅游活动中,人们的法制意识在不断增强。一旦出现旅游服务缺陷,特别是重大缺陷,作为旅游者完全有权停止与旅行社的合同,同时提出赔偿损失,甚至有的旅游者还会自行解决矛盾和问题。如饭店的菜肴不好,他们会离开旅游团队而自选一家餐馆;宾馆的卫生设施差、服务不到位,旅游者会另找宾馆入住等。到最后游程全部结束,他们会到旅行社进行投诉。为此,导游人员必须重视这些旅游者自行解决问题之前的弥补工作,尽心尽力,及时采取补救措施。如果处理不好,往往会对旅行社导游人员的声誉和效益带来很大的损害。实践证明,补救性服务做得好,不仅能消除旅游者的不满,而且能给客人留下一个导游人员"对旅游者负责,做错必改"的好印象。

一般来说,旅游服务缺陷分为轻度缺陷、一般缺陷和重大缺陷三种。但不管发生何种程度的服务缺陷,对于旅游者和接待部门以及组团旅行社都是不幸的,这时旅游者一般会立刻产生三种心理反应:一要求尊重;二要求赔偿;三情绪发泄。针对这些情况,导游人员应采取如下主要措施。

7.4.3.1 耐心倾听，做好记录

只有耐心倾听并认真记录，旅游者才会认为导游员是有诚意弥补缺陷的。同时，面对旅游者的发泄，导游人员一定要有气度，此时千万不要做过多的解释和说明，更不可随意表态或火上加油，即使服务缺陷与导游无关，也要让旅游者发泄完，否则旅游者会更加生气。导游人员可以这样说："您的意见很重要，我们将在调查后给您及时回复。"这样一方面让旅游者觉得自己的意见得到了导游人员的重视，另一方面认为导游人员办事严谨，并且对问题的处理结果有盼头，从而大大降低了自己的不满程度。其次，作为导游人员要善于听出旅游者的弦外之音。倾听旅游者的发泄时，即使旅游者所言无理或者有意夸大事实，导游人员也应该采取认真的态度，无所谓以及同旅游者争吵的做法都是不可取的。

7.4.3.2 调查研究，妥善处理

导游人员首先要调查清楚旅游者投诉的内容和性质，如组团旅行社的接待计划与地接社发生偏差、企业工作人员玩忽职守造成当地接待部门漏接、各接待部门擅自降低旅游者的接待标准等。其次，导游人员必须迅速及时地向旅行社以及当地有关部门通报，然后做出正确的判断。其依据有两条：一是确定服务缺陷的性质与程度；二是找出服务缺陷的起因与时间，必要时还要请旅游者签名留据，以便为妥善圆满解决缺陷提供足够的依据。一旦清楚问题之后，导游人员应遵循"谁来接待，由谁负责"的原则，并耐心细致地做好旅游者的解释与赔礼道歉工作。最好的办法是"就地消化，当场解决"。如果是饭店菜肴质量打折扣，就应马上改善和提高饭菜标准；如果是宾馆客房降低了服务标准，就应该马上恢复住房档次……总之，合情合理、及时妥善地处理问题是弥补缺陷的核心，也是对旅游者的尊重。

7.4.3.3 弥补缺陷中应注意的几个问题

1）旅游者参加旅游活动的动机和目的各不相同，其中不乏抱着过分奢望来观光游览的人。他们总觉得自己处处"吃亏上当"，对此，导游人员也应该做好相关工作，努力让他们在心理上得到补偿。对他们的牢骚与抱怨，要有一定的耐心和克制力。

2）一旦发生服务缺陷，旅游者冲导游人员发火无可厚非。因为旅游者购买的是旅行社的旅游产品，导游人员是代表旅行社负责接待旅游者的。因此，导游人员必须尽最大努力满足旅游者的需求。

3）对旅游者提出的一些莫名其妙的投诉（如心情不好、旅途太累、对旅游景点不太满意等），导游人员应区别对待，事后仍应一如既往地开展工作。

4）旅游者在旅途中提出的投诉和赔偿要求，并不总是完全正确的，但可能是合情合理的。因此，在听取旅游者投诉和要求时，导游人员要保持冷静的头脑，切忌采取全面否定或全盘接受的态度。

7.5 对不同旅游者的接待

由于旅游者来自不同国家和地区，其年龄、职业、文化背景、社会地位等各不相同，在为他们提供导游服务时，既要做到标准化，又要做到个性化。个性化服务是指导游人员在执行国家与行业主管部门所指定的统一标准之外，针对旅游者的个别需求所提供的服务。

针对某些特点十分突出的旅游者或旅游团,导游人员要善于总结,加以特别重视和关照。

7.5.1 对儿童的接待

目前在旅游者特别是国内旅游者中,儿童占了相当大的比例。很多个人或家庭出游的目的之一是为了让儿童增长见识、陶冶情趣、锻炼意志。在对儿童的接待中,导游人员应根据其生理、心理特点,提供有针对性的服务。

7.5.1.1 重视安全

儿童活泼好动,又没有足够的安全意识和自我约束能力,应特别注意其安全,尤其是人身安全,防止走失。在游览过程中,遇到地滑、危险的路段,要提醒并协助家长关注儿童安全;在旅游车中,要提醒儿童不要随意走动;行走途中,要多次清点人数,防止儿童走失;讲解时,针对儿童特点,选择一些有趣的童话故事来吸引他们,使他们精力集中,不到处乱跑。

7.5.1.2 生活关照

儿童有其自身的生理特点,如个子低,对环境的适应能力差等。在用餐时导游人员要事先提醒餐厅,准备儿童餐椅和餐具,以减少用餐时的不便;住宿时,按照相应的收费标准督促酒店落实儿童玩具;遇到天气变化,要及时提醒家长注意儿童服装的增减;如天气干燥,还要提醒家长多给孩子喝水等。

7.5.1.3 区别标准

在交通、住房、用餐等方面,对儿童的收费有不同的标准,导游人员一定要注意按相应的标准区别对待。如交通方面,机票的购买是按年龄来区分的,而火车票、船票、汽车票、门票大多按身高的不同购买相应的票种;在住房和用餐方面,儿童是否单独占一床位或餐位,按照合同的标准来执行。

7.5.1.4 注意细节

对于儿童,导游人员应把握以下细节和原则:
1)不宜在旅游活动中突出儿童,而冷落其他旅游者。
2)不宜因某些项目对儿童免费或优惠而视其为负担。
3)不宜为讨好儿童而给其买食物和玩具。
4)导游人员不宜单独带儿童外出,即使家长同意也应谨慎行事。
5)儿童生病时,不能将自己随身携带的药品给其服用,也不宜建议服什么药,而应请医生诊治。

7.5.2 对老龄旅游者的接待

我国已经进入老龄社会,老年旅游者的比例在不断增加。尊敬老人是中华民族的优良美德。导游人员应根据老龄旅游者的生理、心理特征安排好旅游活动,做好老龄旅游者的接待工作。

7.5.2.1 妥善安排日程

老龄旅游者有着自己的生理特点和身体情况,导游人员要妥善安排好日程。首先,日程安排要轻松,活动量要小,项目安排要少,在不减少项目的情况下,尽量选择便捷路线和有代表性的景观,少而精,以细看慢讲为宜;其次,在参观游览过程中应适当增加休息时间,在参观游览结束后,应安排回酒店休息一会儿,晚间活动不能太晚回酒店。

7.5.2.2 耐心

老年人由于年龄比较大,记忆力减退,一个问题可能反复问好几遍,导游人员要有耐心地、不厌其烦地予以解答;老年人人生阅历丰富,知识面广,对一些问题爱刨根问底,导游人员应满足其知识方面的需求,而不能敷衍应付;老人行动迟缓,在日程安排和游览过程中要耐心地给以关照。

7.5.2.3 放慢速度

在为高龄旅游者服务时,切记一个"慢"字。

1)行走时。老龄旅游者大多腿脚不灵活,游览时一定要放慢速度,照顾到体力较弱、落在后面的老龄旅游者;在上下站的移动过程中,应事先考虑到老龄旅游者的特点,适当提前赶往机场、车站。

2)讲解时。老龄旅游者的听力和理解力都和年轻人不可同日而语,在向他们讲解时导游人员要放慢速度,加大音量,吐字清晰,适当重复。

3)生活照顾上。在进餐时间、集合时间的把握上,导游人员应该细致体贴地关注老龄旅游者,适时延长时间。

7.5.2.4 预防事故

在线路安排上应选择适合老龄旅游者特点的景点,如地面平坦、台阶少、不太拥挤、危险路段少的景点,防止老人摔倒或碰伤。

游览时要反复提醒老龄旅游者集合的时间,地点。尤其是上下车地点不同的景点,一定要提醒老龄旅游者记住停车地点。为了预防老龄旅游者的走失,导游人员最好给每位老龄旅游者发放一张卡片,注明所住酒店名称、电话、与导游人员的联系方式,并嘱咐老人,万一走失,不要惊慌,不要到处乱走,而应在原地等待,马上与导游人员联系。

7.5.2.5 关注健康

老龄旅游者的身体适应能力较差,在日程安排上导游人员一定要保证老年人的健康,适当增加休息时间,做到劳逸结合,活动量不能太大;饮食安排要做到卫生、可口,好消化吸收,以清淡为宜;遇到天气变化,应提醒注意增减衣服。

7.5.2.6 注意细节

1)为保持老龄旅游者的体力,晚间最好不要安排太多活动。

2)多提醒老龄旅游者注意保管好自己的钱物和证件。

3)适当增加去厕所的次数。

4)导游人员应掌握一定的老龄旅游者常见病的急救常识,可能的话,最好派一位随队医生。

7.5.3 对残障旅游者的接待

随着社会文明程度的提高,在旅游者中,残障旅游者的身影越来越多,他们克服各种难以想象的困难参加旅游活动,其自强不息的生命力感染着每一个健全的人。残障旅游者的自尊心和独立性特别强,虽然他们需要照顾,但又不愿给别人增添麻烦。因此,在接待残障旅游者时,导游人员要注意态度和方法,既要热情周到,又要保护他们的自尊心;既要提供帮助,又要明了他们内心深处对独立的渴求,要尽可能地为他们提供方便,真正做到让其乘兴而来,满意而归。

7.5.3.1 尊重

对残障旅游者最大的尊重是把他们当作正常人。导游人员在接待残障旅游者以前,就应该根据计划内容分析他们的需求,根据需求设计不同的接待程序,把对他们的关心和照顾做得不露痕迹,不刻意地为照顾而照顾。过多地当众关心他们,反而是在提醒他们与常人不同,势必引起他们的反感。"扬旅游者之长,避旅游者之短",这句话特别适合于对残障旅游者的接待。导游人员要善于发现他们的长处,并学会对他们的残障视而不见。

7.5.3.2 关心

尽管处处维护残障旅游者的自尊心,但他们有这样那样的不方便,确实需要照顾,因此在从活动计划安排到生活照顾的各个方面,都要考虑他们的特殊需求。譬如选择路线时尽量不走或少走台阶,提前告诉他们洗手间的位置,安排餐厅和客房时尽可能在一楼方便进出的地方等。

7.5.3.3 不同情况不同对待

对不同类型的残障旅游者,导游服务应具有针对性。

(1)视力障碍者

视力有障碍的旅游者,他们拥有和常人一样的听觉、味觉、嗅觉、触觉等,导游人员要能发挥他们这些方面的特长,讲解时争取让内容更形象,能用手触摸的,让他们摸一摸;能聆听的,让他们安静地听一听;能闻的,让他们闻一闻。寺庙的钟声、泉水的流动声、鸟儿的鸣叫,山林中新鲜的空气,长城上城砖的厚重,大山上岩石的苍凉,所有这一切同样给视力障碍者以极大的满足和享受。

(2)听力障碍者

在接待中尽量把他们安排在靠前的位置,不管在车上还是在游览中,一方面因为要照顾他们,另一方面,他们大多靠读口形变化来获取信息,要保证他们在听不到导游人员的声音时,能看到口形变化,所以导游人员应该适当放慢速度,并加大口形变化幅度,使他们能了解更多的内容。

(3)截瘫旅游者

在制订活动计划时,要考虑截瘫旅游者是否需要轮椅,如果需要,应提前通知有关部门做好准备。同时,车辆的选择也要考虑,最好使用方便轮椅上下的车。景点和酒店的选择,应注意有无"无障碍设计",没有的话,轮椅的进出将极为不便。

7.5.4 对宗教人士的接待

宗教旅游是以朝圣、拜佛、求法、取经或宗教考察为主要目的的旅游活动。一些宗教人士出于对各种神灵的虔诚,或对名山名寺、教堂圣殿以及丰富多彩的古代宗教建筑的迷恋,热衷于这种既能达到宗教目的又能通过游览活动获取审美乐趣的宗教旅游活动。宗教界人士都虔诚友善,但基于其特殊背景和身份,他们也有不少特殊的需求。

7.5.4.1 了解并掌握我国的宗教政策

我国的宗教政策是自治、自养、自传。中国不干涉宗教界人士的国际友好交往,但未经我国宗教团体邀请和允许,不得擅自在我国境内传经布道和散发宗教宣传品。对于常规礼拜活动,经上报宗教主管部门同意后,可在指定场所举行。任何人不得利用宗教进行破坏社会秩序,损害公民身体健康,妨碍国家教育制度的活动。但也要注意,在向旅游者宣传我国的宗教政策时,不要向他们宣传"无神论",尽量避免有关宗教问题的讨论,更不要把宗教、政治、国家之间的问题混为一谈,随意评论。

7.5.4.2 做好做细准备工作

导游人员在接到工作任务后,要认真分析接待计划,了解接待对象的个人背景,对其宗教教义、教规和生活习惯、禁忌有充分了解,以免在接待中发生差错。比如需要安排教堂的,导游人员要把教堂的名称、位置、开放时间了解清楚。

7.5.4.3 尊重并满足其特殊需求

对宗教界人士在生活习惯上的特殊要求和禁忌,导游人员要设法给予满足,饮食方面有的禁忌和要求,一定要提前通知到餐厅。同时导游人员要处处尊重宗教旅游者的宗教信仰,并把服务做到前头。比如,由天主教人士组成的旅游团,每天早上开车前,他们会在车上讲经、做祈祷,这时,导游人员和司机应主动下车,等他们祈祷完毕后再上车。

7.5.5 对女性旅游者的接待

随着女性自身对个人价值的追求,在世界旅游者的行列中,女性的身影越来越多。近几年,各种"母亲团""主妇团"的涌现,验证了女性对旅游的需求。女性有自身的生理特点,导游人员在为女性旅游者提供服务时应注意以下几点。

7.5.5.1 "女性优先"

"女性优先"是目前世界上公认的社交原则,特别是在西方国家中,这一原则在人际交往中已变成人们自觉的习惯。男性导游人员在与外国旅游者交往时应注意到这一点,它既表明导游人员的修养、风度,更体现了对女性的尊重。在上车、上楼梯时,女士先上;而下车、下楼梯时,女士后下,必要时帮女士一把;与女士不开过多的玩笑;男士要抽烟时,若有女士在场,应征求其同意。

7.5.5.2 适当购物

"购物"是目前比较敏感的一个话题,但旅游者特别是女性旅游者都有购物的需求,因为旅游纪念品能使旅游经历有形化,成为物化的美好回忆,可以收藏、玩赏,馈赠亲朋好友。导游人员在安排购物时,首先要摆正动机,以满足女性旅游者的需求为出发点,同时必须掌握一定的商品知识,当好女性旅游者的购物参谋,使她们满意而归。

7.5.5.3 讲解生动

相对于男性来说,女性在思维上多为形象思维,因此喜欢生动形象的讲解,喜欢故事传说。针对这一特点,导游人员在解说词的组织上应适当增加这一内容,以吸引女性客人,增加她们的游兴。

7.5.5.4 关注健康

女性旅游者在饮食、住宿上,对卫生、健康比较关注,相对男性旅游者而言,她们更敏感细腻,对客房的卫生更加挑剔,在饮食上不仅希望吃好,还要有利于美容、健康。导游人员应适当安排,多介绍当地的美容与健康产品。

7.5.6 对有特殊身份与地位的旅游者的接待

旅游者大多以个人身份出游,不过,在这个群体中,有一部分旅游者本身拥有特殊的身份和社会地位,比如:外国在职或曾经任职的政府高级官员,对华友好的官方或民间团体的负责人,社会名流,在国际上有一定知名度的各界人士,皇室成员或贵族,著名政治家,社会活动家,企业家等。他们往往是在公务之余出游,其日程安排和普通旅游者不同,接待规格和方法有特殊要求。做好对他们的接待,对扩大我国的影响,加强中国与世界各国的友好往来,具有十分重要的意义。

7.5.6.1 注意接待规格

不同的身份和地位,在接待时有不同的规格,如餐饮、住宿的标准;是否安排领导人接见、会见;安排哪一级领导人接见、会见;日程安排出现变化时如何灵活掌握等。导游人员要严格遵守"内外有别"的原则,遵守外事纪律,遇到问题随时向有关领导请示、汇报,不得擅自做主。

7.5.6.2 做好准备

导游人员要通过各种可能的途径了解这些特殊的服务对象,如其身份、年龄、喜好、知识背景等,针对其背景设计一些有效的个性化服务的方法,在其意想不到的时候送上一份关心和惊喜,如他所喜欢的颜色、口味,他的专业背景等。导游人员掌握相关专业术语和行业知识,能够有效地展开沟通、交流。

7.5.6.3 增强自信

导游人员不要因为对方身份地位高而胆怯不安,在做准备工作时,心理上的准备是必不可少的。要告诉自己,越是身份高的人,往往越尊重别人,自己只要认真地付出,一定能赢得他们的欣赏和尊重。假如导游人员心理压力过大,往往在服务中发挥不出自己的水平,结果适得其反。

【本章小结】

导游人员的带团能力是进行导游服务必须具备的基本能力。导游人员想要顺利、高质量地带好一个团队,首先要做好自我管理,不断调整自己的状态及树立在旅游者心目中的良好形象,并掌握导游人员的常用带团技巧,安排好旅游者"食""住""行""游""购""娱"六大服务环节,以及通过对旅游者心理的掌握,在游览过程中不断调整旅游者的情绪,使旅游者真正实现玩得愉快,游得开心。

【重点概念】

自我管理　处理技能

【案例分析】

案例 7-1

我是实习导游人员

正值旅游旺季,学校老师为小张等几位旅游管理专业二年级同学安排了一个月的旅行社实习。

小张到实习旅行社不久,因人手紧张,旅行社破例安排他独立带团。这天,他乘司机的车来到机场迎接旅游团,迎接工作非常顺利。当旅游者上车后,小张就开始导游讲解。他先致欢迎词,代表旅行社向各位旅游者表示欢迎,接着做自我介绍。小张为了表示对旅游者的真诚,向旅游者表明了自己的身份,说自己是旅游管理二年级的学生,这次是参加暑期实践来的,希望旅游者能支持他的工作,做得不够的地方能予以谅解。由于旅游者们都是第一次来当地旅游,对一切都比较新鲜,加之小张的开场白也讲得较好,因而并不在意。但该团的全陪对地接社派一个实习生来接自己的旅游团很不满意,随之给小张实习的旅行社打电话,要求更换导游人员。

问题:
1. 本案例中小张的做法合适吗?全陪为什么要求更换导游人员?
2. 导游人员第一次上团应该如何树立自己的形象?

(资料来源:根据《云南导游考试试题案例分析》改编)

案例 7-2

挨批评的地陪

地陪小黄在陪同一对老年夫妇游览世博园时服务工作认真负责,在近四个小时的时间里小黄向老人详细、快速地讲解了世博园的四大广场、五大展馆、六大专题园及中国室外展区等景点的内容。老人提出了一些关于花卉、植物及园艺方面的问题,小黄说:"时间很紧,现在先游览,回饭店后我一定回答你们的问题"。老人建议休息她都拒绝了。虽然很累,但她却很高兴,认为自己出色地完成了导游任务。然而,出乎她意料的是,这对老年夫妇不仅没有表扬她,反而写信给旅行社领导批评了她。她很委屈,但旅行社领导了解情况后说旅游者批评得对。

问题:
1. 为什么说老年旅游者批评得对?
2. 导游服务工作中应该怎样接待老年散客?

(资料来源:根据《云南导游考试试题案例分析》改编)

案例 7-3

致导游李先生的一封感谢信

我们是来自重庆的一批旅游者,2月15号我们来到江南,开始为期六天的江浙沪六

日游,负责接待的是南京某旅游公司,我们的导游员是小李。在六天的旅行即将结束前,我们送给小李一个雅号"三他导游",刚开始我们怀疑他,后来我们信任他,最后我们喜欢他甚至于敬佩他。

刚开始我们怀疑他:说实话,我们都知道现在的旅游市场竞争强烈,我们去过国内很多的地方旅游,经常被导游忽悠吃住都不太好,何况是春节期间出行更不要说了。我的夫人这次出来就是不想在家过年大吃大喝,就是准备出来受受罪再减减肥的。我们出发前就做好了吃苦挨宰的准备。我们刚见到导游小李的第一天对他保持高度的戒备,他说的每一句话我们都要想三遍,看看话里是否给我们下套,让我们上当。我们还私下的交流我们三个家庭如何轮流对付导游,我们以前上的当太多了,甚至出国旅游导游进购物店都买的是假货。在苏州和无锡,我们还为住宿条件和行程的安排上处处为难他。其实我们心里知道自己报的是特价旅游团,李导这样的安排已经非常不错了。

后来我们信任他:无论我们怎么对待李导,他却始终面带笑容,时时刻刻关心我们、照顾我们,安排好我们的食宿行,我们团队中有几位年近八十的老人,李导总是扶上扶下像亲儿子一样照顾他们。无论我们怎么对待李导,他还是用他风趣幽默的语言不断地为我们做精彩的讲解,到购物店前他仅做职业性的介绍,没有鼓动、煽动、诱导我们消费。由于李导的尽心安排,我们在景区游览时避过了人流高峰,我们的心情开始越来越愉快。也许是李导太疲劳的缘故吧(听司机说,李导为安排好我们行程,每一个细节都考虑得很详细,每天只睡三四个小时),也许是进入景区的人太多太拥堵,李导在无锡鼋头渚游览结束组织大家登车时狠狠地摔了一跤,右腿右膀子都受了伤。李导一瘸一拐的上了车开始继续讲解,当我们看到车外大量的人流涌入鼋头渚,这时我们开始相信我们这次遇到了个好导游,我们开始理解他、信任他。我们三个家庭一致认为:下面一定要支持导游的工作,遇上这样热心、有责任、优质服务的导游,哪怕是上回当也心甘情愿啊,何况我们坚信:跟着李导游江南不会上当,李导不会忽悠我们。

最后我们喜欢他,甚至于敬佩他:在后面的几天的行程中我们玩得越来越开心。我们已经习惯了李导用左手举着导游旗一瘸一拐地带我们游览景区时不时挥动伸不直的右臂讲解的可爱情形。李导丰富的知识,深邃的内涵,深情的歌声使我们的旅行越来越精彩,越来越快乐,这时我们才真正感受到李导在和我们第一天见面时说的那句广告词:"人生就像一次旅行,不必在乎目的地,在乎的是途中的风景以及看风景的心情"这句话的含义。

李导的讲解是散文式的讲解,形散而神不散,其他导游的讲解都是由外到内,而李导的讲解是由内到外,发自内心的。让我们真正体验到了江南文化的内涵。在过杭州湾跨海大桥时李导一首声情并茂的《大海啊,故乡》彻底感动了我们。

我们感谢江南人民的热情朴实,感谢李导在江南给了我们快乐,同时也祝愿中国的旅游服务质量不断提升,旅游环境更加和谐。感谢你们培养出这么优秀的阳光导游。我们建议表扬李导,也希望有更多的导游像李导这样优秀。

问题:
1. 导游小李是如何做到让旅游者从怀疑到最后喜欢的?
2. 你从中受到了什么启发?

(资料来源:南京旅游网 http://www.nju.gov.cn 旅游者来信)

思考题

1. 导游人员的自我管理包括哪些方面？如何提高自己这方面的能力？
2. 导游人员如何塑造良好的第一印象？
3. 导游人员常用的带团技巧有哪些？如何熟练运用这些技巧？
4. 导游人员可以从哪些方面去激发旅游者的游兴？
5. 对不同的旅游者，导游人员应如何提供心理服务？
6. 导游人员做好旅游商品的促销应注意哪些方面？

本章练习题

一、单选题（以下四个选项，只有一项是正确的，请选择最佳选项）

1. 下列选项中，不属于导游人员带团原则的是（　　）。
   A. 有的放矢原则　　　　　　　　B. 游客至上原则
   C. 公平对待原则　　　　　　　　D. 履行合同原则

2. 考察国情民风、体验异域生活、探亲访友寻根的旅游动机属于（　　）。
   A. 文化动机　　　　　　　　　　B. 社会动机
   C. 经济动机　　　　　　　　　　D. 身心动机

3. 不主动与人交往，游览时喜欢细细欣赏，购物时爱挑选比较，这样的游客属于（　　）。
   A. 稳重型　　　　　　　　　　　B. 忧郁型
   C. 急躁型　　　　　　　　　　　D. 活泼型

4. 导游人员在旅游（　　）阶段的工作最为艰巨，也最容易出差错。
   A. 准备　　　　　　　　　　　　B. 初期
   C. 中期　　　　　　　　　　　　D. 结束

5. 某天主教人士组成的旅游团，早晨展开车前在车上讲经、做祈祷。对此，导游人员应（　　）。
   A. 跟领队联系，让其遵守时间　　B. 报告旅行社，告知相关情况
   C. 主动下车，等祈祷完毕后再上车　D. 留在车上，做好相关的服务工作

二、多选题（以下每小题四个选项中，至少有两项是符合题意的，请将每题的所有正确选项选出，多选、少选或错选，均为错误）

1. 导游人员要想在游客心目中树立良好的导游形象，必须做到（　　）。
   A. 确立主导地位　　　　　　　　B. 重视"第一印象"
   C. 提供心理服务　　　　　　　　D. 维护良好的形象
   E. 留下美好的最终印象

2. 东方人较含蓄、内向，往往委婉地表达意愿，其思维方式一般是（　　）。
   A. 由小到大　　　　　　　　　　B. 由近及远
   C. 由大到小　　　　　　　　　　D. 由远到近
   E. 从抽象到具体

3. 根据个性特征的不同,可将游客分为( )。
A. 稳重型 B. 忧郁型
C. 急躁型 D. 活泼型
E. 开放型

4. 游客初到异国他乡,表现得最为突出的心态是( )。
A. 求全心理 B. 求新心理
C. 懒散心态 D. 群体心理
E. 求安全心理

5. 导游人员激发游客的游兴可采用的方法是( )。
A. 直观形象法 B. 转移注意法
C. 运用语言艺术 D. 组织文娱活动
E. 声像导游手段

6. 因导游原因使游客产生不良情绪的调整方法主要是( )。
A. 引人入胜法 B. 触景生情法
C. 分析法 D. 补偿法
E. 转移注意法

7. 导游人员对儿童的接待工作应注意( )。
A. 不宜给儿童买食物 B. 不宜给儿童买玩具
C. 不宜突出了儿童,冷落了其他游客 D. 如果家长同意,可把儿童带出活动
E. 不宜建议给生病的孩子服药

8. 接待好残障游客,关键在于导游人员要( )。
A. 耐心解答问题 B. 预防游客走失
C. 给予适时、恰当的关照 D. 给予具体、周到的服务
E. 做好提醒工作

9. 接待有特殊身份和地位的游客,导游人员应注意( )。
A. 要有自信心 B. 把握政策尺度
C. 提前做好相关知识准备 D. 随时向领导请示、汇报
E. 合理统筹安排

10. 导游人员接待高龄游客,安排日程时应注意( )。
A. 日程安排不要太紧 B. 活动量不宜过大
C. 适当增加休息时间 D. 不可采用激将法
E. 适当运用诱导法

三、判断题(正确的打"√",错误的打"×")

1. 导游人员在工作中应多从游客角度考虑问题,进行换位思考,体谅游客的感受。( )
2. 各种不同游客的个性中以活泼型和急躁型居多,稳重型和忧郁型只是少。( )
3. 儿童生病,导游人员不宜建议家长给孩子服药,更不能提供药品给儿童服用。( )

4. 导游人员带团乘坐任何交通工具时,按国际惯例,都要第一个下,最后一个上,这样便于照顾好游客。( )

5. 对宗教界人士在生活上的特殊要求,导游人员应视情况予以满足。( )

实训题

[实训项目]导游带团技能综合实训。

[实训要求]要求学生掌握导游带团常用技巧及主要服务环节的处理技能,按照旅游者的旅游心理,为旅游者提供个性化的服务,圆满完成实训任务。

[实训目标]使学生学会以专业的导游形象,运用交际技能和导游技巧,以良好服务意识为旅游者提供优质服务,顺利完成带团过程。

[实训指导]教师最好有导游从业经验,校内模拟训练要充分,指导学生时要有耐心、注意激励学生和提醒学生导游带团的注意事项及带团技能,必要环节教师做好示范。

[实训组织]以教室为旅游车,以班级学生为旅游者,请学生模拟导游带团各个环节,如导游形象的塑造,主要环节的服务方法及注意事项,对不同旅游者的接待等情景,并相互进行导游考核打分,交流成功与不足之处。

[实训考核]每位学生都把模拟环节进行服务创新讨论和经验总结。并提交书面实训报告。教师把学生在校内实训的表现和实训报告的质量按照70%(学生相互打分占15%,服务创新讨论15%,模拟环节占40%)、30%的比例折合成学生导游带团技能实训的成绩。

学习参考书目

1. 李伟丽.导游业务[M].郑州:郑州大学出版社,2012.
2. 国家旅游局人事劳动教育司.导游业务[M].北京:旅游教育出版社,2013.
3. 臧其猛.导游业务[M].北京:清华大学出版社,2014.
4. 解程姬.导游业务[M].北京:北京理工大学出版社,2015.
5. 全国导游资格考试通编教材专家编写组.导游业务[M]北京:中国旅游出版社2018.

8 导游的审美艺术

> **学习目标→**
> 通过本章的学习,了解旅游者的审美需求与审美动机,把握旅游者的审美意识与个性差异;能够在自然景观、人文景观、文化艺术和社会生活审美的过程中,掌握不同的表现形式以及审美层次;能够进行旅游审美行为的引导与调节。
>
> **学习难点→**
> 旅游审美需求　审美动机类型　审美个性差异
> 审美美感分析　旅游审美行为引导　审美联想

8.1 旅游者的审美心理

爱美之心,人皆有之。人们的生活与美密切相连。随着社会的发展,人们对美的追求和探讨也在迅速发展,了解旅游者的审美心理及其规律是导游工作艺术化的基础。

8.1.1 旅游者的审美需求与审美动机

审美活动从根本上说是一种心理活动。导游员要想调动旅游者的审美情趣,恰到好处地传递美的信息,必须首先了解旅游者的审美需求和审美动机。

8.1.1.1 旅游者的审美需求

审美需求是指人们对获得美感的一种愿望,是审美活动的内在驱动力。在不同的自然环境、社会环境、文化环境下,人会产生各种各样的需求。审美需求是一种高层次的需求,并且贯穿于人们生活的各个环节。

美感一词的含义很广泛。广义的美感指审美的各个方面,即由审美观念、审美趣味、审美理想、审美知觉和审美情感所构成的审美意识系统。狭义的美感是指由具体审美对象所引起的主观心意状态,即以情感为主调兼有想象、理解等多种心理因素协调活动的心理状态。美感与生理快感有一定的联系。如美妙和谐的色彩、声音、形状、线条能够使人感到体内状态舒展。但是,在更多的时候,美感是一种精神的感受,而不是一种单纯的生理感受。例如,看到美好的大自然景色,会触发人的各种情感,或柔情绵绵或激情澎湃;置身于充满历史沧桑的文化古迹之中,会唤起人们思古之幽情,产生无限联想和感慨。美感由于丰富了人们的精神世界和心理感受而成为人的一种需求。

美感的产生必须具备心理和社会两方面的动力,前者是事物发展的内在依据,后者是使其得到发展的必要条件。在人类长期的进化过程中,人的生理—心理欲望是导致审美活动产生的最初动因。另外,这种内在的可能性是否能够变成现实取决于人所处的社会环境和人所受的社会影响。由于受社会环境的影响,在人的感知、情感、意志中必然渗透着社会的、历史的和理性的因素。

美感也同人的其他感受一样,是服务于人的需要和欲望的。原始人类在工具、器皿的制造和使用过程中,产生了需要得到满足的实用感的同时,也积累了实用感的形式感,即形体感和节奏感。随着人类的进化,社会文明的发展逐渐出现了独立形态的美感,也就是完全脱离了直接实用目的而包含着一定的观念意义和情绪内容的形式感。这种独立形态的美感即使面对虚幻的或遐想的感性形式,也同面对真实事物一样可以产生情感的激发。旅游者所寻求的美感包含了实用形态的美感和独立形态的美感两个方面。

旅游是现代居民的一种短期的特殊的生活方式,人们利用有限的时间,在与自己居住地不同的空间内寻求美的享受,可以说旅游活动是人的审美需求在特定的时间和空间范围内的凝缩,因此,旅游者的审美需求表现得比日常更加多样、更加集中、更加强烈。但是,由于旅游时间有限,旅游者经常只能是走马观花,没有机会反复观察和思考,因此对游览对象的印象难免庞杂、浮泛,导游人员应尽可能帮助旅游者解决这个难题,尽管难度很大。

8.1.1.2 旅游者的审美动机

审美动机是指人的审美行为的驱动力,它来自内在情态(情趣、判断、心态等)和外在条件(社会环境、文化氛围、情境状况等)两方面的因素。旅游者通过置身于阳光灿烂的海滩、树木参天的森林,通过对异国异地文化艺术的观赏,通过对不同民族民俗、风情、宗教的体验,寻求着对自然美、艺术美、社会美、生活美的感受。旅游者的审美动机往往是多重的,相互交融的。不过,不同的审美动机有不同的特点,不同的旅游者其审美动机也会有不同的侧重。为了有一个系统的把握,这里将旅游者的审美动机概括为四种基本类型。

(1)自然审美型

这种动机是指向自然欣赏活动的。高山、流水、森林、草原、峡谷、沙漠、海滩、石林,大自然景致美不胜收。大自然的美景在客观上为旅游者提供了具有丰富价值和不同形态的审美对象。名山胜景,由于历代文人墨客的咏叹描绘,加之现代媒介的宣传渲染,很容易激发潜在旅游者的审美动机,使他们渴望身临其境,探幽猎奇,一饱眼福。此外,中国的自然景致往往与人文景观融为一体,使风景增添了历史的色彩,构成了丰富多彩的审美对象。导游对景物来历的讲述,会使旅游者从自然而单纯的自然观赏活动进入定向联想的审美活动,从而使审美感受大大丰富和强化。例如,云南石林的阿诗玛,山海关孟姜女庙

的望夫石,长江三峡的神女峰,等等。

(2)艺术审美型

艺术是人类审美智慧的高度结晶。人们到异国他乡,对异国异地的艺术瑰宝的欣赏活动往往贯穿于旅游活动的始终。中国的传统艺术如绘画、戏剧、书法、园林等,不仅在世界艺术之林中占有相当重要的地位,而且具有丰富而独特的审美价值,带给人一种完全不同于西方文化的审美视角和审美感受。具有浓郁地方特色的民间工艺美术制品,如陶瓷、象牙雕刻、漆器、铁画、剪纸、蜡染、丝绣、竹编等,不仅造型优美,工艺精巧,风格独特,而且兼容观赏和使用两种价值,对旅游者颇具吸引力。

(3)社会审美型

在旅游过程中,人们总是审视、观察和体验所在社会的制度、结构、人情、伦理、道德、民风与生活方式等。高科技条件下所带来的情感问题已经成为当今社会中的一个越来越突出的文化心理问题。情感上的冷淡,心理上的焦虑,精神上的贫乏,生活上的孤寂,难免会导致人性的严重扭曲。人们外出旅游也是渴望寻求一种补偿。高尚的道德情操、热情好客的纯朴民风、充满亲情的人际关系结合起来就构成一个相对完整的社会美的意象,对升华人的情感和振奋人的精神具有积极的作用。

(4)生活审美型

随着经济水平的提高,人们在日常生活中对美也就有了更多的向往与追求。在旅游的过程中体验生活美是旅游者普遍拥有的审美情趣,不同风味的美味佳肴,风格各异的民族服饰,各式各样的风俗民情,加之特有的环境氛围不仅给旅游者带来新奇、有趣的感觉,而且丰富了旅游者对生活美的体验,对生活产生更加强烈的、深刻的美感。

总之,在旅游活动中,对于旅游审美主体而言,上述各种审美动机是彼此交融的,是一个完整的统一体,渗透在旅游的各个环节。

8.1.2 审美意识与审美的个性差异

在旅游活动过程中,我们会发现旅游者不仅对不同的审美对象产生不同的心理反应,而且,面对相同的审美对象其反映亦不一致,这便是审美的个性差异,主要是由于审美意识的多重性和不同的审美个性所致。了解这一点能使导游员的工作更有针对性。

8.1.2.1 审美意识

审美意识是指审美个体感受美的各种意识形态,一般包括审美观念、审美趣味、审美理想、审美知觉和审美情感。作为审美意识系统,各要素之间是相互联系的。

(1)审美观念

审美观念泛指人在社会实践活动(主要是审美活动)中形成的对审美对象和美的创造等问题所持有的一种基本观点和看法。审美观念是社会实践和审美实践的产物,既有一般社会性,又有个别性;既受社会文化背景、哲学思想和道德观念的影响,也受个体年龄、职业、经历及心理素质的制约。

(2)审美趣味

审美趣味是指人们在对美的欣赏和判断中对某些对象以及对象的某些方面表现出特别的喜好和偏爱,这种喜好和偏爱就是人的审美趣味。审美趣味体现的是社会性的精神

文化要求,它不但有高低之分,而且有健康与病态、进步与落后之别。审美趣味往往表现为情感因素与理性因素的一种融合。

(3)审美理想

审美理想是审美意识形成的动力,是对审美最高境界的一种追求,指审美的至上标准,体现着人类发展的终极目标和超越现实的欲望,一般表现为完美的感性意象或生动具体的美好图景。

(4)审美知觉

审美知觉是指个体认知审美对象的内涵价值的特殊能力。感知是其最初阶段,即审美主体通过感觉器官接收审美对象的刺激而在大脑中形成的心理反应。审美感知往往涉及直觉的因素。如,观赏者看到一片自然风景或一幅画,或听一曲音乐,不假思索,立即感知其美。这种感受是瞬间的、表面的,由此进入注意、联想、想象、思维等更高级、更复杂的心理知觉过程。

(5)审美情感

审美情感既包括审美欲望得到满足后的一种精神状态,也包括审美过程中主体情感与审美对象的交融状态。不同的审美对象所激发的审美情感是不同的。审美主体也常常把自己的喜、怒、哀、乐寓于审美对象之中,产生移情作用。

8.1.2.2 审美的个性差异

审美总是通过个体表现出来的。由于个体的个性特点复杂多样,因此,审美必然呈现出个性差异。审美离不开个体的主观情感和主观能动性。每一个审美个体都可以按照自己的审美观念、审美趣味去判断某一对象美与不美,换句话说,在同一事物面前,人们会产生不同的审美心理,也会产生不同的审美效果。导游员的任务就是针对旅游者的审美个性差异进行适当地引导,从而使旅游者产生更为深刻的、丰富的、健康的审美体验。产生审美个体差异的具体原因可以概括为四个方面。

(1)个体感知形象的能力不同

审美感受是通过人体的感觉器官(眼、耳、鼻、舌、手等)将审美对象的刺激传递给大脑而形成的心理反应。对形象的感知主要是通过视、听两种器官。对色彩或声音的敏感程度与人的视、听器官的先天素质有关,再加之后天的训练不同,就表现出每个人的感知形象能力的不同。

(2)个体的心理特点、观察和思维方式不同

由于先天和后天的因素,个体在观察和思维方式上也各有不同。有些人在知觉上属于综合型,具有概括性和整体性,但在分析方面较弱;有些人则属于分析型,具有较强的分析能力,对细节感知清晰,但综合能力较差;也有些人属于居中的类型。由于每个人的心理特点、神经类型不同,个体在美感活动中显示个人的观察角度和思想情感的侧重就会不同,有些人善于捕捉对象的细微变化,有些人侧重对象的整体性,有的人注意与周围环境的联系,有的人在审美感受的同时已经深入想象和幻想。

(3)个人的生活经历和生活经验不同

由于每个人的生活经历和所处的生活环境不同,因此对事物的具体态度各不相同。如选择方面不同,敏感、注意程度不同,侧重、记忆和联想的具体内容不同,因而在感受时

的领悟和情感反应就不同。就像是欣赏电影或小说，由于欣赏者的生活经历不同，所得到的感受也不同。往往有类似经历或遭遇的人就会对作品的情节内容、人物性格等有较深刻的理解，也就会产生比较深刻的情感反应。

(4) 个人的心境和情绪不同

一个人的心境、情绪的好坏与否可以强化或钝化其五官的感受能力，因此直接影响审美效果。心境，是心理学的术语，是指在一个较长时间内影响一个人的身心行为的稳定的情绪状态，它能使外界环境罩上一层个人的情绪色彩。心境好，感觉敏锐，反应迅速，看外界是一种明快、欢悦的色调；心境不好，情绪低落，感觉显得迟钝，或者失去欣赏的兴致，看外界是一片阴暗、凄凉的色调。因此，甚至同一个人，面对同一对象，由于心境和情绪的不同，也会产生不同的感受，出现不同的心理反应。

8.2 旅游审美对象的美感分析

旅游者在旅游活动中的审美对象主要包括自然景观美、人文景观美、文化艺术美和社会生活美四个方面。导游员需要了解其审美规律并在实践中细心体会观察，以便在导游工作中加以运用。

8.2.1 自然景观的审美

自然景观是指一切具有美学和科学价值、具有旅游吸引功能和游览观赏价值的自然旅游资源所构成的自然风光景象。简单地说，自然景观就是大自然自身形成的自然风景，其中蕴藏着各种各样的美。

8.2.1.1 自然景观的类型

(1) 原始自然美景观

原始自然美景观是指以纯自然美为基本特征的景观。在我国，这类景观大部分分布在西部和边远地区。原始自然美之所以原始，是因为他们都深藏于崇山峻岭之中，交通不便，人烟稀少，不易发现，才使其原始风貌保持至今。像珠穆朗玛峰奇景，一些原始森林，西部地区的冰峰雪原和高山峡谷以及边远地区的自然保护区，都属于原始自然美景观。

(2) 人文点缀自然美景观

人文点缀自然美景观是指经过人类加工后的自然景观。在我国，这类景观主要分布在东部经济较发达的地区。这种景观是在保持自然美原形的基础上，根据自然景观的特点，合理布局了一些人文构筑物，使自然美的个性更加突出。如黄山、泰山、杭州西湖等都属此列。

8.2.1.2 自然景观的造景要素与美感

自然景观的造景要素一般包括山体、水体和动植物，各要素的不同组合构成大自然千姿百态的美丽画卷。

(1) 山地景观

山地是造景、育景的风景舞台，气象、气候、水体、植物、动物，均因不同的山地条件，而呈现出不同的风景形态。山地也是其他风景不可缺少的背景和借景，如承德的避暑山庄便是借助了千姿百态的山景,使山庄扩大到大自然中,给人以浓厚的山林野趣气氛。山是风景的骨骼,其形态、数量、规模、某些特征、组合方式以及分布的空间位置等均可能造成不同的美感,通常概括为雄、险、秀、幽、旷、奥、奇七个方面。

1)以"雄"为美。如果山体高大(包括其绝对高度和相对高度均高,体积也大)、岩石陡峭,则产生雄伟之美感。如泰山素以"雄"著称。

2)以"险"为美。如果山体高陡,山脊狭窄,四壁陡峭如刀削斧劈,则产生险峻之美感。如"华山之险"。

3)以"秀"为美。如果山势起伏蜿蜒,山体线条柔和,植被葱郁,水色净美,则产生秀丽之美感。如"峨眉天下秀"。

4)以"幽"为美。如果山地山环水复,丛山深谷,植被茂密,环境寂静,则产生幽静之美感。雁荡山之"幽"古人早有描述。

5)以"旷"为美。如果地貌平畴无垠,或者水面坦荡,视野开阔,可极目天际,则产生旷远之美感。"会当凌绝顶,一览众山小",便是这种感觉。

6)以"奥"为美。如果空间景观显得很封闭,四周崖壁环列,通道狭如岩隙,曲折而出,深邃如井,或有岩溶洞穴,则令人产生神秘莫测之美感。如中岳嵩山,自古便有"嵩山天下奥"之称。

7)以"奇"为美。如果景观为天下独有或少有,景色独具一格,则产生奇特之美感。如黄山以"奇松、怪石、云海、温泉"而称奇天下。有些山地具备了多种风景特征,如张家界,不仅秀美、奇特,而且险峻、幽深。

(2)水体景观

水体与山地一样既是造景、育景的风景舞台,又是塑造有关风景不可缺少的背景和借景。水体景观包括海洋景观、江河景观、湖泊景观、泉水景观、瀑布景观。水体以其形态、倒影、声音、色彩、光象、味道、奇特给人以美感。

1)形态美。水体都有不同的形态风韵,有的以动态为主,如江河、海洋、流泉、瀑布和外流湖泊,有的以静态为主,如内陆湖或部分淡水湖。受地形和季节的影响,水体还会呈现出动中有静,静中有动的特点。同一类型的水体也是形态万千。

2)倒影美。水是无色的透明体,所以在光线的作用下,万物倒入皆成影。倒影美常常成为诗人描写的对象,如清代袁枚描写兴安江白昼倒影的诗句:"江到兴安水最清,青山簇簇水中生,分明看见青山顶,船在青山顶上行。"

3)声音美。水体由于内营力和外营力的作用,或受坡度影响而流动时,可以发出各种声音,使人通过听觉便感觉到它的存在。水流的声音有高有低、有快有慢、有粗有细,构成大自然美妙的乐章,为游人增添无穷的乐趣。

4)色彩美。水本无色,但投入水中的光线,受到水中悬浮物或水底沉积物以及水分子的选择吸收与选择折射的合并作用,会呈现出不同的颜色,给人以色彩美的享受。例如,九寨沟的五彩池五彩斑斓,宛若仙境。

5)光象美。水体自身的运动,在光线的作用下,能产生美妙无比的光学现象,即光象,如黄果树瀑布的"昼有彩虹,夜有月虹"的奇观,九寨沟的火花海所呈现的宛若无数火花闪烁在湖面上的景色,都是光象美所带来的充满梦幻般的境界。

6)水味美。清洌甘甜的水质,特别是含有丰富的有益于人体健康的微量元素的水体,饮之可带来生理的快感。如青岛的崂山矿泉水、杭州的虎跑泉水等,皆成为旅游者追逐的对象。

7)奇特美。有的水体,具有奇特的形态,如安徽寿县的"喊泉",四川广元的"含羞泉",云南大理的"蝴蝶泉"等;还有的水体具有奇特的疗效,如五大连池的药泉可治疗多种疾病,成为我国著名的矿泉理疗康复旅游区。

(3)动植物景观

动植物景观丰富了自然景观的内容,具有装点山水、分割空间、塑造意境的功能。

1)植物。植物通常分为木本和草本两类,木本又分为乔木和灌木两种,形态各异构成形态美;以绿色为主基调的田野、森林和各种颜色的果实、花卉构成五彩缤纷的色彩美;沁人心脾的植物香气所产生的嗅觉美令人陶醉;古树名木造型奇特并因年代久远而产生奇特古朴美,它们常常成为风景区的主要观赏对象,如陕西黄陵的"轩辕柏",树龄有4 000多年,黄山的松柏因造型奇特被称为一绝。有些植物因自古以来都是我国人民寄托思想感情的对象,而具有深刻的寓意美,如梅、兰、竹、菊"四君子"成为坚强、高洁、刚直、清高的代名词,莲花因"出淤泥而不染"的品格受到人们的赞美。

2)动物。我国动物的种类和数量均在世界上占有很大的比重,占世界各类动物总数的10%左右。动物对自然造景发挥了独特的功能。动物在形态、生态、习性、繁衍、迁徙及活动方面的奇特性,动物的表演性以及珍奇动物的稀缺性,令旅游者观后获得奇特美和怪诞美。

8.2.1.3 自然景观美的审美层次

(1)形式美

自然景观的美,首先表现为形式美,这是风景美的第一层次。这种形式美是为旅游者所直观感受的,是引起旅游的主要因素。形式美主要通过给人以感官上的愉悦、心理上的惬意使人产生美感。如自然景观的形体、线条、色彩带给人的视觉美;风声、涛声、瀑布声、流泉声、鸟鸣声等大自然发出的声响带给人的听觉美;植物花卉散发出的各种气味带给人的嗅觉美;品尝植物果实或山林特产带给人的味觉美;对自然景物的触摸所带来的触觉美。自古以来,旅游者大都是从形式美的角度游览、观赏风景的。古人为我们留下的描绘风景的诗句不胜枚举,如李白的"日照香炉生紫烟,遥看瀑布挂前川。飞流直下三千尺,疑是银河落九天。"形式美的感受主要取决于旅游者的感知能力,但导游员若以适当的观赏方法加以引导,往往可以收到更好的观赏效果。同时,导游员适时地、准确地提供观赏对象的相关信息,讲出其中的科学道理,会使旅游者有更大的收获。

(2)文化美

自然景观美还体现在其独特的文化内涵上,这就是由具体的物象表现出来的人类文明的程度,这种程度越高,物象的审美价值就越大。许多风景区都与一些掌故、传说有关,美丽的传说故事无不蕴含着前人的主观理解和审美情感,它们是人类文化发展的产物。这些使自然景观带给人的不仅仅是形式美,还有丰富的文化内涵,使人的思想情操得到美的熏染。文化美是风景美的第二个层次,需要导游员向旅游者传递丰富的、生动的文化信息。

（3）象征美

自然景观所表现出来的某些象征意义,常常激发人们更深层的审美情感,从而使人受到鼓舞和振奋,这便是自然景观的象征美给人带来的美感。象征是一种寓意或隐喻,是人赋予了审美对象的象征含义。因此,不同文化背景的旅游者对于自然景观的象征美会有不同的理解和感受。导游员可用激发联想或对比手法引导旅游者领会其象征美的内涵。导游员若能在讲解的同时准确地比较彼此的文化差异,往往更有吸引力。

8.2.2 人文景观的审美

人文景观是指人类所创造的文化,包括历史古迹、各种建筑、城乡风貌、园林艺术等。

8.2.2.1 园林景观

中国园林艺术具有悠久的历史和独特的民族风格,在世界园林艺术中颇负盛名,被誉为"世界园林之母"。中国园林有很高的游览和观赏价值,吸引着广大的中外旅游者。

（1）园林的类型

中国园林主要有皇家园林、私家园林和宗教园林。皇家园林规模宏大、豪华富贵、显示皇权的至高无上,如著名的颐和园、承德避暑山庄。私家园林主要分布在苏州、无锡、南京、扬州等江南一带,追求精巧素雅、玲珑多姿、山林野趣、朴素自然,通过对空间的巧妙运用,再现大自然美景。宗教园林最具匠心,多追求肃穆、庄严、神秘之色彩,以达到对人产生强烈感应的气氛,如苏州狮子林、北京潭柘寺。园林是自然美与人工美的有机结合。

（2）中外园林特点比较

中国园林讲究自然、天然、卓然天成。在尊重自然、顺应自然的前提下创造一种与大自然环境统一和谐的园林意境,追求一种"天人合一"的境界。中国古典园林以水为中心;以假山叠石点缀空间,增添园林野趣;有亭、台、楼、榭、廊、阁、桥等多种建筑形式;运用特写景、引景、点景、借景、藏景等特殊的构景手法形成巧妙的布局;园中建筑物皆有匾额、楹联,山石多有题刻,以表达园主的志趣和思想,从而形成深厚的文化底蕴。日本园林受中国古代传统哲学思想的影响,也崇尚自然,但有其特殊的造景原则,更讲究用石,尤其是用纯天然的巨石作为观赏重点,而用水较少,常采用"枯山水"的艺术手法。建筑物数量较少,林木也比较稀疏,常点缀以石柱、石灯,从整体而言,更有朴野之趣。西方园林更多表现的是人对自然的征服和改造,展示人的智慧和力量。因此,西方园林是以建筑物为中心,多以花坛、道路、水池、喷泉、雕塑为造景要素。在壮丽的主体建筑前方有突出的轴线,整体布局大多呈几何图形。

8.2.2.2 中国古建筑

（1）主要形式

中国古建筑的种类繁多,形式也极其多样,主要有城池、宫殿、陵墓、寺院、楼阁、桥梁、塔、亭、住宅等。中国古建筑对于旅游者来说,已成为重要的审美对象。古建筑凝聚着我国古代劳动人民的智慧和创造能力,是中国古代文明的标志之一。

（2）中国古建筑的审美特征

我国古建筑的主要审美特征集中表现为独特的民族结构形式,即序列组合、空间安排、比例尺度、造型式样、色彩装饰等方面。这些形式美的因素决定了中国古建筑的审美

特征,产生不同的美感:或雄伟宏大,或浑厚质朴,或挺拔刚健,或雍容华贵,或柔和纤秀,或端庄大方……

1)结构形式。木结构是我国古建筑的最大特征之一。由于木结构的特点,使其造型多姿,情态各异,充分体现了中国古建筑的民族特色和艺术风格。梁柱式结构在古建筑中使用得极为广泛,北京天坛的祈年殿是这种建筑的典型代表。

2)群体组合。我国的宫殿、庙宇、寺院等基本上是采用群体组合的布局,从整体布局上看是多层次而富于变化,显示出宏伟壮观的艺术效果。在布局的空间利用上有主次、有层次、有深度,既注意宏观美,又注意小巧玲珑、秀丽多姿。对称是古建筑群体组合的一大特色。建筑组合都有中轴线,中轴线上是主要建筑物,两侧的建筑保持对称和平衡,如故宫建筑群。

3)装饰色彩。我国古建筑讲究内部的装饰、陈设和外部空间的点缀。建筑物内部雕梁画栋,常用图案花纹、匾牌楹联以及壁画进行装饰,以增加华丽富贵的气氛,如颐和园的长廊。建筑物内陈设名人字画、文物古玩、工艺美术品也是中国古建筑内部装饰的一大特色。色彩运用也独具特色,以红、黄、绿为主色调。红色表示喜庆、欢乐,黄色表示辉煌、富贵、庄重,绿色表示生机勃勃。帝王的建筑是黄色琉璃瓦,王侯的建筑用绿色琉璃瓦,老百姓只能用灰瓦。宫殿建筑一般是红墙黄瓦,显得金碧辉煌,以示皇权的威严和华贵。

4)建筑物与自然美的结合。我国古建筑的设计和布局非常注意与周围风景的结合,使建筑美与自然美和谐地融为一体。将人的情感赋予自然,再以自然美与艺术美来陶冶人的精神,以满足精神的审美,这是我国古建筑布局造景的重要审美特征。建筑依自然风景而立,而自然风景得建筑神韵,如颐和园、避暑山庄、孔庙等。

8.2.3 文化艺术的审美

文化艺术是人类文明的重要组成部分,包括书法、绘画、雕塑、工艺品、戏剧、舞蹈、电影、电视、文学作品等,它们都有自身产生和发展的规律。

文化艺术常常融于其他类型的旅游资源之中。有些是有形的,如匾额、书画、楹联、题刻等是中国建筑中不可缺少的部分;有些是潜在的,如优美的诗词、动人的传说;有些为相对独立的旅游吸引要素,如戏剧。

文化艺术在内容上更接近客观现实,充满作者和表演者的激情,因而更容易引起人们的心灵共鸣。对于旅游者而言,文化艺术的形式美比较直观,易于接受,难度较大的是对其意境美的欣赏。对于前者,导游员应了解审美的共性,对于后者则需要导游员掌握不同文化、不同国家、不同民族的审美观念,并有针对性地加以引导。例如:中国画是有着悠久历史和优良传统的中华民族的绘画,在世界绘画领域中自成一体,历来为中外旅游者所欣赏。中国画的审美特征是讲究意境和格调。在处理人和自然的关系时,始终以人为主导,借自然形象来表现人格思想,也就是用画来表达画家的思想感情。中国画重在表达客观物象的精神实质,而不拘泥于外形,这是中国艺术精神的精华所在。对此,有着相近审美观的日本旅游者往往更容易理解,而西方旅游者则有较大的文化距离。

工艺美术品是旅游者非常喜爱的审美对象,可以分为特种工艺品和民间工艺品两大类。前者包括扇子、景泰蓝、陶器、瓷器、刺绣等;民间工艺主要有风筝、泥塑、面塑等。旅游纪念品的美是由功能美和形式美两方面组成的。其功能美主要体现在它的纪念性。旅游者购买一件纪念意义较强的旅游纪念品,往往能唤起他们对美好生活的回忆,增加其对生活意义的认识和理解。其形式美包括外部表现形态的造型美、质地美和装饰美等方面。旅游纪念品之所以能引起旅游者的兴趣,最主要的还是由其审美特征决定的。

8.2.4 社会生活的审美

社会生活的审美一方面是对于社会主体人的审美,另一方面是对当地居民生活方式、社会环境的审美。导游员是旅游者最直接的审美对象。导游员的美好形象是仪表美、风度美和心灵美的统一。民风民俗是重要的社会审美对象,它已成为与山水、古迹并驾齐驱的重要旅游资源。我国拥有 56 个民族,不同的民风民俗对各地旅游者有一种新奇感,而且旅游者可以参与、体验不同民族的生活起居、习惯礼仪,与生活的贴近使旅游者最易产生认同感。饮食文化也是旅游者重要的审美对象。中国烹饪技术誉满全球,早已为各国旅游者所瞩目。中国饮食文化具有实用和审美双重特性。不仅满足人们的物质需求,而且满足人们的精神需求。中国著名的菜肴皆讲究色、香、味、形、意,是形式美与文化美的结合。在色彩上,冷暖相配,浓淡相宜;在气味上,香气扑鼻,清醇诱人;在造型上,变化多端,精美和谐;在滋味上,五味调和,脍炙人口;在器皿上,质地精良,形状美观;在饮食气氛上,讲究气氛热烈,情趣盎然;在菜品的命名上,讲究雅俗共赏,生动自然。从原料的准备、菜肴的烹饪、器皿的组合,到食物的命名、上菜的顺序、进食的环境乃至咀嚼品位、兴会联想,处处体现了人们的审美情趣。总之,在旅游活动中,不同的观赏对象在审美特征上既存在共性,也存在不同。导游员应具有较高的鉴赏能力,并且能够运用正确的方法指导旅游者的审美活动。

8.3 旅游审美行为的引导与调节

人们到异国他乡旅游,有许多是平时所不接触、不熟悉的东西,要欣赏其中的自然美、人文美、艺术美和社会美,需要借助他人的知识和经验,唯有如此,才能在短短的旅游期间内在异地获得最大的美的享受。导游员既是旅游者的审美对象,又是旅游者审美行为的引导者和调节者。如何结合旅游者的审美个性,针对不同的审美对象,把握适当的时机和角度,运用适当的方法引导和调节旅游者的审美行为,是导游员必须学习和掌握的专业技能。

8.3.1 根据旅游者的审美需求与动机选择观赏重点

要想使旅游者得到审美满足,导游人员必须首先根据旅游团(者)的构成与线路的安排,事先分析其主要审美趋向,然后有针对性地做好准备工作。这就如同一位要想争取观众好评的表演艺术家必须了解观众的审美趣味一样。只有当他明确了旅游者的审美需求,并且掌握了旅游审美活动的基本规律,才能有的放矢地做好接待准备工作。一般来讲,选择旅游观赏重点是导游工作成败的关键。这一原则似乎适用于各种审美类型的旅游者。例如,对于游三峡的自然审美型旅游者,应以巫峡为主要对象,在导游讲解中多提

供有关巫峡的审美信息,以便在旅游者的审美心理中构成注意焦点,激发他们的审美想象与期待心理,最终使其在亲临其境的直接观赏中,获得最为深切的审美感受,留下最为突出的审美意象。选择观赏重点是适合一般旅游者的审美活动规律的。因为,旅游者对外部事物形象的关注,并非尽收眼底、全盘接收,而是有所倚重、有所选择。例如,同游天坛的旅游者,有的为恢宏精巧的祈年殿所折服,有的则为空灵奇妙的回音壁所吸引,还有的外国旅游者对公园里面的唱戏、下棋等群众性活动场面产生浓厚兴趣,这便是审美选择的结果。因此,导游员要参照旅游者的审美个性差异,选择他们可能最感兴趣和最愿意接受的东西,搜集具有代表性的资料,并在实地游览中加以形象生动地讲解,以引起观赏者的共鸣。导游员不能将自己的审美趣味强加于人,即不能强迫旅游者接受自己的审美选择,而是要了解旅游者一般的审美需求和特殊的审美需求,以及他们的审美心理特征和当时的思想感情,进行有的放矢的引导和讲解。

8.3.2 尊重旅游者的审美习惯

人的审美习惯是其审美个性与固有审美经验相融合的产物。这种审美习惯通常会有意无意地影响人们对客观事物的审美评价,甚至在一定程度上制约着人们的审美行为。在导游过程中,尊重旅游者的审美习惯可以从以下两个方面来把握。

第一,旅游者的生活阅历、文化修养、情态意趣、职业、年龄、宗教信仰以及社会环境的不同,会使旅游者形成不同的审美习惯。就职业而言,出外旅游的政治家、企业家和社会科学工作者,一般习惯于观察体验东道国或地区的政治制度、社会形态、经济体系,并相应做出美丑或利弊等方面的判断;思想家、记者、宗教活动家一般习惯于透过事物表象去探究东道国或地区人民的精神状态、心理素质、民族特性、生活方式和宗教信仰,进而发掘其社会生活美与内在心灵美;文学家、艺术家一般习惯于探索东道国或地区文化的本质特征和审美价值;美食家则一般习惯于品尝欣赏东道国或地区的珍味佳肴;医学家、教育学家、考古学家以及环保学家也都习惯于寻访与自己专业有关和自己感兴趣的东西。从年龄分析,青年男子习惯于追新猎奇,喜好在异国他乡探险、冒险,寻求强度刺激或激越之美;妙龄少女则习惯于通过异地观光,寻找和享受各种风格的服饰美与新颖的形式美;老年人则习惯于透过人际关系来体察人情美和伦理美。从民族角度考察,来华旅游的日本人习惯于探寻中国的历史文化之美;西方人偏重于享受中国的异国风情和传统文化;而国外华侨和到内地观光旅游的港澳台同胞则倾向于欣赏故土人情与风光古迹之美。以上归纳的特点并不是一成不变的。例如外国旅游者对考察我国经济的发展变化、人民的精神面貌和生活方式产生了越来越浓厚的兴趣。导游员应该在实际导游过程中细心地体察、识别旅游者固有的审美习惯,针对深藏在其内心的审美意象去安排游览线路,突出讲解最能诱发其审美兴趣的内容。

第二,旅游者往往习惯于从本民族的文化意识出发,来评判和审视旅游所在地的人文景观。例如,对参观曲阜孔庙的西方旅游者讲述儒家思想和孔子的贡献,他们会因为文化差异而理解不深,但若能联系古希腊思想家亚里士多德做比较,旅游者的感受就大不一样。有经验的导游员常采用对比的方式,如把中国的黄帝陵同埃及的金字塔、中国的象形文字同墨西哥的玛雅文化、中国的传统绘画与西方的油画等联系起来进行对比讲解。这

· 162 ·

样做有利于很好地利用旅游者的审美习惯,使旅游者对异国文化产生共鸣,获得更为深刻的审美体验。可见,导游人员必须了解和积累外国历史、文化、艺术等方面的知识,分析和研究国际旅游者的审美习惯和审美标准,以便在讲解中尽可能地帮助旅游者缩短或跨越社会文化距离,诱发其审美的主动性。

8.3.3 激发旅游者的想象思维

人们在审美赏景时离不开丰富而自由的想象,想象是审美感受的枢纽。人的审美活动是通过以审美对象为依据,经过积极的思维活动,调动已拥有的知识和经验,进行美的再创造过程。想象作为一个心理范畴,其内容和功能十分广泛多样,一般可分为初级和高级两种形式。初级形式指简单联想,包括接近联想、类比联想和对比联想,高级形式包括知觉想象和创造性想象。导游员可以通过适当的讲解和提示,激发旅游者的想象思维。

8.3.3.1 接近联想

接近联想是指由某一事物想到与其时空上相接近的其他事物的心理过程。例如,由秦始皇兵马俑想到秦始皇横扫六国、一统天下的盛况。对于在观光游览中的审美主体来说,接近联想在丰富其审美感受方面起着积极的作用。

8.3.3.2 类比联想

类比联想是指具有相似特点的事物在人脑中形成反映的心理过程。例如,看到绿色想到生命,看到残阳想到暮年,看到一轮圆月想到举家团圆,看到长城想到威武不屈的中华民族精神,等等。这种联想形式的关键在于将审美客体赋予人的思想感情,这对深化或升华主体的审美感受十分有益。

8.3.3.3 对比联想

对比联想是指由对某一事物的感受引起和它特点相对的事物的联想。如由美想到丑,由真想到假,由善想到恶,等等。在各种艺术中想象的反衬,就是此种联想的具体运用。

8.3.3.4 知觉想象

知觉想象是指个体对感性形象的事物经过想象加工后,使之成为发乎自然而不同于自然事物的心理过程。这种想象常常是在面对风光旖旎的自然胜景或优美感人的艺术作品时展开的。例如,"阿诗玛"的形象原本出自一根造型酷似美丽少女的石柱,先人赋予了它一个美丽的传说,流传至今。在旅游者的眼中它是石柱又不是石柱。面对石柱,人们会不由自主地由现实心境进入审美心境,石柱和美丽动人的阿诗玛形象已经融为一体,不可分离。外部自然本是一种死的物质,而知觉想象却赋予它们以生命。在具体的现场导游中,要切忌简单武断地解说,如信手一指便说"那是卧佛山,这是将军岭,那是仙女峰",而是要以生动的直观描述作为一种渲染手段,着力于激发观赏者的审美想象,让人自己去自由地体会构想,不宜先声夺人,把话说满。

8.3.3.5 创造性想象

创造性想象是一种能够表现出内在本质的艺术想象。这种想象最概括,难度最大。艺术家往往通过这种创造性的想象,在内在情感的驱动下对许多记忆表象进行剖析和综合,从而创造出一个个从未存在过的崭新的形象,即艺术典型形象。在旅游过程中,导游

员应该帮助旅游者理解和欣赏艺术家通过创造性想象而产生的艺术作品。从审美角度来看,导游就是一个再创造过程。其间,导游人员通过艺术化的语言和故事化的讲解,联系个人的实践体会,借鉴前人的间接经验,参照旅游者的审美需求,运用相应的审美原理,化景物为情思,使旅游者在怡然自得的游览活动中得到审美的满足。

8.3.4 灵活运用观景赏物方法

旅游者的审美活动首先是从感知开始的。也就是说,旅游者亲自看到的、听到的、体验到的对象是其审美活动的基础。但是,观赏景物,有的旅游者获得了美感,有的人却没有;有的人得到了最大的美的享受,有的人则感到不过如此。究其原因,除了文化修养、审美趣味和思想感情因素外,还存在观景赏物的方法运用问题。导游员既要根据旅游者的审美趣味和时空条件作生动的导游讲解,还要以适当的方法引导旅游者去观景赏物。常见的观景赏物的方法有以下几种。

8.3.4.1 把握主题,设计合适的赏景路线

大凡美景,都会有一个总体特征或艺术主题。在游览的安排上把握这一点,可以起到提纲挈领、举一反三的作用。例如,登黄山,必观松,导游员不仅要让旅游者观赏到黄山松的奇绝姿态,还要让旅游者领略到黄山松的精神内涵。游天坛,就要让旅游者体会到我国坛庙建筑"天人合一"的精髓和神奇。在游览时间有限的情况下,把握主题可以起到事半功倍的效果;即使游览时间较长,也同样需要突出主题以加深旅游者的游览印象。在把握主题的基础上留意细部才会收到更好的审美效果。有时,游览的主题是需要导游员来设计的,如市容观光,导游员设计的不同主题和观光路线,会使旅游者对一个城市产生不同的印象。围绕主题设计游览线路是导游员应该注意的问题。例如,在游览园林时,旅游者的赏景线路与造园者的布局恰好一致时,才能更充分地提升欣赏的乐趣。造园者在园林"间隔""藏路"方面的匠心,使得园林的欣赏始终处于动态的变换之中,时而曲径通幽,时而别有洞天,时而山重水复,时而柳暗花明,凡此种种,都需要依循合理的游览路线进行游览。同一个景点不一定只有一条最佳线路,有时另辟新径,可能会收到意想不到的效果。

8.3.4.2 巧妙地运用静态和动态观赏手段

静态观赏是指旅游者在一定的空间停留片刻或缓慢地移动视线,做选择性的景物观赏,通过联想、想象来欣赏、体验美感。站在山顶观日出、看云海,站在大海之畔听涛声,驻足仰望神像雕塑,凝神于艺术珍品等都属于这种观赏形式。这种观赏形式时间长、感受较深,人们可以获得特殊的美的享受。这种方法的关键在于选择最佳观赏位置,要找好距离和角度。此外还要注意周围环境,尽量避开嘈杂的人群。动态观赏是指让旅游者步行、乘船或乘车于景物之中,使观赏对象呈现一种动态的美感,一步一景,步移景异。我们常说的"游山玩水""浏览风景"正表明了审美活动处于动的状态。例如,乘船游江、游河、游湖,乘缆车观赏山间美景,漫步于园林、古刹之中都属此列。这种形式富于动感,体验丰富,使人获得空间进程的流动美。这种方法的关键在于路线的设计,好的路线能够让人更加完整、细致地领略到观赏对象的全貌和精髓所在。

在游览活动中,导游员应视具体的景观和时空条件,灵活地运用这两种方法,将动与静巧妙地结合起来。如,观赏颐和园、避暑山庄时,因园林太大,一般以动为主,在个别有

感触的地方,用静观法深化游览效果;若游览较小的江南私家园林,则以静观为主,或凭栏细数池鱼,或入亭迎风待月,细细品味园中佳境。

8.3.4.3 保持适当的观赏距离和角度

距离和角度是观景赏物不可缺少的两个要素。很多观赏对象只有从一定的距离和特定的角度才能领略其风姿。特别是欣赏一些造型别致独特的景物时,如果不选择好距离和角度,不仅使旅游者难以感受到其特有的魅力,而且还会令人大为扫兴。巫山神女峰从远处看似少女亭亭玉立,宛若天仙,近处看只不过是一块普通岩石。有人说:"看景不如听景。"或许就是因为看景人的景与讲景人的景由于距离和角度的不同而产生了偏差,所以造成同样的景物给人的感受却截然不同。有些导游忽略了这一点,费了很大力气讲解,结果由于没有把握好观景赏物的距离和角度,反而令旅游者大失所望。距离有远、近之分。观赏全景或整体要距离远一些,才能见其全貌;要看局部,则需要距离近一些。角度主要有平视、仰视、俯视、侧视之分。平视,即看视线前方延伸较远的景物,可使人看到远处的景色,欣赏开阔的旷景,令人心旷神怡;仰视,即从低处往高处看,可使观赏对象显得更加雄伟、高大或险峻;俯视,即从高处往下看,往往使景物尽收眼底,一览无余,叹为观止;侧视是看景物的侧面。观赏一些象形景物常需要固定角度。

8.3.4.4 把握准确的观赏时间

自然景致会随着季节、时间和气象的不同而变化。清朝画家恽格就曾描述了四季山景的不同景色:"春山如笑,夏山如怒,秋山如妆,冬山如睡。"光照、时令和气候对大自然中的色彩美、线条美、形象美、音响美、静态美和动态美的影响很大,因此,把握观赏时机至关重要。有些自然美的极致只有在最佳时机才能欣赏到,如香山的红叶、泰山的日出、峨眉山的佛光等。有些时机的把握是有规律的,如花卉的花期、日升日落,有些则是需要特定的条件,如海市蜃楼。近年来,我国不少景点开发了如宫廷歌舞、皇家盛典、山歌对唱等表演项目,与景物和谐地融为一体,增加了景点的内涵和动感,为景点增添了光彩。这种特殊的环境氛围对于旅游者的审美是非常重要的。导游员应熟悉不同景点的特点,巧妙安排活动项目的时间,莫失观赏良机。

总之,导游员必须非常熟悉所游览的风景名胜的情况,了解观景的最佳位置,设计若干游览线路,以便带团时能够引导旅游者从最佳距离、最佳角度、以最佳的方式观赏美景,使其获得美感。

8.3.4.5 调整适宜的观赏节奏

观赏节奏主要是指观赏速度及其快慢缓急的组合。导游员要根据观赏的内容、旅游者的具体情况以及具体的时空条件来确定观赏节奏并随时调整,力争使观赏节奏适合旅游者的生理负荷、心理动态和审美情趣,让旅游者感到整个审美过程顺乎自然,轻松自如。做到这一点要注意以下几方面:首先,要做到有张有弛,劳逸结合。导游员要根据旅游团的实际情况安排有弹性的活动日程,努力使旅游审美活动既丰富多彩,又轻松相宜,让旅游者在轻松自然的活动中获得最大限度的美的享受。游览活动的安排不宜过于紧张,观赏速度不宜太快,旅游者筋疲力尽不仅达不到观赏目的,而且还会损害健康,影响情绪。其次,要做到有急有缓,快慢相宜。在具体的审美活动中,导游员要根据旅游者的情况和审美对象的特点把握好游览速度和导游讲解的节奏,安排好何处该快、何处该慢,何处多

讲、何处少讲甚至不讲、何处多走动、何处宜停留。一般而言，对于老人，可以讲的速度慢一些，走的路少一些；对于年轻人，可以讲得快一点，步行多一点，在适宜拍照的地方多停留一些。最后，要做到讲解、游览两相宜。既不可只讲不看，亦不可只看不讲。通过讲解和指点，旅游者可适时地、正确地观赏到美景，但在特定的地点、特定的时间让旅游者去凝神遐想，去领略、感悟景观之美，往往会收到更好的审美效果，所谓"此时无声胜有声"。这就需要导游员对审美对象有深刻的理解，对旅游者的审美规律能够很好地把握。总之，导游员必须加强自身的美学修养，了解旅游者的审美心理和审美规律，理解审美对象的深刻内涵，掌握引导和调节旅游审美活动的方法，方能成为真正的美的使者。

【本章小结】

导游人员作为旅游活动的引导者，需要不断提高自身的审美能力和再创造能力，以更好地引导旅游者的审美行为，帮助他们获取美好的旅游经历。旅游者审美行为调节主要包括：了解旅游者的审美需求；传递审美信息；激发想象思维；掌握观赏原理；提高导游中的再创造能力。

【重点概念】

审美需求　审美动机　审美行为的引导与调节

【案例分析】

案例8-1

园林导游

一位重庆导游员在接待苏州的一批旅游界同行去参观鹅岭公园。这座园林虽不能与苏州园林相比，但在他的精心准备和精彩讲解下，让客人领略了重庆园林的艺术之美，获得一次新的审美感受。他是这样讲解的："望"是游的重点，游、行、居都与望相连。因此，高处要设亭台，以便观景、眺景；低处要造池、留矶，以便临流照影；近处要置回廊，以见其幽深；园中要设窗，以便能有画意。这个公园基本合于这些规律。你们苏州网师园的殿春簃，设计高妙，在屋后略置湖石，配以梅、竹等植物，从花窗望出去，花木扶疏，小枝横斜，一叶芭蕉，几竿修竹，半掩窗扉，若隐若现，极富诗情画意。正因为此，美国人才花上亿美元，在纽约再建一个，改称"明轩"。我们的鹅岭公园自然与其相距甚远，但从窗内望出去，一样有花草、树木、青山、流泉，一样有画意、野趣，角度不同，景亦殊异，画境也就无限增多。廊引人随，步移景换，成为中国园林的重要特色。人们通过一门一窗与外界发生联系，从而体会到时间、空间的无限。杜甫说："窗含西岭千秋雪，门泊东吴万里船"，讲的就是类似在中国园林中的感受……

问题：
1. 案例中的讲解是否给人带来美感？其美感来自何处？
2. 如何引导旅游者的审美？从案例中你获得哪些启发？

(资料来源：窦志萍.《导游技巧与模拟导游》[M].北京：清华大学出版社，2006.)

案例 8-2

外滩百年

夜幕降临，华灯初上，游客们来到上海外滩，导游员说了如下一席话："女士们、先生们，夜幕降临了，新外滩顷刻变成了灯的海洋。柔和的泛光灯给整个外滩披上了姹紫嫣红的盛装，显得分外妖娆多姿。此时此刻，让我们把目光从那些西洋建筑物慢慢移向璀璨的东方明珠，您是否有这种感觉：自己仿佛从鸦片战争的年代走到了当今中国改革开放的最前沿。巡视一瞬间，看到的是长达一个多世纪的历史。回眸凝望，中国发生了翻天覆地的变化，新外滩可以自豪地说：'滚滚黄浦江与中国改革大潮同行。'他日我们如果有缘再次相聚，定能欣赏到更新更美的画卷……"

问题：
1. 导游运用了哪些讲解方法？
2. 导游的讲解带给旅游者怎样的审美联想？

（资料来源：马树生，许萍.《模拟导游》[M].北京:旅游教育出版社,2004.）

思考题

1. 解释下列概念：审美动机、移情想象。
2. 旅游者的审美需求表现在哪些方面？有何特点？
3. 审美主要包括哪些心理活动？为什么会存在审美的个性差异？
4. 旅游者的审美对象有哪些类型？分别有哪些审美特征？
5. 导游员在旅游者的审美活动中应扮演怎样的角色？导游人员应怎样引导和调节旅游者的审美行为？

学习参考书目

1. 刘庆友，崔峰.导游业务[M].北京:化学工业出版社,2010.
2. 唐由庆.导游业务[M].北京:高等教育出版社,2009.
3. 陈怡君.旅游美学[M].重庆:重庆大学出版社,2009.
4. 吕勤，徐施.旅游心理学[M].北京:北京师范大学出版社,2010.
5. 马树生，许萍.模拟导游[M].北京:旅游教育出版社,2004.
6. 窦志萍.导游技巧与模拟导游[M].北京:清华大学出版社,2006.

导游语言技能

学习目标→

通过本章的学习,理解导游语言的作用和特点;掌握导游语言的基本要求;掌握导游口头语言表达的要领;熟悉导游服务中常用的态势语言;熟悉导游交际中的语言技巧;掌握常用的导游讲解方法。

学习难点→

导游语言的基本要求　口头语言　态势语言　交际语言　讲解方法

9.1　导游语言的魅力

语言是传递信息的一种符号。导游作为一种社会职业,与其他社会职业一样,在长期的社会实践中逐渐形成了具有职业特点的语言——导游语言。它是导游人员用来做好导游服务工作的重要手段和工具,导游服务效果的好坏在很大程度上取决于导游人员掌握和运用语言的技能。导游人员掌握的语言知识越丰富,驾驭语言的能力越强,运用得越好,游客就越容易领悟,信息传递的障碍就越小。所以,导游人员的语言技能对做好导游服务工作、提高导游服务质量至关重要。

导游语言,从狭义的角度说,是指导游人员对游客进行讲解、传播文化、与游客实现沟通和交流思想的一种具有丰富表达力的生动形象的口头语言;从广义的角度说,是指导游人员在导游服务过程中必须熟练掌握和运用的所有含有一定意义并能引起互动的一种信息符号。其中"所有",是指导游语言不仅包括口头语言,还包括态势语言,书面语言和副语言。"含有一定意义",是指能传递某种信息或表达某种思想感情。"引起互动",是指游客通过感受导游语言所产生的反应。例如,导游人员微笑着搀扶老年游客上车,其态势语言(微笑语和动作语)就会引起游客的互动:老年游客说声"谢谢",周围游客投来"赞许的目光"。

9.1.1 导游语言的作用

9.1.1.1 传播知识

这是导游语言最重要的也是最基本的一个作用。导游人员向来自世界各地、祖国各地不同文化层次的游客讲解旅游目的地的人文和自然情况,介绍风土人情和习俗等知识,解答游客提出的各种问题,让他们在参观游览过程中了解异国、异地文化,增长知识。导游人员被称为"游客之师"。

9.1.1.2 沟通思想

导游人员在导游服务工作中,要随时和游客交谈,认真回答游客提出的各种问题,关心游客的状态、动向,为遇到困难和病痛者表示关心,提供帮助,对体弱者给予照顾,发生意外情况要及时安抚游客的情绪,进行必要的解释和安慰,这一切都要靠导游语言来传递信息。这种信息的内容是导游人员的态度和责任感,是导游人员与游客思想上的沟通。

9.1.1.3 交流感情

导游人员服务的对象是游客,因此从某种意义上说导游服务工作是做人的工作。游客是有丰富情感的,他们需要导游人员与之交流,感情的交流是要通过语言来表示的。

9.1.2 导游语言的特点

导游语言是导游人员从事导游服务工作的重要手段和工具,它所表现出的职业性特点如下。

9.1.2.1 科学性

导游员的语言必须以客观事实为依据,要"言之有据"。也就是指导游员说话要负责,讲解时必须有根有据,不张冠李戴、弄虚作假;不主观臆断、胡编乱造;不道听途说、以讹传讹。

9.1.2.2 知识性

导游员讲解的内容必须充实,有说服力,要"言之有物"。不讲空话、套话;不玩弄华丽的辞藻,要让游客学到知识,获得教益。

9.1.2.3 趣味性

导游员要让游客感受到导游语言的无穷魅力,要"言之有趣"。导游员使用诙谐、幽默、风趣的语言,能令游客愉悦,有助于活跃气氛,提高游兴;导游讲解时,声音传神,多使用形象化的语言,引人入胜,使自己的讲解词如同文学作品一样让游客获得艺术享受。

9.1.2.4 适用性

导游服务的对象是各种各样的游客,他们的性格、兴趣和爱好各异,导游语言要符合不同游客的个性特点,要"言之有别"。例如,跟美国人言谈要爽快,不要拐弯抹角;与英国人谈话要讲究外交辞令,用词考究一些;和日本人说话要特别注意礼节礼貌。

9.1.2.5 感染性

导游语言要让游客感受到亲切、友好、温暖,富有人情味,要"言之有情"。富有情感的导游语言可以给游客留下美好深刻的印象,可以深深地感染游客。

9.1.2.6 道德性

导游员使用的语言要言辞文雅,谦虚敬人,要"言之有礼"。不能讲粗话、脏话。

9.1.3 导游语言的基本要求

语言是以语音为物质外壳,以词汇为建筑材料,以语法为结构规律而构成的体系。导游人员无论是进行导游讲解,还是回答游客的问题,或同游客交谈,在说话之前都要对所讲、所谈的内容进行组织,即将有关词汇按照语法规律组合成具有一定语义的句子,然后用语言表示出来。导游语言是思想性、科学性、知识性、趣味性的结合体。正确性、清楚性、生动性、灵活性是导游语言的基本要求,是导游人员语言技能的具体体现,四者相辅相成,缺一不可。

9.1.3.1 正确性

导游语言应当正确,这是导游语言科学性的具体体现,是导游讲解的核心。在导游活动中,导游人员要向游客传播中华文明,传递审美信息。在这一活动中,导游语言的"正确性"起着至关重要的作用。"一伪灭千真"。如果导游人员信口开河、杜撰史实、张冠李戴,游客一旦发现,必定会有一种被蒙蔽、被欺骗的感受,进而会怀疑所有导游讲解的真实性,甚至会否定一切,并由此给旅游目的地带来不应有的恶劣影响。所以,导游人员在宣传、讲解时,在回答游客的问题时必须正确无误。而且,导游语言的科学性、逻辑性越强,越能吸引游客的注意,越能满足他们的求知欲,导游人员也会受到更多的尊重。

导游语言的正确性主要包括以下几方面。

(1) 内容正确

导游语言必须以客观实际为依据,正确地反映客观实际。导游讲解的内容应正确无误,有据可查。它要求导游人员讲解的知识、信息来源要具有权威性和可靠度。对于历史史实,既不能张冠李戴,更不能胡编乱造,即使是神话传说、民间故事也应有所本源,不得信口开河,并且需要与游览的景观景点有紧密联系。尤其对于景观景点中涉及的史实和数据,必须准确,要完全符合实际,不能用大约、大概来敷衍,也不能用想当然来蒙骗游客。

例如,游客问:"长城是在什么时候修建的?"导游人员迅速回答:"秦朝。"这种回答就属于不完全符合事实。因为早在秦朝统一中国之前的春秋战国时期,燕、赵、秦三国为防御北方的匈奴、东胡等民族的骚扰就筑起了高大的城墙,即为长城的起源。如果是外国游客,还应讲清春秋战国和秦朝的公历年代,这样外国游客才会对中国长城的历史有一个明确的认识。

除内容正确以外,还要求导游人员讲解的内容必须积极、健康、向上,无害,而不是庸俗的、下流的或颓废的。

(2) 观念正确

导游语言应具有很强的思想性。就是导游人员在讲解和回答游客问题时要有鲜明正确的观点和立场,尤其在介绍我国国情、大政方针以及有关国际热点问题的态度上更应如此。

(3) 语言正确

一个句子或一个意思要表达确切、清楚,关键在于用词的选择与词语的组合及搭配上。导游人员在选择恰当词汇的基础上,按照语法规律和语言习惯进行词语的组合与搭配,这样才能准确地表达意思。如果词语用法不当,组合搭配不好,不仅不能正确传递信息,导致游客听不懂,而且有可能使传递的信息失真。例如,武汉市某导游人员在归元寺向游客介绍《杨柳观音图》时说:"这幅相传为唐代阎立本的壁画,它所体现的艺术手法值得我们珍惜。"这里,"珍惜"属于用词不当,而应该用"珍视"。"珍惜"是"爱惜"的意思,而"珍视"则为"看重""重视"的意思,即古画所体现的艺术手法值得我们重视。

语言的正确还包括导游人员在导游讲解和与游客交往中使用的敬语、谦语和俚语。敬语和谦语有助于传达友谊和感情,但应用时要注意游客所在国的风俗习惯和语言习惯,还要适合自己的身份。使用俚语时要谨慎,一定要了解其正确含义和使用的场合。

9.1.3.2 清楚性

清楚性是导游语言的又一基本要求,它以导游语言的正确性为前提,是在正确基础上更进一步的要求,是导游语言科学性的又一体现。如果导游人员使用的导游语言虽然正确,但由于发音不清,层次杂乱、没有逻辑,中心不突出,尽管费了九牛二虎之力讲了一大堆,游客还是一头雾水,结果是导游人员甚为疲惫,游客也感到十分乏味。所以,导游人员在进行导游讲解时,要做到口齿清楚,层次分明、逻辑性强,有明确的中心内容。

导游语言的清楚性主要包括以下几个方面。

(1)发音清晰

导游人员无论是在介绍景观景点还是回答游客的问题,都必须发音正确,吐字标准,口齿清晰,以免游客在接收信息时产生误解。

例如,英语中的13(thirteen)和30(thirty),若发音不准就容易使游客混淆。在我国某些地区的人说4和10也有同样的问题。

(2)逻辑性强

导游语言的逻辑性是指导游人员的语言要符合思维的规律性,其语言要有连贯性和层次感。连贯性,是指上句和下句的含义要有联系,不能"东一榔头西一棒子",使游客感到杂乱无章,摸不着头脑。层次性,是指导游人员应根据思维逻辑,将要讲的内容逐字逐句地斟酌,确定先讲什么、后讲什么,使之层层递进、条理清楚、脉络清晰。

(3)突出中心内容

导游人员在进行导游讲解时要分清主次,要有明确的中心内容,重点突出,忌讳面面俱到。任何一个景区景点都有很多景观,可讲的内容也很多,但是导游人员不可能也没必要对每一景观都进行全面介绍。这是因为在讲解时导游人员和游客都是以站姿为主,时间一长,游客会感到疲惫,同时游客在一个景点的游览时间也是有限的,不分主次的面面俱到的讲解会分散游客的思维和注意力,容易冲淡要讲的中心内容。因此,导游讲解时,必须要分清主次,突出中心内容,这样游客才会对导游讲解的内容留下深刻的印象。

导游语言的清楚性还要求导游人员应使用通俗易懂的语言,忌用歧义语和生僻的词汇;尽量使用口语和短语,避免冗长的书面语;使用中国专用的政治词汇时要做适当的解释。

9.1.3.3 生动性

生动性,就是导游人员要用具有活力的语言去打动游客的心,引起游客的共鸣。它是导游语言的趣味性和艺术性的体现。导游语言的生动性不仅要求导游人员要考虑讲话的内容,也要考虑表达方式,而且,还要求导游人员的语言表达要力求与神态表情、手势动作及声调和谐一致,使之形象生动。如果导游人员的语言表达平淡无奇,游客听了必定兴趣索然,甚至在心理上产生不耐烦的情绪。反之,生动形象、妙趣横生、幽默诙谐、发人深省的导游语言不仅能引人入胜,而且会起到情景交融的作用。"看景不如听景"讲的就是导游语言的生动性对景点所起的画龙点睛的作用。

导游人员的语言要达到生动性这一基本要求,应力求做到。

(1)恰当地使用形象化语言

形象化语言,是指能引起游客思想和感情活动的语言。导游人员要使自己的语言达到形象化,在语言表达方式上应恰当地采用比喻、比拟、夸张、映衬、引用等修辞手法。

1)比喻。比喻俗称打比方,就是用某些类似的事物来打比方的一种修辞手法。它是修饰语言最常用的方法,包括下面几种形式:①使抽象事物形象化。例如,"土家族姑娘山歌唱得特别好,她们的歌声就像百灵鸟的声音一样优美动听"。这里土家族姑娘的歌声是抽象的,将其比喻为百灵鸟的声音就形象化了。②使自然景物形象化。例如,"如果说,云中湖是一把优美的琴,那么,喷雪崖就是一根动听的琴弦"。这里将云中湖比喻为琴,将喷雪崖比喻为琴弦,显得既贴切又形象。③使人物形象更加鲜明。例如,"屈原的爱国主义精神和《离骚》《九歌》《天问》等伟大的诗篇光同日月,千古永垂"!这里将屈原的精神和诗篇比喻为"日月",使其形象更加突出。④使语言简洁明快。例如,"鄂南龙潭是九宫山森林公园的一条三级瀑布,其形态特征各异,一叠仿佛白练悬空;二叠恰似银缎铺地;三叠如同玉龙走潭"。这里将瀑布比喻为白练、银缎和玉龙,言词十分简洁明快。⑤激发丰富想象。例如,"陆水湖的水,涟涟如雾地缠绕在山的肩头;陆水湖的山,隐隐作态地沉湎在水的怀抱。陆水湖的山水像一幅涂抹在宣纸上的风景画,极尽构图之匠心,俱显线条之清丽,那么美轮美奂地舒展着,那么风情万种地起伏着。她用山的钟灵揽天光云影,她用水的毓秀成鉴湖风月"。这里将陆水湖比喻为山水风景画,令人产生无穷的遐想。

2)比拟。又称假拟,就是通过想象把物拟作人或把甲物拟作乙物的修辞手法。在导游语言中,用得较多的是把物拟作人的比拟。例如,"迎客松位于九宫山狮子坪公路旁,其主干高大挺直,修长的翠枝向一侧倾斜,如同一位面带微笑的美丽少女向上山的游客热情招手"。迎客松是植物,赋予人的思想感情后,会"面带微笑",能"热情招手",显得既贴切又生动形象。

运用比拟手法时,导游人员要注意表达恰当、贴切,要符合事物的特征,不能牵强附会;另外,还要注意使用场合。比拟的手法在描述景物或讲解故事传说时常用,而在介绍景点和回答问题时一般不用。

3)夸张。是在客观真实的基础上,用夸大的词句来描述事物,以唤起人们丰富的想象的一种修辞手法。在导游语言中,运用这一手法,既可强调景物的特征,唤起游客的想象力,又能较好地表现导游人员的情感,增强导游语言的感染力。例如,"相传四川、湖北两地客人会于江上舟中,攀谈间竞相夸耀家乡风物。四川客人说:'四川有座峨眉山,离天只有三尺三。'湖北客人笑道:'峨眉山高则高矣,但不及黄鹤楼的烟云缥缈。湖北有座黄鹤楼,半截插在云里头。'惊得四川客人无言以对。"这里用夸张的手法形容黄鹤楼的雄伟壮观,使游客对黄鹤楼"气吞云梦"的磅礴气势有了更深的认识。

导游人员运用夸张手法应注意两点:一是要以客观实际为基础,使夸张具有真实感;二是要鲜明生动,让游客一听就明白,能激起游客的共鸣。

4)映衬。就是把相反的事物并列在一起,以形成鲜明对比的修辞手法。在导游语言中,运用映衬的手法可以增强语言的表达效果,激发游客的情趣。例如,"(咸宁)太乙洞厅堂宽敞、长廊曲折,石笋耸立、钟乳倒悬,特别是洞中多暗流,时隐时现、时急时缓,水声时如蛟龙咆哮,闻者惊心动魄;时如深夜鸣琴,令人心旷神怡"。这里"宽敞"和"曲折","耸立"与"倒悬","隐"和"现","急"与"缓","蛟龙咆哮"和"深夜鸣琴"形成强烈的对比,加深了游客对洞穴景观的印象。

5)引用。就是指在语言中穿插别人的一些现成的语句、材料(如名人名言、成语典故、诗词、寓言、事件)等来说明问题的一种修辞手法。它也是导游语言中经常运用的一种修饰手法。运用这种方法可以增强说服力和语言的表达效果。引用包括明引、意引和暗引三种形式。

明引又称"正引",是指直接引用原话、原文。其特点保持原文,出处明确、说服力强。例如,"归元寺的寺名'归元'亦称归真,即归于真寂本源、得道成佛之意,取自于佛经上的'归元性不二,方便有多门'的偈语。"这里引用的佛经上的偈语诠释了归元寺名称的内涵,令人信服。

意引是指不直接引用原话、原文而只引用其主要意思。例如,"国内外洞穴专家考察后确认,湖北腾龙洞不仅是中国目前已知最大的岩溶洞穴,而且是世界特级洞穴之一,极具旅游和科研价值。"这里引用的专家对腾龙洞的评价虽不是原话,但同样具有较强的说服力。

暗引是指把别人的话语融入自己的话语里,而不注明出处的引用。例如,"东坡赤壁的西面石壁更峻峭,就像刀劈的一样。留在壁面上的层层水迹,表明当年这儿确实有过'惊涛拍岸,卷起千堆雪'的雄奇景象。"这里引用的苏东坡《念奴娇·赤壁怀古》的词句,虽没有点明出处,但却是对赤壁景观最形象的描写和绝妙的概括,让游客听后产生无穷的遐想。

导游人员在运用引用手法时,既要注意为我所用,恰到好处,不能断章取义,又要注意不过多引用,更不能滥引。

(2)适当地使用幽默语言

幽默的语言是一种有趣可笑又意味深长的言语,它是导游语言趣味性的重要体现。导游人员适当地使用幽默的导游语言,可以达到如下的效果:

1)激发游兴。有调查显示,在各种导游讲解风格中,游客最喜闻乐见的是幽默风趣的讲解风格。幽默的语言可以使导游人员的讲解锦上添花,可以为游客创造轻松、惬意的氛围,缓解游览的疲劳感,激发和提高游客的游兴。例如,有一位导游员陪同一个美国团游览长江三峡,在介绍神女峰时幽默地说:"瞧,那就是神女峰。神女一般来说是羞于见外国人的,尤其是美国人。今天,她被各位朋友真诚的向往和纯洁的友谊所感动,特意现身与大家见面,你们真幸运啊!"客人听后都高兴得跳了起来。

2）融洽关系。导游人员与游客大都是初次接触，互相之间比较生疏。为了融洽关系，给游客以信赖感和亲近感，导游人员就要主动与游客交谈。但有时导游人员讲了一大堆客气话，仍消除不了游客的陌生感，而有时只讲几句幽默风趣的话，却能收到良好的效果。例如，一位导游人员在初次与旅游者见面时，作自我介绍说："初次为大家服务，我感到十分荣幸。我姓马，'老马识途'的马。今天，各位到我们这儿旅游，请放心好了，有我一马当先，什么事情都会马到成功！……"客人们都乐了，初次见面的拘谨感一扫而光，主客关系一下子变得融洽起来。

3）调节情绪。在导游服务过程中，当出现问题时导游人员可以通过幽默的语言帮助游客稳定情绪，保持乐观，使游客低落、冷淡、不安的情绪得到有效的调节。例如，一架客机失事后的第二天，一个旅游团将飞往那架飞机失事的所在地，游客们都有一种恐惧、不安的情绪。候机时，大家都沉默寡言。这时，导游人员微笑着对大家说："请各位放心。我是大家的'护身符'，今天陪大家一同前往，保证一切顺利。请允许我在此向大家透露一个信息，我干了十多年导游，坐过几十次飞机，还没有一次从天而降的经历。"客人们一听，都笑了。可见，幽默而机智的宽慰，比生硬、笨拙的劝说更有效，一下就使客人增添了精神力量。

4）摆脱困境。在导游过程中，导游人员难免会遇到一些使人局促、尴尬的窘境。如果能恰到好处地使用幽默的语言，就会帮助导游人员摆脱困境。例如，有一个旅游团的旅游活动就要结束了。在道别时，游客们请陪同的导游人员讲话，导游人员表示只讲两句，可一下讲了十来分钟。一位游客半开玩笑地说："先生，你说只讲两句，怎么讲了这么多？"一时，宾主都颇尴尬。但这时，导游人员反应很快，他笑着说："开头一句，结尾一句，中间忽略不计，一共不是两句吗？"幽默、机智的"滑头"话，把自己从困境中解脱出来，客人们也都笑了。

尽管幽默语言对导游服务工作作用不小，效果很好，但是，导游人员在具体运用时应特别注意以下几个方面的问题：

1）忌取笑他人。人性中有一种弱点，即大都不愿被人当作取笑的对象，尤其是有心理和生理缺憾的人在这方面更敏感。所以导游人员在使用幽默时一定不能把游客作为取笑的对象，如果主动把自己作为取笑的对象，那么就能避免暴露上述弱点。成功的幽默经常是自嘲的，说笑话时，真正安全和适宜的话题还是自己。

2）忌不看对象。导游人员在使用幽默时一定要注意对象，不看对象的幽默只会让游客反感。例如，一天晚上某旅游团在晚餐时，导游员到一桌去祝酒，见那个桌上女孩子比较多，就对桌上一位男游客说："很荣幸我一下子就找到你，哪里女孩子多，哪里就可以找到阁下。"大家哈哈一笑。等到晚餐散后，这位男游客找到导游员，很严肃地对他说："你怎么把我往死里整，我是那种好色之徒吗？"

3）忌不合时宜。在游客心情不佳、极度悲伤或肝火正旺时，导游人员不带任何同情心的幽默话或笑话，只能给人以幸灾乐祸的感觉。

4）忌"黄、黑"幽默。正常的幽默应该是格调高雅、言行文明、态度乐观、精神健康的。那些低级趣味的"黄色幽默"和玩世不恭的"黑色幽默"，都是幽默的副产品，是导游幽默语言中不可取的，也是导游人员在使用幽默时要坚决避免的。

(3)正确地使用态势语言

态势语言是通过人的表情和动作等来表示一定含义的无声语言。导游人员在和游客言谈以及进行导游讲解时,如果能结合当时的气氛及言谈和讲解的内容做到口头语言与手势、姿态、表情等态势语言有机、巧妙地结合,必定能使自己的语言声情并茂,更能打动游客的心。

9.1.3.4 灵活性

所谓灵活性,是指在导游服务工作中,导游人员所使用的导游语言要因人、因时、因地而异。首先,导游人员服务的对象复杂,导游人员在和他们言谈和讲解时,应针对不同年龄、性别、阶层、职业、文化修养和兴趣爱好,灵活地使用导游语言。例如,对专家、学者和"中国通",导游人员要注意语言的品位,要谨慎、规范;对初访者,导游语言要热情洋溢;对年老体弱的游客,语言要力求简洁从容;对青年,导游语言应活泼流畅;对文化水平低的旅游者,导游语言力求通俗化。其次,在不同的时空条件下,导游人员也应使用不同的导游语言。大自然是千变万化、阴晴不定的,游览时的气氛、游客的情绪也是会随时变化的。导游人员在讲解时就要根据具体的时空条件决定讲解内容的多少,声音的大小等。例如,在天气炎热或寒冷时,导游员的讲解内容就要做到精练扼要;而在气候宜人的春秋季节,导游员就可以适当地多讲一些。

导游语言贵在灵活,妙在变化。在导游服务中,导游人员必须根据具体的服务对象、时间和场合,灵活地调整导游语言,切忌千篇一律,墨守成规。

9.2 口 头 语 言

9.2.1 口头语言的基本形式

在导游服务中,口头语言是使用频率最高的一种语言形式。它包括独白式和对话式两种基本形式。

9.2.1.1 独白式

这是一种导游员讲,游客听的单向语言传递方式,在导游服务过程中,使用最为普遍。

[例1]各位贵宾,上午好!现在,我就带大家去游览位于南阳市西郊卧龙岗上的武侯祠。南阳武侯祠,又称诸葛草庐,是三国时期著名的政治家、军事家诸葛亮"躬耕于南阳"时留下的故址,当年刘皇叔三顾之处,也是历代人们瞻仰和祭祀诸葛亮的地方。

[例2]游客朋友们,大家好,首先欢迎大家到山西来。我是山西省中国国际旅行社的导游员,曾有一位高僧这样讲我的名字:许是曾修胜善根,萍水相逢念佛缘。开头的两个字,刚好是我的名字——许萍。今天有缘与各位同行,我非常高兴,希望您的山西之旅圆满、快乐。

以上是导游口头语言独白式的两个实例。例1是南阳的一位导游员介绍武侯祠的情况,例2是为了表示欢迎。

从上两个例子可以看出独白式口头语言的特点:

1)目的性强。例1是为了介绍武侯祠的情况。例2是为了表达欢迎的意愿。

2）对象明确。两个例子中导游人员要传递信息的对象都很明确,都是游客。

3）表述完整。因为运用独白式进行语言传递,通常都有预先准备的过程。对要接待的团队的基本情况、浏览的景点已经了解后,导游员可以有针对性地查阅资料,选择内容,在独白时间内,把自己所要传递的主要信息完整、有层次地表述出来。

9.2.1.2 对话式

这是一种导游员和游客之间的双向语言传递方式,是导游员与一个或数个游客之间的交谈,可以是问答,也可以是商讨。

[例3]导游和游客在聊天。

导:"各位知道开封有哪些风味小吃吗?"

客:"有灌汤小笼包,花生糕。"

导:"除了这些,大家还知道别的吗?"

客:"不知道了。"

导:"开封小吃数不清,灌汤包子小笼蒸;水煎包子热锅贴,桶子鸡数马豫兴;炒凉粉、红薯泥,风干兔肉黄焖鱼;羊肉炕馍花生糕,江米切糕冰糖梨;状元饼、进士糕,鲤鱼焙面套四宝;五香豆干杏仁茶,开封小吃太多了……"

[例4]陈先生是某旅游团的领队,正与该团地陪小王商谈日程。

王:陈先生,我们对一下团队的日程。我先来介绍一下。

陈:不错。安排得很好,很详细。不过我有个要求。

王:没关系,请讲。

陈:据说你们这里又新开了一处碑林博物馆?

王:是的,上个月才对外开放。

陈:这个团有不少客人都喜欢中国书法,如果能去一下就太好了,不知道能不能安排?

王:可以,不过要专门去就存在一个绕路问题,可能会产生一些费用。

陈:没问题,费用我来付。

王:对不起,我先联系一下(向旅行社汇报)。

王:我向公司请示过,车费10元,门票费10元,每人总共20元,您看可以吗?

陈:好,谢谢您!

由以上导游口头语言对话式的实例中,可看出对话式口头语言具有如下特点:

1）对语言环境有较强的依赖性。对话双方只有共处同一语境,而且双方对谈话背景有共识,才能达到信息传递、实现有效交流的目的。

2）信息反馈及时。对话式属于双向语言传递形式,导游人员作为信息传递的主动一方,可以根据对方对谈话内容的反应及时调整谈话的具体内容。

9.2.2 口头语言表达的要领

9.2.2.1 音量大小适中

音量是指一个人说话时声音的强弱程度。导游人员在进行导游讲解或同游客交谈的时候,要注意控制自己声音的强弱,力求做到音量大小适中,应以每位游客都能听清为宜。

一般来说,导游人员可根据以下三个方面的情况来调节音量:

1)根据游客人数的多少来调节音量。当游客人数较多时,导游人员应适当调高音量,反之则应把音量调低一点。

2)根据导游地点的周边环境来调节音量。导游地点的周边环境包括两种情况,在室外或嘈杂的环境中,导游人员的音量应适当放大;而在室内或相对宁静的环境中,则应适当放小一些。

3)根据导游讲解和言谈的内容来调节音量。对于导游讲解中的一些重要内容、关键性词语或要特别强调的信息,导游人员要加大音量,以提醒游客注意,加深印象。例如,"我们将于明天早上8点钟准时出发。"这里出发的时间是特别要强调的内容,导游人员应适当提高音量,以提醒游客的注意。

9.2.2.2 语调优美自然

语调是指一个人说话的腔调,即讲话时语音高低升降的配置。语调一般分为升调、降调、直调、曲折调四种,高低不同的语调往往表示着人们不同的感情状态。

1)升调。多用于表示兴奋、激动、惊叹、疑问等感情状态。

例如,"大家快看,前面就是三峡工程建设工地!"(表示兴奋、激动)

"你也知道陈毅用'壮'字来描述三峡的特色?"(表示惊叹、疑问)

2)降调。多用于表示肯定、赞许、期待、同情等感情状态。

例如,"我们明天早晨八点准时出发。"(表示肯定)

"希望大家有机会再来河南,再来少林寺。"(表示期待)

3)直调。多用于表示庄严、稳重、平静、冷漠等感情状态。

例如,"故宫又叫紫禁城,是明清两个朝代的帝王之家。"(表示庄严、稳重)

"这儿的人们都很友好。"(表示平静状态)

4)曲折调。多用于表示说话人复杂的思想感情。导游人员要慎用。

导游人员无论是在导游讲解还是与游客交流时,要善于运用语调变化。语调的变化不仅能使语言具有音乐般的节奏感,悦耳动听,并且吸引游客的注意力,激发他们的游兴。导游人员在讲话时,还要做到语调正确,合乎常规,符合所用语种的讲话习惯,使游客听起来自然、舒服。

9.2.2.3 语气亲切平和

语气是指一个人说话的口气。导游人员无论是进行导游讲解还是与游客交谈,语气一定要亲切、平和,给游客一种亲近的感觉。切不可摆出一副高人一等的姿态,命令式的口吻会使游客感到导游人员高傲,难以接近,进而敬而远之。

9.2.2.4 语速快慢相宜

语速是指一个人说话的快慢程度。导游人员在导游讲解或同游客谈话时,语速既不能过快,也不能过慢。如果导游人员语速过快,会使游客的思维难以与导游人员保持同步,游客听起来吃力,对讲话内容印象不深,甚至根本就无法记住导游员所讲的内容;如果导游人员语速过慢,游客听了上句等下句,不仅会使游客感到厌烦,还会使他们的注意力分散。同时,导游人员也不能一直用同一种语速说话,这样不仅缺乏感情色彩,而且会使游客觉得乏味。因此,导游人员说话的语速应是语速适中、快慢相宜。一般来说,较为理想的语速应控制在每分钟200字左右。当然,具体情况不同,语速也应随之调整。具体说

来，一是要根据讲话的对象来调节语速。对中青年游客，导游人员说话的速度可稍快些，而对老年游客则要适当放慢。二是要根据讲话的内容来调节语速。对众所周知的事情、不太重要的事情或讲解进入高潮时，应适当加快语速；对需要特别强调的事情、想要引起游客注意的事情、容易招致误解的事情及讲解中所涉及的数字、人名、地名时，应适当放慢语速。

停顿是指一个人说话时语音的间歇或暂时中断。这里所说的停顿不是说话时的自然换气，而是根据说话内容的要求所做的有意间歇。停顿具有以下两个方面的作用，一是能增强导游语言的节奏感，二是能更好地吸引游客的注意力。所以，导游人员要善于运用停顿。导游人员在进行导游讲解时常用的停顿有以下几种（"/""//"表示停顿长短）：

1）语义停顿，是指导游人员根据语句的含义所做的停顿。一般来说，一句话说完要有较短的停顿，一个意思说完则要有较长的停顿。

例如，"武当山是我国著名的道教圣地，/是首批国家级重点风景名胜区和世界文化遗产。//武当山绵亘八百里，/奇峰高耸，险崖陡立，/谷涧纵横，云雾缭绕。//武当山共有七十二峰，/主峰天柱峰海拔高达1 612米，/犹如擎天巨柱屹立于群峰之巅。//发源于武当山的武当拳是中国两大拳术流派之一，/素有'北宗少林，南尊武当'之称。//"很明显，有了这些长短不一的停顿，导游人员就能把武当山的特点讲清楚，游客听起来也比较自然。

2）暗示省略停顿，是指导游人员说话不直接表示肯定或否定，而是用停顿来暗示，让游客自己去判断。

例如，"请看，江对面的那座山像不像一只巨龟？//黄鹤楼所在的这座山像不像一条长蛇？//这就是'龟蛇锁大江'的自然奇观。//"这里，导游人员并未对所讲的内容直接表示肯定或否定，而是采用停顿的办法让游客去思考、判断，从而留下深刻的印象。

3）等待反应停顿，是指导游人员说话说到关键之处有意停顿下来以激起游客的反应的停顿。

例如，"三斗坪坝址的选择不是一帆风顺的，中外专家在三峡工程坝址的选择上曾发生过长时间的争论。//"这时导游人员故意停顿下来，看到游客脸上流露出急于知道答案的神情，再接着介绍将坝址定在三斗坪的原因。

4）强调语气停顿，是指导游人员说话时说到重要的内容，为了加深游客内心的印象所做的停顿。

例如，"黄鹤楼外观为五层建筑，里面实际上有九层，为什么要这样设计呢？//"导游人员讲到这里，故意把问题打住，然后带团上楼参观，使游客在参观过程中联系这个问题进行思考。

9.3 态势语言

态势语言是以人的表情、姿态和动作等来表达一定语义，进行信息传递的一种伴随性无声语言。它又被称为体态语言、人体语言或动作语言。在导游服务中，虽然态势语言是一种伴随性或辅助性无声语言，但它也是导游语言中一个重要的组成部分，它能有效地配合有声语言传递信息,能起到补充和强化有声语言的效果,甚至有时还能起到口头语言不能起到的作用。态势语言在导游人员和游客之间进行信息传递、思想沟通及情感交流方面起着不可或缺的作用。

9.3.1 态势语言的类型

态势语言种类很多,不同类型的态势语言具有不同的语义,其运用技巧也不相同,下面介绍一些在导游服务中常用的态势语言。

9.3.1.1 表情语

表情语是指通过人的眉、目、耳、鼻、口的动作而引起面部肌肉运动的舒张和收缩来表达情感和传递信息的一种态势语言。导游人员的面部表情要给游客一种平和、松弛、自然的感觉,使游客感到容易接近。导游活动中涉及的表情语包括微笑语和目光语。它也是对导游人员来说最为重要的两种态势语言。

(1)微笑语

微笑语是通过不出声的笑,即略带笑容来传递信息。微笑被全世界公认是人类最美好的语言。对游客来讲,导游人员的微笑传递的是友好的信息。导游员的微笑要给游客一种甜美的感觉,使游客感到和蔼可亲。微笑时,要做到嘴角含笑,嘴唇似闭非闭,以露出半齿为宜。

(2)目光语

目光语是通过人与人之间的视线接触来传递信息的一种态势语言。艺术大师达·芬奇说:"眼睛是心灵的窗户",透过人的眼睛这个"窗户"可以折射出人们心灵深处的各种复杂情感。在导游服务中,导游人员的目光要使游客感到亲切、友好、自信。导游人员在运用目光语时要注意以下几点:

1)目光注视的部位。导游人员在工作中特别是在进行导游讲解时,应把视线停留在游客的双眼与嘴部之间。这种部位的注视,有利于传递友好、礼貌的信息。

2)目光注视的方式。在导游服务中,导游人员应以视线平行接触的正视和环视为宜。在与个别游客交谈时,导游人员要用正视的方式,以示对游客的尊重;在面对旅游团全体游客致辞或讲解时,导游人员要用正视和环视相结合的方式,目光不要长时间停留在个别或少数游客的身上,对于前后左右的游客都要照顾到,使处在每个位置的游客都能感觉到受重视,营造一种和谐友好、服务周到的气氛。

导游人员在导游服务中,不要采用视线向上接触的仰视,表现出目中无人和傲慢;也不要采用视线向下接触的俯视,表现出自信心不足。

3)目光注视的时间长度。导游人员在与游客交谈或讲解时,连续注视游客的时间不宜过长,否则会变成逼视或盯视,视线接触的时间应占全部时间的20%~60%。超过60%时间太长,长时间目不转睛地盯着某一游客是一种失礼的行为,容易引起游客的反感或误解;注视时间过短,少于讲话时间的20%,会被游客误解为导游人员心不在焉、应付差事。

9.3.1.2 动作语

动作语是指通过全身或身体某一部分的活动来表达情感和传递信息的一种态势语

言。导游活动中涉及的动作语包括首语、手势语和身姿语。

(1) 首语

它是通过人的头部活动来表达语义和传递信息的,分为点头和摇头。世界上大多数国家包括我国,都以点头表示肯定、同意、承认、认可、满意、理解、顺从、感谢等,以摇头表示否定、不同意、不满意、不承认、不理解等。但也有些国家或民族不是这样,如印度、泰国等地的一些民族奉行的是点头不算摇头算的原则,即同意对方意见用摇头来表示,不同意则用点头表示。

(2) 手势语

它是通过手和手指动作来表达语义和传递信息的,有助于增强口头语言的表情达意,有时还能表达口语中难以表述的内容。手势语包括握手语、招手语和手指语等。

1) 握手语。握手是交际双方互伸右手彼此相握以传递信息的手势语,它包含多种语义。在初次见面时表示欢迎,告别时表示欢送,对成功者表示祝贺,对失败者表示理解,对信心不足者表示鼓励,对支持者表示感谢,等等。握手时,上身应稍微前倾,立正,面带微笑,目视对方。不要将自己的左手插在裤袋里,不要边握手边拍人家肩头,不要与对方握手时眼看着他人或与他人打招呼,多人在一起时要避免交叉握手。握手时间的长短可根据握手双方的关系亲密程度灵活掌握,一般不应超过三秒钟。握手力度以不握疼对方的手为最大限度。在一般情况下,握手不必用力,握一下即可。男士与女士握手不能握得太紧,西方人往往只握一下女士的手指部分,但老朋友可例外。

导游人员在接站与游客初次见面时,可以握手表示欢迎,但只握一下即可,不必用力。对年龄较大或身份较高的游客应身体稍微前倾或向前跨出一小步双手握住对方的手以示尊重和欢迎。在送站与游客道别时,导游人员和游客之间已建立起较深厚的友谊,握手时可适当紧握对方的手并微笑着说些祝愿的话语。对于给予过导游人员大力支持和充分理解的海外游客及友好人士等更可加大些力度,延长握手时间,或双手紧握并说些祝福感谢的话语以表示相互之间的深厚情谊。

2) 招手语。招手的语义是打招呼、致意、理解、再见等。招手通常用在朋友、同事和熟人之间。导游人员在和游客熟悉之后,当游客向导游人员问好时,导游人员即可口头回答,也可招手致意,但招手时应面带微笑。此外,在人多的场合或双方距离较远时,目光接触后也可招手示意。

3) 手指语。它是通过手指动作来表达语义和传递信息的。它是一种语义比较复杂的伴随性语言,在双方理解的情况下,可以起到有效的信息传递和相互沟通的作用。在不同的国家、不同的民族中,由于文化传统和生活习俗的差异,同样的手指动作可能表示不同或相反的语义。所以,导游人员在接待游客时要根据游客所在的国家和民族的特点选用恰当的手指语,以免引起误会和尴尬。例如,竖起大拇指,在世界上许多国家包括中国都表示"好",用来称赞对方高明、了不起、干得好,但在有些国家还有另外的意思,在韩国表示"首领""部长""队长"或"自己的父亲",在日本表示"最高""男人"或"您的父亲",在美国、法国、印度等国,人们做此手势是请求"搭车"。伸出食指,在新加坡表示"最重要",在缅甸表示"拜托""请求",在美国表示"让对方稍等",而在澳大利亚则是"请再来一杯啤酒"的意思。需要提醒的是,若导游人员接待的是欧美国家的游客,不能用食指指点他们,因为在欧美国家这是很不礼貌的骂人动作。伸出中指,在墨西哥表示"不满",在法国表示"下流的行为",在澳大利亚表示"侮辱",在美国和新加坡则是"被激怒和极度的不愉快"的意思。伸出小指,在韩国表示"女朋友""妻子",在菲律宾表示"小个子",在日本表示"恋人""女人",在印度和缅甸表示"要去厕所",在美国和尼日利亚则是"打赌"的意思。伸出食指往下弯曲,在中国表示数字"9",在墨西哥表示"钱",在日本表示"偷窃",在东南亚一带则是"死亡"的意思。美国人用拇指与食指尖形成一个圆圈并手心向前表示"OK",在日本则表示"金钱",而希腊人、巴西人和阿拉伯人用这个手势表示"诅咒",在法国是"没有"或"微不足道"的意思。伸出食指和中指构成英语字母"V",西方人常用此手势表示"胜利",但应注意把手心对着观众,如把手背对着观众做这一手势,则被视为下流的动作,而中国人常用此手势表示"2"。

(3) 身姿语

它是以人的身体姿态来反映人们的心理状态和传递信息的。不同的身体姿态传递着不同的信息。导游活动中所涉及的身姿语有站姿语、坐姿语和走姿语。

1) 站姿语。导游人员的站姿要给游客一种谦恭、彬彬有礼的感觉,其目的是为了表示对游客的尊重。导游人员在站立时要注重站姿的优美和典雅,要做到身体的重心放在双脚之间,上身挺直,立腰收腹,两臂自然下垂,两膝并拢或分开与肩同宽,表情自然。应注意不要两手叉腰,不要把手插在裤兜里,不要双臂抱于胸前,以免给游客造成一种傲慢无礼或漫不经心、倦怠的感觉。

2) 坐姿语。导游人员的坐姿要给游客一种温文尔雅的感觉,其目的是为了表示对游客的尊重。导游人员在就座时要做到上体自然挺直,两腿自然弯曲,双脚平落地上,臀部坐在椅子中央,男导游人员一般可张开双腿,以显示其自信、豁达;女导游人员一般要两膝并拢,以显示其庄重、矜持。不论是男女导游人在就座时均不要前俯后仰、歪七扭八或跷二郎腿,因为这样所传递的是粗俗无礼的信息。

3) 走姿语。导游人员的走姿要给游客一种轻盈稳健、自然大方的感觉。在导游活动中,导游人员行走时要做到上身自然挺直,立腰收腹,肩部放松,两臂自然前后摆动,身体的重心随着步伐前移,脚步要从容轻快、干净利落,目光要平稳,可用眼睛的余光(必要时可转身扭头)观察游客是否跟上。行走时切忌驼背、左右摇摆,不要脚蹭地面或把手插在裤袋里。

9.3.1.3 服饰语

它是通过服装和饰品来传递信息的一种态势语言。一个人的服饰既是所在国家和地区民族风俗与生活习惯的反映,也是个人气质、兴趣爱好、文化修养和精神面貌的外在表现。服饰语的构成要素有颜色、款式、质地等,其中颜色是最重要的要素,给人的感觉最为敏感。不同的颜色给人的印象和感觉也不一样,深色给人深沉、庄重之感;浅色让人感觉清爽、舒展;蓝色使人感到恬静;白色让人感到纯洁。

一个导游人员的服饰,是他整体面貌的主要组成部分。它不仅代表着一个人的形象,而且体现着大到一个国家、民族,小到一个旅行社的精神风貌。因此,导游人员的服饰必须要符合导游的职业特点。在导游活动中,导游人员的服装一是要整洁,常洗常换,尤其是衬衣的领口和袖口要保持干净;袜子要常换,不要有异味。二是要协调,上衣、裤子、鞋

乃至帽子、围巾在色彩、质地上要协调；服装要与自己的形体、气质相协调；要与所处的场合、情景相协调。三是要得体，男导游员不应穿无领汗衫、短裤和赤脚穿凉鞋；女导游员的服装应避免穿着紧身衣、透视装、露脐装、吊带和超短裙。男女导游人员的着装不能过分华丽，佩戴的饰品不宜过多，要得体，以免给游客以炫耀、轻浮之感。

9.3.2 态势语言的特点

9.3.2.1 具有鲜明的民族性

同一态势语言在不同的民族文化中往往有着不同的语义，如我们以上所讲的手指语；表达同一语义时，不同民族的态势语言表示的方式不同，如见面时，多数国家和民族习惯于采用握手的方式，而日本、韩国采用的是鞠躬，东南亚一些信奉佛教的国家采用的是双手合十。

9.3.2.2 具有强化和辅助的作用

对口头语言来说，态势语言的配合使用能够起到强化的作用。例如，导游人员面对的是新加坡的游客，为了说明某件事情很重要，在口头语言表述的同时若再伸出食指，就可明显增强口语的表达效果。另外，态势语言还能辅助口头语言以更加明确语义。例如，导游人员在带领游客坐船游览长江三峡时，说："那座峰就是著名的神女峰。"如果不用目光语和手势语配合，语义就比较含糊，游客就弄不清楚"那座峰"是指哪一座。

9.3.2.3 具有综合运用的功能

在导游服务过程中，态势语言很少单独使用，往往是综合运用。例如，导游人员在火车站迎接旅游团时，一边微笑一边握着游客的手说："欢迎，欢迎，一路辛苦了。"这时，同口头语结合起来的态势语言就有微笑语和握手语，给游客以视觉（微笑）、触觉（握手）、听觉（问候）刺激，使游客获得热情友好、备受欢迎的整体感受。

在导游服务中，导游人员在运用态势语言时，必须把握好以下几个要领。一是要恰当，即要选择符合游客的民族文化和生活习俗的态势语言；二是要自然，即不要矫揉造作；三是要综合运用，即多种态势语言要结合起来使用以增强语义，强化传递信息。与此同时，导游人员要克服自己某些不良的下意识动作，如耸肩、挠头、左右摇摆、手舞足蹈等，因为这些习惯性动作既无意义还有可能会分散游客的注意力。

总之，导游人员在使用态势语言时，要使自己的每一种态势语言都能同口头语言和谐、有机地融合为一体，对游客更富有感染力和吸引力。

9.4 导游交际语言

交际语言又称社交语言，它是人们在日常交往中所使用的语言。在导游工作中，导游人员的服务对象是游客，主要是同游客进行接触，而在接触过程中，语言是最基本、最重要的工具，语言的表达方式、方法和技巧对接触效果都会产生影响。因此，为了能同游客和谐友好地相处，能提供让游客满意的导游服务，导游人员应不断提高自己的导游交际语言技能。

导游交际语言包含的内容很多，本书主要介绍称呼时、交谈时、劝服时、提醒时、回绝时和道歉时导游人员的语言技巧。

9.4.1 称呼的语言技巧

在导游服务中,导游人员接待的游客来自不同的国家或地区,他们都是客人,是导游人员的服务对象,在和他们的交往中,游客对导游人员最基本的要求就是尊重。而导游人员对游客的尊重首先表现在对游客称呼要得当。

导游人员在为旅游团队全体成员提供导游服务时,一般可使用以下三种形式的称呼:

9.4.1.1 交际关系型

交际关系型的称呼主要是强调导游人员与游客在导游交际中的角色关系。例如,"各位游客""诸位游客""各位团友""各位嘉宾"等。这类称呼角色定位准确,宾主关系明确,既公事公办,又大方平和,特别是其中的"游客"称呼,是在导游服务中导游人员对服务对象使用频率最高的一种称呼。

9.4.1.2 套用尊称型

套用尊称型的称呼在各种场合都比较适用,它是对各个阶层、各种身份的人都比较合适的一种社交通称。例如,"女士们、先生们""各位女士、各位先生"等。这类称呼尊称意味浓厚,适用范围广泛,回旋余地较大。对于导游人员来说,一般在接待入境团时采用此称呼较好,而对国内团就显得有点太正规。

9.4.1.3 亲密关系型

亲密关系型的称呼多用于比较密切的人际关系之间的称呼。例如,"各位朋友""朋友们"等。这类称呼热情友好,亲和力强,注重强化平等亲密的交际关系,易于消除游客的陌生感。在导游工作中,当导游人员和游客有了一定程度的接触,比较熟悉之后,可用此称呼。

9.4.2 交谈的语言技巧

交谈是人们交往中最基本、最常见的现象。在导游服务中,虽然导游人员的导游讲解占据主要的地位,但同游客的自由交谈也是非常重要的一项工作。通过交谈,不仅可以达到协调双方关系、缩短双方心理距离、建立良好的交际基础的目的,同时还可以了解游客的情况、意见和建议,进行必要的旅游调研,以便能更好地为游客提供针对性的服务。所以,导游人员掌握一些与游客交谈的技巧,对做好导游工作是十分必要的。

为了能顺利地和游客交谈,达到交流思想、沟通感情的目的,导游人员应做到以下几点:

9.4.2.1 熟记姓名

导游人员在和游客交谈前,应尽量记住游客的姓名,并使用正确的称呼,使游客感觉到导游人员对自己的重视,从而为融洽的交谈创造了良好的条件。

9.4.2.2 对症下药

导游人员在和游客交谈时,应善于寻找话题来激发游客的谈兴。针对不同的游客,确定的交谈内容是不一样的。导游人员主要应从对方感兴趣的或关心的话题切入。例如,在和老年游客交谈时,可选择有关身体健康、养身、怀旧等话题;在和女游客交谈时,可以

说说流行服饰、美容等话题；在与年轻游客交谈时，则应选择流行时尚、学习和工作经历及爱好等作为交谈的内容。

9.4.2.3 认真倾听

认真倾听不仅能够使导游人员更加准确地获得信息，而且也表示出对游客的尊重。在交谈中，当游客向导游人员表述自己的看法和意见时，导游人员要不时地点头，这样游客就会感到你同他谈话的态度是认真的，是和他在真心的交流，从而对导游人员产生好感。如果导游人员对游客的意见和看法有异议时，应等到游客把话讲完再说，应先表示对不起，并询问对方能否可以插上一句话，在得到对方许可后方可插话，切忌打断游客的讲话。

9.4.2.4 把握适度

交谈讲究的是谈话双方自愿、轻松愉快。并非所有的游客都愿意和导游人员交谈。这就需要导游人员时刻注意游客的反应，随时掌握交谈的进程。例如，有一些游客，他们在旅游活动中会表现出傲气十足，拒人千里之外。对待这样的游客，导游人员可以尝试着与他们交谈，如果效果不明显，可以选择放弃，给游客保持其优越感的机会。

9.4.3 劝服的语言技巧

在导游服务过程中，导游人员常常会面临各种问题，需要对游客进行劝服，如旅游活动日程或所乘交通工具被迫改变需要劝服游客接受；对游客的某些越轨行为需要进行劝说等。在对游客进行劝服时，一是要以事实为基础，即根据事实讲明道理；二是要讲究方式、方法，使游客易于接受。劝服的方式主要有以下几种。

9.4.3.1 诱导式劝服

诱导式劝服即循循善诱，通过有意识、有步骤的引导，澄清事实，讲清利弊得失，使游客逐渐信服。例如，有一旅游团原计划乘坐飞机从郑州到上海，因未订上机票只能改乘火车，游客对此意见很大。这时导游人员首先要十分诚恳地向游客表示歉意，然后耐心地向游客说明原委并分析利弊。导游人员可以这样说："没有买上机票延误了大家的旅游行程，我很抱歉，对于大家急于赴上海的心情我很理解。但是如果乘飞机去上海还得等两天以后，这样你们在上海只能停留一天，甚至一天还不到；如果现在乘火车，大家在上海就可停留两天，这样就可以有充裕的时间来游览上海的旅游景点。另外，大家一路旅途都非常辛苦，乘火车一方面可以观赏沿途的自然风光，一方面也可以得到较好的休息。"导游人员的这席话使游客激动的情绪平静了下来，一些游客表示愿意乘坐火车，另一些游客在他们的影响下也表示认可。

对于这类问题的劝服，导游人员一是要态度诚恳，使游客感到导游人员是站在游客的立场上帮助他们考虑问题；二是要善于引导，巧妙地使用语言分析其利弊得失，使游客感到上策不行取其次也是不错的选择。

9.4.3.2 迂回式劝服

迂回式劝服是指不对游客进行正面、直接地说服，而采用间接或旁敲侧击的方式进行劝说，即通常所说的"兜圈子"。这种劝服方式的好处是既不伤害游客的自尊心，又使游客较易接受导游人员的劝服。例如，某旅游团有一位游客在游览活动中，常常喜欢离团独自活动,出于安全考虑和旅游团活动的整体性,导游人员走过去对他说:"某某先生,大家现在游览休息一会儿,很希望您过来给大家讲讲您在这个景点游览中的新发现,作为我导游讲解的补充。"这位游客听了会心一笑,自动地走了过来。在这个例子中,导游人员没有直接把该游客喊过来,因为那样多少带有命令的口气,而是采用间接的、含蓄的方式,用巧妙的语言使游客领悟到导游人员话语中的含意,游客的自尊心也没有受到伤害。

9.4.3.3 暗示式劝服

暗示式劝服是指导游人员不明确表示自己的意思,而采用含蓄的语言或示意的举动使人领悟的劝说。例如,有一位游客在旅游车内抽烟,使得车内空气混浊。导游人员不便当着其他游客的面,用口头语言向这位游客明确表示车内不许抽烟,这样就会使这位游客很没面子,自尊心受到伤害。所以,在这位游客面向导游人员又欲抽烟时,导游人员向他摇了摇头(或捂着鼻子轻轻咳嗽两声),使这位游客熄灭了香烟。这里导游人员运用了含蓄的语言——摇头、捂鼻子咳嗽,暗示在车内"请勿吸烟",使游客产生了自觉的反应,接受了导游人员的劝服。

总之,劝服的方式要因人、因事而异,要根据游客的不同性格、心理或事情的性质和程度,分别采用不同的方法。

9.4.4 提醒的语言技巧

在导游服务中,导游人员经常会碰到少数游客由于个性或生活习惯的原因表现出群体意识较差或丢三落四的行为,如迟到、离团独自活动、走失、遗忘物品等。对于这类游客,导游人员应从关心他们的安全和旅游团集体活动的要求出发给予特别关照,在语言上要适时地予以提醒。

导游人员在对游客进行提醒时,切忌使用直截了当的命令式提醒,应使用委婉的语言,提醒的语言要富有情感,要体现出对游客的尊重和关心,使提醒能在愉悦的气氛中被游客所接受。提醒的方式主要有以下几种。

9.4.4.1 敬语式提醒

敬语式提醒是导游人员使用恭敬口吻的词语,对游客进行直接的提醒方式。例如,"请大家安静一下""对不起,您又迟到了"。这样的提醒比"喂,你们安静一下""以后不能再迟到了"等命令式语言要好得多。导游人员在对游客的某些行为进行提醒时应多使用敬语,这样会使游客易于接受。

9.4.4.2 协商式提醒

协商式提醒是导游人员以商量的口气间接地对游客进行的提醒方式,以取得游客的认同。协商将导游人员与游客置于平等的位置上,导游人员主动同游客进行协商,是对游客尊重的表现。一般说来,在协商的情况下,游客是会主动配合的。例如,某游客常常迟到,导游人员和蔼地说:"您看,大家已在车上等您一会儿了,以后是不是可以提前做好出发的准备?"又如,某游客在游览中经常离团独自活动,导游人员很关切地询问他:"某某先生,我不知道在游览中您对哪些方面比较感兴趣,您能否告诉我,好在以后的导游讲解中予以结合。"

9.4.4.3 幽默式提醒

幽默式提醒是导游人员用有趣、可笑而意味深长的词语对游客进行的提醒方式。导游人员运用幽默的语言进行提醒,既可使游客获得精神上的快感,又可使游客在欢愉的气氛中受到启示或警觉。例如,导游人员在带领游客游览长城时,提醒游客注意安全并按时返回时说:"长城地势陡峭,大家注意防止摔倒。另外,也不要头也不回一股脑儿地往前走,一直走下去就是丝绸之路了,有人走了两年才走到,特别辛苦。"又如,几位年轻游客在浏览时,纷纷爬到一尊大乌龟石像的背上照相,导游人员见了连忙上前提醒他们说:"希望大家不要欺负这头忠厚老实的大乌龟!"这比一脸严肃地说:"你们这样做是损坏文物,是要罚款的!"的效果要好得多。

9.4.5 回绝的语言技巧

在导游服务中,导游人员常常会碰到游客提出各种各样的问题和要求,除了有一些要求是合理的且经过导游人员的努力可以满足外,还有一些问题和要求是不合理的或是合理的但是是不可能办到的,对这类问题和要求,导游人员就需要回绝。如果这时导游人员直接回答说"不",必然会引起游客的失望和不快,所以,导游人员在回绝游客的要求时,必须要注意回绝的方式和语言表达的技巧。回绝的方式主要有以下几种。

9.4.5.1 柔和式回绝

柔和式回绝是导游人员采用温和的语言进行推托的回绝方式。采取这种方式回绝游客的要求,不会使游客感到太失望,避免了导游人员与游客之间的对立状态。例如,某领队在和导游人员核对、商定日程时向导游人员提出是否可把日程安排得紧一些,以便增加一二个旅游项目。导游人员明知道这是计划外的要求不可能予以满足,于是采取了委婉的拒绝方式。"您的意见很好,大家希望在有限的时间内多看看的心情我也理解,如果有时间能安排的话我会尽力的。"这位导游人员没有明确回绝领队的要求,而是借助客观原因(时间),采用模糊的语言暗示了拒绝之意。又如,一位美国游客邀请某导游人员到其公司里去工作,这位导游人员回答说:"谢谢您的一片好意,我还没有这种思想准备,也许我的根扎在中国的土地上太深了,一时拔不出来啊!"这位导游人员虽未明确表示同意与否,然而却委婉地谢绝了游客的提议。

上述这类回绝在方式上是柔和、谦恭的,采用的是拖延策略,取得了较好的效果。

9.4.5.2 迂回式回绝

迂回式回绝是指导游人员对游客的发问或要求不正面表示意见,而是绕过问题从侧面予以回应或回绝。例如,一次某导游人员在同游客交谈中谈到了西藏,这时一位美国游客突然发问:"你们1959年进攻西藏是否合法?"该导游人员想了想说:"你认为你们在19世纪60年代初期派兵进攻密西西比河南方的奴隶主是否合法?"美国游客一时语塞。

对这类政治性很强的问题,尤其是西方游客长期受资本主义宣传的影响,一时难以和他们讲清楚,采取这种迂回式的反问方式予以回绝是一种不错的选择。

9.4.5.3 引申式回绝

引申式回绝是导游人员根据游客话语中的某些词语加以引申而产生新意的回绝方式。例如,一位游客在离开某地时,把自己吃剩的半瓶药送给当地的导游人员,并说:"这种药很

贵重,对治疗我的病很管用,现在送给你做个纪念。"导游人员回绝说:"既然这种药贵重,又对您很管用,送给我这没病的人太可惜了,还是您自己带回去慢慢用更好。"这里导游人员用客人的话语进行的引申十分自然,既维护了自己的尊严,又达到了拒绝的目的。

9.4.5.4 诱导式回绝

诱导式回绝是指导游人员针对游客提出的问题进行逐层剖析,引导游客对自己的问题进行自我否定的回应方式。例如,有位法国游客问导游人员:"有人说,西藏应是一个独立的国家,对此你是怎样看的?"这位导游人员反问他:"您知道西藏政教领袖班禅、达赖的名字是怎么来的吗?"该游客摇摇头说:"不知道。"导游人员接着说:"我告诉您吧,他们的名字是清朝皇帝册封的,可见西藏早就是中国的一部分。正如布列塔尼是法国的一部分一样,您能因为那里的居民有许多自己的风俗就说它是一个独立的国家吗?"这位法国游客摇摇头笑了。

总之,导游人员无论用哪种回绝方式,其关键都在于尽量减少游客的不快。导游人员应根据游客的情况、问题的性质、要求的合理与否,分别采用不同的回绝方式和语言表达技巧。

9.4.6 道歉的语言技巧

在导游服务中,因为导游人员说话的不慎、工作中的某些过失或相关接待单位服务上的欠缺,会引起游客的不快和不满,造成游客同导游人员之间关系的紧张。不管造成游客不快和不满的原因是主观的还是客观的,也不论责任是在导游人员自身还是在旅行社方面或相关的旅游接待单位方面,导游人员都应妥善处置,需要采用恰当的语言向游客表示道歉,来消除游客不快和不满的情绪,求得游客的谅解,缓和客我的紧张关系。道歉的方式主要有以下几种。

9.4.6.1 微笑式道歉

微笑式道歉是指导游人员在向游客道歉时,运用微笑作为载体,来向游客传递歉意,以消除游客不满的道歉方式。例如,有一位导游人员带领一旅游团在颐和园游览时,有一位游客向导游人员问道:"颐和园是谁修建的?"导游员回答说:"是慈禧太后修建的。"这时另一游客纠正说:"它始建于乾隆皇帝,只是被英法联军焚毁后,由慈禧太后重建的。"导游人员觉察到自己的回答是错误的,于是对这位游客抱歉地一笑,游客便不再计较了。

9.4.6.2 迂回式道歉

迂回式道歉是指导游人员在不便于直接、公开地向游客道歉时,而采用其他方式求得游客谅解的道歉方式。例如,一位导游人员在导游服务中过多地接触和关照少数游客,引起了另一些游客的不悦,导游人员觉察后,便主动地多接触这些游客,并给予关照和帮助,逐渐使这部分游客冰释前嫌。在这里,导游人员运用体态语言表示了歉意。又如,某旅游团就下榻酒店早餐的品种单调问题向导游人员表示不满,提出要换住其他酒店。导游人员经与该酒店协商后,增加了早餐的品种,得到了游客的谅解。

9.4.6.3 自责式道歉

自责式道歉是指由于旅游接待单位的过错,使游客的利益受到较大损害而引起游客的强烈不满时,导游人员代人受过、勇于自责,以缓和游客的不满情绪的道歉方式。例如,一位导游人员接待了一个来昆明游览的旅游团,当游客们高高兴兴地走出红色通道来到

行李输送机前取行李时,团中的一名女游客发现自己的行李箱少了一只,箱内有许多生活必需品和一些贵重物品。这位女游客当时十分着急,也非常气愤。这时导游人员对这位女游客说:"十分对不起,对于这件事情的发生,我心里也很不安,不过我一定会督促和配合相关部门尽快寻找,我们一定会尽力妥善解决这个问题的。"这位导游人员所采用的这种勇于自责的道歉方式,一方面体现了导游人员帮助客人解决问题的诚意,另一方面也是对客人的一种慰藉。

在导游服务中,导游人员不管采用哪种道歉方式,必须注意以下几点:首先要诚恳,即要诚心诚意,发自内心;其次要及时,即知错就改;最后要把握好分寸,即不能因为游客的某些不快就道歉,要分清情感遗憾与道歉的界限。

9.5 常用的导游讲解方法

在导游服务中,导游讲解是导游人员的一项重要的服务内容。导游人员要想使自己的讲解吸引住游客,使自己成为游客关注的中心,必须讲究导游讲解的方法。一名优秀的导游人员要善于针对游客不同的心理需求,灵活地运用各种导游讲解方法,提高讲解效果,使每位游客的合理需求得到满足。导游讲解的方法不仅直接影响着导游讲解的效果,而且对整个导游服务质量也会产生极大的影响。在长期的实践基础上,导游前辈们总结出了很多行之有效的导游讲解方法,下面择要介绍8种常用的导游讲解方法。

9.5.1 简单概述

"简单概述"就是导游人员用直截了当的语言,简明扼要地介绍游客要参观游览的景点概况,使其对即将参观游览的景点有一个轮廓性认识的导游讲解方法。这种方法,适用于前往景点的途中或在景点入口处的示意图前讲解时使用。例如,一旅游团到开封的清明上河园参观游览,在参观游览前,导游人员可以这样讲解:"清明上河园是以《清明上河图》为蓝本,仿照原图的布局,采用宋代营造法式,结合现代建筑方法,集中再现了原图中的风物景观和民俗风情。它占地面积600亩,其中水面170亩。主要建筑有城门楼、虹桥、街景、店铺、河道、码头、船坊等各种宋式房屋400余间,形成了3万多平方米气势磅礴的宋代古建筑群。整个清明上河园大体分为南苑和北苑两大景区,南苑重在表现市井生活、民俗风情;北苑重在表现皇家园林、宫廷娱乐。景区内分别设驿站、民俗风情、特色食街、宋文化展示、花鸟鱼虫、宫殿园林、休闲购物和综合服务八个功能区,并设有校场、虹桥、民俗、宋都等四个文化区。游览清明上河园,可以跨虹桥,登上善门,游洪福寺,浏览文绣院,下榻古驿站,饱餐孙羊正店,欣赏宋代宫殿和古典宫廷园林。您还可以尽情观赏民间杂耍、木兰织房、年画社,还有吹糖人、剪纸、风筝等民间工艺,品尝闻名中外的开封小吃。下面请大家随我一同进园参观游览。"

9.5.2 分段讲解

"分段讲解"就是导游人员根据景点中景观的分布情况,将游客要参观游览的内容分为前后衔接的若干部分进行讲解的导游讲解方法。这种方法适用于规模较大的景点的导

游讲解。在使用这种方法时候,导游人员一般要先用概述法概括地介绍游览点的基本情况,包括历史沿革、占地面积、欣赏价值等,使游客对即将游览的景点有个初步的印象。然后,导游人员再带领游客到现场顺次参观游览,进行分段讲解。导游人员在讲解这一部分的景物时注意不要过多涉及下一部分的景物,但要在快结束这一景区的游览时,适当地提一提下一个景区,目的是为了引起游客对下一个景区的兴趣,并使导游讲解一环扣一环,环环扣人心弦。例如,游览颐和园时,旅游团的参观路线一般由东宫门进,从如意门出,所以导游人员通常将整个园子分三段进行导游讲解,即以仁寿殿为中心的政治活动区,以慈禧太后的寝宫乐寿堂和戊戌变法失败后的"天子监狱"玉澜堂为中心的帝后生活区,以及游览区的昆明湖和前山(长廊、排云殿至佛香阁的中轴线和石舫)。游客边欣赏沿途美景边听导游人员有声有色、层次分明、环环相扣的讲解,定会心旷神怡,获得美的享受。

9.5.3 重点介绍

"重点介绍"就是导游人员在导游讲解时要避免面面俱到,而是突出某一方面的导游讲解方法。一处景点,要讲解的内容很多,导游人员必须根据不同的时空条件和对象区别对待,有的放矢地做到轻重搭配,详略得当,重点突出。

导游讲解时一般应突出下述四个方面。

9.5.3.1 突出大景点中具有代表性的景观

对于规模大的游览景点,导游人员必须事先做好周密计划,确定景点中要重点讲解的景观。被确定的景观必须具有代表性,即最能体现该景点的主要特征,能概括全貌。例如,对于北京天坛这个景点,最有代表性的景观是祈年殿和圜丘坛(包括皇穹宇)这两处景观,所以导游人员带团去天坛游览,就应把祈年殿和圜丘坛(包括皇穹宇)这两处景观作为讲解的重点。导游人员通过对这两处景观的历史用途、仪式场面和建筑特点的讲解,不仅让游客对天坛的全貌(历史、面积和用途等)有了明确的了解,而且还能使他们欣赏到举世无双的中国古代建筑艺术。

9.5.3.2 突出景点的独特之处

一处景点是否对游客有吸引力,主要在于它的独特性。导游人员在讲解时,重点应放在景点的与众不同之处。例如,同为佛教寺院,但其历史、规模、结构、建筑艺术、供奉的佛像等各不相同,导游人员在讲解时必须讲清其特征的独特之处,以有效地吸引游客的注意力,避免产生雷同的感觉。

9.5.3.3 突出游客感兴趣的内容

在旅游活动中,由于职业和文化层次的差别,游客对同一景点感兴趣的内容是各不相同的,所以导游人员在研究游客的资料时要注意其职业和文化层次,把握好游客感兴趣的内容,这样在导游讲解时才能做到有针对性。

9.5.3.4 突出"……之最"

"最"字是景点某方面突出特征的体现,反映了该景点在同类景观中首屈一指。导游人员在讲解中根据景点的实际情况,突出其"之最"能引起游客的关注和兴趣。这些"之最"可以是世界之最,也可以是中国、本地之最。例如,甲骨文是中国最早的文字;后母戊鼎是迄今为止世界上所发掘的最大的一件青铜器;洛阳白马寺是中国最早的佛教寺庙等。

9.5.4　虚实结合

"虚实结合"就是导游人员在导游讲解中将典故、传说与景物介绍有机结合,即编织故事情节的导游讲解方法。就是说,导游讲解要故事化。采用这一方法,可以有效地避免导游讲解的平淡和枯燥无味,使导游讲解生动形象,能对游客产生更强的艺术感染力。

"虚实结合法"中的"实"是指景观的实体、实物、史实、艺术价值等,"虚"是指与景观有关的民间传说、神话故事、趣闻逸事等。在导游讲解中,必须将"虚"与"实"有机结合,以"实"为主,以"虚"为辅,"虚"为"实"服务,以"虚"烘托情节,以"虚"加深"实"的存在,努力将无情的景物变成有情的导游讲解。例如,讲解杭州断桥时,结合白娘子和许仙在断桥上"千年等一回"的故事,一定会显得更加风趣生动。导游人员讲解时选择"虚"的内容要做到"精"和"活"。所谓"精",就是所选传说等内容是精华,要与讲解的景观密切相关;所谓"活",就是使用时要活,见景而用,即兴而发。

9.5.5　有问有答

"有问有答"就是导游人员在导游讲解时,向游客提问题或启发他们提问题的导游讲解方法。使用这一方法的目的是为了活跃游览气氛,激发游客的想象思维,促使游客与导游人员之间产生思想交流;还可以避免导游人员唱独角戏的灌输式讲解,更好地加深游客对所游览景点的印象。问答法主要有以下三种形式。

9.5.5.1　自问自答

导游人员自己提出问题,并作适当停顿,让游客猜想,但并不期望他们回答,只是为了吸引游客的注意力,促使他们思考,激起他们的兴趣,然后导游人员做简洁明了的回答或做生动形象的介绍,给游客留下深刻的印象。

9.5.5.2　我问客答

为提高游客的参与意识,导游人员在讲解中应适当设计一些由游客回答的问题。导游人员在设计问题时,要根据游客的具体情况,提出恰当的问题,问题不能太难,估计他们不会毫无所知,也要估计到会有不同的答案。导游人员要诱导游客回答,但不要强迫他们回答,以免使其尴尬。客人的回答不论对错,导游人员都不应打断,更不能笑话,要给予鼓励,最后由导游人员讲解。

9.5.5.3　客问我答

为调动游客的积极性和想象力,导游人员应欢迎游客提问题。游客提出问题,证明他们对某一景物产生了兴趣,进入了审美角色。对游客所提出的问题,即使是幼稚可笑的,导游人员也绝不能置若罔闻,千万不要笑话他们,更不能表示出不耐烦,而是要善于有选择地将回答和讲解有机地结合起来。不过,对于游客所提出的全部问题,导游人员也不能在讲解中马上全部回答,一般只回答一些与景点有关的问题,至于和景点无关的问题可约定时间再进行解释,注意不要让游客的提问冲击了你的讲解,打乱了你的安排。

9.5.6　制造悬念

"制造悬念法"就是导游人员在导游讲解时提出令人感兴趣的话题,但故意引而不发,激起游客想急于知道答案的欲望,使其产生悬念的导游讲解方法,俗称"吊胃口""卖关子"。通常是导游人员先提起话题或提出问题,但不告知下文或暂不回答,让游客去思考、去琢磨、去判断,最后才讲出结果。这是一种"先藏后露、欲扬先抑、引而不发"的手法,一旦"发(讲)"出来,会给游客留下特别深刻的印象,而且导游人员可始终处于主导地位,成为游客注意的中心。

制造悬念的方法很多,例如,问答法、引而不发法、分段讲解法等都可能激起游客对某一景物的兴趣,从而制造出悬念。制造悬念是导游讲解的重要方法,在活跃气氛、制造意境、提高游客游兴、强化导游讲解效果等方面往往能起到重要作用,所以导游人员一般都比较喜欢使用。但是,再好的导游方法都不能滥用,"悬念"不能乱造,否则会起反作用。

9.5.7 同类比拟

"同类比拟"就是导游人员在导游讲解时以熟喻生,达到触类旁通的导游讲解方法。导游人员在导游讲解中用游客熟悉的事物与眼前景物进行比较,既便于游客的理解,又使游客感到亲切,从而达到事半功倍的导游效果。

同类比拟分为同类相似类比和同类相异类比两种。

9.5.7.1 同类相似类比

同类相似类比就是将相似的两物进行比较。例如,将北京的王府井大街比作日本东京的银座、法国巴黎的香榭丽舍大街、上海的南京路;讲到梁山伯和祝英台的故事时,可以将其称为中国的罗密欧和朱丽叶等。

9.5.7.2 同类相异类比

同类相异类比就是将两种风物比出规模、质量、风格、水平、价值等方面的不同。例如,在价值上将秦始皇陵地宫宝藏同古埃及第18朝法老图坦卡蒙陵墓的宝藏相比;在宫殿建筑和皇家园林风格与艺术上,将北京故宫和巴黎附近的凡尔赛宫相比,将颐和园与凡尔赛宫花园相比,等等。这样的对比不仅使外国游客对中国悠久的历史文化有较深的了解,而且对东西方文化传统的差异有进一步的认识。

要正确、熟练地使用同类比拟,要求导游人员掌握丰富的知识,熟悉客源国(地区)的情况,对相比较的事物有深刻的了解。切忌对不了解、不熟悉的事物做胡乱、不相宜的比较,以免误导游客。

9.5.8 画龙点睛

"画龙点睛"就是指导游人员用凝练的词句,概括所游览景点的独特之处,给游客留下突出印象的导游讲解方法。对于所参观游览的旅游景点,虽然导游人员进行了详细的讲解,但是对于游客来讲一时很难形成总体认识,有见"树"不见"林"的感觉。如果导游人员在带领游客参观游览完景点后,能用精辟的词语对所游景点做以概括,点出景物精华所在,有助于游客既欣赏到了"树",又看到了"林",也能使游客进一步领略其独特之处。例如,旅游团游览青岛后,导游人员可用"蓝天、绿树、红瓦、沙滩、碧海"来概括青岛的风光。又如,旅游团参观完云南后,导游人员可用"美丽、富饶、古老、神奇"来概括云南风光。

除了上述8种导游讲解方法外,还有触景生情法、创新立意法、妙用数字法、名人效应

法、引而不发法,等等。导游讲解的方法很多,但导游人员在具体讲解时的运用不是孤立的,而要相互渗透、互相联系。导游人员在学习众家之长的同时,应结合自己的特点融会贯通,在实践中形成自己的导游讲解风格,这样才能不断提高导游讲解水平,从而获得不同凡响的导游讲解效果。

【本章小结】

导游人员掌握和运用语言的技能在很大程度上影响甚至决定着导游服务效果的好坏。在导游工作中,要想为游客提供满意的导游服务,导游人员的语言表达必须要达到正确、清楚、生动、灵活四个基本要求。导游人员服务的对象是游客,在同游客进行交往接触时,导游人员只有善于运用各种导游交际语言技巧,才能和游客之间做到和谐、友好地相处。导游人员在进行导游讲解时,要根据游客的具体情况和景区景点的实际选用恰当的导游讲解方法。

【重点概念】

导游语言　口头语言　态势语言　重点介绍　画龙点睛

【案例分析】

一问三不知的导游员

小王是某旅行社新招聘的导游员,对所在城市游览点的导游词背得滚瓜烂熟,对自己的工作充满信心。

一天,他带领游客去游览岳王庙。在正殿,小王讲解道:"这天花板上绘的是松鹤图,共有372只仙鹤,在苍松翠柏之间飞翔,寓意岳飞精忠报国精神万古长青。"一游客听了后,就问小王:"为什么是372只仙鹤,而不是371只或是373只?这有什么讲究吗?"小王倒是很爽快,回答说:"这个我不清楚,应该没什么讲究吧!"

来到碑廊区,小王指着墙上"尽忠报国"四个字,说这是明代书法家洪珠所写。团中一位年轻人不解地问小王:"为什么前面正殿墙上写的是'精忠报国',而这儿却写成'尽忠报国'呢?"小王考虑了一会儿,支支吾吾道:"这两个字没什么区别,反正它们都是赞扬岳飞的。"那游客还想些说什么,小王却喊道:"走了,走了,我们去看看岳飞墓。"

到了墓区,小王指着墓道旁的石翁仲讲解道:"这三对石人代表了岳飞生前的仪卫。"游客们没有听懂,要求小王解释一下"仪卫"是什么,小王犯难地说:"仪卫嘛,就是为岳飞守坟的。"游客反问道:"放几个石人在这儿守坟有什么用呢?"小王说:"这个,我不知道。"

点评:

导游员是做什么的?能带路,能讲解,远远不够。导游员应是游客的老师,游客的朋友,游客的楷模……所谓老师就要能做到韩愈《师说》中所说的:"传道、授业、解惑。"导游工作是一项与人打交道的工作,中国人、外国人、老年人、年轻人、男人、女人,各种各样的人,会提出各种各样的问题。一问三不知,何谓导游员。有人说:"导游,导游,上知天文,下知地理,无所不晓。"又有人说:"在导游员的'词典'里,是找不到'不'这个字的。"可

见,对导游员知识面的要求有多高。当然,导游员不可能做到行行通,成为一个全能人物。但多看书,从人家那儿学,不懂就问,使自己具备相当广的知识面,却是导游工作对导游员的一项特殊要求。愿我们的导游员不要做本案例中的小王。

思考题

1. 解释下列概念:导游语言、态势语言、重点介绍、虚实结合、有问有答、制造悬念、同类比拟、画龙点睛。
2. 导游语言有何特点?
3. 导游语言有哪些基本要求?
4. 导游口头语言表达的要领是什么?

实训题

1. 主讲教师利用相关资料分组对学生进行普通话口语表达的音量、语调、语气、语速、停顿运用等方面的训练。
2. 主讲教师指定近年全国导游人员资格考试学生报考省份现场考试指定的若干景点,要求学生运用学过的导游讲解方法进行模拟讲解。

本章练习题

一、单选题(以下四个选项,只有一项是正确的,请选择最佳选项)

1. 导游员在讲解苏州园林时,既讲了中国古代自然山水园林的艺术特征,同时讲了西方园林几何式园林的艺术特征。这种讲解方法称为(   )。
   A. 类比法   B. 画龙点睛法
   C. 分段讲解法   D. 突出重点法
2. 导游讲解的针对性要求导游员的讲解要从游客的实际出发,其中最重要的是从游客的(   )出发。
   A. 社会阶层   B. 文化层次
   C. 穿着打扮   D. 身份地位

二、多选题(以下每小题四个选项中,至少有两项是符合题意的,请将每题的所有正确选项选出,多选、少选或错选,均为错误)

1. 导游员在讲解的时候要根据(   )来调节音量。
   A. 游客的数量   B. 游客的理解能力
   C. 导游讲解地点   D. 讲解的内容
2. 导游员使用扩音器的正确方法是(   )。
   A. 可用双手紧握扩音器进行讲解
   B. 注意嘴与话筒的距离
   C. 忌讳使用完后不关闭话筒
   D. 不能拍打话筒但可用话筒吹气来试音
3. 在岳阳楼的讲解中,导游员介绍了《岳阳楼记》的两幅雕屏,在一楼参观时告诉游

客一幅为真迹,一幅为赝品,但没有宣布答案;到二楼时再告诉客人二楼的雕屏为真迹,再告知鉴别方法并顺带讲解有关传说,导游员的这样讲解涉及的讲解方法有( )。

A. 问答法　　　　　　　　　　B. 悬念法

C. 触景生情法　　　　　　　　D. 虚实结合法

三、判断题(正确的打"√",错误的打"×")

1. 导游员使用话筒时,不能通过用话筒吹气的方式来试音,而应以问候的方式进行。( )

2. 旅游团进入高原后,导游员要提醒游客减少洗澡次数或不洗。( )

3. 旅游团进行参观活动时,导游员有时要进行翻译,翻译要力求准确、传神,不得对主人的言语进行改译或不译。( )

4. 导游员在讲解的时候对自己心里没有把握的问题,导游员可以通过编撰达到"自圆其说"。( )

5. 文明是旅游中最美的风景,而"文明旅游、礼貌乘车"活动则是加强文明旅游工作的有效载体。( )

学习参考书目

1. 陶汉军,黄松山. 导游业务[M]. 北京:旅游教育出版社,2003.
2. 杜炜,张建梅. 导游业务[M]. 北京:高等教育出版社,2006.
3. 周晓梅. 导游带团技能一本通[M]. 北京:旅游教育出版社,2007.
4. 郭赤婴. 新导游员必备手册[M]. 北京:中国旅游出版社,2009.
5. 全国导游人员资格考试教材编写组. 导游业务[M]. 3版. 北京:旅游教育出版社,2018.
6. 熊剑平. 导游实务与案例[M]. 武汉:湖北教育出版社,2014.

10 常见问题与事故的处理

> **学习目标→**
>
> 通过本章的学习,了解旅游过程中旅游团可能发生的各种问题与事故,分析这些问题与事故发生的原因,积极做好预防工作,尽量避免或减少事故的发生;掌握处理问题与事故的原则和方法,尽可能地降低其带来的损失和不良影响。
>
> **学习难点→**
>
> 旅游计划日程变更　漏接　错接　误机(车、船)
> 旅游突发事件　证件、钱物、行李遗失　走失　患病

旅游者在旅游期间,往往会出现一些突发性的问题和事故。对旅游者而言,任何问题、事故的发生都是不愉快的,甚至是不幸的,会给游客带来烦恼、痛苦或灾难,给导游人员的工作增添麻烦和困难,给旅行社造成损失,甚至会影响国家或地区旅游业的声誉,所以导游人员在带团的过程中,必须加强责任心,采取各种措施预防问题和事故的发生。但是在实际接待过程中,由于旅行社工作环节的差错、导游人员工作责任心不强、旅游者的个人原因、不可抗力等诸多因素,导致旅游过程中的问题或事故时有发生。一旦出现问题或事故,导游人员要沉着冷静、及时果断、合情合理地进行处理,力争将问题或事故的损失和不良影响降到最低程度。同时,我们也应该认识到处理带团过程中的各种问题与事故是对导游人员独立处理问题能力的重大考验,他们对问题或事故的处理方式和结果也会影响到旅游者对导游人员服务质量的评价。所以,作为一名合格的导游人员,不仅要具备独立工作的能力,组织协调的能力,还要具备处理解决问题与事故的应变能力。

10.1 旅游计划和日程变更的处理

旅游团在某地的参观游览内容一般在旅游协议书上都已明确规定,

而且在旅游团到达旅游目的地前,旅行社有关部门已经制订好该团在当地的活动日程。在旅游团开始参观游览之前,地陪已与领队、全陪商定本地日程安排。所以,在后面的旅游过程中,各方都应严格遵守认真执行旅游计划,不可轻易更改。但在旅游过程中,常常会出现旅游者提出变更旅游计划和活动日程,或因天气突变、自然灾害、交通、疾病流行等客观原因需要变更旅游计划和活动日程的情况。不管是何种原因,导游人员都必须认真分析,冷静处理。

10.1.1 旅游团(者)要求变更旅游计划和活动日程的处理

由于种种原因,旅游者提出变更旅游计划和活动日程,导游人员应做如下处理:婉言拒绝,向其说明我方不便单方面违反合同;若有特殊情况,应上报组团社,根据组团社的指示做好服务工作。

10.1.2 客观原因需要变更旅游计划和活动日程的处理

在旅游过程中,因客观原因需要变更旅游计划和活动日程时,一般会出现以下四种情况:①缩短在一地的游览时间;②取消或减少(超过半天)在一地的游览时间;③延长在一地的游览时间;④在一地的游览时间不变,但被迫改变活动项目。

遇到以上情况,导游人员通常采取以下处理办法。

10.1.2.1 制订应变计划并报告旅行社

导游人员要认真分析形势,深入分析旅游者此时因情况变化可能出现的心理状态和情绪,以此对事故的性质、严重性及可能造成的后果做出正确的判断,迅速制订出应变计划并报告旅行社,但导游人员切忌将自己的意愿强加给旅游者。

10.1.2.2 做好旅游者的工作

地陪和全陪协商取得一致意见后,寻找恰当的机会向领队及旅游团内有影响的旅游者实事求是地说明困难,诚恳致歉,以求谅解,并提出可行的应变计划与他们商量,争取得到认可和支持,然后分头向旅游者做好解释工作。

10.1.2.3 适当地给予一定的补偿

若必要,在征得旅行社领导同意后,适当给予旅游者一定的物质补偿,比如加酒水、加菜、赠送小纪念品等,或者请旅行社领导亲自出面向全团游客道歉。

10.1.2.4 针对计划的变更情况,组织好旅游活动

以上只是导游人员在遇到这类问题时应采取的一般措施。对上述四种情况导致的变更旅游计划和活动日程应分别采取如下具体措施:

(1)缩短在一地的游览时间

导游人员应抓紧时间,尽量将计划内的参观游览项目让旅游者欣赏到,如确实有困难,应有应变方案,尽可能让旅游者游览到本地最具代表性、最具特色的景点,以求旅游者对本地的旅游景观有基本的认识和了解。并向旅行社领导及有关部门报告,与饭店、车队联系,及时办理退房、退车、退餐等事宜。若系提前离开,导游人员(亦可提醒旅行社有关部门)要及时将这一情况通知下一站,以免下一站出现漏接事故。

(2)取消或减少(超过半天)在一地的游览时间

全陪需要将情况立即报告国内组团社,国内组团社做出决定并及时通知相关地方接待社。若此情况发生在地接社,该地接社要及时将这一情况通知国内组团社并通知下一站的接待社。对此,导游人员要向旅游者诚恳地道歉,做好自己相应的服务工作。

(3)延长在一地的游览时间

导游人员应与旅行社有关部门联系,重新落实团队用房、用餐、用车等事宜。调整活动日程并酌情增加游览景点或适当延长在主要景点的游览时间,晚上可安排文娱活动或市容参观,导游人员要努力使活动内容丰富、有意义,力求使旅游者感到充实、愉快。如系推迟离开本站,导游人员(亦可提醒旅行社有关部门)要及时将这一情况通知下一站,以免下一站出现空接事故。

(4)在一地的游览时间不变,但被迫改变活动项目

导游人员应以缜密的安排、精彩的讲解、新奇的内容激起旅游者的游兴,使替代项目得到旅游者的认可。若旅游者能在替代项目中获得意外的收获,将会弥补因活动变更带来的不悦与遗憾。

【案例分析】

案例10-1

夜游龙门

河南洛阳的导游小王要接待一个美国旅游团,由于天气原因,该旅游团比预订时间晚一天到达洛阳,由于全团旅游者还要赴北京参加一个学术会议,故原计划在洛阳停留两天的日程改为一天。小王得到这一情况后,立即向旅行社领导进行汇报,并在见到该旅游团全陪小李后小王立即把这一情况告知他,二人商定出应变方案后向领队史密斯先生解释,因学术会议的日期无法更改,史密斯先生思考片刻后同意了他们的方案,并做通了游客的工作。

在旅游计划被调整后,小王首先带领旅游团到国家AAAAA级景区嵩县白云山一日游。当时正值端午节,一路上小王从端午节的由来讲到我国其他的民俗节日,从中国的历史讲到洛阳的变迁,游客听的非常尽兴。用餐时小王特地请酒店为客人准备了粽子,并送每个游客一个香囊,游客非常高兴,情绪也渐渐高涨起来。用过晚餐后带游客到龙门石窟参观游览。小王在景区内的精彩讲解以及夜游龙门的独特经历,让旅游者感受到了别致的光影石窟魅力和佛教文化内涵,大家兴奋异常,流连忘返。第二天凌晨,旅游者怀着满意的心情踏上了北京的列车。

点评:

由于客观原因,导致旅游团在河南洛阳的游览时间缩短。面对游客的失望与不满,导游小王精心设计了游览内容,而且这两个景区的安排相得益彰,既让游客欣赏了自然美景,又游览了世界文化遗产,并用自己的诚恳态度和超值服务赢得了游客的谅解,把游客的遗憾和损失减少到最小。

(资料来源:带团实践整理)

10.2 漏接、错接的预防和处理

10.2.1 漏接事故

漏接是指旅游团(者)抵达接站地点后,无导游人员迎接的现象。

10.2.1.1 漏接原因

造成漏接的原因是多方面的,归纳起来主要有以下两类。

(1)接待社方面的原因造成的漏接

1)导游人员未按服务程序要求抵达机场(车站、码头)。

2)航班(车次、船次)变更时间(提前),导游人员没有认真阅读变更通知,仍按原计划时间去接团。

3)航班(车次、船次)临时变更(提前),接待社有关部门接到上一站的通知但没有及时通知该团导游人员,使导游人员仍按原计划去接团。

4)新旧航班(车次、船次)时刻表交替,导游人员没有认真查对新时刻表,仍按原时刻表去接团。

5)由于工作疏忽导游人员将接站地点搞错,或接站时导游人员举牌接站的地方选择不当。

(2)非接待社方面的原因造成的漏接

1)航班(车次、船次)临时变更(提前),接待社有关部门未接到上一站的通知。

2)由于突发意外情况导致导游人员未能及时抵达接站地点。

10.2.1.2 预防措施

1)认真阅读接待计划,仔细查阅变更通知。导游人员接到出团任务后,应了解旅游团抵达的日期、时间与接站地点,并认真核对清楚。

2)核实交通工具抵达的准确时间。旅游团抵达本站的当天,导游人员应与旅行社有关部门联系,询问航班班次(车次、船次)是否有变更,并及时与机场(车站、码头)联系,核实交通工具抵达的确切时间(应做到时间上的三核实,即保证计划时间、时刻表时间、电话问讯处时间三者一致)。

3)提前抵达接站地点。导游人员要和司机商定好出发时间,保证提前30分钟到达接站地点。

10.2.1.3 处理办法

(1)接待入境旅游团或国内旅游团发生漏接事故,导游人员应采取的处理办法

1)不管漏接原因在何方,导游人员应如实地向旅游者说明原委,诚恳道歉,必要时可请旅行社领导向旅游者赔礼道歉或者给予旅游者一定的物质补偿。即使是非接待社方面的原因造成的漏接,导游人员不要认为与己无关而漠不关心,应体谅旅游者的焦急心情,做好安抚工作。

2)在后面的旅游过程中,导游人员应向旅游者提供更加热情周到的服务,以求消除因漏接给旅游者造成的不愉快心情和对本地不良的第一印象。

(2)在境外旅游目的地,旅游团抵达后无人迎接时,领队应采取的措施

1) 先将旅游者集中在一起,告诉他们不要四处走动,不要同陌生人随便接触,以防发生意外。

2) 及时与当地接待旅行社取得联系,问清原因,要求立即派人、派车前来接待,并告知旅游者联系结果,稳定他们的情绪。

3) 如果地接社不能马上派人、派车过来,应立即设法联系车辆,尽快将旅游者和行李转移到下榻酒店,避免旅游者在接站点长时间滞留。在转移过程中应注意旅游者的安全,保管好租车收据,事后向地接社报销。

4) 当旅游者和行李都已抵达酒店后,领队应迅速与当地接待社导游人员联系,尽快安排好旅游者的食宿。

案例 10-2

本可避免的漏接

小李是河南某旅行社的导游,7月7号他要接待一个山东青岛的旅游团,按照接待计划,这个团是乘飞机于下午4点15分到达郑州新郑国际机场。由于小李已多次接待该组团社的"河南游"旅游团,而且每次他们乘坐的航班都一样,所以就有些放松,认为只要按照计划的程序来做就行了。

到了接团的那天早晨,计调告诉他计划有变,该团改乘另一航班抵豫,航班虽然改变,但是时间未变,下午4点15分到达新郑国际机场。下午3点40分,小李和司机刚到达机场,就接到该团全陪打来的电话,说该团已于3点35分到达机场,问小李为啥还不到机场接团?全陪在电话里抱怨连连,非常生气地质问小李。因为天气炎热,游客见到小李后,他们也很气愤地围着小李说个不停,情绪非常激动。小李见状赶紧向游客道歉,并迅速安排车辆把游客送到下榻酒店。安顿好旅游者后,小李给计调打电话询问时间为何会有出入?计调人员回答,对方发来的传真的确只更改了航班,并未更改航班抵达的时间。小李就此事向全陪做了解释,同时也就此事向游客再次表示歉意。

虽然这次漏接并不全是小李的原因,但旅游者对小李有了不好的第一印象,后面小李带这个团时总是感觉有点别扭,后来虽然经过努力,游客感觉还算比较满意,但是毕竟留下了一些遗憾。小李事后思考,当初接到航班班次变更的信息后,如果能够重新核实一下航班抵达的时间,就不会犯下这种错误而留下遗憾了。

点评:

本案例中出现漏接原因有三:一是原定航班班次发生变化,青岛组团社发送的变更通知不准确;二是地接社的计调人员工作不细心;三是地陪没有做好接团前的准备工作,对航班抵达时间没有进行核实。在这三个环节中,任何一个环节如果认真细致的话都可以避免漏接事故的发生,但是不凑巧的是,这三方均没有做到,导致漏接事故的发生,使旅游者受到伤害。虽然在后面的旅游活动过程中小李尽力弥补,但毕竟是导游服务质量的缺陷。所以,导游人员在带团的过程中,只有严格按照服务程序去做,才有可能堵塞漏洞,纠正错误,避免漏接,降低损失。

(资料来源:带团实践整理)

10.2.2 错接事故

错接是指由于导游人员的疏忽,将其他旅游团(者)当作自己所接的旅游团(者)接走。错接事故发生后,往往在旅游者中造成不良影响,给旅行社工作带来一系列的麻烦,从而影响到服务质量。导游人员一定要有高度的责任心,避免错接事故的发生。

10.2.2.1 错接原因

错接事故一般属于责任事故,是导游人员责任心不强造成的。

10.2.2.2 预防措施

1)地陪应提前到达接站地点。

2)接团时应认真核对相关信息。导游人员要核实团名(编号)、境外组团社或国内组团社名称、旅游团人数、领队或全陪姓名、下榻酒店等。

3)提高警惕,防止其他人员接走旅游团。

10.2.2.3 处理办法

1)一旦发现错接,地陪应马上查找错接的原因,并了解清楚错接是发生在同一家旅行社接待的两个旅游团,还是另外一家旅行社的旅游团,尽快与错接旅游团的导游人员取得联系。

2)若错接发生在同一家旅行社接待的两个旅游团,导游人员要立即向领导汇报。经领导同意,地陪可以不再交换旅游团,按照接待计划尽职尽责地为旅游者服务;全陪应交换旅游团并向旅游者赔礼道歉。若错接发生在不同家旅行社之间,导游人员应立即向旅行社领导汇报,设法尽快交换旅游团,并向旅游者实事求是地说明情况并道歉。

3)如果旅游者(团)被其他人员接走或骗走,导游人员要立即报告旅行社和相关主管部门,对违法者严惩不贷。

案例 10-3

这是巧合吗?

湖北某旅游团一行 15 人从武汉坐高铁前往郑州,旅游团出站后一直不见地陪前来迎接,拨打电话一直是"对不起,您拨打的电话暂时无法接通",全陪无奈只好招呼游客不要四处走动,站在出口处等待。10 多分钟后,一小伙子气喘吁吁地跑到旅游团前,慌忙地和全陪接洽,并忙不迭地向旅游者道歉。原来,他很早就到了火车站接站,当游客纷纷出站时,他迎上去向一旅游团询问,你们是湖北来的游客吗?是坐 G532 次列车到郑州的吗? 15 个人对吗?问题的回答都是肯定的,于是他带着游客去停车场登车。到了停车场后,忽然有游客发现该导游打的社旗不是他们参团的旅行社,急忙询问,这时地陪才知道接错了旅游团,赶紧从停车场跑回出站口,造成了接团的延误。

点评:

本案例看似偶然的巧合,实际上存在着很大的必然性。在旅游旺季和旅游热点地区,客流量较大,此时导游人员接团仅仅凭借客源地、人数、乘坐列车这些信息还是不够的,导游人员要核实团名、境外组团社或国内组团社名称、旅游团人数、领队或全陪姓名、下榻酒

店等内容。因为这位导游人员确认旅游团的方法过于简单,几乎造成了错接。

(资料来源:带团实践整理)

10.3 误机(车、船)事故的处理

10.3.1 误机(车、船)事故

误机(车、船)事故是指由于某些原因或有关工作人员的失误,导致旅游团(者)没有按原定航班(车次、船次)离开本站而导致暂时滞留的情况。

10.3.2 误机(车、船)原因

误机(车、船)事故属于重大事故,不仅会使旅游者蒙受经济或其他方面的损失,还会给旅行社造成巨大的经济损失,严重影响旅行社的声誉。因此,无论是旅行社还是导游人员都必须认识到误机(车、船)事故的严重后果,杜绝这一事故的发生。造成误机(车、船)事故的原因,主要由以下两类。

10.3.2.1 客观原因导致的非责任事故

1)游客方面的原因,如出发时间拖延过久,不听安排。
2)途中遇到交通事故、严重堵车、旅游车突发故障等。

10.3.2.2 主观因素导致的责任事故

1)日程安排不当或过紧,没有留有余地。临行前安排旅游者云地域复杂的游览景点或商业区参观游览和购物,延误了时间,使旅游团(游客)未能及时到达交通港。
2)导游人员未认真核实交通票据,将离站时间或地点搞错。如在每年新旧航班(车次、船次)时刻交替时,导游人员本着经验,仍按以往的班次离开时间送客。
3)班次(车次、船次)已变更但旅行社有关人员没有及时通知导游人员或导游人员没有提前与内勤联系确认航班(车次、船次)时刻,仍按原计划预订的航班(车次、船次)时间送客等。
4)导游人员没有按服务规范提前抵达机场(车站、码头)。

10.3.3 预防措施

误机(车、船)带来的后果严重,杜绝此类事故的发生关键在预防。

1)认真核实机票(车票、船票)的班次、车次、日期、时间及在哪个机场(车站、码头)离站等信息。地陪应提前与旅行社内勤和交通部门联系,核实起飞(开车、开船)的时间。地陪在核实时间时,要做到时间上的四核实,即保证票面时间、电话问讯处时间、时刻表时间、计划时间相一致。
2)安排充裕的时间云机场(车站、码头)。离开当天不要安排旅游团到地域复杂、偏远的景点参观游览,不要安非到热闹的地方购物或自由活动,以免旅游者走失,难以准时集合。
3)保证按规定的时间到达机场(车站、码头)。乘国际航班出境提前3个小时到达机场,乘国内航班提前2个小时到达机场,乘火车或轮船提前1小时到达车站或码头。

10.3.4 处理方法

误机(车、船)可分为即将成为事实的将成事故和已经造成误机(车、船)的既成事故两种情况。无论是哪一种情况,导游人员和旅行社都应全力做好事故补救工作,采取措施让旅游者尽快离开,使损失和影响降到最低。

10.3.4.1 将成事故的处理

旅游团正在去机场(车站、码头)的途中遭遇交通堵塞或车辆故障等,导游人员预知旅游者不能按时赶到机场(车站、码头),误机(车、船)将成事实,导游人员应采取如下应急措施:

1) 及时与机场(车站、码头)取得联系,请求等候,讲明旅游团现在何处,大约何时能够抵达机场(车站、码头)。如得到同意,导游人员要立即组织旅游者尽快赶赴机场(车站、码头)。

2) 向旅行社汇报情况,请求帮助协调。

3) 同时还需向各个有关部门和相关人员(如海关、交通队、行李员、旅游车司机等)讲清旅游者误机(车、船)情况和补救办法,并说明请求协助的事项。

10.3.4.2 已成事故的处理

如果误机(车、船)已成事实,导游人员要采取如下补救措施:

1) 导游人员应立即向旅行社领导及有关部门报告并请求协助。

2) 地陪和旅行社尽快与机场(车站、码头)联系,争取让游客乘时间最近的交通工具离开本站,或采取包机(车、船),或改乘其他交通工具。

3) 及时将情况通知下一站,以便下一站对日程做出相应的调整。

4) 稳定旅游团(者)的情绪,向旅游团(者)赔礼道歉,安排好在当地滞留期间的食宿、游览等事宜。

案例 10-4

误车谁之过

某旅游团 15 人于 10 月 18 日 18 点乘坐火车离开郑州去西安,地陪小李带领该团游览了黄河游览区后,部分游客提出了想购物的要求,小李于 15 点将该团带到郑州火车站附近的银基商贸城。小李想银基商贸城距离郑州火车站路途较近,大概只有步行十几分钟的路程,于是就规定游客 17 点在银基商贸城的西门集合。由于游客都是第一次到郑州,环境不熟悉。而银基商贸城面积较大,楼层较多,店铺纵横交错,所以进入商贸城后相当部分游客已经分不清东南西北了。到了 17 点的时候只有八位游客在西门口出现,小李着急了,让先到的八位游客原地等待,不要到处乱跑,自己赶紧和全陪一起去寻找其他游客。由于银基商贸城东西南北四个方向均有出口,等小李和地陪气喘吁吁地找到其他游客时,火车已经开走了,所有的游客对小李都抱怨不已,小李也觉得非常委屈。

点评:

本案例中,小李在旅游团将要离开时,同意部分游客购物的要求,安排他们到大型的热闹场所购物,致使整个旅游团的时间无法控制。在八位游客按时到达集合地点上,小李不是安排这些游客赶赴火车站而是选择让他们原地等待,进一步增加了误车的人数。所以,小李在整个误车事故中负有不可推卸的责任。

(资料来源:带团实践整理)

10.4 旅游突发事件的预防和处理

根据《旅游安全管理办法》第三十九条的规定:旅游突发事件是指突然发生,造成或者可能造成旅游者人身伤亡、财产损失,需要采取应急处置措施予以应对的自然灾害、事故灾难、公共卫生事件和社会安全事件。

根据《旅游安全管理办法》第四十条至第四十一条的规定,旅游突发事件可分为一般旅游突发事件、较大旅游突发事件、重大旅游突发事件和特别重大旅游突发事件四个等级。

1)一般旅游突发事件是指造成或者可能造成人员死亡(含失踪)3人以下或者重伤10人以下;旅游者50人以下滞留超过24小时,并对当地生产生活秩序造成一定影响;其他在境内外产生一定影响,并对旅游者人身、财产安全造成一定威胁的事件。

2)较大旅游突发事件是指造成或者可能造成人员死亡(含失踪)3人以上10人以下或者重伤10人以上、50人以下;旅游者50人以上、200人以下滞留超过24小时,并对当地生产生活秩序造成较大影响;其他在境内外产生较大影响,并对旅游者人身、财产安全造成较大威胁的事件。

3)重大旅游突发事件是指造成或者可能造成人员死亡(含失踪)10人以上、30人以下或者重伤50人以上、100人以下;旅游者200人以上滞留超过24小时,对当地生产生活秩序造成较严重影响;其他在境内外产生重大影响,并对旅游者人身、财产安全造成重大威胁的事件。

4)特别重大旅游突发事件是指造成或者可能造成人员死亡(含失踪)30人以上或者重伤100人以上;旅游者500人以上滞留超过24小时,并对当地生产生活秩序造成严重影响;其他在境内外产生特别重大影响,并对旅游者人身、财产安全造成特别重大威胁的事件。

国家建立旅游目的地安全风险(以下简称风险)提示制度。根据可能对旅游者造成的危害程度、紧急程度和发展态势,风险提示级别分为一级(特别严重)、二级(严重)、三级(较重)和四级(一般),分别用红色、橙色、黄色和蓝色标示。

接待过程中可能发生的旅游突发事件,主要包括交通事故、治安事故、火灾事故、食物中毒事故等。这类事故具有不可预料性,后果严重性等特点。为了避免这类事故的发生,旅行社首先应在思想上加以重视,充分认识此类事故造成的严重后果。其次旅行社和导游人员要时刻关注旅游目的地的安全风险提示。最后应完善管理,积极落实有关防范措施。导游人员在接待工作中应时刻注意旅游者的安全,做好提醒工作,严格按照导游服务规范提供服务。在遇到突发事件时,导游人员要做到头脑冷静、机智灵活,在身体状况允许的情况下采取一切可能的手段积极组织救援,尽最大努力减少人员伤亡和财物损失,不能临阵脱逃、个人利益至上。

10.4.1 交通事故

交通事故是旅行过程中发生频率较高的事故,主要有飞机事故、火车汽车事故、轮船事故等,最常见的是汽车事故。以下的预防措施及处理方法均是以汽车交通事故为例。

10.4.1.1 预防措施

影响汽车交通安全的因素是多方面的,但如果因旅游车司机或导游人员的原因带来的交通事故则是完全可以避免的,这需要导游人员在接待工作中要有安全意识,与司机很好地配合,协助司机做好安全行车工作。

1) 在行车期间,要保证司机注意力集中,导游人员不要与司机聊天。

2) 安排游览日程时,在时间上要留在有余地,避免造成司机为抢时间、赶计划而违章超速行驶。不催促司机开快车。

3) 若遇天气不好(暴雨、大雪、大雾)、交通堵塞、路况不好(尤其是狭窄崎岖道路或山区)行车时,导游人员要主动提醒司机注意安全,谨慎驾驶。

4) 阻止非本车司机开车。

5) 提醒司机经常检查车辆,若发现事故隐患,要及时提出更换车辆的建议。

6) 提醒司机在工作期间不要饮酒。如遇司机酒后开车,地陪决不能迁就要立即阻止,并向领导汇报请求改派其他车辆或换司机。

10.4.1.2 处理方法

由于交通事故类型不同,处理方法很难一致,但一般情况下,导游人员应采取如下措施:

1) 立即组织抢救。发生交通事故出现伤亡时,导游人员应立即组织人员迅速抢救受伤的游客特别是重伤员(对轻伤员可就地做基本处理),让旅游者尽快离开事故车辆,打电话叫救护车或立即拦车将伤员送往距离事故地点最近的医院抢救。

2) 保护现场,立即报案。交通事故发生后,保护现场肇事痕迹,不要在忙乱中破坏现场,应指定专人保护现场,尽可能防止肇事者逃逸。如果有两名以上导游人员在场,可由一人保护现场,其余导游人员进行抢救;如果只有一名导游人员在场,可请未受伤的司机或游客协助处理。尽快拨打报警电话(交通事故报警电话是122)通知交通、公安部门,让其派人前来调查处理。

3) 迅速报告接待社。导游人员应迅速向接待社报告交通事故的情况及游客伤亡的情况,必要时,可请旅行社派人前来协助。

4) 做好安抚工作,稳定旅游者情绪。交通事故发生后,导游人员应做好旅游团的安抚工作。安慰旅游者,组织适合当时气氛的活动。如果情况许可,可以继续该团的参观游览活动。事故原因查明后,由领队(无领队的由全陪)向团队传达相关情况,稳定旅游者情绪。

5) 写出书面报告。交通事故处理结束后,导游人员要写出事故报告。内容包括:事故发生的时间、地点;司机的姓名、车型、车号;事故的原因和经过;医生的诊断结论,抢救经过、治疗、伤亡情况;事故责任认定及对事故责任人的处理;受伤旅游者本人、亲属、领队的情况;其他旅游者的情绪及对事故处理的反映等。报告要详细、准确、清晰,最好和领队联名报告。

案例 10-5

聚焦旅游突发事件

2017年4月29日17时20分许,内蒙古呼伦贝尔市阿荣旗塔区111国道1544公里加185米十字路口,一辆由那吉镇去往那吉屯农场的无牌丰田私家小轿车(核载5人,实载4人)由西向东行至路口向北左转弯时,与由南向北沿111国道驶来的、由讷河市海外国际旅行社包租的黑BN5595宇通牌大客车(核载45人,实载44人)发生碰撞,大客车冲下路基并翻车,造成车内12人死亡,10人受伤。

经初步调查,小轿车在无信号灯控制的交叉口左转弯,未依法让直行的大客车先行,是导致事故的主要原因。同时,该起事故还暴露出以下问题:一是客车涉嫌非法从事旅游包车运营,二是客运企业安全监管制度不落实,三是旅游企业对旅游包车资质审核把关不严,四是节日期间群众交通出行守法和安全意识亟待加强。

点评:

旅游交通事故一直是我国旅游突发事件的主要类型,每年都造成较大的人身伤亡和财产损失。发生交通事故的原因很多,大部分旅游交通事故的直接原因通常是司机临场处置不当或危险的驾驶行为。所以,旅游车司机保持良好的精神状态以及较强的应变能力是减少或避免车祸发生的有效途径。

(资料来源:http://news.sina.com.cn/c/2017-05-01/doc-ifyetxec716633 7.shtml,有删减)

10.4.2 治安事故

在旅游活动过程中,遇到坏人行凶、诈骗、偷窃、抢劫,导致游客身心及财物受到不同程度的损害,统称治安事故。

10.4.2.1 预防措施

导游人员在接待工作中要时刻提高警惕,采取一切有效的措施防止治安事故的发生。

1)入住酒店时,导游人员应建议旅游者将贵重物品存入酒店保险柜;提醒旅游者不要随身携带大量现金或将大量现金直接放在房间内;提醒游客不要私自与他人兑换外币。

2)提醒旅游者不要将自己的房号随便告诉陌生人;更不要让陌生人或自称酒店的维修人员随便进入自己的房间,尤其是夜间绝不可贸然开门,以防意外;出入房间注意锁好门。

3)离开旅游车时,导游人员都要提醒游客不要将证件或贵重物品遗留在车内。游客下车后,导游人员要提醒司机锁好车门、关好车窗,尽量不要走远。

4)在旅游景点活动中,导游人员要始终和游客在一起,注意观察周围的环境,经常清点人数。发现可疑的人或在人多拥挤的地方,提醒游客看管好自己的财物,如不要在公共场合拿出钱包,最好不要购买小商小贩的东西。若遇坏人抢劫或行凶,导游人员要敢于应对、善于应对。

5)汽车行驶途中,若遇不明身份者拦车,导游人员提醒司机不要停车,不得让非本车人员上车、搭车。

10.4.2.2 处理方法

治安事件发生时,导游人员必须挺身而出,全力保护旅游者的人身安全,决不能置身事外,更不能临阵脱逃。发现不正常情况,立即采取行动。

1) 全力保护旅游者。遇到歹徒向游客抢劫、行凶,导游人员要临危不惧,挺身而出,勇敢地保护游客。同时,立即将游客转移到安全地点。如果有可能的话,可在其他群众和公安人员的帮助下缉拿罪犯,但切不可鲁莽行事,要以游客的安全为重,防止歹徒手持凶器伤害旅游者。

2) 迅速抢救。如果有游客受伤,应立即组织救治,或送伤者去医院。

3) 立即报警。治安事故发生后,如携带手机或有其他条件,导游人员应立即拨打电话110报警,把案件发生的时间、地点、经过、作案人的特征,以及受害人的姓名、性别、国籍、受伤情况及损失物品的名称、数量、型号、特征等信息报告清楚,积极协助破案。

4) 及时向接待社领导报告。导游人员在向公安部门报警的同时要向接待社领导及有关人员报告。如必要,请求领导前来指挥处理。

5) 妥善处理善后事宜。治安事件发生后,导游人员要采取必要措施稳定游客情绪,尽力使旅游活动继续进行下去。导游人员要经常与各方面联系,及时了解案件的进展情况。待案件调查清楚后,由领队向旅游者介绍。并在领导的指示下,准备好必要的证明、资料,处理好受害者的补偿、索赔等各项善后事宜。

6) 写出书面报告。事后,导游人员要按照有关要求写出详细、准确的书面报告。包括案件的经过、性质、采取的措施及受害者和其他旅游者的情况等。

案例 10-6

香港游客菲律宾遭劫持事件

菲律宾劫持香港游客事件发生于2010年8月23日。当天上午,一辆装载25人(包括22名香港乘客)的康泰旅行社的旅游车在菲律宾马尼拉市中心基里诺大看台附近时,身着警察制服、携带一支M16步枪的门多萨以搭便车为由上了这辆旅游车。旅游车行驶至马尼拉湾边的荷赛·黎刹公园时,门多萨宣布将这辆旅游车劫持,并让司机把车开到基里诺大看台。随车导游躲在后排座位给旅行社打电话,通报了劫持事件。经过谈判,6名香港游客于中午前获释。23日晚7时40分左右,菲警方实施突击解救行动,香港游客中8人死亡,6人受伤。

点评:

该旅行车在行驶途中,由于导游(或者司机)同意非本车人员搭便车,拉开了悲剧的序幕,再加上菲律宾警方在解救人质过程中又存在失误,最终导致惨剧发生。8·23劫持事件发生后,香港当局对菲律宾发出黑色旅游警告,这意味着香港所有赴菲旅游团将取消。出于安全考虑,国家旅游局也在其官方网站发布了"中国游客近期谨慎赴菲"的旅游风险提示,国内多地旅行社暂停赴菲游。

治安事故的发生既有偶然性又有必然性,预防是关键。旅行社的每位导游人员在带团前都需要经过相关培训,若遇突发事故,要有一套完整的应急预案。导游人员在一些治安状况较差的地区带团时,除了加强自我保护,更要提前向游客宣讲当地的注意事项,处处小心谨慎,随时做好安全提醒工作。

(资料来源:http://news.qq.com/zt2010/flvjc/,文字有改动)

10.4.3 火灾事故

酒店、购物场所、娱乐场所、景区等发生火灾,会威胁到旅游者的生命和财产安全。导游人员要掌握火灾避难和救护的基本常识,要熟悉酒店或带团过程中常去场所的安全出口、太平门、安全楼梯的位置。

10.4.3.1 预防措施

1)做好提醒工作。提醒游客不要携带易燃、易爆物品;不要躺在床上吸烟,不乱扔烟头和火种;向游客讲清楚,在托运行李时应按运输部门有关规定去做,不得将不准作为托运行李运输的物品夹带在行李中托运。

2)熟悉酒店的安全出口和转移路线。导游人员带领游客住进酒店后,在介绍酒店内的服务设施时,必须介绍酒店楼层的太平门、安全出口、安全楼梯的位置,并提醒游客进入房间后,看懂房门上贴的安全转移路线示意图,掌握因一旦失火时应走的转移路线。

3)掌握领队和全体游客的房间号码。一旦火情发生,能迅速通知领队和全团撤离,及时疏散。

4)牢记火警电话。导游人员一定要牢记火警电话119,准确说明失火地点。

10.4.3.2 处理方法

1)立即报警。

2)迅速通知领队及全团游客。

3)配合工作人员,听从统一指挥,迅速通过安全出口疏散游客。

4)判断火情,引导自救。如果情况危急,不能马上离开火灾现场或被困,导游人员应采取的正确做法是:①不能搭乘电梯,三层以上的旅客,切记不要跳楼;②用湿毛巾捂住口、鼻,脸贴近墙壁、墙根或地面,身体重心尽量下移;③若必须穿过浓烟时,可用水将全身浇湿或披上用水浸湿的衣被捂住口鼻,贴近地面蹲行或爬行;④若身上着火,可就地打滚,将火苗压灭或用厚重衣物压灭火苗;⑤若大火封门无法逃脱时,可用浸湿的衣物、被褥将门封堵塞严或泼水降温,等待救援;⑥摇动色彩鲜艳的衣物为信号 争取救援。

5)协助处理善后事宜。游客得救后,导游人员应立即组织抢救受伤者。若有重伤者应迅速送医院,若有游客死亡应按有关规定处理。采取各种措施安定游客的情绪,解决生活方面的困难,设法使旅游活动继续进行,协助领导处理好善后事宜。

6)写出书面报告。

案例10-7

2·25南昌酒店火灾事故

2017年2月25日8时许,南昌市红谷中大道348号"白金汇海航酒店"二楼发生火灾。截至11时30分,火灾现场共疏散260余人,有16人被送往医院救治,其中2人死

亡。之后,经消防官兵和公安干警现场搜排,在中心火场搜寻到 7 名遇难者遗体。同时,在已送往医院救治的人员中,又有 1 人经抢救无效死亡。目前,现场救援工作已基本结束。经初步调查,火灾是由于切割装修材料引起,已有 7 名相关责任人被公安机关控制。

点评:

  火灾事故的危害极大,一旦发生,轻者会给旅游者带来惊吓,影响旅游活动的顺利进行,重者将给旅游者的生命财产造成重大损失。火灾事故的发生虽然不能预料,但是如果做好了预防,是可以减少或避免损失的。在入住酒店后,导游人员要告知游客安全通道、正确的自救方式等内容,这样在遇到险情时,游客才能沉着应对,顺利逃生。

(资料来源:http://news.163.com/17/0226/09/CE6JFS2R00014AED.html,有改动)

10.4.4 食物中毒

  所谓食物中毒,是指细菌性、化学性、真菌性和有毒动植物等引发的爆发性中毒。食物中毒的特点是许多人同时发病、病状相似、病情急、进展快,有食用某种食物的历史。

10.4.4.1 预防措施

为防止食物中毒事故的发生,导游人员应:

1)严格执行在旅游定点餐厅就餐的规定。

2)提醒游客不要在小摊上购买食物,不喝生水,不吃不洁的食物。

3)用餐时,若发现不卫生或有异味变质的情况,导游人员应立即要求更换饭菜,并要求餐厅负责人出面道歉,必要时向旅行社领导汇报。

10.4.4.2 处理方法

发现游客食物中毒,导游人员应:

1)设法催吐,让食物中毒者多喝水(300~500 毫升)以加速排泄,缓解毒性。

2)立即将患者送医院进行抢救。

3)迅速报告旅行社并追究供餐单位的责任。

案例 10-8

游客食物中毒

(1)2017 年 7 月 29 日下午,由河南省某旅行社带领的 137 名游客由洛阳市栾川出发入住济源。30 日凌晨,有部分游客相继出现呕吐、腹泻、低烧等症状。接报后,济源市即安排至市二院和人民医院免费就诊和治疗。共有 72 名游客入院治疗。与此同时,启动了食品安全Ⅳ级应急预案。截至 8 月 1 日 19 时,入院病人初期不适症状均已消除,出院 54 人,18 人留院观察。

(资料来源:http://news.youth.cn/gn/201708/t20170803_10436308.htm)

路边的野果不要采

(2)河南某旅行社小朱接待了一行 20 人的旅游团。在游览的过程中,一山上有很多野果子很是诱人。有游客询问小朱是否可以食用,小朱告诉游客山上的野果子都可以食用。所以,很多游客开始采摘野果子,有一位游客吃了野果后,感觉很不舒服,回来后就开始发高烧,拉肚子,经诊断均是轻度中毒,但其他游客却安然无恙。后来,这位游客进行投诉,并要求赔偿。小朱认为其他游客食用野果后并没有出现这位游客的症状,应该是这位游客的体质所致,自己并没有强迫这位游客食用野果。经交涉,旅行社赔偿这位旅游者医药费共1 800元。

点评:

旅游者外出旅游,大多情况下是人生地不熟,导游人员要做好对旅游者的提醒、告诫,对安全隐患应多提醒,避免事故的发生。第(1)个案例中,在中毒事故发生后当地相关部门立即启动了食品安全Ⅳ级应急预案,积极救治,降低人员伤亡,这种做法值得肯定。第(2)个案例中,旅游者的中毒事实上未必就是食用野果所致,但是导游人员没有做相关的提醒,反而告诉游客可以食用,发生后来的纠纷是在所难免的。

(资料来源:孔永生.导游细微服务[M].北京:中国旅游出版社,2007.有改动)

10.4.5 其他灾难事故

由于自然因素或人为因素的影响,地震、泥石流、台风、飓风、洪水、雪崩等各种灾害发生的频率越来越高,规模越来越大。随着旅游活动范围的日益广泛,旅游项目的日益繁多,在旅游过程中遭遇灾害事故的几率也随之增加。导游人员必须掌握一些关于各种灾难事故的避难、救护常识,以备不时之需。

10.4.5.1 地震

地震带来的危害比火灾、洪水要大得多,往往会使整个震区瘫痪,甚至顷刻间化为废墟。地震具有突发性,使人措手不及,地震逃生的时间也很短,所以导游人员要引导旅游者采取正确的逃生方式,把损失降低到最小。

1)若旅游团队在户外,导游人员应提醒旅游者尽快避开山脚、陡崖、河岸等危险环境,以防出现山体滑坡、地裂、滚石、泥石流等。

2)若在城市中游览时,应就地选择开阔地避震,避开人多的地方,或蹲或趴,以免摔倒;不要随便到房屋内躲避,不要靠近楼房、树木、电线杆或其他任何可能倒塌的高大建筑物,避开变压器、电线杆、路灯、广告牌、吊车等,切勿躲在地窖、隧道或地下通道内。

3)在商场、展览馆、影剧院、体育馆等场所不要慌乱,应选择结实的柜台、商品、座椅下或柱子边以及内墙角等处就地蹲下。

4)在行驶的汽车、电车或火车内,应抓牢扶手,以免摔伤,同时要注意行李掉下来伤人,下车后迅速向开阔地转移。

5)如果不幸被废墟埋压,要尽量保持冷静,设法自救。无法脱险时,要尽力寻找身边可及的水和食物保存体力,创造生存条件,耐心等待救援人员。

10.4.5.2 海啸

海啸与海底地震有关,可引发高达30米的巨浪,在沿海地带会造成巨大破坏。地震是海啸最明显的前兆,感觉到强烈地震或长时间的震动时,导游人员要具有较快的应变能力,发现异常情况能立即做出决定,带领旅游团抓紧时间尽快远离海滨,登上高地等安全处避难。另到沿海国家或地区游览时,要注意电视和广播新闻,如果收到海啸警报,没有感觉到震动也需要立即离开海岸,快速到高地等安全处避难。在没有解除海啸注意或警报之前,勿靠近海岸。

10.4.5.3 泥石流

泥石流是指在山区或者其他沟谷深壑,地形险峻的地区,因为暴雨暴雪或其他自然灾害引发的山体滑坡并携带有大量泥沙以及石块的特殊洪流。泥石流具有突然性以及流速快、流量大、物质容量大和破坏力强等特点。泥石流常常会冲毁公路铁路等交通设施甚至村镇等,造成巨大损失。导游人员带领旅游团在山地游览过程中,要提高警惕,预防泥石流事故。

1)注意观察周围环境。一旦遭遇大雨,若发现山谷有异常的声音或听到警报时,要高度警惕,这很可能是泥石流将至的征兆,要立即向坚固的高地或泥石流的旁侧山坡跑去,不要在谷地停留。

2)要选择平整的高地作为营地,尽可能避开有滚石和大量堆积物的山坡下面,不要在山谷和河沟底部扎营。

3)泥石流发生时,如在户外,要马上与泥石流成垂直方向向两边的山坡上面爬,爬得越高越好,跑得越快越好,绝对不能往泥石流的下游走,不要停留在坡度大,土层厚的凹处,不要上树躲避。若在屋内,一定要设法从房屋里跑出来,到开阔地带,尽可能防止被埋压。

10.4.5.4 雪崩

雪崩是指在积雪的山坡上,当积雪内部的内聚力抗拒不了它所受到的重力拉引时,便向下滑动,引起大量雪体崩塌。在所有高大的山岭区域,雪崩是一种严重的灾害。2007年5月2日下午,云南迪庆藏族自治州德钦县梅里雪山雨崩村至神瀑山路上,突发严重雪崩,坍塌的积雪掩盖了正在山路上徒步探险的10余名游客,导致2人死亡数人受伤的惨剧。

导游人员带团在这样的区域游览时,要做好提醒工作。上到雪山尽量不要大声喊叫。不得个人单独行动。遇到雪崩时,切勿向山下跑,应该向山坡两边跑,或者跑到地势较高的地方。如果跌倒、翻滚,要抓住树干或者其他安全的东西,采用游泳姿势,尽力保持浮在流雪上面。雪崩停止数分钟后,碎雪就会凝成硬块,逃生难度更大,如果被雪埋住,一定要奋力破雪而出,进行自我救护(若自我救护困难,要保持镇静,争取得到同伴的搜救)。

10.4.5.5 洪水

洪水发生之前不会有太明显的预兆,导游人员要注意收听收看天气预报。当旅游目的地连续报有暴雨或大暴雨时,就要提高警惕,随时注意灾情的变化,及时采取适当的措施,必要时要调整旅游计划。在洪水到来之前,按照预先选择好的路线撤离易被洪水淹没的地区。如若被困,可用手电筒、哨子、旗帜、鲜艳的床单、衣服等工具发出求救信号,以引起营救人员的注意,前来救助。

案例 10-9

自然灾害旅游事故

2017年8月8日21时19分46秒,四川省北部阿坝州九寨沟县发生7.0级地震,震中位于北纬 33.20 度,东经 103.82 度。九寨沟核心景区西部 5 千米处比芒村,震中东距九寨沟县城永乐镇 39 千米、南距松潘县 66 千米、东北距舟曲县 83 千米、东南距文县 85 千米、西北距若尔盖县 90 千米,东偏北距陇南市 105 千米,南距成都市 285 千米。

截至 2017 年 8 月 13 日 20 时,地震造成 25 人死亡(其中 24 名遇难者身份已确认),525 人受伤,6 人失联,176 492 人(含游客)受灾,73 671 间房屋不同程度受损(其中倒塌 76 间)。

截至 2017 年 8 月 13 日零时,九寨沟地震共造成四川绵阳市平武县 11 个乡镇不同程度受灾,共造成经济损失约 1.1446 亿。四川省新闻办提供的数据中,道路交通经济损失约 3 704 万元;房屋经济损失约 860 万元;农业经济损失约 2 952.01 万元;林业经济损失约 2 150 万元;通讯经济损失约 200 万元;电力经济损失约 180 余万元;工业经济损失约 1 400 万元。

点评:

自然灾害在任何时候、任何情况下都可能发生,这是一种不以人的主观意志为转移的客观现象。在旅游过程中,旅游者身处异地他乡,陌生的环境、突发的灾难更容易让旅游者惊慌失措。在灾难面前,导游人员是团队的灵魂、是旅游者的旗帜、榜样。这就要求导游人员要具备临危不惧、机智灵活、沉着果断的应变能力,要有游客安全至上的理念,奋不顾身救人的意识,忘我的服务态度,具备这些素质才能以最快的速度引导游客逃生。

(资料来源:https://baike.so.com/doc/26627439-27898982.html)

10.5 证件、钱物、行李丢失的预防和处理

证件、钱物、行李丢失的原因是多种多样的,有的是由于旅游者个人的疏忽大意造成的,也有一些是由于相关部门的工作失误造成的。这类事故一旦发生,不仅给旅游者带来经济损失,旅游活动带来诸多不便,给导游人员的工作带来不少麻烦和困难,严重时甚至延误入境旅游者离境,影响旅游活动的正常进行。导游人员要经常关注旅游者证件、钱物、行李方面的安全,采取各种措施预防此类事故的发生。

1)多做提醒工作。参观游览时,导游人员要提醒游客保管好自己的钱包、提包及贵重物品,特别是在热闹、拥挤的场合;下车时提醒游客不要将贵重物品留在车上;离开饭店时,导游人员要提醒游客带好随身行李物品,检查旅行证件是否带齐;每次游客下车后,导游人员都要提醒司机清车、关窗并锁好车门。

2)不代为游客保管证件。导游人员在工作中需要游客的证件时,要经由领队收取,用毕立即如数归还,不要代为保管;还要提醒游客保管好自己的证件。

3)切实做好行李的清点、交接工作。

10.5.1 证件丢失

旅游者在旅游期间必须持有效证件。为了防止证件丢失,导游人员要提醒外国领队帮助旅游者统一保管证件。在境外旅行期间,作为海外领队应时刻提醒旅游者保管好自己的证件,最好由领队统一收齐、保管。

证件若丢失,一般做如下处理:①请失主冷静地回忆,详细了解丢失情况,找出线索,尽量协助寻找;②如确已丢失,马上报告公安部门、接待社领导和组团社并留下游客的详细地址、电话;③根据领导或接待社有关人员的安排,协助失主办理补办手续,所需费用由失主自理。具体证件丢失的处理程序如下。

10.5.1.1　丢失外国护照和签证

1) 由旅行社出具证明。
2) 失主本人持证明去当地公安局(外国人出入境管理处)报失,由公安局出具证明。
3) 持公安局的证明去所在国驻华使、领馆申请补办新护照。
4) 领到新护照后再去公安局办理签证手续。

10.5.1.2　华侨在国内旅游时丢失中国护照和签证

1) 接待社开具遗失证明。
2) 失主持证明到省(市、自治区)公安厅(局)或其授权的公安机关报失并申请办理新护照。
3) 去旅游者侨居国驻华使、领馆办理签证手续。

10.5.1.3　中国公民出境旅游时丢失中国护照和签证

1) 请当地地陪协助到地接社开具遗失证明,再持遗失证明到当地警察机构报案,并取得警察机构开具的报案证明。
2) 持当地警察机构的报案证明和失主照片及有关护照资料到我国驻该国使、领馆办理新护照。
3) 新护照领到后,携带必备的材料和证明到所在国移民局办理新签证。
4) 如果因时间关系,护照一时无法办妥又必须回国,可持遗失报案证明及领队备用的护照资料,请求外国移民局和海关放行(也可请我国驻外机构协助)。入境时,可请其家人持失者个人的身份证明,到机场交给失者,办理入关手续。

10.5.1.4　丢失团体签证

1) 由接待社开具遗失公函。
2) 重新打印与原团体签证格式、内容相同的该团人员名单,并准备好原团体签证复印件(副本)与该团全体游客的护照。
3) 持以上证明材料到公安局出入境管理处报失,并填写有关申请表(可由一名游客填写,其他成员附名单)。

10.5.1.5　丢失港澳居民来往内地通行证(港澳同胞回乡证)

1) 向公安局派出所报失,并取得报失证明,或由接待社开具遗失证明。
2) 持报失证明或遗失证明到公安局出入境管理处申请领取赴港澳证件。
3) 经出入境管理部门核实后,给失主签发一次性"中华人民共和国入出境通行证"。
4) 失主持该入出境通行证回港澳地区后,填写《港澳居民来往内地通行证证件遗失登记表》和申请表,凭本人的港澳居民身份证,向通行证受理机关申请补发新的通行证。

10.5.1.6　丢失台湾同胞旅行证明

失主向遗失地的中国旅行社或户口管理部门或侨办报失、核实后发给一次性有效的入出境通行证。

10.5.1.7 丢失中华人民共和国居民身份证

由接待社开具证明,失主持证明到公安局报失,经核实后开具身份证明,机场安检人员核准放行。回到居住所在地后,凭公安局报失证明和有关材料到当地派出所办理新身份证。

10.5.1.8 中国居民赴港澳旅游丢失有效证件的处理

内地居民批准赴港澳旅行所持有效证件为"往来港澳通行证"。若"往来港澳通行证"在香港或澳门遗失,可通过香港或澳门中国旅行社向广东公安出入境管理机关申办一次性有效出入境通行证返回内地。具体办理程序如下:

1)要及时向当地警方报失。在澳门遗失的,还需要持报警回执向澳门治安警察局出入境事务厅申请办理报失通知书。

2)凭借香港警方出具的证件遗失报警单或者澳门治安警察局出入境事务厅出具的报失通知书,向香港或澳门中国旅行社申请一次性有效出入境通行证。

3)持回执单按取证时间到香港或澳门中国旅行社领取一次性出入境通行证,即可顺利返回内地。当事人在香港领取证件后,还需要前往香港入境事务处办理离境手续。

10.5.1.9 中国居民赴台湾旅游丢失有效证件的处理

大陆居民批准赴台湾旅行所持有效证件为"大陆居民往来台湾通行证"。若旅游者在台湾遗失该证件,可采取以下程序处理:

1)通过民间机构或者委托其大陆亲属,向公安部出入境管理局或原受理申请的公安机关出入境管理部门申请,并提交拟入境的具体时间、所乘坐交通工具的班(车)次及入境口岸。

2)核实后,由公安部出入境管理局通知申请人拟入境口岸所在的公安机关出入境管理部门签发一次入出境有效的"中华人民共和国入出境通行证",并通知拟入境口岸的边防检查机关准予入境。

3)入境后,到原受理申请的公安机关出入境管理部门补发证件和签注。

案例 10-10

证件若丢失,后果很严重

全陪小李带一英国旅游团从上海飞往北京,在机场办理登机手续时要求检查护照,小李向游客收取了护照办理完登机手续后,又向游客分发了登机卡,然后将护照还给领队格林夫人。到北京后,游客杰克告诉小李他的护照不见了,但领队格林夫人说自己已经把护照还给杰克了。杰克却执意认为格林夫人没有还给他,并说是小李收的护照,所以他只能向小李要,小李让杰克再次认真找找,但杰克多次寻找护照未果,不得已,只好重新申请办理新护照。由于旅游行程安排较紧,为了办理护照,北京游的好多景点杰克均放弃了。临走时,杰克对小李说:"这是我最不愉快的一次旅行,而这一切都是你造成的。"小李哭笑不得。

点评:

地陪在带团过程中,不要为旅游者代管证件。在工作中,需要旅游者的证件时,要由

领队收取,用完后立即如数归还,不要代为保管,并提醒旅游者保管好自己的证件。在案例中,小李自己收取证件,由领队归还,造成证件丢失责任不清的后果。因此,不要为旅游者代管证件,是地陪在接团时不可忽视的一个细节。

(资料来源:带团实践整理)

10.5.2 钱物丢失

在旅游期间,旅游者不慎丢失财物,不仅给旅游者带来生活上的不便,也带来经济上的损失。如系丢失贵重物品,还影响旅游者出境,需要旅行社或导游人员帮助其办理有关证明和索赔手续,也给接待工作带来困难。

造成旅游者钱物丢失的原因,一方面是旅游者个人的原因,另一方面是不法分子的盗窃。前者属于个人事故,后者属于治安事故。为避免这一事故发生,作为导游人员应处处提醒旅游者妥善保管好自己的钱物。

10.5.2.1 由于个人原因游客丢失钱物的处理

如因旅游者本人不慎丢失钱物,导游人员应急客人所急,积极帮助失主寻找。具体措施有以下几点。

1)导游人员应保持清醒的头脑,请失主回忆最后一次见到失物的时间、地点,弄清是确实丢了,还是放错了地方。

2)若一时找不到,导游人员要安慰失主,并请失主留下详细地址、电话,以便找到后即时归还。

3)若失物未能找到,而丢失物品又系进关时申报的或保险的贵重物品,应到接待社开具证明,再由失主持旅行社证明到当地公安局开具遗失证明,以备出海关时查验或向保险公司索赔。

10.5.2.2 游客钱物被盗的处理

1)稳定失主情绪。导游人员应保持清醒的头脑,请失主回忆最后一次见到失物的时间、地点,详细了解物品丢失的经过、物品的数量、形状、特征、价值。

2)立即向公安局或保安部门以及保险公司报案(特别是丢失贵重物品)。

3)及时向接待社领导汇报,听取领导指示。

4)接待社出具遗失证明。

5)若丢失的是贵重物品,失主持证明、本人护照或有效身份证件到公安局出入境管理处填写《失物经过说明》,列出遗失物品清单;若失主遗失的是入境时向海关申报的物品,要出示《中国海关行李申报单》;若遗失物品已在国外办理财产保险,领取保险时需要证明,可以公安局出入境管理处申请办理"财物报失证明";若遗失物品是旅行支票、信用卡等票证,在向公安机关报失的同时也要及时向有关银行挂失;若将《中国海关行李申报单》遗失,要在公安局出入境管理处申请办理"中国海关行李申报单报失证明"。

6)失主持由公安局开具的所有证明,可供出海关时查验或向保险公司进行索赔。

案例 10-11

谁动了我的包

一旅游团游客与朋友在晚 19 时 30 分左右,在一酒店里的泳池游泳,将背包放在了泳池岸边的躺椅上,上岸时却发现背包不见了,背包里放置了该游客的手机、身份证、约 1 万元的现金。由于事态严重,地陪随即和酒店的主管联系并协助该游客报警,酒店方面和公安机关立即着手进行调查,并留下了团队的行程安排,全陪和领队的联系电话,以方便和旅游团随时联系,沟通信息。导游人员在后面的带团过程中也不断地打电话询问,终于在旅游行程结束前查出了真相,完璧归赵。

点评:

在带团过程中,游客任何财物的丢失,不管是由于本人的不慎导致的,还是接待服务方面的原因,导游人员要积极帮助查找。如果找不到其丢失的财物,则要协助失主开具证明,并提供热情的服务,以缓解其不快情绪。

(资料来源:带团实践整理)

10.5.3 行李丢失

丢失行李事故主要发生在境外旅游团(者)来华途中或在中国境内、出境旅游团的旅行途中或境外某一国(地)境内。

造成行李丢失的原因大致分为三个方面:①运输部门的原因,如民航、铁路、水运部门在运输过程中出现差错;②旅游者自身的原因,在候机、转车或离开饭店时旅游者没能照顾好自己的行李,旅游者错拿别人行李或把自己的行李与其他旅游团行李混放在一起;③接待社的责任,如导游人员没有及时做好提醒工作,没有帮助旅游者照看好行李,没有认真清点、检查行李,没有做好交接工作,行李员在交运过程中责任心不强等。

10.5.3.1 外国旅游者在来华途中丢失行李

一般是旅游者所乘飞机的航空公司的责任,但导游人员应尽力帮助其追回行李。具体做法是:

1)协助失主到机场失物登记处办理行李丢失和认领手续。由失主出示机票和行李托运卡,详细说明始发站、中转站、行李件数及丢失行李的大小、形状、颜色、标记等特征,并一一填写在失物登记表上。

2)导游人员应将失主所下榻饭店或房间号、电话告诉登记处,并记下登记处的电话和联系人,记下有关航空公司办事处的地址、电话,以便联系。

3)若旅游者在当地游览期间,一时找不回行李,导游人员要协助失主购买必备的生活用品,并不时地打电话给失物登记处,询问寻找行李的情况。

4)在旅游者离开本地前,行李还未找到,导游人员应帮助失主将全程旅游路线及各地下榻饭店名称和各地接待旅行社名称、电话告诉有关航空公司,以便行李找到后及时运往最适当的地点交还失主。

5)如行李确系丢失,由国内组团社负责帮助失主向有关航空公司索赔。

10.5.3.2 外国旅游者和国内旅游者在中国境内丢失行李

游客在我国境内旅游期间丢失行李,一般是在三个环节上出了差错,即:交通运输部门、酒店行李部门和旅行社的行李员。导游人员必须认识到,不论是在哪个环节出现的问题,都是我方的责任,应积极设法负责查找。

1)导游人员应根据行李丢失的不同环节,仔细分析,采取相应的措施。如果游客在机场领取行李时找不到托运行李,则很有可能是上一站行李交接或机场行李托运过程中出现了差错。这时,全陪应马上带领失主凭机票和行李牌到机场行李查询处登记办理行李丢失或认领手续,并由失主填写行李丢失登记表。地陪立即向接待社领导或有关人员汇报,安排有关人员与机场、上一站接待社、有关航空公司等单位联系,积极寻找。

如果抵达酒店后,游客告知没有拿到行李,可能是由以下情况导致的:本团游客误拿;酒店行李部投递出错;旅行社行李员与酒店行李员交接时有误;在往返运送行李途中丢失。地陪应立即依次采取以下措施:和全陪、领队一起先在本团体成员所住房间内寻找,查看酒店行李员是否将行李送错了房间或团内其他旅游者误拿了行李;如果不是,应立即与酒店行李部取得联系,请其设法在酒店其他楼层查找;如果仍找不到行李,地陪应马上向接待社领导或有关部门汇报,请旅行社派人或行李员在其他环节寻找,查看是否送错了酒店或在运送途中遗失。

2)做好善后工作。主动关心失主,对因丢失行李给失主带来的诸多不便表示歉意,并积极帮助其解决因行李丢失而带来的生活方面的困难。

3)随时与有关方面联系,询问查找进展情况。

4)若行李找回,及时将找回的行李归还失主。若确定行李已丢失,由责任方负责人出面向失主说明情况,并表示歉意。

5)帮助失主根据有关规定或惯例向有关部门索赔。

6)事后写出书面报告。书面报告应包含如下内容:行李丢失的原因、经过、查找过程、赔偿情况及失主和其他游客的反映等。

案例 10-12

清点行李不可少

地陪小张在郑州火车站接到一批湖南客人后,马上和全陪核实了实到人数,这时小张的手机响了,他让全陪和行李员一起帮助客人把行李放在行李车的车厢中,上车后再次清点人数无误后,小张示意司机师傅开车并开始致欢迎词。到下榻酒店游客入住房间后,一位老人发现自己少了一个行李包,地陪一面安慰游客,一面赶紧帮助联系寻找,原来由于年龄大了,这位老人带的包也比较多,就把一个包忘在了火车上。庆幸的是,郑州站是终点站,乘务员发现了遗漏的行李后,移交给了火车站的失物招领处。历经周折后,游客终于拿到了那件行李。

点评:

由于游客的疏忽,把行李忘在了火车上,但是地陪也有一定的责任。地陪在接到游客后,应告知并协助旅游者将行李放在指定的安全位置,提醒游客是否拿齐了行李,并与全陪、行李员一起核对行李数、有无损坏。地陪由于接电话而未做这些事情,由此带来一系列的麻烦。

(资料来源:孔六生.导游细微服务[M].北京:中国旅游出版社,2007,文字有改动)

10.6 旅游者走失的预防和处理

旅游者走失事故通常发生在参观游览过程中和自由活动期间。走失事故的发生,往往给旅游者造成心理上的伤害,使其感受极度焦虑和恐慌,严重时会影响旅游计划的进展,甚至危及旅游者生命安全。

10.6.1 走失原因

旅游者走失主要有以下三个方面原因:
1)导游人员忘记向旅游者交代清楚停车位置、集合时间、游览路线等有关事宜。
2)旅游者对某一事物或现象感兴趣,或在某景色优美处摄影滞留时间较长而脱离旅游团。
3)在自由活动、外出购物时,旅游者没有记清下榻饭店地址和回程线路。

10.6.2 预防措施

1)做好提醒工作。提醒游客记住接待社的名称,旅行车的车号和标志,下榻酒店的名称、电话号码,带上酒店的店徽等。团体游览时,地陪要提醒游客不要走散;自由活动时,提醒游客不要走得太远,不要太晚回酒店,不要去热闹、拥挤、秩序混乱的地方。
2)做好各项活动的安排和预报。在出发前或旅游车离开酒店后,地陪要向游客报告一天的行程,上、下午游览点和吃中、晚餐餐厅的名称和地址。在游览区的景点示意图前,地陪要向游客介绍游览线路,告知旅游车的停车地点,强调集合时间和地点,再次提醒旅游车的特征和车号。
3)时刻和游客在一起,经常清点人数。
4)地陪、全陪和领队应密切配合。如在景区参观游览时,地陪负责导游讲解,而全陪和领队要主动负责做好旅游团的断后工作。
5)导游人员要以高超的导游技巧和丰富的讲解内容吸引游客。导游人员必须在语言上和讲解内容上下功夫,这样才不至于因为导游人员的讲解索然寡味令游客兴趣全无而导致走失。

10.6.3 处理方法

10.6.3.1 旅游者在游览活动中走失

1)了解情况,迅速寻找。一旦发现旅游者走失,导游人员应立即暂停导游活动,向其他旅游者、景点工作人员和其他人员了解情况,分析走失者可能在何时、何处走失,并迅速组织分头寻找。地陪、全陪和领队要密切配合,一般情况下是全陪、领队分头去找,地陪带领其他游客继续游览。

2)寻求帮助。在经过认真寻找仍然找不到走失者后,应立即向游览地的派出所和管理部门求助,特别是面积大、范围广、进出口多的游览点,因寻找工作难度较大,争取当地有关部门的帮助尤其必要。

3)打电话与酒店联系。在寻找过程中,导游人员可与酒店的前台、楼层联系,请他们注意走失者是否已经回到酒店。

4)向旅行社报告。如采取了以上措施仍找不到走失的游客,地陪应向旅行社及时报告,并请示帮助,必要时请示领导,向公安部门报案。

5)做好善后工作。找到走失的旅游者后,导游人员首先应安慰旅游者,然后分析走失原因,如果责任在导游,则应向其赔礼道歉;如果责任在旅游者本人,导游人员也不应指责或训斥对方,而应对其进行安慰,婉转地提出善意的批评,讲清利害关系,提醒旅游者注意以后不再重犯。

6)事后写出书面报告。若属严重走失事故,导游人员要写出书面报告,详述旅游者走失原因、寻找经过、善后处理情况、旅游者的反映等。并从中吸取教训,以防此类事故今后再次发生。

10.6.3.2 旅游者在自由活动时走失

当导游人员得知旅游者在自由活动时走失,应采取如下措施:

1)立即报告旅行社,请求指示和帮助。

2)组织寻找。地陪可发动全陪、领队一起寻找。

3)若寻找未果,则应向事故发生地所在辖区公安部门或派出所报案,并向公安部门提供走失者可辨认的特征,请求帮助寻找。如果在旅游团体离开本地时,仍未找到走失的旅游者,一方面由旅行社派专人负责有关寻找工作,与公安机关保持密切联络;另一方面请旅行社有关部门与下一站联络,请对方注意走失的旅游者是否已自行前往或已打电话给下一站接待社。

4)做好善后工作。走失者回酒店,导游人员应表示高兴,问明情况,提出善意批评,但不必过多指责;可以此来提醒其他旅游者引以为戒,避免走失事故再次发生。

10.6.3.3 出境旅游团的旅游者在境外走失

1)寻找走失游客,并安顿好其他旅游者。在境外活动期间,存在语言不通、环境生疏的情况。一旦发生旅游者走失,其他旅游者又焦急不安,所以作为海外领队一方面要与当地陪同进行分工,寻找走失者,一方面安定其他旅游者的情绪。

2)立即报案。若一时找不到,特别是在自由活动时发生走失事故,应在当地陪同的协助下,及时向当地警察机构报案,请求帮助寻找。

3)报告国内组团社。若在离开一地之际仍未找到,则应报告国内组团社,并向我驻当地外事部门报告,并再向警方确认因尚未找到要请他们继续协助寻找。离开当地时,应留人继续处理此事,并妥善保管好走失者的行李、证件等。

4)写出书面报告。

案例10-13

一次深刻的带团体验

导游小朱带团在开封清明上河园参观游览,在清明上河园门前的平面图前,小朱给大家简单介绍了清明上河园的基本布局,并告诉大家游览清明上河园的路线。当游览结束后,小朱带领大家登上了旅游车。清点人数时,发现竟少了一位游客。小朱急忙与全陪商量马上去寻找,找了一个多小时,才联系到那位游客。原来那位游客在游览过程中由于拍照没有跟上队伍,以为旅游车还停在下车的地点,便去那里寻找,但是没有找到,这时游客手机也没电了,最后他自己打车回酒店了。其他客人由于等了很久也非常不满,纷纷抱怨小朱。小朱也非常自责,因为他忘记提醒游客集合登车的地点,结果造成了游客走失。

因为有了清明上河园的教训,所以第二天小朱在带团去少林寺时,就把集合的时间、地点给游客讲得非常清楚。但是在后面的参观过程中,由于小朱对少林寺导游词不是特别熟悉,有些游客看到别的导游都讲得很精彩,就跟着别的导游走了,而留下来的游客也无精打采,没有兴致,抱怨白来了一趟少林寺。虽然在后面集合登车时等齐了所有的游客,但是在返回的路上,整个车厢内的气氛都非常沉闷。小朱知道游客对自己的意见特别大,也很后悔自己工作不认真,没有把导游词准备好。

点评:

游览清明上河园时小朱没有做好提醒工作导致游客走失,在少林寺小朱讲解不精彩,讲解内容不丰富,不能满足游客的需求而使部分游客脱离了团队,虽然没有游客走失,但留下了很大的遗憾,这次经历带给小朱的教训应该是深刻的。由此启示我们,导游人员带团过程中,要时刻留意游客动向,以防游客走失。另外导游人员必须在语言上和讲解内容上下功夫,以高超的导游技巧和丰富的讲解内容吸引游客。

(资料来源:带团实践整理)

10.7 旅游者患病、受伤问题的处理

旅游者经过长途旅行的劳累,再加上天气变化、水土不服、生活习惯改变等原因,使得体力消耗大,这样会导致旅游团中年龄大、身体弱、有慢性病的游客会感到身体不适,引发一些疾病甚至危及生命。常见的旅行疾病包括晕车、晕船、晕机、高原反应、失眠、中暑、便秘、腹泻等,也有可能突发急病,如心脏病猝发、昏厥,还可能会出现摔伤、骨折、咬伤、中毒等情况。为了尽量减少旅游过程中此类事故的发生,导游人员要从多个方面了解旅游者的身体状况,照顾好他们的生活,经常关心、提醒,避免人为的因素导致游客生病,做好预防工作,不可掉以轻心。

1)了解旅游团成员的健康状况。导游人员要多方面了解本团旅游者的健康状况,做到心中有数。在做准备工作时,应根据旅游团的信息材料,了解旅游团成员的年龄及其他情况;接到旅游团后,地陪可向领队(全陪)了解团内游客的健康状况,有无需要特殊照顾的游客;通过察言观色对需要帮助的游客多加关心,预防突发疾病的发生。

2）周密安排活动。制定计划、安排活动日程要留有余地,做到劳逸结合,使游客感到轻松愉快。不要将一天的游览活动安排得太多、太满,更不能将体力消耗大、游览项目多的景点集中安排,要有急有缓,有张有弛。晚间集体活动的时间不宜时间过长。游览项目的选择有针对性,选择适合旅游团游客年龄的游览路线和方式,如山地游览时,老年人多的团可选择坐缆车下山而不要步行下山。

3）做好提醒工作。随时提醒游客注意饮食卫生,多喝水(不要喝生水)多吃水果,不要随便购买小贩的食品。及时报告天气变化,提醒游客随着天气的变化增减衣服、带雨具等。炎热的夏季尤其要注意提醒游客防止中暑。

10.7.1 一般疾病或不适的处理

10.7.1.1 在酒店时旅游者感到不适

若旅游者在酒店就感到不适,导游人员应:

1）导游人员在得知旅游者患病后,要劝其及早就医并多作休息。

2）关心旅游者的病情。若病者留在酒店内休息,导游人员不要勉强其参加游览活动,并通知餐厅,必要时为其提供餐饮服务;游览结束后,导游人员要关心其病情,表示慰问;必要时,可陪同其前往医院看病取药。

3）严禁导游人员将自备药品给旅游者服用。

4）看病费用由旅游者自理。

10.7.1.2 在旅途中或游览中感到不适

导游人员可安排旅游者在旅游车上休息,不要勉强旅游者随团进入景区活动。回到酒店后,导游人员应询问旅游者是否需要去医院看病,并建议旅游者注意休息。

10.7.2 突患重病或受伤的处理

在旅游过程中,旅游者突患重病或受伤是个十分棘手的问题,导游人员要立即采取措施积极组织救治。

（1）及时联系救治机构

若在酒店内旅游者突患重病,应通知酒店医务人员,进行抢救,然后送医院。

若在旅行途中旅游者突然患病,导游人员应采取措施,就地抢救,请求机组人员、列车员或船上服务人员在交通工具上寻找医生并通知下一站急救中心和旅行社准备抢救。

若在游览过程中旅游者突患重病,必须立即将患重病游客送往就近医院治疗,可拦截其他车辆或拨打120将其送往医院。必要时,暂时中止旅游活动,用旅游车将患者直接送往医院。

在不能马上联系到医生或者救援机构的情况下,导游人员应进行准确、及时的初步处理,以有利于旅游者的救治。还可请领队或亲属在病者衣袋内寻找常备药物,让其服用,以缓解病情。

（2）尽早通知旅行社

若在境内,导游人员应及早通知当地接待社,请求协助处理,并将事件通知国内组团社;若在境外,作为海外领队,同样尽力争取得到当地接待社的帮助,并通知组团社。

（3）送往医院

在将患者送往医院的途中，必须有亲属、领队或领队指定的旅游者陪同。患者如系国际救援组织的投保者，导游人员应提醒领队及时与该组织的代理机构联系。

（4）抢救

在抢救过程中，旅游团领队、患者家属、患者好友或患者委托的全权代表必须在场，旅行社方面亦应派人到场。导游人员要详细了解患者患病前后的症状或患者的病史，转交医院，供抢救时参考。若需动手术，则事先征得患者亲属或领队的同意并由其签字。若患者病急，亲属不在身边，导游人员应提醒领队及时通知患者亲属。如患者亲属系外国人，则应提醒领队通知所在国驻华使、领馆。患者家属到来后，导游人员应在旅行社领导的指示下，帮助其解决生活困难。若找不到亲属，一切遵照使、领馆的书面意见处理。

（5）保存好有关材料

提醒医院在抢救的每个阶段都必须留下由主治医生签字的有关诊治、抢救及动手术的书面材料，以备查验。

（6）安顿好其他旅游者

地陪在处理好以上必要事务的同时，应安排好旅游团其他旅游者的活动，全陪应继续随团活动，不得将全团活动中断。

（7）处理好善后事宜。

1）探望患者。若患者病情好转，但仍需住院治疗，不能随团离境，旅行社领导应派人经常去医院探望，导游人员也应尽量抽时间前去探望，帮助患者解决生活上的问题。

2）及时办理证件及票证。患者若住院无法按时随旅游团回国的话，旅行社应帮助患者办理分离签证手续和延长签证手续，以及出院、回国手续和交通票证等。若在境外，海外领队则应及时报告当地的我国驻该国机构，以便申领各种证件；及时向地方当局申办延长签证手续。

3）费用自理。患者抢救、住院、签证、交通票证等手续费用和患者亲属在华期间的一切费用自理。

4）退还费用，帮助理赔。患者住院期间未享受的综合服务费，由旅行社之间结算，按合同规定退还本人，旅行社应帮助患者向保险公司索赔。

5）写出详细的书面报告。事后，导游人员应就旅游团队名称，患者姓名、性别、年龄，病状，救治过程和结果，患者家属及其他旅游者的反映等内容写出详细的书面报告。

案例10-14

游客晕倒在八达岭长城

郑州某旅行社导游小张今年七月份带一山村教师团去北京参观游览，因为经济的原因，大家都是第一次外出旅游，到了北京之后，为了一睹万里长城的雄姿，纷纷表示"不到长城非好汉"，一起相约去爬八达岭长城。到了八达岭长城脚下后，大家更是特别的兴奋，展开了攀登比赛，基本都是一口气爬到了八达岭长城的烽火台。正当大家拿出相机拍照留念时，一位老教师突然脸色煞白，摇摇晃晃地扶住城墙马上就要摔倒在地上，小张见

状忙把老教师扶住,并让他半躺在城墙根,拿出矿泉水给老人,并招呼其他老师用扇子给老人降温。待老人稳定后,小张和另外一位老师一起把老人送到长城脚下。

点评:

导游人员带团时要做好提醒工作,并且要随时掌握游客的动态信息,注意观察他们的行动,一旦出事,可以在第一时间进行基本救治。因为夏天气温高,天气闷热,老师们在暑天比赛登长城,如果体质较弱就容易发生中暑。刚开始小张并没有制止老师们的比赛行为,但幸好一老教师发病时小张及时赶到进行处理,否则后果不堪设想。所以夏季带团要特别注意高温问题,提醒游客带好防晒物品,提醒年长体弱者保存体力,游览行程避免过于紧凑,进行户外活动要注意避开正午高温时段等。

(资料来源:带团实践整理)

10.8 旅游者死亡问题的处理

游客在旅游期间不论什么原因导致死亡,都是一件很不幸的事情。当出现游客死亡的情况时,导游人员应沉着冷静,立即向接待社领导和有关人员汇报,按有关规定办理善后事宜。

10.8.1 处理旅游者死亡事故应注意的问题

1)必须有死者的亲属、领队、使、领馆人员及旅行社有关领导在场,导游人员和我方旅行社人员切忌单独行事。

2)在有些环节还需公安局、旅游局、保险公司的有关人员在场。每个重要环节应经得起事后查证并有文字根据。

3)口头协议或承诺均属无效。事故处理后,将全部报告、证明文件、清单及有关材料存档备查。

10.8.2 处理旅游者死亡事故的程序

1)保护现场,立即报告。一旦发现旅游者死亡,一定要保护好现场,以便查明真实死因。导游人员在保护现场的同时,要及时报告旅行社领导,由旅行社领导出面组织善后工作。

2)通知家属。如果死者的亲属不在身边,应立即通知亲属前来处理后事。若死者系外国旅游者,应通过领队或有关外事部门迅速与死者所属国的驻华使、领馆联系,通知其亲属来华。若死者是国内游客,应立即通知其家属前往出事地。

3)开具证明。由参加抢救的医师向死者的亲属、领队及好友详细报告抢救经过,并出示"抢救工作报告""死亡诊断证明书",由主治医生签字后盖章,复印后分别交给死者亲属、领队或旅行社。

4)清点遗物。清点遗物时必须由旅游团领队、死者亲属(若无亲属,由其所属国在华使、领馆人员参加)和我方人员共同进行,也可请公证处公证人员到场。清点完毕后,要列出清单,由清点人员逐一签字,并办理公证手续,一式数份。遗物要交死者亲属或死者所在国驻华使、领馆有关人员。接收遗物者应在收据上签字,收据上应注意接收时间、地

点、在场人员等。

5）遗体处理。对死亡的海外旅游者遗体的处理，应尊重死者家属的意见，可就地火化，也可将遗体运送出境。但已腐败或因患检疫传染病而死亡的，必须就地火化。

若就地火化，在遗体火化前，应由死者亲属或领队，或所在国家驻华使、领馆写出"火化申请书"并签字，持医院的"死亡证明书"或法医的"死亡鉴定书"到民政部门开具"火化证明"后进行火化。死者遗体由领队、死者亲属护送火化后，火葬场死者"火化证明书"交给领队或死者亲属；我民政部门发给对方携带骨灰出境证明。各有关事项的办理，我方应予一协助。

若死者亲属要求将遗体运回国，除需具备"死亡证明书"或"死亡鉴定书"外，还应由医院对遗体进行防腐处理，并办理"尸体防腐证明书""装殓证明书""外国人运送灵柩（骨灰）许可证"和"尸体灵柩进出境许可证"等有关证件，方可将遗体运出境。灵柩要按有关规定包装运输。

如果死者属非正常死亡需解剖遗体，应由死者的亲属或领队，或其所在国使、领馆有关人员的书面请求，并签字认可，经医院和有关部门同意后方可进行。解剖后写出"尸体解剖报告"（无论属何种原因解剖尸体，都要写"尸体解剖报告"）。此外，旅行社还应向司法机关办理"公证书"。

6）通报死亡原因，稳定旅游团情绪。死亡原因确定后，导游人员在与领队、死者亲属协商一致的基础上，请领队向全团宣布游客的死亡原因及抢救、死亡经过等情况。

7）费用自理，帮助理赔。有关抢救死者的医疗、火化、尸体运送、交通等各项费用，一律由死者亲属或该团队交付。死者如在生前已办理人寿保险，我方应协助死者亲属办理人寿保险索赔、医疗费报销等有关证明。

8）参加追悼会。遗体火化或运送出境前，可由旅行社、事故发生地的旅游行政管理部门或当地政府有关部门举行简单的追悼会仪式。追悼会的仪式要尊重对方习俗。

9）写出书面报告。导游人员应将情况书面报告旅行社领导，旅行社视事件性质报告上级有关部门。

案例10-15

面对癌症游客，我该怎么做？

在郑州某旅行社工作的小杨，带团时曾遇到过这样的事情。2011年5月份她带团去华东"五市"（即南京、上海、杭州、苏州和无锡）旅游。当到达第二站上海准备外出游览时，发生了意想不到的事情，游客中有一位老人突然发病，送医院检查诊断是癌症晚期，随时都有死亡的可能。面对这突如其来的变故，小杨当机立断，要求医生全力救治病人，并及时通知其家属来沪。她则每天与另外两名游客（系生病老人的同事）共同取药、换药，在治疗过程中，因身体原因老人脾气暴躁异常，对导游呵斥怒骂，但小杨丝毫不介意，因为全心全意为游客服务是第一位的，更何况游客得了绝症。经过精心治疗，老人病情稳定后由其家属接回。同时也没有耽误其他游客的旅程，使这次旅游圆满结束。后来老人去世，旅行社还特意表示慰问，病人家属十分感激。

点评:

从该事件处理过程中不难看出,当病人生病或发病后要及时送医院治疗,并要求游客中留1~2人与导游共同照顾病人,千万不能单独一人去取药或照顾病人,若有问题出现就说不清了。另外要与旅行社联系通知其家属,病情严重的可让其家属亲自照顾。同时与地接社商量不能中止旅游活动,可让其他游客继续旅游。旅游活动结束后,对旅游活动中不幸死亡的游客,应及时去死者家中表示慰问,这也是旅行社售后服务的体现,有利于密切旅行社与客户之间的合作关系,从而稳定客源市场。本例中上述处理办法及时妥当,不仅使旅游活动圆满结束,而且还提高了旅行社的声誉。

(资料来源:孔永生.导游细微服务[M].北京:中国旅游出版社,2007.文字有改动)

10.9 旅游者越轨言行的处理

所谓越轨行为是指旅游者的个人行为超越我国法律和法规所界定的合法范围。从国际旅游者角度,越轨行为还可视为违反国际公认的国际准则或某种游戏规则。作为旅游者,无论来自何方,都必须严格遵守中国的法律、法规,若违法,将受到中国法律的制裁。

旅游者的越轨言行虽属个人问题,但处理不当会产生不良后果。轻则可能引起其对旅行社或相关服务部门或导游人员的不满,也会影响其他旅游者的情绪,导致旅游计划难以顺利实施。重则可能会影响到民族关系,甚至国家关系。所以导游人员在处理这类问题时必须要慎之又慎,要事先作认真仔细的调查,分清越轨言行的原因、目的、性质。

作为导游人员要具有高度的政策、法规观念,要熟悉各国、各民族的社会制度、政治观点、民族习惯;要积极向旅游者(特别是外国旅游者)宣传和介绍中国的有关法律、法规、注意事项和道德观念,以免个别旅游者无意中做出越轨行为。一旦问题出现,导游人员要坚持原则,对可疑问题进行合情、合理、合法的处理;对顽固不化的人员,必要时可向有关部门报告,并协助有关部门进行处理。

10.9.1 对攻击和诬蔑言论的处理

由于社会制度不同、政治观点差异,导致海外旅游者对我国的方针政策、法律、法规误解或不理解,在一些问题上出现分歧(如我国的计划生育、宗教政策等问题)。因此,导游人员应有针对性地积极宣传中国,认真回答旅游者的问题,用形象、生动和有说服力的宣传方式介绍我国的政策、法律及基本国情,阐明我方对某些问题的观点、立场,求同存异,帮助他们了解中国,促进各国、各族人民的团结、友谊。

若有旅游者站在敌对立场上对我国社会主义制度进行攻击和诬蔑,导游人员要严正驳斥,必要时报告有关部门进行查处。

10.9.2 对违法行为的处理

对此类问题,导游人员要讲清道理,指出问题的性质、后果,并报告有关部门,根据情节进行适当处理。对明知故犯者,导游人员要提出严正警告,并报告公安部门,对此进行严肃处理,情节严重者应绳之以法。

导游人员一旦发现旅游者有窃取国家机密、经济情报、走私、贩毒、偷窃文物、倒卖金银、套购外汇、从事色情等犯罪活动的，应立即报告并配合司法部门查明罪责，严肃处理。

10.9.3　进行非法宗教活动行为的处理

我国法律规定，中华人民共和国公民有宗教信仰自由，国家保护正常的宗教活动。但若旅游者在旅游地散发宗教宣传品，或主持宗教活动，或进行布道活动，导游人员应向其指出不经我国宗教团体邀请和允许，不得在我国境内进行上述活动。处理这类问题时要注意政策界定和方式方法，对不听劝告并继续坚持不合法的宗教活动者或有明显破坏活动的情况，应立即报告，由宗教、司法、公安等有关部门处理。

10.9.4　对异性越轨行为的处理

当异性旅游者对导游人员行为不轨时，导游人员应正气凛然、进退有度、言行有分寸地对其进行阻止，并告之中国人的道德观念和异性间的行为准则；对不听劝告者应指出问题的严重性，必要时采取果断措施或报告旅行社或求助于其他旅游者。

为了尽可能避免这类问题的发生，作为导游人员（特别是女性导游人员）应自尊自爱，不单独去异性房间，不单独与异性相处，对异性的挑逗和非礼要求，一定要委婉但明确地表示拒绝，并设法找借口避开。

10.9.5　对酗酒闹事行为的处理

导游人员对旅游者酗酒应加以劝阻，向他们说明我国的法律规定，酗酒者在酒醉状态下的犯罪行为同样应负法律责任。对不听劝告、酗酒闹事、扰乱社会秩序、触犯他人、造成人身和财物损失的肇事者，导游人员应配合司法部门追究其相应的法律责任。

案例 10-16

面对日本游客的刁难

小李是某旅行社一位日语导游，曾接待了一个日本旅游团。团中有一位游客给人的感觉是很不友善，小李在讲解的时候，他总是大声地打断导游说一些"你讲解得太差了，你的日语水平不怎样"等诸如此类让小李很难堪的话。后来在去洛阳龙门石窟的路上，这位游客突然在车上大声质问小李："导游，我就不明白你们中国人为什么这么贪得无厌，你们中国那么大，为什么还要抢我们的钓鱼岛呢？"车厢内一下子沉寂了，所有游客的目光都投向了小李，小李知道这位日本游客为什么一路上都那么气势汹汹了。小李冷静地回答了这位日本游客的问题，她从钓鱼岛自古以来就是中国的领土，中国对钓鱼岛诸岛及其附近海域拥有无可争辩的主权讲起，讲到捍卫国家的主权和尊严，最后说："别说是一个海岛，就是巴掌大的一块土地，只要涉及国家主权和领土完整，我们都要坚决捍卫。在这个问题上，任何国家都是一样的，贵国的面积比韩国大很多，为什么也要对区区一个竹岛紧抓不放呢？可见这并不是什么贪得无厌的问题。"那位游客听了之后哑口无言，后面的旅游过程中再也不那么咄咄逼人了。

点评：

导游人员要主动关心国家大事，平时要多读书积累知识，了解国家的方针政策，具有较高的政治觉悟和政策水平。导游人员一般情况下不要主动和游客谈及政治问题或者敏感问题，对于个别旅游者站在敌对立场上进行的恶意攻击、污蔑挑衅，必须要严正驳斥对方的错误观点，必要时报告有关部门，查明后严肃处理。案例中，那位日本游客蓄意挑衅，提出中日外交关系非常敏感的钓鱼岛问题，小李在处理这个问题时，观点鲜明、理直气壮、义正词严，据理力争，维护了国家的尊严和个人的尊严。

（资料来源：郭赤婴.导游人员职业道德实证分析[M].北京：中国旅游出版社，2003.文字有改动）

【本章小结】

本章主要介绍了导游人员在带团过程中可能发生的事故以及预防、处理的方法。在参观游览过程中，经常发生的事故有旅游计划和日程变更、漏接、错接、误机（车、船）、旅游突发事件、游客走失、患病、受伤、死亡事故，财物丢失、证件丢失等，这些事故的发生会给旅游者带来不必要的麻烦甚至是灾难。一旦发生事故，导游人员要以强烈的责任心和机敏的应变能力，及时采取措施尽量避免事故的发生或减少事故发生所带来的严重后果。

【重点概念】

思考题

1. 旅游日程发生变更时，导游人员应该如何处理？
2. 漏接的原因是什么？如何预防？
3. 错接的原因是什么？如何预防？
4. 如何避免误机事故的发生？
5. 如何预防游客走失事故？发生走失事故导游人员应该如何处理？
6. 旅游过程中旅游者突患重病，导游人员应该如何处理？
7. 旅游过程中发生游客死亡事故，导游人员应该如何处理？
8. 如何预防旅游者财物丢失？旅游者在旅行过程中发生行李丢失、证件丢失后，应采取哪些应急措施？
9. 遇到突发性事件，导游人员应该怎么办？有哪些应急措施？

实训题

一、旅游计划和日程变更

实训项目	旅游计划和日程变更
实训目的	能妥善处理计划变更问题，协调好计划变更后的各方面工作
实训时间	1学时
实训方法	情景模拟
实训内容与步骤	1.旅游者（团）要求变更旅游计划和活动日程（根据附件1模拟情景进行实训） 2.客观原因需要变更旅游计划和活动日程（根据附件2模拟情景进行实训）

附件1 旅游者(团)要求变更旅游计划和活动日程

情景模拟	处理方法
个别旅游者提出变更旅游计划和活动日程	1. 问明情况,解释变更计划的困难 2. 请领队出面调解 3. 如确有特殊情况,可与旅行社及全陪协商同意其更改行程,但应向该游客说明其执意变更行程所增加的费用自付 4. 做好其他客人的工作 注意事项:导游人员要注意和旅游者的沟通方式,避免游客因变更计划不成而迁怒导游人员
全团提出变更旅游计划和活动日程	1. 问明情况,在不改变计划的前提下尽量满足客人要求 2. 若需变更,与旅行社联系看是否有变更计划的可能。若变更计划可行,落实好用车、用房、用餐的安排 注意事项:在未做好变更安排的情况下,切勿答应客人的要求

附件2 客观原因需要变更旅游计划和活动日程

情景模拟	处理方法
缩短在一地的游览时间	1. 抓紧时间,将计划景点参观完毕,如确有困难,尽可能让旅游者游览到本地最具代表性、最具特色的景点 2. 及时办理退房、退餐、退车等事宜 3. 若系提前离开,要及时将这一情况通知下一站
取消或减少(超过半天)在一地的游览时间	1. 全陪需要将情况立即报告国内组团社,国内组团社做出决定并及时通知相关地方接待社 2. 若此情况发生在地接社,该地接社要及时将这一情况通知国内组团社并通知下一站的接待社 3. 导游人员要向旅游者诚恳地道歉,做好自己相应的服务工作
延长一地的旅游时间	1. 重新落实团队用房、用车、用餐等事宜 2. 调整活动日程,酌情增加游览景点或适当延长在主要景点的游览时间,晚上可安排文娱活动或市容参观 3. 如系推迟离开本站,要及时将这一情况通知下一站
在一地的旅游时间不变但被迫改变活动项目	导游人员应以缜密的安排、精彩的讲解、新奇的内容激起旅游者的游兴,使替代项目得到旅游者的认可

二、漏接、错接、误机(车、船)事故的预防和处理

实训项目	漏接、错接、误机(车、船)事故的预防和处理
实训目的	妥善处理漏接、错接、误机(车、船)事故
实训时间	1学时
实训方法	情景模拟
实训内容与步骤	1. 漏接、错接、误机(车、船)事故的预防(根据附件3模拟情景进行实训) 2. 漏接、错接、误机(车、船)事故的处理(根据附件4模拟情景进行实训)

附件3 漏接、错接、误机(车、船)事故的预防

内　容	预防措施
漏接	1. 认真阅读接待计划,仔细查阅变更通知 2. 核实交通工具抵达的准确时间 3. 提前抵达接站地点
错接	1. 地陪应提前到达接站地点 2. 接团时应认真核对相关信息 3. 提高警惕,防止其他人员接走旅游团
误机(车、船)事故	1. 认真核实机票(车票、船票)的班次、车次、日期、时间及在哪个机场(车站、码头)离站等 2. 安排充裕的时间去机场(车站、码头) 3. 保证按规定的时间到达机场(车站、码头)

附件4 漏接、错接、误机(车、船)事故的处理

内　容	情景模拟	处理方法
漏接	1. 接待社方面的原因造成的漏接 ①导游人员未按服务程序要求抵达接站地点 ②交通工具变更时间(提前),导游人员没有认真阅读变更通知,仍按原计划时间去接团 ③新旧时刻表交替,导游人员没有认真查对新时刻表,仍按原时刻表去接团 ④交通工具临时变更时间(提前),接待社有关部门接到上一站的通知但没有及时通知该团导游人员,使导游人员仍按原计划去接团 ⑤导游人员将接站地点搞错或接站时导游人员举牌接站的地方选择不当	1. 不管漏接原因在何方,导游人员应如实地向旅游者说明原委,诚恳道歉,必要时可请旅行社领导向旅游者赔礼道歉或者给予旅游者一定的物质补偿。即使是非接待社方面的原因造成的漏接,导游人员亦应做好安抚工作 2. 在后面的旅游过程中,导游人员应向旅游者提供更加热情周到的服务
	2. 非接待社方面的原因造成的漏接 ①交通工具临时变更(提前),接待社有关部门未接到上一站的通知 ②突发意外情况导致导游人员未能及时抵达接站地点	

内　容	情景模拟	处理方法
错接	导游人员在接团时未认真核实团名(编号)、境外组团社或国内组团社名称、旅游团人数、领队或全陪姓名等信息	1. 一旦发现错接,地陪应马上查找错接的原因 2. 若错接发生在同一家旅行社接待的两个旅游团时,导游人员要立即向领导汇报。经领导同意,地陪可以不再交换旅游团,全陪应交换旅游团并向旅游者赔礼道歉。若错接发生在不同家旅行社之间,导游人员应立即向旅行社领导汇报,设法尽快交换旅游团,并向旅游者实事求是地说明情况并道歉 3. 如果旅游者(团)被其他人员接走或骗走,导游人员要立即报告旅行社和相关主管部门,对违法者严惩不贷

内　容	情景模拟	处理方法
误机（车、船）事故	1. 客观原因导致的非责任事故 ①游客方面的原因 ②途中遭遇交通事故、堵车、旅游车故障等 2. 主观因素导致的责任事故 ①日程安排不当或过紧，没有留有余地 ②导游人员将离站时间或地点搞错 ③交通工具时间已变更但旅行社有关人员没有及时通知导游人员或导游人员没有提前与内勤联系确认交通工具驶离时刻 ④导游人员没按服务规范提前抵达送站地点	1. 导游人员应立即向旅行社领导及有关部门报告并请求协助 2. 地陪和旅行社尽快与机场（车站、码头）联系，争取让游客乘时间最近的交通工具离开本站 3. 及时将情况通知下一站 4. 稳定旅游团（者）的情绪，向旅游团（者）赔礼道歉，安排好在当地滞留期间的食宿、游览等事宜

三、旅游突发事件的预防和处理

实训项目	旅游突发事件的预防和处理
实训目的	能妥善处理各种旅游突发事件
实训时间	1 学时
实训方法	情景模拟
实训内容与步骤	1. 交通事故、治安事故、火灾事故、食物中毒的预防（根据附件 5 模拟情景进行实训） 2. 交通事故、治安事故、火灾事故、食物中毒的处理（根据附件 6 模拟情景进行实训）

附件 5　交通事故、治安事故、火灾事故、食物中毒的预防

内　容	预防措施
交通事故的预防	1. 在行车期间，导游人员不要与司机聊天 2. 安排游览日程在时间上要留在有余地，不催促司机开快车 3. 若天气（路况）不好、交通堵塞等，要主动提醒司机注意安全，谨慎驾驶 4. 阻止非本车司机开车 5. 提醒司机经常检查车辆 6. 提醒司机在工作期间不要饮酒
治安事故的预防	1. 入住酒店时，导游人员应建议旅游者将贵重物品寄存；提醒游客不要私自与他人兑换外币 2. 在客房时导游人员应提醒旅游者要对陌生人提高警觉，注意安全 3. 下车时，导游人员要提醒游客不要将证件或贵重物品遗留在车内 4. 在旅游景点，导游人员要始终和游客在一起，注意观察周围的环境，提醒游客看管好自己的财物 5. 汽车行驶途中，不得让非本车人员上车、搭车

内　容	预防措施
火灾事故的预防	1. 做好提醒工作 2. 熟悉饭店的安全出口和转移路线 3. 掌握领队和全体游客的房间号码,一旦发生火灾,可以及时通知撤离疏散 4. 牢记火警电话
食物中毒的预防	1. 严格执行在旅游定点餐厅就餐的规定 2. 提醒游客不要在小摊上购买食物,不喝生水,不吃不洁的食物 3. 用餐时,若发现不卫生或有异味变质的情况,导游人员应立即要求更换饭菜,并要求餐厅负责人出面道歉,必要时向旅行社领导汇报

附件6　交通事故、治安事故、火灾事故、食物中毒的处理

内　容	情景模拟	处理方法
交通事故的处理	在旅游途中发生汽车交通事故	1. 立即组织抢救 2. 保护现场,立即报案 3. 迅速报告接待社 4. 做好安抚工作,稳定旅游者情绪 5. 写出书面报告
治安事故的处理	在旅游活动中,遇到坏人行凶(诈骗、偷窃、抢劫)等	1. 全力保护旅游者 2. 迅速抢救受伤游客 3. 立即报警 4. 及时向接待社领导报告 5. 妥善处理善后事宜 6. 写出书面报告
火灾事故的处理	旅游者下榻酒店发生火灾	1. 立即报警 2. 迅速通知领队及全团游客 3. 听从工作人员统一指挥,迅速通过安全出口疏散游客 4. 判断火情,引导自救 5. 协助处理善后事宜 6. 写出书面报告
食物中毒的处理	旅游者在一餐厅就餐发生食物中毒	1. 设法催吐,加速排泄,缓解毒性 2. 立即将患者送医院进行抢救 3. 迅速报告旅行社并追究供餐单位的责任

四、证件、钱物、行李丢失的预防和处理

实训项目	证件、钱物、行李丢失的预防和处理
实训目的	能够妥善处理证件、钱物、行李丢失的问题
实训时间	1 学时
实训方法	情景模拟
实训内容与步骤	1. 证件、钱物、行李丢失问题的预防(根据附件 7 模拟情景进行实训) 2. 证件丢失问题的处理(根据附件 8 模拟情景进行实训) 3. 钱物、行李丢失问题的处理(根据附件 9 模拟情景进行实训)

附件 7　丢失问题的预防

内　容	情景模拟	处理方法
证件、钱物、行李遗失的预防	1. 旅游团将要下车参观游览某景点时 2. 旅游者离开酒店时 3. 旅游者购物时	1. 多做提醒工作 2. 不代为游客保管证件 3. 切实做好行李的清点、交接工作

附件 8　证件丢失问题的处理

情景模拟	处理方法
丢失外国护照和签证	1. 由旅行社出具证明 2. 失主持证明去当地公安局(外国人出入境管理处)报失,由公安局出具证明 3. 持公安局的证明去所在国驻华使、领馆申请补办新护照 4. 领到新护照后再去公安局办理签证手续
华侨丢失中国护照和签证	1. 接待社开具遗失证明 2. 失主持证明到省(市、自治区)公安厅(局)或其授权的公安机关报失并申请办理新护照 3. 去旅游者侨居国驻华使、领馆办理签证手续
中国公民出境旅游时丢失护照、签证	1. 请当地旅行社为其出具证明,持旅行社证明到当地警察机构报失,取得警察机构的报案证明 2. 持当地警察机构的报案证明和照片及有关护照资料到我国驻该国使馆办理新护照 3. 领取护照后到所在国移民局办理签证
丢失团体签证	1. 由接待社开具遗失公函 2. 重新打印与原团体签证格式、内容相同的该团人员名单,并准备好原团体签证复印件(副本)与该团全体游客的护照 3. 持以上证明材料到公安局出入境管理处报失,并填写有关申请表
丢失港澳同胞回乡证	1. 向公安局派出所报失,并取得报失证明,或由接待社开具遗失证明 2. 持报失证明或遗失证明到公安局出入境管理处申请领取赴港澳证件 3. 经出入境管理部门核实后,给失主签发一次性"中华人民共和国入出境通行证"

情景模拟	处理方法
丢失台湾同胞旅行证明	失主向遗失地中国旅行社和户口管理机构或侨办报失,核实后发给一次性有效的出入境通行证
丢失中华人民共和国居民身份证	1. 由当地旅行社出具证明 2. 失主本人持证明到当地公安局报失,核实后发给身份证明
中国内地居民赴港澳旅游丢失有效证件	1. 要及时向当地警方报失 2. 凭借香港警方出具的证件遗失报警单或澳门治安警察局出入境事务厅出具的报失通知书向香港或澳门中国旅行社申请一次性有效出入境通行证 3. 持回执单按取证时间到香港或澳门中国旅行社领取一次性出入境通行证,即可顺利返回内地。当事人在香港领取证件后,还需要前往香港入境事务处办理离境手续。
中国大陆居民赴台湾旅游丢失有效证件	1. 向公安部出入境管理局或原受理申请的公安机关出入境管理部门申请,并提交拟入境的具体时间、所乘坐交通工具的班(车)次及入境口岸 2. 核实后,由公安部出入境管理局通知申请人拟入境口岸所在的公安机关出入境管理部门签发一次入出境有效的"中华人民共和国入出境通行证",并通知拟入境口岸的边防检查机关准予入境 3. 入境后,到原受理申请的公安机关出入境管理部门补发证件和签注

附件9 钱物、行李丢失问题的处理

内容	情景模拟	处理方法
钱物丢失	由于个人原因丢失钱物	1. 导游人员应保持清醒的头脑,请失主回忆最后一次见到失物的时间、地点,弄清是确实丢了,还是放错了地方 2. 若一时找不到,导游人员要安慰失主,并请失主留下详细地址、电话,以便找到后即归还 3. 若失物未能找到,而丢失物品又系进关时申报的或保险的贵重物品,应到接待社开具证明,再由失主持旅行社证明到当地公安局开具遗失证明,以备出海关时查验或向保险公司索赔
	钱物被盗	1. 稳定失主情绪 2. 立即向公安局或保安部门及保险公司报案(特别是丢失贵重物品) 3. 及时向接待社领导汇报,听取领导指示 4. 接待社出具遗失证明 5. 依据被盗财物的类型,失主到相关部门办理相关手续 6. 失主持由公安局开具的所有证明,供海关查验或向保险公司索赔

内容	情景模拟	处理方法
行李丢失	来华途中丢失行李	1. 协助失主到机场失物登记处办理行李丢失和认领手续 2. 导游人员应将失主所下榻饭店、电话告诉登记处,并记下登记处的电话和联系人,记下有关航空公司办事处的地址、电话,以便联系 3. 若旅游者在当地游览期间,一时找不回行李,要协助失主购买必备的生活用品,并不时地打电话给失物登记处,询问寻找行李的情况 4. 在旅游者离开本地前,行李还未找到,导游人员应帮助失主将全程旅游路线及各地下榻饭店名称和各地接待旅行社名称、电话告诉有关航空公司,以便行李找到后及时运往最适当的地点交还失主 5. 如行李确系丢失,国内组团社负责帮助失主向有关航空公司索赔
	在中国境内丢失行李	1. 导游人员应根据行李丢失的不同环节,仔细分析,采取相应的措施 2. 做好善后工作 3. 随时与有关方面联系,询问查找进展情况 4. 若行李找回,及时将找回的行李归还失主。若确定行李已丢失,由责任方负责人出面向失主说明情况,并表示歉意 5. 帮助失主根据有关规定或惯例向有关部门索赔 6. 事后写出书面报告

五、旅游者走失的预防和处理

实训项目	游客走失的预防和处理
实训目的	能妥善处理游客走失的问题
实训时间	1学时
实训方法	情景模拟
实训内容与步骤	1. 游客走失问题的预防(根据附件10模拟情景进行实训) 2. 游客走失问题的处理(根据附件11模拟情景进行实训)

附件10 游客走失问题的预防

内容	情景模拟	预防措施
走失问题的预防	1. 旅游团参观某一景点 2. 游客自由活动 3. 游客购物	1. 做好提醒工作 2. 做好各项活动的安排和预报 3. 时刻和游客在一起,经常清点人数 4. 地陪、全陪和领队应密切配合 5. 导游人员以高超的导游技巧和丰富的讲解内容吸引游客

附件11 游客走失问题的处理

情景模拟	处理方法
游览活动中走失	1. 了解情况,迅速寻找 2. 向有关部门报告,经寻找仍没找到要立即向景点有关部门求助 3. 与酒店联系,请他们注意客人是否已经回到酒店 4. 如采取以上措施仍未找到旅游者,要向旅行社报告,并请求帮助,必要时要向公安局报案 5. 做好善后工作 6. 事后写出报告
自由活动时走失	1. 立即报告旅行社,请求指示和帮助 2. 组织寻找。导游人员可发动全陪、领队一起寻找 3. 若寻找未果,则应向事故发生地所在辖区公安部门或派出所报案,请求帮助寻找。如果在旅游团体离开本地时仍未找到走失的旅游者,旅行社应派专人负责有关寻找工作,与公安机关保持密切联络;并与下一站联络,请对方注意走失的旅游者是否已自行前往或已打电话给下一站接待社 4. 做好善后工作
出境旅游团的旅游者在境外走失	1. 寻找走失游客,并安顿其他旅游者 2. 立即报案 3. 报告国内组团社 4. 写出书面报告

六、旅游者患病、死亡问题的处理

实训项目	旅游者患病、死亡问题的处理
实训目的	能妥善处理游客的患病和死亡问题
实训时间	1学时
实训方法	情景模拟
实训内容与步骤	1. 旅游者患病的处理(根据附件12模拟情景进行实训) 2. 旅游者死亡的处理(根据附件13模拟情景进行实训)

附件12 旅游者患病的预防与处理

情景模拟	处理方法
旅游者在酒店时感到不适	1. 导游人员在得知旅游者患病后,要劝其及早就医并多作休息 2. 关心旅游者的病情 3. 严禁导游人员将自备药品给旅游者服用 4. 看病费用由旅游者自理

情景模拟	处理方法
旅游者在旅途中或游览中感到不适	导游人员可安排旅游者在旅游车上休息,不要勉强其随团进入景区活动。回酒店后,导游人员应询问其是否需要去医院看病,并建议旅游者注意休息
旅游者突患重病或受伤	1. 及时联系救治机构 2. 尽早通知旅行社 3. 送往医院 4. 抢救 5. 保存好有关材料 6. 安顿好其他旅游者 7. 处理好善后事宜

附件13 旅游者死亡的处理

情景模拟	处理方法
旅游者死亡	1. 保护现场,立即报告 2. 通知家属 3. 开具证明 4. 清点遗物 5. 遗体处理 6. 通报死亡原因,稳定旅游团情绪 7. 费用自理,帮助理赔 8. 参加追悼会 9. 写出书面报告

本章练习题

一、单选题(以下四个选项,只有一项是正确的,请选择最佳选项)

1. 一名美籍华人进入中国旅游时,须在边防检查站交验的有效证件是(   )。
 A. 中国护照,中国签证   B. 美国护照,中国签证
 C. 中国护照,美国签证   D. 美国护照,美国签证

2. 团内一位游客在机场出站前领取行李时,找不到托运的行李。此时导游小张采取的以下措施中错误的是(   )。
 A. 是上一站的责任,与本站无关,请失主与上站旅行社联系解决
 B. 带失主到失物登记处办理行李丢失和认领手续
 C. 向旅行社领导汇报,请其安排人员与相关部门联系寻找行李
 D. 帮助失主解决因行李丢失带来的生活方面的困难

3. 乘车去河南博物院参观途中,一位游客在车上突然昏迷,导游小张处理这一突发事件的正确方法是(   )。

A. 立即拨打120并原地等待急救
B. 快速将游客送到博物馆再将患者送到就近医院
C. 立即将患者送往就近的医院抢救
D. 征求大多数游客的意见后再做决定

4. 导游小刘带团在某市游览时,团内一位游客突然患病,且病情为重。此时小刘采取的措施中不妥当之处是( )。
   A. 立即协同患者亲友和领队送病人去急救中心或医院给急救
   B. 立即报告组团社和接待社
   C. 患者亲友及领队不必在场,但要详细记录患者治疗情况
   D. 随时向当地接待社反映情况,若患者亲属不在身边应及时通知

5. 旅游团在游览途中如果出现有游客走失,一般情况下( )不参与寻找。
   A. 全陪   B. 游客
   C. 地陪   D. 领队

6. 团队中有一位客人感冒提出要导游人员帮助买药,导游的正确做法是( )。
   A. 帮他买药   B. 建议他去看医生
   C. 拿自己的备用的感冒清给他服用   D. 婉言拒绝

7. 旅游车发生交通事故时,导游首先应当采取的措施为( )。
   A. 抢救伤员   B. 保护现场
   C. 向旅行社汇报   D. 安抚旅游者

8. 下列情况中完全属于责任事故的是( )。
   A. 漏接   B. 走失
   C. 错接   D. 误机

9. 在游览中出现有可能危及游客安全的情况时,导游的正确做法应该是( )。
   A. 采取防范措施,但不告诉游客以免引起惊慌
   B. 提高警惕,但一般不必采取措施,也不用告诉乘客
   C. 向游客说明真实情况,做出明确警示并采取防止危害发生的措施
   D. 全陪请地接社要求当地派出所派人保护旅游者

10. 导游在旅游活动中要重视火灾事故的预防,如果在酒店发生火灾,导游人员采取的下列措施中不正确的是( )。
    A. 立即拨打119火灾报警电话   B. 迅速通知领队及全团游客
    C. 听从工作人员指挥疏散游客   D. 带领游客搭乘电梯迅速离开火场

二、多选题(以下每小题四个选项中,至少有两项是符合题意的,请将每题的所有正确选项选出,多选、少选或错选,均为错误)

11. 带团时导游应加强责任心尽量避免问题和事故的发生,以下情况中属于漏接原因的有( )。
    A. 未认真核实实到人数   B. 未按预订时间抵达接站地点
    C. 将接站地点记错   D. 旅游团推迟抵达
    E. 非法人员接走旅游团

12. 五一假期突然下雨,一位来河南游览的游客感冒发烧,导游应该(　　)。
   A. 劝其及早就医   B. 劝其注意休息
   C. 关心患者的病情   D. 向旅游者讲清看病的费用自理
   E. 严禁擅自给患者用药

13. 地陪在接团时怎样预防错接事故的发生(　　)。
   A. 及时和上一站联系   B. 提前抵达接站地点
   C. 接到团队后认真核实   D. 提高警惕防止非法人员抢团
   E. 认真核实团队抵达的准确时间

14. 在景区游览时一旦发生游客走失地陪正确的处理方法有(　　)。
   A. 请领队、全陪分头寻找 B. 让游客在原地等候不要乱跑
   C. 请景区管理部门协助寻找 D. 与饭店联系
   E. 向旅行社汇报,必要时报案

15. 如果旅游活动中发生交通事故,待交通事故处理结束后,导游要立即写出书面报告,内容包括(　　)。
   A. 事故的原因和经过   B. 抢救经过和治疗情况
   C. 人员伤亡情况和诊断结果 D. 事故责任及对责任者的处理
   E. 导游人员的情绪及对处理的反映

16. 为保证旅游活动的顺利进行,导游人员要注意预防旅游者患病情况的发生。在导游人员应做的工作中,不正确的是(　　)。
   A. 在山区游览鼓励大家多喝山间泉水
   B. 劳逸结合,活动安排留有余地
   C. 活动日程安排尽可能紧凑以提高游玩效率
   D. 提醒旅游者不要买小摊贩的食品
   E. 白天时间有限,可以在晚间多安排活动以丰富游览行程

17. 导游人员在接待工作中要时刻提高警惕,采取有效的措施防止治安事故的发生。下列说法中,不正确的是(　　)。
   A. 导游人员提醒游客不要将房号告诉陌生人
   B. 提醒司机锁好车门、关好车窗
   C. 导游人员提醒游客贵重物品随身携带
   D. 导游人员提醒游客不要与私人兑换外币
   E. 导游人员提醒游客不要让陌生人随便进入房间,但自称饭店维修人员者除外

18. 因交通方面的原因,一旅游团需要提前一天离开洛阳赴上海,为此,洛阳地陪应做的工作有(　　)。
   A. 请交通部门领导出面解释道歉 B. 尽量抓紧时间完成计划内游览项目
   C. 以新的游览项目激发游客的兴趣 D. 分别与饭店、餐厅联系退房、退餐
   E. 及时通知上海地接社有关情况

19. 一位旅居加拿大的华侨随旅游团在河南旅游期间丢失护照,该华侨怎么重新办理相关手续(　　)。

A. 由河南省公安机关办理新护照

B. 由加拿大驻华使馆办理新护照

C. 持新护照到河南省公安机关办理签证手续

D. 持新护照到加拿大驻华使领馆办理签证手续

E. 河南省公安机关和加拿大驻华使领馆均可为该华侨办理相关手续

20. 产生误机的原因有多种,下列属于客观因素导致误机事故发生的是(　　)。

A. 赴机场途中遇上交通事故　　　　B. 赴机场途中旅游车发生严重故障

C. 赴机场途中遇上严重堵车　　　　D. 游客私自外出走失致使未赶上飞机

E. 导游人员没有认真核实交通票据,导致误机

学习参考书目

1. 杜炜,张建梅.导游业务[M].北京:高等教育出版社,2014.
2. 易婷婷.导游实务[M].北京:北京大学出版社,2013.
3. 张琼霓.导游业务[M].北京:旅游教育出版社,2015.
3. 孔永生.导游细微服务[M].北京:中国旅游出版社,2007.
4. 曹景洲.导游带团安全警示录[M].北京:中国旅游出版社,2009.

11 旅游者个别要求的处理

学习目标→
　　本章的主要内容是导游员对旅游者个别要求的处理,通过本章的学习,要求学生掌握旅游者个别要求处理的原则,在食、住、娱、购方面的个别要求,熟悉自由活动和转递物品,探视亲友等其他个别要求的处理。

学习难点→
　　餐饮、住房、娱乐、购物个别要求　　转递物品要求
代为托运的处理

　　旅游过程中,一般基本活动内容和消费项目在旅游合同或约定标准中均已事先制定,导游人员应该按照旅游合同或约定执行旅游计划。但旅游活动是一个动态过程,往往会受到各种情况的影响,旅游者也常常会有新的需求或新的问题出现,因而会向导游人员提出个别要求。

　　游客的个别要求是指参加团体旅游的游客提出的各种计划外的特殊要求。面对游客的种种特殊要求,导游人员应该怎样处理?怎样才能使要求得到基本满足的游客高高兴兴,又使个别要求没有得到满足的游客也满意导游人员的服务,甚至使爱挑剔的游客也对导游人员提不出更多的指责?这是对导游人员处理问题能力的一个考验,也是保证并提高旅游服务质量的重要条件之一。导游人员应该视情况区别对待,妥善处理。

　　面对个别游客苛刻的要求和过分挑剔,导游人员一定要认真倾听,冷静、仔细地分析。决不能置之不理,更不能断然拒绝。不应在没有听完对方讲话的情况下就胡乱解释,或表示反感、恶语相加,意气用事。对不合理或不可能实现的要求和意见,导游人员要耐心解释,实事求是;处理问题要合情合理,尽量使游客心悦诚服;导游人员千万不能一口回绝,不能轻易地说出"不行"两字。当然,旅游团队中也难免有个别无理取闹者,如有偶遇,导游人员应沉着冷静、不卑不亢,既不伤主人之雅又不损客人之尊,理明则让。经过导游人员的努力仍有解决不了的困难时,导游人员

· 239 ·

应向接待社领导汇报,请其帮助。总之,对游客提出的要求,不管其难易程度、合理与否,导游人员都应给予足够的重视并正确及时、合情合理地予以处理,力争使大家愉快地旅行游览。

11.1 旅游者个别要求的处理原则

一般来看,游客的个别要求可以分为四种情况:合理的,经过导游人员的努力可以满足的要求;合理的,但现实难以满足的要求;不合理的,经过努力可以满足的要求;不合理的,无法满足的要求。面对这几种要求,导游人员应根据不同的原则进行处理。

根据国际惯例和导游服务的经验,导游人员在处理游客的个别要求时,一般应遵循以下五条基本原则。

11.1.1 符合法律原则

《旅游法》《导游人员管理条例》和《旅行社条例》中规定了游客、导游人员、旅行社三者之间的权利和义务,导游人员在处理游客个别要求时,要符合法律对这三者的权利和义务规定。同时,还要考虑游客的个别要求是否符合我国法律的其他规定,如果相违,应断然拒绝。

11.1.2 合理而可行原则

合理的基本判断标准是不影响大多数游客的权益、不损害国家利益、不损害旅行社和导游人员的合法权益,可行是指具备满足游客合理要求的条件。尽可能满足旅游者需要是导游服务的基本原则,应贯穿于导游服务的始终。在旅游过程中,旅游者提出的要求有的是合理而不可解决的,导游人员应耐心解释,说明原因,争取旅游者的谅解;有的是不合理但是可能做到的,导游人员也应该婉转指出其问题所在,说明不能满足其要求的原因;涉及违法违纪问题时应严肃说明相关法律规定,劝阻旅游者采取错误行为。

导游人员在服务过程中,应努力满足游客合理而可行的需要,使他们能够获得一种愉快的旅游经历,从而给旅游目的地的形象、旅行社的声誉带来正面影响。特别是一些特种旅游团,如残疾人旅游团、新婚夫妇旅游团。

11.1.3 公平对待原则

公平对待原则是指导游人员对所有客人应一视同仁、平等对待。游客不管来自哪个国家,属于哪个民族、哪种宗教信仰,何种肤色,不管其社会经济地位高低、年老年幼、男性女性,也不管身体是否残疾,都是我们的客人,都是导游人员服务的对象。导游人员要尊重他们的人格,一视同仁,热情周到地为他们提供导游服务,维护他们的合法权益,满足他们的合理可行要求,切忌厚此薄彼、亲疏偏颇。

11.1.4 尊重游客原则

游客提出的要求,大多数是合情合理的,但总会有客人提出一些苛刻的要求,使导游人员为难。旅游团中也不可避免会出现无理取闹之人。对待这种情况,导游人员一定要记住自己的职责,遵循尊重游客的原则,对客人要礼让三分。客人可以挑剔、甚至吵闹和谩骂,但导游人员要保持冷静,始终有礼、有理、有节,不卑不亢。

在游客提出个人要求时,导游人员一要认真倾听,不要没有听完就指责游客的要求不合理或胡乱解释;二要微笑对待,切忌面带不悦、恶言相向;三要实事求是、耐心解释,不要以"办不到"一口拒绝。须强调的是,一定不要和游客正面冲突,以免影响整个旅游活动。

11.1.5 维护尊严原则

导游人员在对待游客的个别要求时,要坚决维护祖国的尊严和导游人员的人格尊严。对游客有损国家利益和民族尊严的要求时断然拒绝,严正驳斥;对游客提出的侮辱自身人格尊严或违反导游人员职业道德的不合理要求,有权拒绝。旅游者中有人无理取闹,导游人员应不卑不亢,冷静处理,做到不伤主人之雅,不损客人之尊。

11.2 旅游者要求变更旅游计划或日程

旅游计划或活动日程通常在旅游活动开始前已经以旅游协议或合同的形式得到双方确认,通常情况下不应随意变更。但在旅游活动中有时需要对旅游计划或活动日程进行适当调整,其中一种情况是旅游者要求变更计划行程。

11.2.1 少数人提出变更

在旅游过程中,旅游团内少数旅游者提出变更旅游计划或活动日程时,导游人员原则上应该委婉拒绝并按照合同执行原定接待任务,必要时请领队或全陪出面协调,向游客解释清楚,争取求得游客的理解。

11.2.2 大多数人提出变更

若大多数旅游者希望变更旅游计划或活动日程,地陪导游员应征询领队、全陪的意见,同时将这一情况及时上报旅行社,在此基础上对旅游活动安排做出相应调整,但应以不影响下一站接待计划为前提,同时应告知旅游者由此超出的费用应自付。

11.3 餐饮、住房、娱乐、购物方面个别要求的处理

食、住、购、娱是旅游活动的主要组成部分,也是游程顺利进行的基本保证。导游人员应高度重视游客的此类个别要求,认真、热情、耐心地设法予以解决。

11.3.1 餐饮方面个别要求的处理

"民以食为天"。跨国界、跨地区的游客对餐饮的要求各不相同,因餐饮问题引起的游客投诉屡见不鲜。下面就常见的六种情况讲述导游人员面对此类要求的处理方法。

11.3.1.1 特殊饮食的处理

由于宗教信仰、生活习惯、身体状况等原因,有些游客会提出饮食方面的特殊要求,例如,佛教信徒不吃荤,穆斯林不吃猪肉,不吃油腻、辛辣食品,或其他肉食,甚至不吃盐、糖、味精等。类似此类饮食禁忌,导游人员应予以重视。对游客提出的特殊要求,要区别对待:

1)事先有约定。若所提要求在旅游协议书有明文规定的,接待方旅行社须早做安排,地陪在接团前应检查落实情况,不折不扣地兑现。

2)抵达后提出。若旅游团抵达后或到定点餐厅后临时提出要求,则需视情况而定。一般情况下地陪应立即与餐厅联系,在可能的情况下尽量满足其要求,但应兼顾团队其他旅游者与个别旅游者的不同餐饮习惯;如情况复杂,确实有困难满足不了其特殊要求,地陪则应说明情况,协助游客自行解决。如建议游客到零点餐厅临时点菜或带他去附近餐馆(最好是旅游定点餐馆)用餐,餐费自理。

11.3.1.2 要求换餐

部分外国游客不习惯中餐的口味,在几顿中餐后要求改换成西餐;有的外地游客想尝尝当地小吃,要求换成风味餐。诸如此类要求,处理时考虑如下几方面:

1)首先要看是否有充足的时间换餐。如果旅游团在用餐前3个小时提出换餐的要求,地陪应尽量与餐厅联系,但需事先向游客讲清楚,如能换妥差价由游客自付。

2)询问餐厅能否提供相应服务。若计划中的供餐单位不具备供应西餐或风味餐的能力,应换餐厅。

3)如果是在接近用餐时间或到餐厅后提出换餐要求,应视情况而定。若该餐厅有该项服务,地陪应协助解决;如果情况复杂,餐厅又没有此项服务,一般不应接受此类要求,但应向游客做好解释工作。

4)若游客仍坚持换餐。地陪可建议其到零点餐厅自己点菜或单独用餐,费用自理并告知原餐费不退。

11.3.1.3 要求单独用餐

由于旅游团的内部矛盾或其他原因,个别游客要求单独用餐。此时,导游人员要耐心解释,并告诉领队请其调解;如游客坚持,导游人员可协助与餐厅联系,但餐费自理,并告知综合服务费不退。

由于游客外出自由活动、访友、疲劳等原因不随团用餐,导游员应同意其要求,但要说明餐费不退。

11.3.1.4 要求在客房内用餐

若游客生病,导游人员或饭店服务员应主动将饭菜端进房间以示关怀。若是健康的游客希望在客房用餐,应视情况办理;如果餐厅能提供此项服务,可满足游客的要求,但须告知服务费标准。

11.3.1.5 要求自费品尝风味

旅游团要求外出自费品尝风味,导游人员应予以协助,可由旅行社出面,也可由游客自行与有关餐厅联系订餐;风味餐订妥后旅游团又想不去,导游人员应劝他们在约定时间前往餐厅,并说明若不去用餐须赔偿餐厅的损失。

11.3.1.6 要求推迟就餐时间

由于游客的生活习惯不同,或由于在某旅游地游兴未尽等原因要求推迟用餐时间。导游人员可与餐厅联系,视餐厅的具体情况处理。一般情况下,导游人员要向旅游团说明餐厅有固定的用餐时间,劝其入乡随俗,过时用餐需另付服务费。若餐厅不提供过时服务,最好按时就餐。

11.3.2 住房方面个别要求的处理

旅游过程中,饭店是游客临时的家。对于在住房方面的要求,导游人员一定要尽力协助解决。

11.3.2.1 住房规格有异议

团体游客到一地旅游时,享受什么星级的酒店住房在旅游协议书中有明确规定,有的在什么城市下榻于哪家酒店都写得清清楚楚。所以,接待旅行社向旅游团提供的客房低于标准,或者用同星级的酒店替代协议中标明的酒店,游客都会提出异议。

如果接待社未按协议安排酒店或协议中的酒店确实存在卫生、安全等问题而致使游客提出换酒店,地陪应随时与接待社联系,接待社应负责予以调换。如确有困难,按照接待社提出的具体办法妥善解决,并向游客摆出有说服力的理由,提出补偿条件。

11.3.2.2 调换房间的要求

根据客人提出的不同缘由,有不同的处理方法:

1)若由于房间不干净,如有蟑螂、臭虫、老鼠等,游客提出换房应立即满足,必要时应调换酒店。

2)由于客房设施尤其是房间卫生达不到清洁标准,应立即打扫、消毒,如游客仍不满意,坚持调房,应与酒店有关部门联系予以满足。

3)若游客对房间的朝向、层数不满意,要求调换另一朝向或另一楼层的同一标准客房时,若不涉及房间价格并且酒店有空房,可与酒店客房部联系,适当予以满足,或请领队在团队内部进行调整。无法满足时,应做耐心解释,并向游客致歉。

4)若游客要住高于合同规定标准的房间,如有,可予以满足,但游客要交付原定酒店退房损失费和房费差价。

11.3.2.3 要求住单间

团队旅游一般安排住标准间或三人间。由于游客的生活习惯不同或因同室游客之间闹矛盾,而要求住单间。导游人员应先请领队调解或内部调整,若调解不成,酒店如有空房,可满足其要求。但导游人员必须事先说明,房费由游客自理(一般由提出方付房费)。

11.3.2.4 购买客房内物品

由于一些酒店客房的物品和装饰品制作精美或具有鲜明的地方特色,游客非常喜欢,提出要求购买,导游人员应积极协助,与酒店有关部门联系,满足游客的要求。

11.3.2.5 要求延长住店时间

旅游者由于生病、访友、改变旅游日程等而中途退团,提出延长在酒店的住宿时间的要求。导游人员可先与酒店联系,若酒店有空房,可满足其要求,但延长期内的房费由游客自付。如该酒店没有空房,导游人员应协助联系其他酒店,房费由游客自理。

11.3.3 娱乐活动方面个别要求的处理

11.3.3.1 调换计划内的文娱节目

凡在计划内注明有文娱节目的旅游团,一般情况下,地陪应按计划带游客到指定娱乐场所观看文艺演出。若游客提出调换节目,地陪应针对不同情况,本着"合理而可能"的原则,做出如下处理:

如全团游客提出更换,在时间允许又有可能调换的情况下,地陪应与接待社计调部门联系,尽可能调换,但不要在未联系妥当之前许诺;如接待社无法调换,地陪要向游客耐心做解释工作,并说明票已订好,不能退换,请其谅解。

部分游客要求观看别的演出,若决定分路观看文娱演出,如两个演出点在同一线路,导游人员要与司机商量,在交通方面尽量为少数游客出行提供方便;若不同路,导游人员应为他们安排车辆,但车费由其自理。

11.3.3.2 要求自费观看文娱节目

在时间允许的情况下,导游员应积极协助。以下两种方法地陪可酌情选择:

1)与接待社有关部门联系,请其报价,将接待社的对外报价(其中包括节目票费、车费、服务费)报给游客,并逐一解释清楚。若游客认可,请接待社预订,地陪同时要陪同前往,将游客交付的费用上交接待社并将收据交给游客。

2)协助解决,提醒客人注意安全。地陪可帮助游客联系购买节目票,请游客自乘出租车前往,一切费用由游客自理。但应提醒游客注意安全、带好酒店地址。必要时,地陪可将与自己的联系电话告诉游客。

如果游客执意要去大型娱乐场所或情况复杂的场所,导游人员须提醒游客注意安全,必要时陪同前往。

11.3.3.3 要求前往不健康的娱乐场所

游客要求去不健康的娱乐场所和过不正常的夜生活,导游人员应断然拒绝并介绍中国的传统观念和道德风貌,严肃指出不健康的娱乐活动和不正常的夜生活在中国是禁止的,是违法行为。

11.3.4 购物方面个别要求的处理

购物是旅游活动的重要组成部分,游客往往会有各种各样的特殊要求,导游人员要不怕麻烦、不图私利,设法予以满足。

11.3.4.1 单独外出购物

1)在自由活动时间尽力帮助,当好购物参谋。如建议去哪家商场,并主动为其联系出租车,写中文便条让客人带上等。

2)在旅游团即将离开本地时要劝阻游客单独外出购物,以防误机(车、船)。

11.3.4.2 要求退换商品

游客购物后发现是残次品、计价有误或对物品不满意,要求导游人员帮其退换,导游人员应积极协助,必要时陪同前往。

11.3.4.3 要求再次前往某商店购物

游客欲购买某一商品,出于"货比三家"的考虑或对于商品价格、款式、颜色等犹豫不决,当时没有购买。后来经过考虑又决定购买,要求地陪帮助。对于这种情况,地陪应热情帮助;如有时间可陪同前往,车费由游客自理。若因故不能陪同前往可为游客写张中外文便条,写清商店地址及欲购商品的名称,请其乘出租车前往。

11.3.4.4 要求购买古玩或仿古艺术品

游客希望购买古玩或仿古艺术品,导游人员应带其到文物商店购买,并提醒其保存发票,不要将物品上的火漆印(如有的话)去掉,以便海关查验;游客要在地摊上选购古元,导游人员应劝阻,并告知中国的有关规定;若发现个别游客有走私文物的可疑行为,导游人员须及时报告有关部门。

11.3.4.5 要求购买中药材

有些游客想买些中药材,并携带出境。导游人员应告知中国海关有关规定:入境旅游者出境时携带用外汇购买的、数量合理的中药材、中成药,需在海关检验时盖有国家外汇管理局统一制发的"外汇购买专用章"的发货票,超出自用合理部分不准带出(前往国外的,限人民币300元;前往港澳地区的,限人民币150元)。

11.3.4.6 要求代办托运

导游人员应告诉购买大件物品的游客,外汇商店一般都经营托运业务,应告诉游客自行办理。若商店无托运业务,导游人员要协助游客办理托运手续。

游客欲购买某一商品,但当时无货,请导游人员代为购买并托运,对游客的这类要求,导游人员一般应婉拒;实在推托不掉时,导游人员要请示领导,一旦接受了游客的委托,导游人员应在领导指示下认真办理委托事宜:收取足够的钱款(余额在事后由旅行社退还委托者)、发票、托运单及托运费收据寄给委托人,旅行社保存复印件,以备查验。

11.4 要求自由活动和转递物品的处理

旅游线路安排中往往有自由活动时间,在集体活动时间内也有游客要求单独活动的要求。导游人员应根据不同情况,妥善处理。

11.4.1 应劝阻游客自由活动的几种情况

11.4.1.1 即将离开本地时

如旅游团计划去另一地游览,或旅游团即将离开本地时,导游人员要劝其随团活动,以免误机(车、船)。

11.4.1.2 地方治安不好时

如地方治安不理想、复杂、混乱的地方,导游人员要劝阻游客外出活动,更不要单独活动,但必须实事求是地说明情况。

11.4.1.3 人生地不熟的热闹场所

不宜让游客单独骑自行车去人生地不熟、车水马龙的街头游玩。

11.4.1.4 游河湖时

游河（湖）时，游客提出希望划小船或在非游泳区游泳的要求，导游人员不能答应，不能置旅游团于不顾而陪少数人去划船、游泳。

11.4.1.5 不对外开放的地区

游客要求去不对外开放的地区、机构参观游览，导游人员不得答应此类要求。

11.4.2 允许游客自由活动时导游人员应做的工作

11.4.2.1 要求全天或某一景点不随团活动

由于有些游客已来多次，或已游览过某一景点不想重复，因而不想随团活动。要求不游览某一景点或一天、数天离团自由活动。如果其要求不影响整个旅游团的活动，可以满足并提供必要帮助。

1）提前说明如果不随团活动，无论时间长短，所有费用不退，需增加的各项费用自理。
2）告诉游客用餐的时间和地点，以便其归队时用餐。
3）提醒其注意安全，保护好自己的财物。
4）提醒游客带上酒店卡片（卡片上写中英文酒店名称、地址、电话）备用。
5）用中英文写张便条，注明客人要去的地点的名称、地址及简短对话。以备不时之需。
6）将自己的联系电话告诉游客。

11.4.2.2 到游览点后要求自由活动

到某一游览点后，若有个别游客希望不按规定的线路游览而希望自由游览或摄影，若环境许可（游人不太多，秩序不乱），可满足其要求。导游人员要提醒其集合的时间、地点及旅游车的车号，必要时留一字条，上写集合时间、地点和车号以及饭店名称和电话号码，以备不时之需。

11.4.2.3 自由活动时间或晚间要求单独行动

导游人员应建议不要走得太远，不要携带贵重物品（可寄存在前台），不要去秩序乱的场所，不要太晚回酒店等。

11.4.3 游客要求为其转递物品的处理

由于种种原因游客要求旅行社或导游员帮其转递物品。一般情况下，导游人员应建议游客将物品或信件亲手交给或邮寄给收件部门或收件人，若确有困难，可予以协助。

11.4.3.1 转递物品和信件

转递物品和信件，尤其是转递重要物品和信件，或向外国驻华使、领馆转递物品和信件，手续要完备。

1）必须问清何物。若是应税物品，应促其纳税。若转递物品是食品，应婉言拒绝，请其自行处理。
2）请游客写委托书。注明物品名称、数量，并当面点清、签字，留下详细通信地址及电话。

3）将物品或信件交给收件人。请收件人写收条并签字盖章。
4）将委托书和收条一并交旅行社保管，以备后用。

11.4.3.2 转递给外国使馆人员的物品

若是转递给外国驻华使、领馆及其人员的物品或信件，原则上不能接收。

在推托不了的情况下，导游人员应详细了解情况并向旅行社领导请示，经请示同意后将物品和信件交旅行社有关部门，由其转递。

11.5 探亲访友和亲友随团活动要求的处理

11.5.1 要求探视亲友活动的处理

游客到达某地后，希望探望在当地的亲戚或朋友，这可能是其旅游目的之一。导游人员应设法予以满足，并根据以下情况进行处理：

如果游客知道亲友的姓名、地址，导游人员应协助联系，并向游客讲明具体的乘车路线。

如果游客只知道亲友姓名或某些线索，地址不详，导游人员可通过旅行社请公安户籍部门帮助寻找，找到后及时告诉游客并帮其联系；若旅游期间没找到，可请游客留下联系电话和通信地址，待找到其亲友后再通知他（她）。

如果海外游客要会见中国同行洽谈业务、联系工作或进行其他活动，导游人员应向旅行社汇报，在领导指示下给予积极协助。

如果导游人员发现个别中国人与游客之间以亲友身份作掩护进行不正常往来，或游客会见人员中有异常现象，应及时汇报。

如果外国游客要求会见在华外国人或驻华使、领馆人员，导游人员不应干预；如果游客要求协助，导游人员可给予帮助；若外国游客盛情邀请导游人员参加使、领馆举办的活动，导游人员应先请示领导，经批准后方可前往。

11.5.2 要求亲友随团活动的处理

游客到某地希望会见亲友，但时间有限又不舍得放弃旅游活动，因此向导游人员提出随团的要求，导游人员要做到：首先要征得领队和旅游团其他成员的同意；其次，与接待社有关部门联系，如无特殊情况可请随团活动的人员准备好有效身份证件到接待社填写表格，交纳费用；办完随团手续后方可随团活动。再次，如因时间关系无法到旅行社办理相关手续，可电话与接待社有关部门联系，得到允许后代为查阅证件，收取费用；尽快将收据交给游客。

若是外国驻华使馆人员或外国记者要求随团活动，应请示接待领导，按照我国政府的有关规定办理。

11.6 要求中途退团或延长旅游期限的处理

11.6.1 中途退团的处理

11.6.1.1 因特殊原因提前离开旅游团

游客因患病,或因家中出事,或因工作上急需,或因其他特殊原因,要求提前离开旅游团、中止旅游活动,经接待方旅行社与组团社协商后可予以满足,至于未享受的综合服务费,按旅游协议书规定,或部分退还,或不予退还。

11.6.1.2 无特殊原因执意退团的

游客无特殊原因,只是某个要求得不到满足而提出提前离团。导游人中要配合领队做说服工作,劝其继续随团旅游;若接待方旅行社确有责任,应设法弥补;若游客提出的是无理要求,要做耐心解释;若劝说无效,游客仍执意要求退团,可满足其要求,但应告知其未享受的综合服务费不予退还。

外国游客不管因何种原因要求提前离开中国,导游人员都要在领导指示下协助旅游进行重订航班、机座,办理分离签证及其他离团手续,所需费用游客自理。

11.6.2 延长旅游期限的处理

游客要求延长旅游期限一般有两种情况。

11.6.2.1 由于某种原因中途退团,但本人继续在当地逗留需延长旅游期

对无论何种原因中途退团并要求延长在当地旅游期限的游客,导游人员应帮其办理一切相关手续。对那些因伤病住院,不得不退团并需延长在当地居留时间者,除了办理相关手续外,还应前往医院探视,并帮助解决患者或其陪伴家属在生活上的困难。

11.6.2.2 不随团离开或出境

旅游团的游览活动结束后,由于某种原因,游客不随团离开或出境,要求延长逗留期限,地陪应酌情处理:若不需办理延长签证的一般可满足其要求;无特殊原因游客要求延长签证,原则上应予婉拒;若确有特殊原因需要留下但需办理签证延期的,地陪应请示旅行社领导,向其提供必要的帮助。

1)办理延长签证手续的具体做法:先到旅行社开证明,然后陪同游客持旅行社的证明、护照,集体签证到公安局外国人出入境管理处办理分离签证手续和延长签证手续,费用自理。

2)如果离团后继续留下的游客需要帮助,一般可帮其做以下工作:协助其重新订妥航班、机票,或火车票、饭店等,并向其讲明所需费用自理;如其要求继续提供导游或其他服务,则应与接待社另签合同。

3)离团后的一切费用均由旅游自理。

【本章小结】

在游览过程中,旅游者的个别要求主要涉及以下几个方面:餐饮、住宿、娱乐、购物、自由活动、探视亲友等,在处理这些个别要求时,导游人员应在"合理而可能"的原则下,尽力满足旅游者的需要,对于满足不了的要求,应认真对待,耐心解释,尊重旅游者。

【重点概念】

旅游者个别要求

【案例分析】

案例 11-1

旅游者要求变更文娱活动

某旅游团在 4 月 13 日早上到达云南西双版纳,按计划上午参观景点,下午自由活动,晚上 19:00 观看文艺演出。抵达当天,适逢当地举行泼水节的民族节庆活动,晚上有傣族、布朗、哈尼、基诺等少数民族精彩的歌舞表演。部分团员提出,下午想去观赏民族节庆活动,并放弃观看晚上的文艺演出,同时希望导游员能派车接送。

问题:

针对此种情况,导游员应怎样处理?应做好哪些工作?

(资料来源:http://www.daoyou8.com/bbs/dispbbs.asp?boardid=50&id=13150 导游吧论坛)

案例 11-2

游客要求转递物品

某旅游团离境前,一老年游客找到全陪小李,要求他将一个密封的盒子转交一位朋友,并说:"盒里是些贵重东西。本来想亲手交给他的,但他来不了饭店,我也去不了他家。现在只得请你将此盒转交给我的朋友了。"小李为使游客高兴,接受了他的委托,并认真地亲自将盒子交给了游客的朋友。可是,半年后,老年游客写信给旅行社,询问为什么李先生没有将盒子交给他的朋友。当旅行社调查此事时,小李说已经把盒子交给了老人的朋友了,并详细地介绍了整个过程。旅行社领导严肃地批评了小李。

问题:

1. 领导的批评对不对?为什么?
2. 怎样正确处理游客的转交贵重物品的委托要求?

(资料来源:网址:http://202.110.131.2:3722/DaoYouYeWu/course/Content.asp?c=149&a=211&todo=show 武汉航海职业技术学院导游业务课程精品网站)

案例 11-3

旅游者要求自费观看演艺活动

一旅游团于 4 月 6 日到达河南郑州,计划 4 月 7 日下午离开到洛阳,到达少林寺游览后,游客听说晚上的演艺活动《禅宗少林·音乐大典》十分好看,很多游客要求晚上自费观看,并要求导游员派车接送。

问题:
1. 游客的要求是否影响在河南的行程?
2. 导游员接到这样的请求后,应该如何处理?

思考题

1. 对于旅游者的个别要求,导游人员处理时应该注意哪些原则?
2. 旅游者购买古玩时,导游人员应提醒其注意哪些内容?
3. 哪些情况下不允许游客自由活动?
4. 游客有亲友随团活动时,导游人员如何处理?

学习参考书目

1. 黄细嘉.导游业务通论[M].北京:高等教育出版社,2010.
2. 冯霞敏.导游实务[M].上海:上海财经大学出版社,2008.
3. 熊剑平.导游业务[M].武汉:武汉大学出版社,2004.

12 导游服务相关常识

学习目标→
　　掌握入出境常识；熟悉交通常识；熟悉货币、保险、通讯常识；卫生保健救护常识；熟悉中国旅游资源的分类、主要景点相关知识。

学习难点→
　　入出境常识　卫生保健救护常识

12.1　入出境常识

12.1.1　入出境手续

各个国家（地区）对入出境旅客均实行严格的检查手续。办理这些手续的部门一般设在口岸和旅客入出境地点，如机场、车站、码头等。

12.1.1.1　边防检查

这项检查很多国家由移民局负责。入出境者要填写入出境登记卡片（有时航空公司代发卡片，可提前填写），交验护照和签证。卡片的内容有姓名、性别、出生年月、国籍、民族、婚否、护照种类和号码、签证种类和号码、有效期限、入境口岸、日期、逗留期限等。护照、签证验毕加盖入出境验讫章。

12.1.1.2　海关检查

海关检查人员一般仅询问有否需申报的物品，但有的国家要入出境者填写携带物品申报单。海关有权检查入出境者所携行李物品，有的海关对个人日用品、衣物等的检查不十分严格，对持外交护照者可以免验。各国对入出境物品管理规定不一，烟、酒、香水等物品常常按限额放行。文物、武器、当地货币、毒品、动植物等为违禁品，非经允许，不得入出国境。有些国家还要求填写外币申报单，出境时还要核查。

携带需要向海关申报的物品的旅客走"红色通道",没有携带向海关申报的物品的旅客走"绿色通道"。

12.1.1.3 安全检查

近年来,对登机的旅客采取安全检查措施越来越普遍,手续也日趋严格。主要是禁止携带武器、凶器、爆炸物、剧毒物等。检查方式包括过安全门、用磁性探测器近身检查、检查手提包、搜身等。

12.1.1.4 卫生检疫

很多国家对来往某些国家、地区的旅客免验预防接种书黄皮书(俗称"黄皮书")。但对发生疫情地区则检查特别严格,对未预防接种的旅客,则会采取隔离、强制接种等措施。

12.1.2 有效证件

外国人、华侨、港澳台同胞及中国内地公民出入中国国境均须在指定口岸或对外开放的口岸向边防检查站(由公安、海关、卫生检疫三方组成)交验有效证件,填写入境卡,经边防检查站查验核准,加盖验讫章后方可入境。不同类型的旅游者使用的有效证件名称也不同。

12.1.2.1 护照

护照是一国主管机关发给本国公民出国或在国外居留的证件,证明其国籍和身份。护照一般分外交护照、公务护照和普通护照三种,有的国家为团体出国人员(旅游团、体育队、文艺团体)发团体护照。

1)外交护照。政府高级官员、国会议员、外交或领事官员、负有特殊外交使命的人员、政府代表团成员等持有外交护照。持有外交护照者在外国享受外交礼遇(如豁免权)。

2)公务护照。政府一般官员、驻外使、领馆工作人员以及因公派往国外执行文化、经济等任务的人员持用公务护照。

3)普通护照。发给出国的一般公民、国外侨民等。

在中国,外交、公务护照由外事部门颁发,普通护照由公安部门颁发。普通护照的有效期为:未满16周岁的公民护照有效期为5年,16周岁以上的护照有效期为10年。

12.1.2.2 签证

签证是一国主管机关在本国或外国公民所持的护照或旅行证件上签注、盖印,表示准其出入本国国境或者过境的手续。

签证分外交签证、礼遇签证、公务签证、普通签证等。旅游签证属于普通签证,在中国为L字签证(发给来中国旅游、探亲或因其他私人事务入境的人员)。签证上规定持证者在中国停留的起止日期。

9人以上的旅游团可发给团体签证。团体签证一式三份,签发机关留一份,来华旅游团两份,一份用于入境,一份用于出境。

签证的有效期限不等,获签证者必须在有效期内进入中国境内,超过期限,签证不再有效。

希望进入中国境内的外国人须持有效护照(必要时提供有关证明,例如来华旅游者申请签证须出示中国旅游部门的接待证明)向中国的外交代表机关、领事机关或者外交部授权的其他驻外机关申请办理签证。但在特定情况下,例如事由紧急,确实来不及在上述中国驻外机关申办签证的,也可以向公安部授权的口岸签证机关申请办理签证。公安部授权的口岸签证机关设立在下列口岸:北京、上海、天津、大连、福州、厦门、西安、桂林、杭州、昆明、广州(白云机场)、深圳(罗湖、蛇口)、珠海(拱北)。

外国人持有联程客票,并已订妥联程座位搭乘国际航班从中国直接过境,在过境城市停留不超过24小时,不出机场的,免办过境签证;要求离开机场的,须向边防检查站申请办理停留许可手续。

随着国际关系和旅游业的发展,许多国家间签订了互免签证协议。

12.1.2.3　港澳居民来往内地通行证

港澳居民来往内地通行证是港澳同胞来往内地使用的通行证件。该证为卡式证件,申请人年满18岁的,证件人只要在出入境检察机关设置的机器上查验即可,无须填写出入境登记卡。18岁以上的成人有效期为10年,未满18岁的,证件有效期为5年。港澳居民来往内地通行证在有效期内可多次使用。

12.1.2.4　台湾居民来往大陆通行证

台湾居民来往大陆通行证是台湾同胞来祖国大陆探亲、旅游的证件,经口岸边防检查站查验并加盖验讫章后,即可作为进出祖国大陆和在内地旅行的身份证明。首次前往大陆的台湾同胞可向公安部授权的香港中国旅行社和我国外交部驻香港特派员公署领事部申请签发。台湾同胞若绕道美国、日本或其他国家来大陆,可在中华人民共和国驻这些国家的使、领馆办理。

12.1.2.5　外国人旅行证

外国人前往不对外国人开放的市、县旅行,须事先向所在市、县公安局申请旅行证,获准后方可前往。申请外国人旅行证须履行下列手续:①交验护照或居留证件;②提供与旅行事由有关的证明;③填写外国人旅行申请表,获准后方能前往。"外国人旅行证"与本人护照同时使用。

12.1.2.6　港澳通行证

港澳通行证全称为"中华人民共和国往来港澳通行证",是内地居民往来港澳地区的唯一合法的旅游证件,由居民所在地公安局出入境管理部门颁发。自2009年4月1日开始,深圳居民可办理一年内多次往返港澳的通行证件;自2009年5月1日开始,外省市人员可以在深圳办理"港澳通行证"。

12.1.2.7　往来台湾地区通行证

往来台湾地区通行证全称为"大陆居民往来台湾地区通行证",是内地居民往来台湾地区唯一合法的旅行证件,由中华人民共和国政府授权中国公安机关颁发。此外,赴台旅游还须在户口所在地公安局出入境管理处办理"入台观光证"。赴台旅游时一定要持双证。

12.1.3 我国的入出境规定

12.1.3.1 不准入出境的人员

（1）法律规定不准入境的人员

①被中国政府驱逐出境，未满不准入境年限的；②被认为入境后可能进行恐怖、暴力、颠覆活动的；③被认为入境后可能进行走私、贩毒、卖淫活动的；④患有精神病和麻风病、艾滋病、性病、开放性肺结核病等传染病的；⑤不能保障其在中国期间所需费用的；⑥被认为入境后可能进行危害我国国家安全和利益的其他活动的。

（2）法律规定不准出境的人员

①刑事案件的被告人和公安机关或者人民检察院或者人民法院认定的犯罪嫌疑人；②人民法院通知有未了结民事案件不能离境的；③有其他违反中国法律的行为尚未处理，经有关主管机关认定需要追究的。

（3）边防检查机关有权阻止出境、入境的人员

①未持有效出境、入境证件的；②持用他人出境、入境证件的；③持用伪造或者涂改的出境、入境证件的；④拒绝接受边防检查的；⑤国务院公安部门、国家安全部门通知不准出境、入境的。

12.1.3.2 禁止进出境的物品

禁止进出境的物品，见表12.1。

表12.1 禁止进出境的物品

禁止出境物品	禁止入境物品
1.各种武器、仿真武器、弹药及爆炸物品 2.伪造的货币及伪造的有价证券 3.对中国政治、经济、文化、道德有害的印刷品、胶卷、照片、唱片、影片、录音带、录像带、激光视盘、计算机存储介质及其他物品 4.各种烈性毒药 5.鸦片、吗啡、海洛因、大麻以及其他能使人成瘾的麻醉品、精神药物 6.带有危险性病菌、害虫及其他有害生物的动物、植物及其产品 7.有碍人畜健康的、来自疫区的以及其他能传播疾病的食品、药品或其他物品	1.列入禁止进境范围的所有物品 2.内容涉及国家秘密的手稿、印刷品、胶卷、照片、唱片、影片、录音带、录像带、激光视盘、计算机存储介质及其他物品 3.珍贵文物及其他禁止出境的文物 4.濒危的和珍贵的动物、植物（均含标本）及其种子和繁殖材料

12.1.3.3 限制进出境的物品

（1）烟、酒

来往港澳地区的旅客（包括港澳旅客和内地因私前往港澳地区探亲的旅游等旅客），可免税携带香烟200支或雪茄50支或烟丝250克，酒1瓶（不超过0.75升）；当天往返或

短期内多次来往港澳地区的旅客,可免税携带 40 支或雪茄 5 支或烟丝 40 克,不准免税带进酒;其他进境旅客可免税携带香烟 400 支或雪茄 100 支或烟丝 500 克,酒 2 瓶(不超过 1.5 升)。

(2)旅行自用物品

非居民旅客及前往国家或地区再入境签证的居民旅客携进旅行自用物品限照相机、便携式收录音机、小型摄影机、手提式摄录机、手提式文字处理机每种一件。超出范围的,需向海关如实申报,并办理有关手续。经海关放行的旅行自用物品,旅客应在回程时复带出境。

(3)金、银及其制品

旅客携带金、银及其制品入境应以自用合理数量为限,其中超过 50 克的,应填写申报单证,向海关申报;复带出境时,海关凭本次进境申报的数量核放。携带或托运出境在中国境内购买的金、银及其制品(包括镶嵌饰品、器皿等新工艺品),海关验凭中国人民银行制发的"特种发票"放行。

(4)外汇

旅客携带外币、旅行支票、信用卡等进境,数量不受限制。出境人员携带不超过等值 5 000 美元(含 5 000 美元)的外币现钞出境的,无须申领"外汇携带证",海关予以放行;出境人员携带外币现钞金额在等值 5 000 美元以上至 10 000 美元(含 10 000 美元)的,应向外汇指定银行申领"外汇携带证";出境人员原则上不得携带超过等值 10 000 美元的外币现钞出境,如有特殊情况,可以向外汇局申领"外汇携带证"。海关凭国家外汇管理局制发的"外汇携带证"查验放行。

(5)人民币

旅客携带人民币进出境,限额为 20 000 元。超出 20 000 元的须向海关申报,填写"中华人民共和国进出境旅客行李物品申报单"。

(6)文物(含已故现代著名书画家的作品)

旅客携带文物进境,如需复带出境,须向海关详细报明。旅客携运出境的文物,须经中国文化行政管理部门鉴定。携运文物出境时,必须向海关详细申报。对在境内商店购买的文物,海关凭中国文化行政管理部门的鉴定标志及文物外销发货票查验放行;对在境内通过其他途径得到的文物,海关凭中国文化行政管理部门的鉴定标志及开具的许可出口证明查验放行。

未经鉴定的文物,不能携带出境。携带文物出境不据实向海关申报的,海关将依法处理。

(7)中药材、中成药

旅客携带中药材、中成药出境,前往港澳地区的,总值限人民币 150 元,前往国外的,限人民币 300 元。个人邮寄中药材、中成药出境,寄往港澳地区的,总值限人民币 100 元;寄往国外的,限人民币 200 元。

进境旅客出境时携带用外汇购买的、数量合理的自用中药材、中成药,海关验凭盖有关发货票和外汇兑换水单放行。麝香以及超出上述规定限值的中药材、中成药不准出境。

12.1.3.4　行李物品和邮递物品征税办法的规定

为了简化计税手续和方便纳税人,中国海关对进境旅客行李物品和个人邮递物品实施专用税则、税率。现行税率共有五个税级:免税、20%、50%、100%、200%。物品进口税从价计征;其完税价格,由海关参照国际市场零售价格统一审定,并对外公布实施。

12.2　交通常识

12.2.1　航空客运知识

民航是重要的旅游出行工具。导游人员必须了解航空旅行的知识。

12.2.1.1　航班、班次

民航的运输飞行主要有3种形式:①班期飞行,是指按照班期时刻表和规定的航线,定机型、定日期、定时刻的飞行;②加班飞行,是指根据临时需要在班期飞行以外增加的飞行;③包机飞行,是指按照包机单位的要求,在现有航线上或以外进行的专用飞行。航班分为定期航班和不定期航班,国际航班和国内航班,去程航班和回程航班等。班次,是指在单位时间(通常以一个星期计算)内飞行的航班数(包括去程航班和回程航班)。班次是根据运量需求与运能确定的。

12.2.1.2　机票

(1)购票

乘坐飞机旅行,旅客应购买电子客票。旅客购买电子客票须出示有效身份证件并填写旅客订座单,中国公民要出示本人的居民身份证,外国人须出示护照,台湾同胞要持台湾同胞旅行证明或公安机关出具的其他有效身份证件购买客票。购买电子客票时使用的有效证件应与办理乘机手续时出示的有效证件相同。机票只限票上所列姓名的旅客使用,不得转让和涂改,否则客票无效,机票费不退。

中国国内机票和国际机票的有效期均为一年。

已满2周岁和未满12周岁的儿童按成人全票价的50%付费。不满2周岁的婴儿按成人全票价的10%付费,不单独占座位。每一成人旅客只能有一个婴儿享受这种票价。

(2)OK票、OPEN票

OK票,是指已订妥日期、航班和机座的机票;OPEN票则是不定期机票,旅客乘机前须持机票和有效证件去民航办理订座手续。

(3)座位再确认

持有联程或回程OK票的旅客若在该联程或回程站停留72小时以上,国内机票须在联程或回程航班飞机起飞前两天中午12时以前,国际机票须在72小时前办理座位再确认手续。否则,原订座位不予保留。

(4)变更和退票

旅客购票后,如要求改变航班、日期或舱位等级,应尽早通知航空公司,以便能够得到积极办理。国内机票持有者若想退票,须按规定视退票时间的早晚支付一定比例的退票费;国际机票持有者要退票应按规定办理,并只限在原购票地点或经航空公司同意的地点办理。误机的旅客如要求退票,一般需支付一定比例的误机费。

12.2.1.3 乘机

旅客应当在航空公司规定的时限内到达机场,凭本人有效身份证件按时办理托运行李、领取登机牌、安全检查等乘机手续。大多数航空公司国内航班办理乘机手续的截止期限是航班飞机离站时间前 30 分钟,大型机场是 45 分钟,但有些机场可能是 1 个小时或更长。国际航班办理乘机手续的截止期限大多数在航班飞机离站时间前 3 个小时(国际航班还要办理政府规定的其他手续)。具体时间以客票"旅客须知"中写明的为准。

12.2.1.4 行李

(1)免费托运行李额

乘坐中国民航的国内、国际班机,持有成人票或儿童票的旅客每人可免费托运的行李额为:头等舱票 40 千克,公务客票 30 千克,经济客票 20 千克;中美、中加航线上的旅客可免费交运行李 2 件。按成人票价 10% 付费的婴儿无免费行李额。旅客交运的行李必须封装完整,锁扣完善,捆扎牢固并能承受一定压力;对包装不合格的行李,民航可拒运或不负损坏责任。

(2)随身携带的行李

持成人票或半价票的旅客可随身携带的行李不超过 5 千克,其体积不得超过 20×40×55 厘米。旅客可携带少量旅行自用化妆品,每种限带一件,容器容积不得超过 100 毫升,并应置于独立袋内,接受开瓶检查。

(3)禁止托运或随身携带的物品

严禁旅客携带枪支、弹药、凶器、易燃、易爆、剧毒、放射性物品及其他危害民用航空安全的危险品进入机场、乘坐飞机或作为行李托运。

(4)禁止旅客随身携带但可作为行李托运的物品

指除禁止旅客随身携带或者托运的物品规定的物品外,其他可以用于危害航空安全的菜刀、大剪刀、大水果刀、剃刀等生活用刀,手术刀、屠宰刀、雕刻刀等专业刀具,文艺单位表演用的刀、矛、剑、戟等,以及斧、凿、锤、锥、加重或有尖钉的手杖、铁头登山杖和其他可用来危害航空安全的锐器、钝器。

乘坐国内航班的旅客,一律禁止随身携带液态物品,但可办理托运,包装应符合民航运输有关规定;旅客所托运的液态物品(液态非放射性药品、发胶、香水、科隆香水、用于体育运动或者家用的非易燃无毒气体且无次要危险性的气溶胶等),单件物品总净重量不得超过 0.5 千克或 0.5 升,且每名旅客的托运上限为 2 千克或 2 升。2014 年 8 月,中国民用航空局规定旅客携带充电宝乘机时,充电宝只能在手提行李中携带或随身携带,不能托运。充电宝额定能量不超过 100Wh(瓦特小时),无须航空公司批准。充电宝额定能量超过 100Wh 但不超过 160Wh,经航空公司批准后方可携带。

12.2.2 铁路客运知识

铁路列车是当前旅行交通中最重要的工具,作为导游人员了解铁路旅行知识是最基本的要求。

12.2.2.1　旅客列车种类

旅客列车分为国际旅客列车和国内旅客列车。按车次前冠有的字母或4位阿拉伯数字的不同分为：

高速动车组列车，车次前冠有 G 字头。

城际动车组列车，车次前冠有 C 字头。

动车组列车，车次前冠有 D 字头。

直达特快旅客列车，车次前冠有 Z 字头。

特快旅客列车，车次前冠有 T 字头。

快速旅客列车，车次前冠有 K 字头。

普通旅客快车，车次由四位阿拉伯数字(1×××,2×××,3×××,4×××,5×××)组成。

普通旅客慢车，车次由四位阿拉伯数字(6×××,7×××,8×××)组成。

一般在节假日、春秋旅游季节增开以下列车：车次前冠以字母"L"的临时普快列车、车次前冠有字母"Y"的郊游临客快速列车、车次前冠以"JY"的郊游旅客列车。

12.2.2.2　**车票**

车票是旅客乘车的凭证，也是旅客加入铁路意外伤害强制保险的凭证。

(1)车票种类

车票中包括客票和附加票两部分。客票部分为软座客票，硬座客票；附加票部分为加快票，卧铺票，空调票。附加票是客票的补充部分，可以与客票合并发售，除儿童外，不能单独使用。

(2)儿童票

身高1.2～1.5米的儿童乘车时，应随同成人购买座别相同的半价座票、加快票及相应空调票。超过1.5米的儿童应买全价票。

身高不足1.2米的儿童可免费乘火车旅行，但每一位成人只能携带一名儿童，超过的人数应买儿童票。

成年人旅客持卧铺车票时，儿童可以与其共用一个卧铺，并应按上述规定免费或购票。儿童单独使用一个卧铺时，应另行购买全价卧铺票。

(3)半价票

中国人民解放军和中国人民武装警察部队因伤致残的军人凭"中华人民共和国残疾军人证"、因公致伤的人民警察凭"中华人民共和国伤残人民警察证"，可以购买半价车票。

普通大、专院校(含民办大学、军事院校)、中等专业学校、技工学校就读，没有工资收入的学生、研究生，家庭居住地和学校不在同一城市时，凭附有加盖院校公章的减价优待凭证的学生证，每年可享受四次家庭至院校之间的半价硬座票、加快票和空调票。新生凭学校录取通知书、毕业生凭学校书面证明可购买一次学生票。学生票在发售时间为每年12月1日～3月31日、6月1日～9月30日。

(4)实名制车票丢失的补办

如果旅客购买实名制票后丢失车票时，可不晚于票面发站停止检票时间前20分钟到车站售票窗口办理挂失补办手续。办理时，须提供购票时所使用的有效身份证件原件、原车票乘车日期和购票地车站名称等,经车站确认无误后,须按原车票车次、席位、票价重新购买一张新车票。旅客持新车票乘车时,应向列车工作人员声明:到站前经列车长确认该席位使用正常的,将开具客运记录交给旅客。旅客应在到站后24小时内,凭客运记录、新车票和购票时所使用的有效身份证件原件,至退票窗口办理新车票退票手续,按规定核收补票的手续费。

(5) 改签

旅客不能按票面指定的乘车站、日期、车次乘车时,请到车站办理一次提前或推迟乘车签证(简称改签)。在有运输能力的前提下,开车前48小时(不含)以上,可改签预售期内的其他列车;开车前48小时以内,可改签开车前的其他列车,也可改签开车后至票面日期当日24:00之间的其他列车,不办理票面日期次日及以后的改签;开车之后,旅客仍可改签当日其他列车,但只能在票面发站办理改签,且开车后改签的车票不能退票。已经办理"变更到站"的车票,不再办理改签。开车前48小时~15天期间内,改签至距开车15天以上的其他列车,又在距开车15天前退票的,仍核收5%的退票费。改签或变更到站后的车票乘车日期在春运期间的,退票时一律按开车时间前不足24小时标准核收退票费。

(6) 退票

旅客要求退票时,按下列规定办理,核收退票费。

知识链接

火车票退票新规定

铁路部门规定,从2016年12月起,开车前15天(不含)以上退票的,不收取退票费;票面乘车站开车时间前48小时以上的按票价5%计,24小时以上、不足48小时的按票价10%计,不足24小时的按票价20%计。

1) 旅客退票须在列车开车前在购票地车站或始发站办理,于车后不予退票。若因伤病等特殊情况可在发站开车后2小时内办理。团体旅客必须在开车48小时以前办理。

旅客开始旅行后不能退票。但如因伤病不能继续旅行时,经站、车证实,可退还已收票价与已乘区间票价差额;已乘区间不足起码里程时,按起码里程计算;同行人同样办理。

退还带有"行"字戳迹的车票时,应先办理行李变更手续。

站台票售出不退。

2) 因承运人责任致使旅客退票时,在发站,退还全部票价;在中途站,退还已收票价与已乘区间票价差额,已乘区间不足起码里程时,退还全部票价;在到站,退还已收票价与已使用部分票价差额,未使用部分不足起码里程按起码里程计算;空调列车因空调设备故障在运行过程中不能修复时,应退还未使用区间的空调票价。均不收退票费。

12.2.2.3 行李

(1) 免费携带品

重量:儿童(包括免费儿童)10千克,外交人员35千克,其他旅客20千克。

长度和体积:适合于放在行李架上或座位下边,并不妨碍其他旅客乘坐和通行,携带品的外部尺寸(长、宽、高的总和)最大不得超过160厘米;杆状物品的长度不得超过200厘米;重量不得超过20千克。

(2)不得携带物品

危险品(如雷管、炸药、鞭炮、汽油、煤油、电石、液化气体等易爆、易燃、自燃物品和杀伤性剧毒物品),国家限制运输物品,妨害公共卫生的物品、动物及损坏、污染车厢的物品,都不得带入车内。

(3)限量携带以下物品

不超过20毫升的指甲油、去光剂、染发剂;不超过120毫升的冷烫精、摩丝、发胶、杀虫剂、空气清新剂等自喷压力容器;安全火柴2小盒;普通打火机2个。

12.2.3 水上客运知识

中国的水路交通分为沿海航运和内河航运两大类。

航行在沿海和江湖上的客轮大小不等,船上的设备差异很大。大型客轮的舱室一般分五等:一等舱(软卧,1~2人)、二等舱(软卧,2~4人)、三等舱(硬卧,4~8人)、四等舱(硬卧,8~24人)和五等舱(硬卧),还有散席(包括座席)。豪华客轮设有特等舱(由软卧卧室、休息室、卫生间等组成)。

12.2.3.1 船票

船票分为普通船票和加快船票,又有成人票、儿童票和伤残军人优待票。

旅客在乘船前丢失船票,须另行购票;上船后丢失船票,如能提供足够的证明,经确认后无须补票;无法证明时,按有关规定处理。

12.2.3.2 行李

乘坐沿海和长江客轮,持全价票的旅客可随身携带免费行李30千克,持半价票者和免票儿童可随身携带行李15千克;每件行李的体积不得超过0.2立方米,长度不超过1.5米,重量不超过30千克。乘坐其他内河客轮,免费携带的行李额分别为20千克和10千克。

下列物品不准携带上船:法令限制运输的物品,有臭味、恶腥味的物品,能损坏、污染船舶和妨碍其他旅客的物品,爆炸品、易燃品、自燃品、腐蚀性物品、有毒物品、杀伤性物品以及放射性物质。

12.3 货币、保险常识

12.3.1 货币知识

12.3.1.1 外汇

外汇,是指以外币表示的可用于国际结算的一种支付手段,它包括外国货币(纸币、铸币等)、外币有价证券(政府公债、国库券、公司债券、股票、息票等)、外币支付凭证(票据、银行存款凭证、邮政储蓄凭证等)以及其他外汇资金。

中国对外汇实行由国家集中管理、统一经营的方针。在中国境内,禁止外汇流通、使用、质押,禁止私自买卖外汇,禁止以任何形式进行套汇、炒汇、逃汇。

外国旅游者来华携入的外币和票据金额没有限制,但入境时必须据实申报。在中国境内,外国旅游者可持外汇到中国银行及各兑换点兑换成人民币,但要保存好银行出具的外汇兑换证明(俗称水单,其有效期为半年)。离境时,人民币如未用完,可持水单将其兑换回外汇,最后经海关核验申报单后可将未用完的外币和票证携出。此外,为方便外国旅游者和港澳台同胞用款,中国银行和其他外汇指定银行还受理外币旅行支票、外国信用卡和台湾新台币的兑换。兑换旅行支票、信用卡汇款使用买入价;兑出外汇,包括兑出外币现钞,使用卖出汇价;兑入外币现钞,使用现钞买入价。

在中国境内,目前以下国家和地区的货币可兑换成人民币:美元、欧元、英镑、日元、澳大利亚元、加拿大元、瑞士法郎、丹麦克朗、挪威克朗、瑞典克朗、新加坡元、港元、俄罗斯卢布、菲律宾比索、泰国铢、韩元、澳门元。我国台湾地区的新台币,可按内部牌价收兑。

12.3.1.2　旅行支票

旅行支票是银行或旅行支票公司为方便旅游者,在旅游者交存一定金额后签发的一种面额固定的、没有指定的付款人和付款地点的定额票据。购买旅行支票后,旅游者可随身携带,在预先约定的银行或旅行社的分支机构或代理机构凭票取款,比带现金旅行安全便利。

购买旅行支票时,旅游者要当场签字,作为预留印鉴;支取款项时必须当着付款单位的面在支票上签字;付款单位将两个签字核对无误后方予付款,以防冒领。中国银行在收兑旅行支票时收取 0.75% 的手续费。

12.3.1.3　信用卡

信用卡是指银行或信用卡公司为提供消费信用而发给客户在指定地点支取现金、购买货物或支付劳务费用的信用凭证,实际上是一种分期付款的消费者信贷。信用卡上印有持卡者姓名、持卡者账号及每笔赊购的限额、签字有效期和防伪标记等内容。

为了避免风险,发卡机构对其发行的信用卡规定使用期限一般为 3~5 年,并规定一次取现或消费的最高限额。

我国目前受理的外国信用卡主要有 7 种:万事达卡、维萨卡、运通卡、大莱卡、JCB 卡、百万卡和发达卡。

12.3.2　保险知识

保险是一种风险转移机制,即个人或企业通过保险将一些难以确定的事故转移给别人去负担,以付出一笔已知的保险费为代价,就可将损失转移给保险公司承担。

12.3.2.1　旅行社责任保险

所谓旅行社责任保险,是指以旅行社因其组织的旅游活动对旅游者和受其委派并为旅游者提供服务的导游或者领队人员依法应当承担的赔偿责任为保险标的的保险。

(1)旅行社责任保险的投保范围

旅行社责任保险的保险责任,应当包括旅行社在组织旅游活动中依法对旅游者的人身伤亡、财产损失承担的赔偿责任和依法对受旅行社委派并为旅游者提供服务的导游或

者领队人员的人身伤亡承担的赔偿责任。

具体包括下列情形：①因旅行社疏忽或过失应当承担赔偿责任的；②因发生意外事故旅行社应当承担赔偿责任的；③国家旅游局会同中国保险监督管理委员会(以下简称中国保监会)规定的其他情形。

(2) 保险期限和保险金额

①保险期限为一年。②旅行社责任保险的保险费率应当遵循市场化原则，并与旅行社经营风险相匹配。责任限额可以根据旅行社业务经营范围、经营规模、风险管控能力、当地经济社会发展水平和旅行社自身需要，由旅行社与保险公司协商确定，但每人人身伤亡责任限额不得低于 20 万元人民币。

(3) 法律责任

旅行社解除保险合同但未同时订立新的保险合同，保险合同期满前未及时续保，或者人身伤亡责任限额低于 20 万元人民币的，由县级以上旅游行政管理部门依照《旅行社条例》第 49 条的规定处罚，旅行社不投保旅行社责任险的，由旅游主管部门或有关部门责令改正；拒不改正的，吊销旅行社业务经营许可证。

12.3.2.2 旅游者个人投保

有了旅行社责任保险，旅游者们可以不用支付保费就可获得赔偿，但是鉴于该责任险范围较小，有些损失还是得不到赔偿。旅游者还可以个人投保，目前常见的旅游保险主要有以下几种。

(1) 旅客意外伤害保险

旅客意外伤害保险是指当作为被保险人的旅客在保险期间内因遭受意外伤害导致残废或死亡时，由保险公司按约定给付保险金的一种意外伤害保险。

旅客意外伤害保险按照旅客所乘坐的运载工具的不同，可以分为公路旅客意外伤害保险、铁路旅客意外伤害保险、轮船旅客意外伤害保险和航空旅客意外伤害保险。

(2) 旅游人身意外伤害保险

指在旅游合同期内，在旅行社安排的旅游活动中，遭遇外来的、突发的、非疾病导致的人身意外保险。保险期限一般是从旅游者踏上旅行社提供的交通工具开始，到行程结束后离开旅行社安排的交通工具为止。旅游意外保险是一种短期保险，是由游客自愿购买的短期补偿性险种。旅游人身意外保险的赔偿范围主要包括人身伤亡、急性病死亡引起的赔偿，受伤和急性病治疗支出的医药费，以及死亡处理或者遗体遣返所需的费用等。

(3) 旅游救助保险

保险公司与国际(SOS)救援中心联手推出的旅游救助保险险种，将原先的旅游人身意外保险的服务扩大，将传统保险公司的一般事后理赔向前延伸，变为事故发生时提供及时的有效救助。

(4) 旅游求援保险

这种保险对于出国旅游十分合适。有了它的保障，旅游者一旦发生意外事故或者由于不谙当地习俗法规引起了法律纠纷，只要拨打电话，就会获得无偿的救助。

(5) 住宿旅客人身保险

该险种每份保费为 1 元，一次可投多份。旅客因遭意外事故，外来袭击或随身携带物品遭盗窃、抢劫等而丢失的，保险公司按不同标准支付保险金。

12.4 卫生保健救护常识

人们外出旅游由于环境变化，加之大脑亢奋、身体疲劳、饮食不调等因素，容易生病或不适，甚至突发急症，有时还会受伤。导游员需要学习一些旅游保健知识和疾病、伤害的防治措施。

12.4.1 旅游保健

12.4.1.1 多喝水

旅游时应多多补充水分，可减少肠胃不适的概率；多喝水能让皮肤水分充足；飞机上多喝水，减少被传染病菌的概率；高血压、缺血性心脏病患者出游时尤需多补充水分，并应注重睡眠，随时注意血压。

12.4.1.2 适时运动身体

长久乘坐飞机或火车，抵达目的地后常会全身酸痛、下肢浮肿，可每隔一小时起身，做做简单的伸展操，并替小腿、颈部及腰背轻压按摩，减少久坐后酸痛与下肢浮肿等现象，并可预防静脉栓塞；特别提醒患有缺血性心脏病及高血压患者，长时间坐在椅子上，易造成腿上血管栓塞，进而演变为肺栓塞而猝死，因此务必每隔一段时间起身走走。

12.4.1.3 多洗手，避免生饮生食

旅途中最怕吃坏肚子，影响体力，破坏旅游情绪，"多洗手"是预防肠胃感染的不二法门，避免生饮生食，可减少受感染的概率。

12.4.1.4 睡眠充足

出门旅游难免要多多走路，因此充足的睡眠是恢复体力、保证健康的基本条件。安排旅游活动时应保证足够的睡眠时间。

12.4.1.5 热水泡脚

用热水泡泡脚，能有效地促进局部血液循环，保持皮肤柔软，消除下肢的沉重感和全身疲劳。同时，热水对大脑皮层也是一种良好的刺激，有利于促进睡眠。

12.4.2 卫生救护常识

12.4.2.1 晕车(机、船)

晕车、晕机、晕船者旅行前不应饱食，需服用药物，最好让其服用自备药或医生提供的药；可能时让其坐在较平稳的座位上(例如，晕车者最好坐在车前部、靠窗的座位上)；长途旅行中游客晕机(车、船)，导游员可请乘务员协助。

12.4.2.2 水土不服

有些游客因为变换了地理环境，发生胃口不佳、头昏无力、精神萎靡、消瘦、腹泻和皮肤发痒等症状，这些并非由疾病所致，仅因环境改变而引发，统称为水土不服。如症状比较明显，长时间不能消失，可服用少量药对症处理。如睡眠不好，少量、短期服用镇静安眠药物；如胃口不好，消化不良，可服用保和丸、多本科片等帮助消化，提高食欲等。只要保

持心情愉快,消除紧张心理,积极主动地去适应新的环境,这种水土不服是可以克服的,一般不需特殊治疗。

12.4.2.3 中暑

中暑的主要症状:大汗、口渴、头昏、耳鸣、眼花、胸闷、恶心、呕吐、发烧,严重者会神志不清甚至昏迷,也能导致死亡。人长时间地处在暴晒、高热、高湿环境中容易中暑,所以盛夏旅游应注意防暑。若中暑,可置患者于阴凉通风处,平躺,解开衣领,放松裤带;可能时让其服用含盐饮料;对发烧者,用冷水或酒精擦身散热,服用必要的防暑药物;缓解后让其静坐或静卧休息。严重中暑者或病情不明者应在做必要处理后立即送医院救治。

12.4.2.4 骨折

没有伤口的骨折为闭合性骨折;皮肤上有伤口,骨头发生断裂,甚至断裂的骨头从伤口中露出来,是开放性骨折。骨折发生后,应区分轻重缓急,做好正确的处理。若有休克,立刻让伤员平卧,并服止痛、镇静药物。开放性骨折应立刻止住出血。小出血只要用干净布类扎住伤口即可。大量出血,必须在上臂或大腿上方用带子扎紧,每隔20分钟再放松2分钟,直至血止。其他部位则可用手指压住血管的上部(近心脏端),阻断血的来源。

为了避免骨折端刺伤周围神经、血管和内脏,应对骨折处加以临时固定。可用木板、竹条等代替夹板,用绷带或布条把伤肢绑上,在木板和肢体间垫上一些松软的东西,如毛巾、棉花等。如果实在找不到材料代替夹板,则可把伤肢绑在身上(上肢骨折),或者把两条腿绑在一起(下肢骨折),也能起到固定作用。经临时包扎后,应立即设法转送医院。

12.4.2.5 食物中毒

食物中毒的症状为上吐下泻,特点是起病急、发病快、潜伏期短,若救治不及时,会有生命危险。导游人员应设法为食物中毒者催吐并让其多喝水以加速排泄、缓解毒性,严重患者应立即送医院抢救。

12.4.2.6 蛇咬伤

被毒蛇咬伤,会发生一系列中毒症状,严重的会造成死亡。毒蛇咬伤部位多见于四肢,尤以下肢为常见,应立即就地急救,方法如下:

1)马上用软绳或布带(或就近取植物纤维)在伤口上方超过一个关节处包扎,不宜太紧,只以阻断淋巴和静脉回流为度。每隔15~20分钟后放松1次,以免组织坏死。在采用有效药物30分钟后,除去包扎。

2)用清水冲洗伤口毒液,若用1:5000的高锰酸钾液冲洗,效果更好。

3)冲洗后用干净的利器或消毒的刀、针划破两个毒牙痕间的皮肤,使毒液外流,并不断从上而下地挤压伤口,排除毒液。

经过上述处理,可设法取蛇药片外敷内服(外敷不可封住创口),同时送医院进一步治疗。

12.4.2.7 蜂、蝎蜇伤

人被蜂蜇后,局部有红、肿、热、痛,全身症状为头晕、头痛、眼花、发热、气喘和发痒。蜂蜇人后,刺可能留在伤口里,毒液会更多地进入人体。因此,首先应用挤压的方法挤出蜇来,再用淡氨水或肥皂水洗涤(黄蜂蜇伤可用醋清洗),并用青苔捣烂外敷。要让伤员大量饮水,以增加毒液的排泄。

12.4.2.8 溺水

跌入深水而引起窒息,称为溺水。抢救者不要慌乱,会游泳的人,应脱去鞋袜和衣服下水,以减轻本人在水中的负担。不会游泳的人,除了喊人外,应赶快将木板、竹竿等物抛向溺水者,让他抓住,然后拖他上岸。溺水者被救上岸后,应先用木片撬开其嘴巴,清除堵塞口鼻的泥沙和杂草。救护的人取半跪的姿势,将溺水者的腹部放在膝盖上,使头部下垂。压迫他的胃部,使胃和气管里的水流出来。如溺水者还不能恢复呼吸,应立即施行人工呼吸。如是冷天,要尽快脱去他的湿衣,换上干衣,并盖上棉衣等。当溺水者苏醒后,应给他喝些热姜汤或浓茶,并服用抗生素,预防发生肺部感染。

12.5 旅游资源及景点基础知识

12.5.1 旅游资源的分类

我国幅员辽阔,旅游资源异常丰富。我国的旅游资源可分为自然旅游资源和人文旅游资源两大类。

12.5.1.1 自然旅游资源

自然旅游资源是构成自然环境的主体要素地貌、气候、水体和生物中具有旅游吸引力的部分,包括以下几种类型:

1)地文类旅游资源。典型地质构造、标准地层剖面、生物化石点岩石与矿物、自然灾变遗迹、山岳景观、峡谷景现、火山熔岩岩溶景现、风沙地貌、丹霞地貌、海岸与岛礁等。

2)水体类旅游资源。江河湖泊、瀑布、泉景、海洋、现代冰川、非峡谷风景河流等。

3)气象气候、生物类旅游资源。森林景观、草原景观、古树名木、奇花异卉、动物表演、动植物自然保护区、气象气候、天象奇观、太空景观等。

12.5.1.2 人文旅游资源

人文旅游资源是人类在长期的生产实践和社会生活中所创造的艺术成就和文化结晶,是能激发旅游者旅游动机的物质财富和精神财富的总和。主要包括以下类型:

1)历史遗产类旅游资源。古人类遗址、军事遗址、古建筑石窟、碑碣、古代工程、陵墓、名人遗址、宗教建筑、宗教活动、宗教艺术、古城与古城遗址。

2)现代人文类旅游资源。现代建筑与大型工程、科学教育、文化设施、体育健身设施、娱乐休闲设施、现代都市特色景观、城镇乡村景观等。

3)抽象人文吸引类旅游资源。山水文学作品、民间传说、书法、绘画、影视、戏曲、音乐、舞蹈、宗教文化、民间文艺、少数民族文化、特色民俗等。

12.5.2 自然旅游资源及景点知识

12.5.2.1 山岳景观

山岳由山顶、山坡和山麓三个部分组成,平均高度在海拔500米以上。许多山岳形态奇特,自然风光宜人,有丰富的人文景观,成为中外游人向往的胜地。

(1)黄山

明代地理学家徐霞客两游黄山,留下"五岳归来不看山,黄山归来不看岳"的赞誉,1990年12月被联合国教科文组织列入《世界文化与自然遗产》名录,令世人神往。黄山以"奇松、怪石、云海、温泉"四绝著称于世。泰山之雄伟、华山之险峻、衡山之烟云、庐山之飞瀑、雁荡之巧石、峨眉之清凉,黄山无不兼而有之。黄山四季景色各异,日出、晚霞、佛光和雾凇等时令景观各得其趣,可谓人间仙境。

(2)五岳

五岳是指:东岳泰山、西岳华山、中岳嵩山、南岳衡山和北岳恒山。

1)东岳泰山。泰山位于山东省泰安市,以雄称天下,于1987年被列入世界自然文化遗产名录。泰山的四大奇观为泰山日出、云海玉盘、晚霞夕照、黄河金带。数千年来,先后有十二位皇帝到泰山封禅。

2)西岳华山。华山位于陕西华阴县城南,以险著称。华山有五峰,朝阳(东峰)、落雁(南峰)、莲花(西峰)、云台(北峰)、玉女(中峰)。因东南西三面是悬崖绝壁,只有主峰顶向北倾斜打开了登华山的道路,所以有"自古华山一条路"的说法。

3)中岳嵩山。嵩山位于河南省登封市境内,以峻著称。是历代帝王将相、文人学士游宴讲学,佛、儒、道传习修炼的重要场所,被誉为三教荟萃之地,以其"奥"闻名于世。嵩山风景名胜区由少林寺、中岳庙、嵩阳书院、观星台、嵩岳塔等组成。

4)南岳衡山。衡山位于湖南中部位于湖南省衡阳市境内,山上古木参天,终年翠绿,奇花异草,以风景秀丽著称。南岳庙是衡山最大殿宇。祝融峰之高、藏经楼之秀、方广寺之深、水帘洞之奇,称为衡山四绝。近年又开辟了麻姑仙境、穿岩诗林新景点。

5)北岳恒山。恒山位于山西省浑源县东,山上怪石争奇,苍松翠柏之间散布着楼台殿宇,以幽静著称。恒山景观之最为悬空寺,建于恒山金龙口西崖峭壁上。全寺有楼阁40间,在绝壁上凿洞插悬梁为基,楼阁间以栈道相通,为古建筑经典之作。

此外,中国的名山还有佛教四大名山:五台山、峨眉山、普陀山、九华山;道教四大名山:青城山、龙虎山、武当山、齐云山;录入《世界遗产名录》的庐山、武夷山、三清山、武陵源等。

12.5.2.2 峡谷景观

峡谷是指谷地深狭,两坡陡峭,横剖面呈"V"或"U"字形的河谷景观。峡谷河道深幽,水流湍急,素以雄、险、幽而著称。

(1)长江三峡

长江三峡是瞿塘峡、巫峡和西陵峡三段峡谷的总称,西起重庆市奉节县的白帝城,东迄湖北省宜昌市的南津关,跨奉节、巫山、巴东、秭归、宜昌五县市,长204千米。自古就有"瞿塘雄,巫峡秀,西陵险"的说法。

(2)雅鲁藏布江大峡谷

雅鲁藏布江大峡谷位于雅鲁藏布江下游南迦巴瓦峰,在这里形成世界上最为奇特的马蹄形大拐弯,不仅在地貌景观上异常奇特,而且成为世界上具有独特水汽通道作用的大峡谷,并造就了青藏高原东南部奇特的森林生态景观。它抱拥的山岭最高达海拔7 782米,而最深处的谷地深达5 382米,令科罗拉多等世界其他峡谷望尘莫及。从高山冰雪带到热带雨林共有九个垂直自然带在这里分布,是世界山地垂直自然带最齐全完备的地方。

中国著名的峡谷还有梅里大峡谷,虎跳峡,天山库车大峡谷,大渡河大峡谷,黄河的龙门峡,青铜峡,刘家峡,龙羊峡等。

12.5.2.3 岩溶景观

岩溶地貌也称为喀斯特地貌,是碳酸盐类岩石(主要是石灰石)在以地下水为主、地表水为辅的内外合力作用下形成的地貌。在地表常见有石芽、溶沟、石林、漏斗、落水洞、溶蚀洼地、坡立谷、盲谷、峰林等地貌形态,而地下则发育溶洞、地下河等各种洞穴系统以及洞中石钟乳、石笋、石柱、石瀑布等。喀斯特地貌分布十分广泛,在我国主要分布在广西、贵州、云南、四川等省区。

(1)漓江山水

漓江风景区是以广西壮族自治区桂林市为中心,北起兴安灵渠,南至阳朔,由漓江一水相连,是世界上规模最大、风景最美的岩溶山水游览区。桂林山水向以"山青、水秀、洞奇"三绝闻名于世。漓江风景区游览胜地繁多,其中一江(漓江)、两洞(芦笛岩、七星岩)、三山(独秀峰、伏波山、叠彩山)具有代表性。

(2)云南石林

石林风景区位于云南省石林彝族自治县境内,是典型的地表石芽地貌。石林面积约300平方千米,最精华的游览区约0.8平方千米,游路长2 000余米。进入"林区"如入迷宫,有的如利剑刺空,有的如一柱擎天,有的如古塔群立,有的如灵芝菌集,有的如高墙壁立,景致都异常壮观和奇特。在众多景点中,尤以"莲花峰""剑峰池""望峰亭""石林湖""母子偕游""万年灵芝"等景色最佳。

中国著名的岩溶景观还有贵州织金洞、浙江瑶琳仙境、四川黄龙、广东肇庆七星岩、辽宁本溪水洞等。

12.5.2.4 风沙景观

风沙景观主要分布在西北和内蒙古等省区,常见的具有旅游价值的景观类型主要有沙漠、戈壁和雅丹地貌等。

(1)乌尔禾魔鬼城

乌尔禾魔鬼城,又称乌尔禾风城,是典型的雅丹地貌,位于准噶尔盆地西北边缘的佳木河下游乌尔禾矿区,西南距克拉玛依市100千米。因为地处风口,魔鬼城四季狂风不断,最大风力可达10~12级。强劲的西北风给了魔鬼城"名",更让它有了魔鬼的"形",变得奇形怪状。远眺风城,就像中世纪欧洲的一座大城堡。大大小小的城堡林立,高高低低参差错落。由于这里景致独特,许多电影都把魔鬼城当作了外景地。近年越来越多的游客来新疆地区旅游、探险。

(2)敦煌鸣沙山

鸣沙山位于敦煌市南郊,面积约200平方千米,东起莫高窟崖顶,西接党河水库,整个山体由细米粒状黄沙积聚而成,狂风起时,沙山会发出巨大的响声,轻风吹拂时,又似管弦丝竹,因而得名为鸣沙山。在中国,有鸣沙现象的旅游景点有多处,除了敦煌鸣沙山,还有新疆木垒鸣沙山、新疆巴里坤鸣沙山、内蒙古鄂尔多斯响沙湾、宁夏中卫沙坡头。

中国其他著名的风沙景观还有甘肃武威沙漠公园,甘肃酒泉沙漠公园,新疆罗布泊洼地等。

12.5.2.5 火山与熔岩景观

火山与熔岩景观是指各地质时期火山作用而遗留下来的各种地质地貌景观,其中许多具有重要的科学意义和观赏游览价值。它主要包括以下地貌形式:火山锥、火山口湖、柱状节理、熔岩堰塞湖、温泉、岩溶洞穴、熔岩台地等。

(1)五大连池

五大连池位于黑龙江黑河市,是火山喷发出来的熔岩流阻塞河道后形成的火山堰塞湖。景区内火山锥、石龙、石海、火山砾、火山弹、熔岩钟乳等形态各异,被科学家称为"天然火山博物馆"。

(2)腾冲火山群

腾冲火山群位于云南省腾冲镇,腾冲火山群主要火山有打鹰山、空山、老龟坡等。打鹰山又被称为"腾冲火山之冠"。打鹰山海拔2 614.5米,相对高度600米,山体为一圆锥体,为境内最高的锥状火山,也是年轻的火山之一。顶部火山口直径为200米,深60米。它地处腾冲火山群的中心,东西两侧有规律地排列着70座大小火山,而周围50千米的区域内密布着近百个温泉、沸泉。

我国的火山与熔岩景观主要分布在东北北部山区,内蒙古高原,华北山地,长江下游,闽浙沿海,雷州半岛,海南岛,台湾及滇西等地。

12.5.2.6 水体景观

水体景观主要可分为江河、湖泊、海洋、瀑布、泉、潮汐等类型。

(1)江河

我国江河众多,许多大河源远流长,大小河流数以千计,总长度超过42万千米,主要河流2 000余条,流域面积在1 000平方千米以上的就有1 580多条。我国的河流按水系可分为内流水系和外流水系两类。外流河分属三大洋(太平洋、印度洋、北冰洋)水系。外流区河流流域的面积约占全国总面积的65.2%。

长江是我国第一大河,也是世界四大长河之一,全长6 397千米。长江正源——沱沱河发源于唐古拉山主峰各拉丹东雪峰西南侧。河源至湖北宜昌为上游,宜昌至江西湖口为中游,湖口以下为下游。长江水利资源丰富,沿江风景奇秀,尤其是举世闻名的长江三峡,以雄、险、奇、幽著称,为我国十大名胜之一。

黄河是我国第二大河,黄河正源卡日曲发源于青海省巴颜喀拉山北麓的各姿各雅山,全长5 464千米。上游为河源至内蒙古托克托县河口镇,中游为河口镇至河南孟津,孟津以下为下游。沿河上下也有众多旅游景观和著名胜地,被誉为"中华民族的母亲河"。

漓江、鸭绿江、楠溪江、富春江、新安江、丽江、雅砻江、鸳鸯溪、瑞丽江、赤水河等著名江河也各具特色,分别被列入国家级风景名胜区。

(2)湖泊

我国目前有1平方千米以上的湖泊近2 600个,面积合计约为7万平方千米。湖泊按湖盆的形成原因可分为构造湖、火口湖、堰塞湖、河迹湖、海迹湖、溶蚀湖、风蚀湖、冰蚀湖、人工湖等。

中国主要名湖不下数十个,各类湖泊均有,列入国家风景名胜区的湖泊有黑龙江镜泊湖,五大连池,无锡太湖,杭州西湖,新安江水库(千岛湖),武汉东湖,肇庆星湖,九寨沟湖群、天山天池、松花湖、净月潭、蜀岗瘦西湖、红枫湖、滇池、福建金湖、青海湖。其中杭州西湖、九寨沟、五大连池被列为"全国旅游四十佳"。此外,一些著名水库也归在名湖之列。

(3) 瀑布

瀑布是指从河床纵断面上陡坎悬崖处倾泻下来的水流。它雄壮粗犷,千姿百态,具有声、色、形之美,在水体旅游资源中占据重要地位。按形成原因,瀑布可分为岩溶型、构造型、堰塞型、差异侵蚀型。我国瀑布较多的地区是安徽、浙江、福建、台湾、广东、广西、贵州、云南和四川等。我国喀斯特地区出现一种奇特地下暗瀑,主要分布有江浙局部地区和广西、贵州、云南等省区。

名瀑主要有庐山瀑布群、雁荡山瀑布群、黄果树瀑布群、九寨沟瀑布群、天柱山瀑布群和西樵瀑布群等,以及单个瀑布壶口瀑布、长白瀑布、娘子关瀑布、黄山三瀑、崂山双瀑、石梁飞瀑、九华两瀑、千丈岩瀑布、剑池飞瀑、冰壶暗瀑和乌来瀑等。

(4) 泉水

泉是地下水的天然露头,是地下水涌出地表的自然景观。它在山区分布比较普遍。泉不仅可供饮用和矿泉疗养,而且可以造景、育景,具有观赏价值。我国泉水众多,各类型泉水旅游资源非常丰富,分布极为广泛,是世界上泉水最多的国家之一。目前我国已发现的温泉就有 2 000 多处,已知的矿泉 1 200 多处,其他类型的泉数量更多。

我国著名温泉、矿泉有黑龙江五大连池矿泉、青岛崂山矿泉、吉林长白山温泉、辽宁汤岗子温泉、兴城温泉、北京小汤山温泉、河北承德热河温泉、内蒙古阿尔山温泉、江苏南京汤山温泉、福州温泉、台湾温泉群、广州从化温泉、陕西临潼华清池、重庆南北温泉、云南腾冲温泉群等。

(5) 海滨和海岛

我国是一个海陆兼备的国家,大陆海岸线北起鸭绿江口,南到北仑河口,全长 1.8 万千米,沿海岛屿达 5 000 余个,海域辽阔,拥有许多条件优越的海岸带旅游区。著名的有大连海滨,河北的北戴河、南戴河,山东的青岛、烟台、威海海滨,浙江普陀山海滨,福建厦门海滨,广东的汕头,海南岛的天涯海角,台湾的基隆等。

12.5.2.7 生物景和自然保护区

中国具有世界上特有的奇花名木、珍禽异兽。珍稀特有动物资源如大熊猫、金丝猴、白唇鹿、扬子鳄等,均为中国所特有。银杏、银杉、金钱松、白豆杉等皆为珍稀裸子植物;被子植物中,中国占世界总科数的 53%,其中不乏古老类群和特有种属。许多动植物既能起到烘托主景作用,又能独立成景,构成颇具魅力的旅游资源。

一些动植物的栖息繁衍区,如黑龙江扎龙鹤乡,江西与青海鸟岛,福建鸳鸯溪,云南大理蝴蝶泉,世界罕见的物种基因库—武夷山自然保护区,有"动植物生命摇篮"之称的西双版纳自然保护区,景色奇秀的张家界国家森林公园,列入联合国教科文组织世界生物圈保护区网络的长白山、卧龙和鼎湖山自然保护区等,都是发展旅游业得天独厚的地方。

12.5.3 人文旅游资源及景点基础知识

12.5.3.1 宗教文化

(1) 佛教文化与旅游景点

1) 佛教基础知识。佛教起源于公元前6世纪的古印度,创始人是乔达摩·悉达多,佛教徒尊称他为"释迦牟尼",意思是"释迦族的圣人"。公元1世纪前后,佛教传入中国,逐渐与中国传统文化相融合,成为中国化的佛教。由于佛教传入中国的时间、路径、民族文化和历史背景不同,中国佛教形成了三支派系,即汉传佛教、藏传佛教和云南上座部佛教。

2) 佛教名寺、名塔。中国的第一座佛教寺院是洛阳的白马寺,相传,当年著名的佛教学者摄摩腾、竺法兰用白马驮着佛经、佛像来到中国,所以这座寺院便取名为"白马寺"。宋代以后,汉传佛教寺院的建筑平面逐步模式化,形成了"伽蓝七堂制"。即:佛寺通常坐北朝南,沿山门南北中轴线,保持一定的距离修建若干殿堂,殿堂建筑大致按以下顺序排列:山门殿—天王殿—大雄宝殿—本寺主供佛殿—法堂—藏经楼(阁),配殿和附属设施是分布在中轴线东西两侧。

我国著名的佛教寺院有因"禅、武"而著称的禅宗祖庭——河南登封少林寺,福建最大寺院——开元寺,浙江杭州灵隐寺,佛指骨舍利安放地——陕西扶风法门寺,西藏拉萨布达拉宫、萨哲蚌寺,日喀则扎什伦布寺等。

佛教名塔有:山西应县佛宫寺释迦塔、陕西西安大雁塔、河南登封嵩岳寺塔、云南大理崇圣寺三塔、北京妙应寺白塔、北京真觉寺金刚宝座塔。

3) 佛教石窟。石窟原是印度的一种佛教建筑形式。佛教提倡遁世隐修,因此僧侣们选择崇山峻岭的幽僻之地开凿石窟,以便修行之用。随着佛教传入中国,石窟寺也在十六国南北朝时兴起,或者更早些时候,从北印度传入我国新疆、甘肃等地区。从北魏至隋唐,是凿窟的鼎盛时期,尤其是在唐朝时期修筑了许多大石窟,唐代以后逐渐减少。这个时期,黄河流域是中国政治、文化、经济的中心。甘肃敦煌莫高窟、甘肃天水麦积山石窟、山西大同云冈石窟和河南洛阳龙门石窟被称为中国的四大石窟。

(2) 道教文化与旅游景点

1) 道教基础知识。道教是中国的本土宗教。因以"道"为最高信仰,认为"道"是化生宇宙万物的本原,故名。东汉时形成宗教,到南北朝时盛行起来。道教徒尊称创立者之一张道陵为天师,因而又叫"天师道",后又分化为许多派别。道教奉老子为教祖,以《道德经》为主要经典。

2) 道教名胜。①蓬莱阁。蓬莱阁位于山东省烟台市蓬莱市城北一千米处的丹崖山巅。史载秦始皇、汉武帝都曾来此寻找海上仙山和长生不老药。"八仙过海"的故事据传就发生在蓬莱阁。②武当山。武当山位于湖北省西北部丹江口市西南。"武当"意为"非真武不足当之",是我国著名的道教圣地。相传道教信奉的真武大帝即在此修仙得道飞升。唐、宋、元、明、清各代在此均有构筑。明代武当道教达到鼎盛时期,成为至高无上的皇室家庙、全国道教活动中心。③青城山。青城山位于都江堰市西南,是道教的发源地之一,自东汉以来历经两千多年。青城山以"幽"著称,日出、云海、神灯号称三绝。全山的道教宫观以天师洞为核心,包括建福宫、上清宫、祖师殿、圆明宫、老君阁、玉清宫、朝阳洞等至今完好地保存有数十座道教宫观。

3)著名道观。①北京白云观。白云观位于北京市西城区复兴门外白云路东侧,为全真道龙门派祖庭,享有"全真第一丛林"之誉,也是北京最大的道观建筑。中国道教协会、中国道教学院及中国道教文化研究所等道教界的全国性机构均设立在白云观。②陕西周至楼观台。楼观台位于陕西省周至县城东南15千米的终南山麓,距离西安70千米。楼观台得名于公元前11世纪的西周王朝。相传西周大夫函谷关令尹喜在此结草为楼,夜观天象,称故宅为草楼观。一日,尹喜见紫气东来,知道将有真人从此经过。后来果然老子西游入观,尹喜便迎请老子于草楼观,老子在楼观著《道德经》五千言,并在草楼观楼南高岗筑台授经,故又称说经台。这里峰峦叠翠,溪流萦绕,气候宜人,景色优美,素有"仙都"、"洞天之冠"和"天下第一福地"之美称。

我国著名的道观还有泰山碧霞寺、崂山太清宫、辽宁沈阳太清宫、江苏苏州玄妙观等。

(3)伊斯兰教文化

伊斯兰教是公元7世纪初由麦加人穆罕默德在阿拉伯半岛创立的宗教。信奉伊斯兰教的人统称为"穆斯林",意为"顺从者",即顺服安拉意志的人。安拉(即真主)是伊斯兰教信奉的独一无二的主宰,唯一的创造宇宙万物、主宰一切、无所不在、永恒唯一的真主。伊斯兰教不设偶像。中国的伊斯兰教是唐朝永徽年间从阿拉伯传入泉州、广州等地。中国著名的清真寺有西安化觉巷清真寺、北京牛街清真寺、广州的怀圣寺和泉州的清净寺、新疆喀什艾提尕尔清真寺。

12.5.3.2 古代建筑景观

建筑是人类文化的一个重要组成部分。一座有代表性的建筑往往凝聚了当时文化、艺术的精华和科学技术的最高成就。在某种意义上说,古代建筑是一个国家、民族的历史缩影,也是珍贵的文化旅游资源。作为中国传统文化典型的物质载体,中国古建筑的形象,是东方最为瑰丽的风景之一。中国古建筑的类型主要有宫殿、坛庙、陵墓、亭台楼阁、城防建筑等。

(1)宫殿

宫的最初意义是一般的居所,殿则是指高大的房屋。秦始皇建阿房宫,其主体建筑是可容纳万人的前殿,于是宫殿合二为一,成为帝王居住之所的专称,是中国古代建筑中最高级、最豪华的一种类型。历代帝王都不遗余力地为自己构筑宫殿,以显示王权的尊贵和威严。秦朝的阿房宫及其前殿,汉代的长乐宫、未央宫、建章宫,唐朝的太极宫、大明宫及其含元殿、麟德殿,明代的北京故宫,清朝的沈阳故宫,这些都是中国古代宫殿建筑中最耀眼的珍珠。

(2)坛庙

坛庙建筑属于礼制建筑,是古人为了表达对大自然的敬畏和先祖的崇拜而进行祭祀活动的场所和设施。"坛"是中国古代主要用于祭祀天地、日月、社稷的台型建筑,而庙则是祭祀祖宗、神灵、先贤的场所。

天坛是其中最具代表性的一个。祭天的天坛位于北京外城南端,明清两代皇帝都在这里祭祀天地之神,祈祷五谷丰收。天坛东西长约1 700米,南北约1 600米。墙垣共两

重,都是北墙呈圆形,南墙为方形,象征古代"天圆地方"之说。天坛内遍植柏树,尤其在南北轴线和建筑群附近,更是树冠相接,把祭坛烘托得十分肃穆。

我国其他著名的坛庙建筑还有北京的太庙和社稷坛、曲阜孔庙、解州关帝庙、成都武侯祠等。

(3)陵墓

帝王、贵族的陵园地上部分多建筑宏大,环境优美,地下部分的墓葬本身、葬具和殉葬品更是极具神秘感,对游人形成了很大的吸引力。

秦始皇陵是中国历史上第一个皇帝嬴政的陵墓,位于陕西省临潼县城东5千米处的骊山北麓。秦始皇陵建于公元前246年至公元前208年,是中国历史上第一个规模庞大、设计完善的帝王陵寝。兵马俑坑是秦始皇陵的陪葬坑,位于秦陵陵园东侧1 500米处。目前已发现三座,均为土木混合结构的地穴式坑道建筑,像是一组模拟军事队列、旨在拱卫地下皇城的"御林军"。

中国其他著名的陵墓还有明十三陵、清东陵、唐乾陵、孔林、关林、中山陵等。

(4)亭台楼阁

亭台楼阁是中国古代建筑的重要组成部分。著名的亭台楼阁有"江南三大名楼"岳阳楼、黄鹤楼、滕王阁;安徽滁州醉翁亭、湖南长沙爱晚亭、北京陶然亭。精美的建筑、令人心旷神怡的环境、深厚的文化底蕴使它们成为旅游者的向往之地。

(5)城防建筑

在朝代不断更迭、战乱不断的中国古代,国家或城市的防御体系至关重要。中国古代的城防建筑主要有长城和古城墙。

春秋战国时期,为了防止北方游牧民族南侵,各诸侯国纷纷修筑长城,秦统一中国后连成万里长城。汉、明两代曾进行了大规模的修筑。万里长城是世界最伟大的建筑工程之一,已被列入"世界遗产名录",成为中国人民智慧和创造力的象征。

中国古城一般都有城墙,城墙上有城楼、角楼、垛口等防御工事,构成了一整套坚固的军事防御体系。目前保存较为完好的有西安、南京、平遥等地的城墙。

12.5.3.3 古典园林艺术与景点

中国古典园林因独特的造园手法备受世界推崇,被称为"世界园林之母"。中国古典园林承载着中国传统人文思想,是中华民族内在精神品格的写照,是中国五千年历史文化所造就的艺术珍品。北京颐和园、承德避暑山庄、苏州的拙政园和留园是中国古典园林的经典之作。

(1)颐和园

颐和园景区占地面积2.97平方千米(293公顷),主要由万寿山和昆明湖两部分组成,其中水面占3/4(大约220公顷)。园内建筑以佛香阁为中心,园中有景点建筑物百余座、大小院落20余处,共有亭、台、楼、阁、廊、榭等不同形式的建筑3 000多间。其中佛香阁、长廊、石舫、苏州街、十七孔桥、谐趣园、大戏台等都已成为家喻户晓的代表性建筑。颐和园集传统造园艺术之大成,万寿山、昆明湖构成其基本框架,借景周围的山水环境,饱含中国皇家园林的恢宏富丽气势,又充满自然之趣,高度体现了"虽由人作,宛自天开"的造园准则。

· 272 ·

(2) 承德避暑山庄

承德避暑山庄是我国现存占地面积最大的皇家园林,也称为承德离宫或热河行宫,是清代皇帝夏天避暑和处理朝政的场所。整个山庄分宫殿区和苑景区两大部分,占地面积是颐和园的两倍,借助自然和野趣的风景,形成了东南湖区、西北山区和东北草原的布局,共同构成了中国版图的缩影。

(3) 苏州拙政园

典雅、淡秀的拙政园位于苏州古城东北街,面积78亩,始建于15世纪初,具有浓郁的江南水乡特色,经过几百年的沧桑变迁,至今仍保持着平淡疏朗、旷远明瑟的明代风格,被誉为"中国私家园林之最"。

(4) 苏州留园

留园以园内建筑布置精巧、奇石众多而知名。全园用建筑夹划分空间,可分中、东、西、北四个景区。中部以水见长,东部以建筑为主,西部以假山为奇,北部广植花果。留园整体讲究亭台轩榭的布局、假山池沼的配合、花草树木的映衬、讲究近景远景的层次,游览者无论站在哪个点上,眼前总是一幅完美的图画。

12.5.3.4 文化艺术与旅游

(1) 戏曲

戏曲是中国传统的戏剧形式,是由文学、音乐、舞蹈、美术、武术、杂技以及各种表演艺术因素综合而成的。它的起源历史悠久,早在原始社会歌舞已有萌芽,在漫长发展的过程中,经过八百多年不断地丰富、更新与发展,才逐渐形成比较完整的戏曲艺术体系。

我国各民族地区的戏曲剧种,约有360多种,传统剧目数以万计。中华人民共和国成立后又出现许多改编的传统剧目,新编历史剧和表现现代生活题材的现代戏,都受到广大观众热烈欢迎。比较流行的著名剧种有:秦腔、京剧、越剧、黄梅戏、评剧、豫剧、越调、曲剧、昆曲、粤剧、川剧、淮剧、晋剧、汉剧、湘剧、潮剧、闽剧、莆仙戏、河北梆子、湖南花鼓、花鼓戏、徽剧、沪剧等60多个剧种。

(2) 中国书法

中国书法是一门古老的艺术,从迄今考古文物发掘的情况判断为始于8000年前的中华黄河流域的古陶器文,再经由甲骨文、金文演变而为大篆、小篆、隶书,至定型于东汉、魏、晋的草书、楷书、行书诸体,书法一直散发着艺术的魅力。

中国书法历史悠久,以不同的风貌反映出时代的精神,艺术青春常在。浏览历代书法,"晋人尚韵,唐人尚法,宋人尚意,元、明尚态"。追寻8000年书法发展的轨迹,我们清晰地看到它与中国社会的发展同步,强烈地反映出每个时代的精神风貌。书法艺术是世界上独一无二的瑰宝,是中华文化的灿烂之花。

(3) 中国画

中国绘画是中国文化的重要组成部分,根植于民族文化土壤之中。它不拘泥于外表形似,更强调神似。它以毛笔、水墨、宣纸为特殊材料,建构了独特的透视理论,大胆而自由地打破时空限制,具有高度的概括力与想象力,这种出色的技巧与手段,不仅使中国传统绘画独具艺术魅力,而且日益为世界现代艺术所借鉴吸收。

中国绘画,分工笔画和写意画两种。工笔画用笔工整细致,敷色层层渲染,细节明彻入微,要用极细腻的笔触,描绘物象。写意画用简练、豪放、洒落的笔墨,描绘物象的形神,抒发作者的感情。

【本章小结】

本章主要阐述了导游人员应具备的入出境、交通、货币、保险、卫生保健、救护、旅游资源及景点等方面的知识。导游人员只有坚持不懈地学习,丰富自己的知识,才能从容应对导游工作,为客人提供满意的服务。

【重点概念】

入出境手续　入出境有效证件　旅行社责任险　人文旅游资源　自然旅游资源

【案例分析】

案例 12-1

海关规定要熟知

一位外国旅客在免费托运的行李中带了 10 多条香烟和两盘黄色录像带,在 C 城海关交验有效证件并提取托运行李后,试图从绿色通道通关时,被海关人员截住。经检查后,海关人员问他为什么走绿色通道,他说他不认识中文,看见有人从那里走他也就跟着走了,还说他要在中国工作两个多月,所以多带了香烟,录像带是消遣时自己看的。最后,海关人员还是让旅客补交了税,并没收了录像带。

问题:

1. 海关人员这样做符合政策吗?
2. 旅客说他不识中文,所以走错了海关通道,这是不是一个理由?

(资料来源:http://www.daoyou520.com 中国导游考试在线网)

案例 12-2

旅游保险不可少

2005 年 11 月 5 日 6 时 30 分左右,某省 C 旅行社组织的旅游团队乘坐的依维柯客车在山东日照至东明县的高速公路上,在大雾中与一辆行驶较快的大货车发生追尾事故。客车上 16 人当场死亡,另外 2 人不久先后死亡。事后,当地旅游局(组团社所在地)负责人对事故处理情况进行通报:酿成本次事故的主要原因是大雾,依维柯客车及前后车辆均负有一定责任,组织本次旅行的旅行社不负责任。因为该社在车辆、司机、导游、行程安排等方面均符合相关规定,而且除为自身办理旅行社责任保险以外,还主动为 18 名车上人员办理了人身意外保险。

需要说明的是,这里的人身意外保险是 C 旅行社主动提供的。在旅游团出发前,旅行社建议每人办一下神州行人身意外保险,但被拒绝。旅行社就主动为游客垫付了每人 6 元的保险费,共 108 元,此举使 18 名遇难者的家属得到 3 167.4 万元赔偿金。

问题：

1. 外出旅游应否进行旅游保险？
2. 旅行社为什么要主动为游客垫付保险费？

思考题

1. 旅游者入出境需要办理哪些必要的手续？对人员和物品有哪些限制？
2. 我国的旅客列车有哪些种类？
3. 我国目前可兑换的外币有哪几种？根据我国现行外汇管理条例,旅游者应注意哪些问题？
4. 旅行社责任险的投保范围是什么？
5. 自然和人文旅游资源各有哪些主要类型？列举一些本章中未提到的类型,并作说明。

学习参考书目

1. 王莉霞,张蕾.中国旅游资源教程[M].西安:陕西人民出版社,2006.
2. 杜炜,张建梅.导游业务[M].北京:高等教育出版社,2006.
3. 甘枝茂,马耀峰.旅游资源与开发[M].天津:南开大学出版社,2000.
4. 李瑞玲.导游业务[M].郑州:郑州大学出版社,2006.

附录

附录1　中华人民共和国旅游法

《中华人民共和国旅游法》经 2013 年 4 月 25 日十二届全国人大常委会第 2 次会议通过，2013 年 4 月 25 日中华人民共和国主席令第 3 号公布。《旅游法》分总则、旅游者、旅游规划和促进、旅游经营、旅游服务合同、旅游安全、旅游监督管理、旅游纠纷处理、法律责任、附则 10 章 112 条，自 2013 年 10 月 1 日起施行。

中华人民共和国主席令

第 3 号

《中华人民共和国旅游法》已由中华人民共和国第十二届全国人民代表大会常务委员会第 2 次会议于 2013 年 4 月 25 日通过，现予公布，自 2013 年 10 月 1 日起施行。

中华人民共和国主席习近平　2013 年 4 月 25 日

全文内容

（2013 年 4 月 25 日第十二届全国人民代表大会常务委员会第 2 次会议通过）我国首部旅游法获通过。

第一章　总　　则
第二章　旅游者
第三章　旅游规划和促进
第四章　旅游经营
第五章　旅游服务合同
第六章　旅游安全
第七章　旅游监督管理
第八章　旅游纠纷处理
第九章　法律责任
第十章　附　　则

总　则

第一条　为保障旅游者和旅游经营者的合法权益,规范旅游市场秩序,保护和合理利用旅游资源,促进旅游业持续健康发展,制定本法。

第二条　在中华人民共和国境内的和在中华人民共和国境内组织到境外的游览、度假、休闲等形式的旅游活动以及为旅游活动提供相关服务的经营活动,适用本法。

第三条　国家发展旅游事业,完善旅游公共服务,依法保护旅游者在旅游活动中的权利。

第四条　旅游业发展应当遵循社会效益、经济效益和生态效益相统一的原则。国家鼓励各类市场主体在有效保护旅游资源的前提下,依法合理利用旅游资源。利用公共资源建设的游览场所应当体现公益性质。

第五条　国家倡导健康、文明、环保的旅游方式,支持和鼓励各类社会机构开展旅游公益宣传,对促进旅游业发展做出突出贡献的单位和个人给予奖励。

第六条　国家建立健全旅游服务标准和市场规则,禁止行业垄断和地区垄断。旅游经营者应当诚信经营,公平竞争,承担社会责任,为旅游者提供安全、健康、卫生、方便的旅游服务。

第七条　国务院建立健全旅游综合协调机制,对旅游业发展进行综合协调。

县级以上地方人民政府应当加强对旅游工作的组织和领导,明确相关部门或者机构,对本行政区域的旅游业发展和监督管理进行统筹协调。

第八条　依法成立的旅游行业组织,实行自律管理。

旅游者

第九条　旅游者有权自主选择旅游产品和服务,有权拒绝旅游经营者的强制交易行为。

旅游者有权知悉其购买的旅游产品和服务的真实情况。

旅游者有权要求旅游经营者按照约定提供产品和服务。

第十条　旅游者的人格尊严、民族风俗习惯和宗教信仰应当得到尊重。

第十一条　残疾人、老年人、未成年人等旅游者在旅游活动中依照法律、法规和有关规定享受便利和优惠。

第十二条　旅游者在人身、财产安全遇有危险时,有请求救助和保护的权利。

旅游者人身、财产受到侵害的,有依法获得赔偿的权利。

第十三条　旅游者在旅游活动中应当遵守社会公共秩序和社会公德,尊重当地的风俗习惯、文化传统和宗教信仰,爱护旅游资源,保护生态环境,遵守旅游文明行为规范。

第十四条　旅游者在旅游活动中或者在解决纠纷时,不得损害当地居民的合法权益,不得干扰他人的旅游活动,不得损害旅游经营者和旅游从业人员的合法权益。

第十五条　旅游者购买、接受旅游服务时,应当向旅游经营者如实告知与旅游活动相关的个人健康信息,遵守旅游活动中的安全警示规定。

旅游者对国家应对重大突发事件暂时限制旅游活动的措施以及有关部门、机构或者

旅游经营者采取的安全防范和应急处置措施,应当予以配合。

旅游者违反安全警示规定,或者对国家应对重大突发事件暂时限制旅游活动的措施、安全防范和应急处置措施不予配合的,依法承担相应责任。

第十六条　出境旅游者不得在境外非法滞留,随团出境的旅游者不得擅自分团、脱团。

入境旅游者不得在境内非法滞留,随团入境的旅游者不得擅自分团、脱团。

旅游规划和促进

第十七条　国务院和县级以上地方人民政府应当将旅游业发展纳入国民经济和社会发展规划。

国务院和省、自治区、直辖市人民政府以及旅游资源丰富的设区的市和县级人民政府,应当按照国民经济和社会发展规划的要求,组织编制旅游发展规划。对跨行政区域且适宜进行整体利用的旅游资源进行利用时,应当由上级人民政府组织编制或者由相关地方人民政府协商编制统一的旅游发展规划。

第十八条　旅游发展规划应当包括旅游业发展的总体要求和发展目标,旅游资源保护和利用的要求和措施,以及旅游产品开发、旅游服务质量提升、旅游文化建设、旅游形象推广、旅游基础设施和公共服务设施建设的要求和促进措施等内容。

根据旅游发展规划,县级以上地方人民政府可以编制重点旅游资源开发利用的专项规划,对特定区域内的旅游项目、设施和服务功能配套提出专门要求。

第十九条　旅游发展规划应当与土地利用总体规划、城乡规划、环境保护规划以及其他自然资源和文物等人文资源的保护和利用规划相衔接。

第二十条　各级人民政府编制土地利用总体规划、城乡规划,应当充分考虑相关旅游项目、设施的空间布局和建设用地要求。规划和建设交通、通信、供水、供电、环保等基础设施和公共服务设施,应当兼顾旅游业发展的需要。

第二十一条　对自然资源和文物等人文资源进行旅游利用,必须严格遵守有关法律、法规的规定,符合资源、生态保护和文物安全的要求,尊重和维护当地传统文化和习俗,维护资源的区域整体性、文化代表性和地域特殊性,并考虑军事设施保护的需要。有关主管部门应当加强对资源保护和旅游利用状况的监督检查。

第二十二条　各级人民政府应当组织对本级政府编制的旅游发展规划的执行情况进行评估,并向社会公布。

第二十三条　国务院和县级以上地方人民政府应当制定并组织实施有利于旅游业持续健康发展的产业政策,推进旅游休闲体系建设,采取措施推动区域旅游合作,鼓励跨区域旅游线路和产品开发,促进旅游与工业、农业、商业、文化、卫生、体育、科教等领域的融合,扶持少数民族地区、革命老区、边远地区和贫困地区旅游业发展。

第二十四条　国务院和县级以上地方人民政府应当根据实际情况安排资金,加强旅游基础设施建设、旅游公共服务和旅游形象推广。

第二十五条　国家制定并实施旅游形象推广战略。国务院旅游主管部门统筹组织国家旅游形象的境外推广工作,建立旅游形象推广机构和网络,开展旅游国际合作与交流。

县级以上地方人民政府统筹组织本地的旅游形象推广工作。

第二十六条 国务院旅游主管部门和县级以上地方人民政府应当根据需要建立旅游公共信息和咨询平台,无偿向旅游者提供旅游景区、线路、交通、气象、住宿、安全、医疗急救等必要信息和咨询服务。设区的市和县级人民政府有关部门应当根据需要在交通枢纽、商业中心和旅游者集中场所设置旅游咨询中心,在景区和通往主要景区的道路设置旅游指示标识。

旅游资源丰富的设区的市和县级人民政府可以根据本地的实际情况,建立旅游客运专线或者游客中转站,为旅游者在城市及周边旅游提供服务。

第二十七条 国家鼓励和支持发展旅游职业教育和培训,提高旅游从业人员素质。

旅游经营

第二十八条 设立旅行社,招徕、组织、接待旅游者,为其提供旅游服务,应当具备下列条件,取得旅游主管部门的许可,依法办理工商登记:

(一)有固定的经营场所;
(二)有必要的营业设施;
(三)有符合规定的注册资本;
(四)有必要的经营管理人员和导游;
(五)法律、行政法规规定的其他条件。

第二十九条 旅行社可以经营下列业务:

(一)境内旅游;
(二)出境旅游;
(三)边境旅游;
(四)入境旅游;
(五)其他旅游业务。

旅行社经营前款第二项和第三项业务,应当取得相应的业务经营许可,具体条件由国务院规定。

第三十条 旅行社不得出租、出借旅行社业务经营许可证,或者以其他形式非法转让旅行社业务经营许可。

第三十一条 旅行社应当按照规定交纳旅游服务质量保证金,用于旅游者权益损害赔偿和垫付旅游者人身安全遇有危险时紧急救助的费用。

第三十二条 旅行社为招徕、组织旅游者发布信息,必须真实、准确,不得进行虚假宣传,误导旅游者。

第三十三条 旅行社及其从业人员组织、接待旅游者,不得安排参观或者参与违反我国法律、法规和社会公德的项目或者活动。

第三十四条 旅行社组织旅游活动应当向合格的供应商订购产品和服务。

第三十五条 旅行社不得以不合理的低价组织旅游活动,诱骗旅游者,并通过安排购物或者另行付费旅游项目获取回扣等不正当利益。

旅行社组织、接待旅游者,不得指定具体购物场所,不得安排另行付费旅游项目。但

是,经双方协商一致或者旅游者要求,且不影响其他旅游者行程安排的除外。

发生违反前两款规定情形的,旅游者有权在旅游行程结束后三十日内,要求旅行社为其办理退货并先行垫付退货货款,或者退还另行付费旅游项目的费用。

第三十六条　旅行社组织团队出境旅游或者组织、接待团队入境旅游,应当按照规定安排领队或者导游全程陪同。

第三十七条　参加导游资格考试成绩合格,与旅行社订立劳动合同或者在相关旅游行业组织注册的人员,可以申请取得导游证。

第三十八条　旅行社应当与其聘用的导游依法订立劳动合同,支付劳动报酬,缴纳社会保险费用。

旅行社临时聘用导游为旅游者提供服务的,应当全额向导游支付本法第六十条第三款规定的导游服务费用。

旅行社安排导游为团队旅游提供服务的,不得要求导游垫付或者向导游收取任何费用。

第三十九条　取得导游证,具有相应的学历、语言能力和旅游从业经历,并与旅行社订立劳动合同的人员,可以申请取得领队证。

第四十条　导游和领队为旅游者提供服务必须接受旅行社委派,不得私自承揽导游和领队业务。

第四十一条　导游和领队从事业务活动,应当佩戴导游证、领队证,遵守职业道德,尊重旅游者的风俗习惯和宗教信仰,应当向旅游者告知和解释旅游文明行为规范,引导旅游者健康、文明旅游,劝阻旅游者违反社会公德的行为。

导游和领队应当严格执行旅游行程安排,不得擅自变更旅游行程或者中止服务活动,不得向旅游者索取小费,不得诱导、欺骗、强迫或者变相强迫旅游者购物或者参加另行付费旅游项目。

第四十二条　景区开放应当具备下列条件,并听取旅游主管部门的意见:

(一)有必要的旅游配套服务和辅助设施;

(二)有必要的安全设施及制度,经过安全风险评估,满足安全条件;

(三)有必要的环境保护设施和生态保护措施;

(四)法律、行政法规规定的其他条件。

第四十三条　利用公共资源建设的景区的门票以及景区内的游览场所、交通工具等另行收费项目,实行政府定价或者政府指导价,严格控制价格上涨。拟收费或者提高价格的,应当举行听证会,征求旅游者、经营者和有关方面的意见,论证其必要性、可行性。

利用公共资源建设的景区,不得通过增加另行收费项目等方式变相涨价;另行收费项目已收回投资成本的,应当相应降低价格或者取消收费。

公益性的城市公园、博物馆、纪念馆等,除重点文物保护单位和珍贵文物收藏单位外,应当逐步免费开放。

第四十四条　景区应当在醒目位置公示门票价格、另行收费项目的价格及团体收费价格。景区提高门票价格应当提前六个月公布。

将不同景区的门票或者同一景区内不同游览场所的门票合并出售的,合并后的价格

不得高于各单项门票的价格之和,且旅游者有权选择购买其中的单项票。

景区内的核心游览项目因故暂停向旅游者开放或者停止提供服务的,应当公示并相应减少收费。

第四十五条　景区接待旅游者不得超过景区主管部门核定的最大承载量。景区应当公布景区主管部门核定的最大承载量,制定和实施旅游者流量控制方案,并可以采取门票预约等方式,对景区接待旅游者的数量进行控制。

旅游者数量可能达到最大承载量时,景区应当提前公告并同时向当地人民政府报告,景区和当地人民政府应当及时采取疏导、分流等措施。

第四十六条　城镇和乡村居民利用自有住宅或者其他条件依法从事旅游经营,其管理办法由省、自治区、直辖市制定。

第四十七条　经营高空、高速、水上、潜水、探险等高风险旅游项目,应当按照国家有关规定取得经营许可。

第四十八条　通过网络经营旅行社业务的,应当依法取得旅行社业务经营许可,并在其网站主页的显著位置标明其业务经营许可证信息。

发布旅游经营信息的网站,应当保证其信息真实、准确。

第四十九条　为旅游者提供交通、住宿、餐饮、娱乐等服务的经营者,应当符合法律、法规规定的要求,按照合同约定履行义务。

第五十条　旅游经营者应当保证其提供的商品和服务符合保障人身、财产安全的要求。

旅游经营者取得相关质量标准等级的,其设施和服务不得低于相应标准;未取得质量标准等级的,不得使用相关质量等级的称谓和标识。

第五十一条　旅游经营者销售、购买商品或者服务,不得给予或者收受贿赂。

第五十二条　旅游经营者对其在经营活动中知悉的旅游者个人信息,应当予以保密。

第五十三条　从事道路旅游客运的经营者应当遵守道路客运安全管理的各项制度,并在车辆显著位置明示道路旅游客运专用标识,在车厢内显著位置公示经营者和驾驶人信息、道路运输管理机构监督电话等事项。

第五十四条　景区、住宿经营者将其部分经营项目或者场地交由他人从事住宿、餐饮、购物、游览、娱乐、旅游交通等经营的,应当对实际经营者的经营行为给旅游者造成的损害承担连带责任。

第五十五条　旅游经营者组织、接待出入境旅游,发现旅游者从事违法活动或者有违反本法第十六条规定情形的,应当及时向公安机关、旅游主管部门或者我国驻外机构报告。

第五十六条　国家根据旅游活动的风险程度,对旅行社、住宿、旅游交通以及本法第四十七条规定的高风险旅游项目等经营者实施责任保险制度。

旅游服务合同

第五十七条　旅行社组织和安排旅游活动,应当与旅游者订立合同。

第五十八条　包价旅游合同应当采用书面形式,包括下列内容:

（一）旅行社、旅游者的基本信息；
（二）旅游行程安排；
（三）旅游团成团的最低人数；
（四）交通、住宿、餐饮等旅游服务安排和标准；
（五）游览、娱乐等项目的具体内容和时间；
（六）自由活动时间安排；
（七）旅游费用及其交纳的期限和方式；
（八）违约责任和解决纠纷的方式；
（九）法律、法规规定和双方约定的其他事项。

订立包价旅游合同时，旅行社应当向旅游者详细说明前款第二项至第八项所载内容。

第五十九条　旅行社应当在旅游行程开始前向旅游者提供旅游行程单。旅游行程单是包价旅游合同的组成部分。

第六十条　旅行社委托其他旅行社代理销售包价旅游产品并与旅游者订立包价旅游合同的，应当在包价旅游合同中载明委托社和代理社的基本信息。

旅行社依照本法规定将包价旅游合同中的接待业务委托给地接社履行的，应当在包价旅游合同中载明地接社的基本信息。

安排导游为旅游者提供服务的，应当在包价旅游合同中载明导游服务费用。

第六十一条　旅行社应当提示参加团队旅游的旅游者按照规定投保人身意外伤害保险。

第六十二条　订立包价旅游合同时，旅行社应当向旅游者告知下列事项：
（一）旅游者不适合参加旅游活动的情形；
（二）旅游活动中的安全注意事项；
（三）旅行社依法可以减免责任的信息；
（四）旅游者应当注意的旅游目的地相关法律、法规和风俗习惯、宗教禁忌，依照中国法律不宜参加的活动等；
（五）法律、法规规定的其他应当告知的事项。

在包价旅游合同履行中，遇有前款规定事项的，旅行社也应当告知旅游者。

第六十三条　旅行社招徕旅游者组团旅游，因未达到约定人数不能出团的，组团社可以解除合同。但是，境内旅游应当至少提前七日通知旅游者，出境旅游应当至少提前三十日通知旅游者。

因未达到约定人数不能出团的，组团社经征得旅游者书面同意，可以委托其他旅行社履行合同。组团社对旅游者承担责任，受委托的旅行社对组团社承担责任。旅游者不同意的，可以解除合同。

因未达到约定的成团人数解除合同的，组团社应当向旅游者退还已收取的全部费用。

第六十四条　旅游行程开始前，旅游者可以将包价旅游合同中自身的权利义务转让给第三人，旅行社没有正当理由的不得拒绝，因此增加的费用由旅游者和第三人承担。

第六十五条　旅游行程结束前，旅游者解除合同的，组团社应当在扣除必要的费用后，将余款退还旅游者。

第六十六条　旅游者有下列情形之一的,旅行社可以解除合同:
(一)患有传染病等疾病,可能危害其他旅游者健康和安全的;
(二)携带危害公共安全的物品且不同意交有关部门处理的;
(三)从事违法或者违反社会公德的活动的;
(四)从事严重影响其他旅游者权益的活动,且不听劝阻、不能制止的;
(五)法律规定的其他情形。

因前款规定情形解除合同的,组团社应当在扣除必要的费用后,将余款退还旅游者;给旅行社造成损失的,旅游者应当依法承担赔偿责任。

第六十七条　因不可抗力或者旅行社、履行辅助人已尽合理注意义务仍不能避免的事件,影响旅游行程的,按照下列情形处理:

(一)合同不能继续履行的,旅行社和旅游者均可以解除合同。合同不能完全履行的,旅行社经向旅游者做出说明,可以在合理范围内变更合同;旅游者不同意变更的,可以解除合同。

(二)合同解除的,组团社应当在扣除已向地接社或者履行辅助人支付且不可退还的费用后,将余款退还旅游者;合同变更的,因此增加的费用由旅游者承担,减少的费用退还旅游者。

(三)危及旅游者人身、财产安全的,旅行社应当采取相应的安全措施,因此支出的费用,由旅行社与旅游者分担。

(四)造成旅游者滞留的,旅行社应当采取相应的安置措施。因此增加的食宿费用,由旅游者承担;增加的返程费用,由旅行社与旅游者分担。

第六十八条　旅游行程中解除合同的,旅行社应当协助旅游者返回出发地或者旅游者指定的合理地点。由于旅行社或者履行辅助人的原因导致合同解除的,返程费用由旅行社承担。

第六十九条　旅行社应当按照包价旅游合同的约定履行义务,不得擅自变更旅游行程安排。

经旅游者同意,旅行社将包价旅游合同中的接待业务委托给其他具有相应资质的地接社履行的,应当与地接社订立书面委托合同,约定双方的权利和义务,向地接社提供与旅游者订立的包价旅游合同的副本,并向地接社支付不低于接待和服务成本的费用。地接社应当按照包价旅游合同和委托合同提供服务。

第七十条　旅行社不履行包价旅游合同义务或者履行合同义务不符合约定的,应当依法承担继续履行、采取补救措施或者赔偿损失等违约责任;造成旅游者人身损害、财产损失的,应当依法承担赔偿责任。旅行社具备履行条件,经旅游者要求仍拒绝履行合同,造成旅游者人身损害、滞留等严重后果的,旅游者还可以要求旅行社支付旅游费用一倍以上三倍以下的赔偿金。

由于旅游者自身原因导致包价旅游合同不能履行或者不能按照约定履行,或者造成旅游者人身损害、财产损失的,旅行社不承担责任。

在旅游者自行安排活动期间,旅行社未尽到安全提示、救助义务的,应当对旅游者的人身损害、财产损失承担相应责任。

第七十一条　由于地接社、履行辅助人的原因导致违约的,由组团社承担责任;组团社承担责任后可以向地接社、履行辅助人追偿。

由于地接社、履行辅助人的原因造成旅游者人身损害、财产损失的,旅游者可以要求地接社、履行辅助人承担赔偿责任,也可以要求组团社承担赔偿责任;组团社承担责任后可以向地接社、履行辅助人追偿。但是,由于公共交通经营者的原因造成旅游者人身损害、财产损失的,由公共交通经营者依法承担赔偿责任,旅行社应当协助旅游者向公共交通经营者索赔。

第七十二条　旅游者在旅游活动中或者在解决纠纷时,损害旅行社、履行辅助人、旅游从业人员或者其他旅游者的合法权益的,依法承担赔偿责任。

第七十三条　旅行社根据旅游者的具体要求安排旅游行程,与旅游者订立包价旅游合同的,旅游者请求变更旅游行程安排,因此增加的费用由旅游者承担,减少的费用退还旅游者。

第七十四条　旅行社接受旅游者的委托,为其代订交通、住宿、餐饮、游览、娱乐等旅游服务,收取代办费用的,应当亲自处理委托事务。因旅行社的过错给旅游者造成损失的,旅行社应当承担赔偿责任。

旅行社接受旅游者的委托,为其提供旅游行程设计、旅游信息咨询等服务的,应当保证设计合理、可行,信息及时、准确。

第七十五条　住宿经营者应当按照旅游服务合同的约定为团队旅游者提供住宿服务。住宿经营者未能按照旅游服务合同提供服务的,应当为旅游者提供不低于原定标准的住宿服务,因此增加的费用由住宿经营者承担;但由于不可抗力、政府因公共利益需要采取措施造成不能提供服务的,住宿经营者应当协助安排旅游者住宿。

第六章　旅游安全

第七十六条　县级以上人民政府统一负责旅游安全工作。县级以上人民政府有关部门依照法律、法规履行旅游安全监管职责。

第七十七条　国家建立旅游目的地安全风险提示制度。旅游目的地安全风险提示的级别划分和实施程序,由国务院旅游主管部门会同有关部门制定。

县级以上人民政府及其有关部门应当将旅游安全作为突发事件监测和评估的重要内容。

第七十八条　县级以上人民政府应当依法将旅游应急管理纳入政府应急管理体系,制定应急预案,建立旅游突发事件应对机制。

突发事件发生后,当地人民政府及其有关部门和机构应当采取措施开展救援,并协助旅游者返回出发地或者旅游者指定的合理地点。

第七十九条　旅游经营者应当严格执行安全生产管理和消防安全管理的法律、法规和国家标准、行业标准,具备相应的安全生产条件,制定旅游者安全保护制度和应急预案。

旅游经营者应当对直接为旅游者提供服务的从业人员开展经常性应急救助技能培训,对提供的产品和服务进行安全检验、监测和评估,采取必要措施防止危害发生。

旅游经营者组织、接待老年人、未成年人、残疾人等旅游者,应当采取相应的安全保障措施。

第八十条 旅游经营者应当就旅游活动中的下列事项,以明示的方式事先向旅游者做出说明或者警示:
(一)正确使用相关设施、设备的方法;
(二)必要的安全防范和应急措施;
(三)未向旅游者开放的经营、服务场所和设施、设备;
(四)不适宜参加相关活动的群体;
(五)可能危及旅游者人身、财产安全的其他情形。

第八十一条 突发事件或者旅游安全事故发生后,旅游经营者应当立即采取必要的救助和处置措施,依法履行报告义务,并对旅游者做出妥善安排。

第八十二条 旅游者在人身、财产安全遇有危险时,有权请求旅游经营者、当地政府和相关机构进行及时救助。

中国出境旅游者在境外陷于困境时,有权请求我国驻当地机构在其职责范围内给予协助和保护。

旅游者接受相关组织或者机构的救助后,应当支付应由个人承担的费用。

旅游监督管理

第八十三条 县级以上人民政府旅游主管部门和有关部门依照本法和有关法律、法规的规定,在各自职责范围内对旅游市场实施监督管理。

县级以上人民政府应当组织旅游主管部门、有关主管部门和工商行政管理、产品质量监督、交通等执法部门对相关旅游经营行为实施监督检查。

第八十四条 旅游主管部门履行监督管理职责,不得违反法律、行政法规的规定向监督管理对象收取费用。

旅游主管部门及其工作人员不得参与任何形式的旅游经营活动。

第八十五条 县级以上人民政府旅游主管部门有权对下列事项实施监督检查:
(一)经营旅行社业务以及从事导游、领队服务是否取得经营、执业许可;
(二)旅行社的经营行为;
(三)导游和领队等旅游从业人员的服务行为;
(四)法律、法规规定的其他事项。

旅游主管部门依照前款规定实施监督检查,可以对涉嫌违法的合同、票据、账簿以及其他资料进行查阅、复制。

第八十六条 旅游主管部门和有关部门依法实施监督检查,其监督检查人员不得少于二人,并应当出示合法证件。监督检查人员少于二人或者未出示合法证件的,被检查单位和个人有权拒绝。

监督检查人员对在监督检查中知悉的被检查单位的商业秘密和个人信息应当依法保密。

第八十七条 对依法实施的监督检查,有关单位和个人应当配合,如实说明情况并提供文件、资料,不得拒绝、阻碍和隐瞒。

第八十八条 县级以上人民政府旅游主管部门和有关部门,在履行监督检查职责中或者在处理举报、投诉时,发现违反本法规定行为的,应当依法及时做出处理;对不属于本部门职责范围的事项,应当及时书面通知并移交有关部门查处。

第八十九条　县级以上地方人民政府建立旅游违法行为查处信息的共享机制,对需要跨部门、跨地区联合查处的违法行为,应当进行督办。

旅游主管部门和有关部门应当按照各自职责,及时向社会公布监督检查的情况。

第九十条　依法成立的旅游行业组织依照法律、行政法规和章程的规定,制定行业经营规范和服务标准,对其会员的经营行为和服务质量进行自律管理,组织开展职业道德教育和业务培训,提高从业人员素质。

旅游纠纷处理

第九十一条　县级以上人民政府应当指定或者设立统一的旅游投诉受理机构。受理机构接到投诉,应当及时进行处理或者移交有关部门处理,并告知投诉者。

第九十二条　旅游者与旅游经营者发生纠纷,可以通过下列途径解决:

(一)双方协商;

(二)向消费者协会、旅游投诉受理机构或者有关调解组织申请调解;

(三)根据与旅游经营者达成的仲裁协议提请仲裁机构仲裁;

(四)向人民法院提起诉讼。

第九十三条　消费者协会、旅游投诉受理机构和有关调解组织在双方自愿的基础上,依法对旅游者与旅游经营者之间的纠纷进行调解。

第九十四条　旅游者与旅游经营者发生纠纷,旅游者一方人数众多并有共同请求的,可以推选代表人参加协商、调解、仲裁、诉讼活动。

法律责任

第九十五条　违反本法规定,未经许可经营旅行社业务的,由旅游主管部门或者工商行政管理部门责令改正,没收违法所得,并处一万元以上十万元以下罚款;违法所得十万元以上的,并处违法所得一倍以上五倍以下罚款;对有关责任人员,处二千元以上二万元以下罚款。

旅行社违反本法规定,未经许可经营本法第二十九条第一款第二项、第三项业务,或者出租、出借旅行社业务经营许可证,或者以其他方式非法转让旅行社业务经营许可的,除依照前款规定处罚外,并责令停业整顿;情节严重的,吊销旅行社业务经营许可证;对直接负责的主管人员,处二千元以上二万元以下罚款。

第九十六条　旅行社违反本法规定,有下列行为之一的,由旅游主管部门责令改正,没收违法所得,并处五千元以上五万元以下罚款;情节严重的,责令停业整顿或者吊销旅行社业务经营许可证;对直接负责的主管人员和其他直接责任人员,处二千元以上二万元以下罚款:

(一)未按照规定为出境或者入境团队旅游安排领队或者导游全程陪同的;

(二)安排未取得导游证或者领队证的人员提供导游或者领队服务的;

(三)未向临时聘用的导游支付导游服务费用的;

（四）要求导游垫付或者向导游收取费用的。

第九十七条　旅行社违反本法规定,有下列行为之一的,由旅游主管部门或者有关部门责令改正,没收违法所得,并处五千元以上五万元以下罚款;违法所得五万元以上的,并处违法所得一倍以上五倍以下罚款;情节严重的,责令停业整顿或者吊销旅行社业务经营许可证;对直接负责的主管人员和其他直接责任人员,处二千元以上二万元以下罚款:

（一）进行虚假宣传,误导旅游者的;

（二）向不合格的供应商订购产品和服务的;

（三）未按照规定投保旅行社责任保险的。

第九十八条　旅行社违反本法第三十五条规定的,由旅游主管部门责令改正,没收违法所得,责令停业整顿,并处三万元以上三十万元以下罚款;违法所得三十万元以上的,并处违法所得一倍以上五倍以下罚款;情节严重的,吊销旅行社业务经营许可证;对直接负责的主管人员和其他直接责任人员,没收违法所得,处二千元以上二万元以下罚款,并暂扣或者吊销导游证、领队证。

第九十九条　旅行社未履行本法第五十五条规定的报告义务的,由旅游主管部门处五千元以上五万元以下罚款;情节严重的,责令停业整顿或者吊销旅行社业务经营许可证;对直接负责的主管人员和其他直接责任人员,处二千元以上二万元以下罚款,并暂扣或者吊销导游证、领队证。

第一百条　旅行社违反本法规定,有下列行为之一的,由旅游主管部门责令改正,处三万元以上三十万元以下罚款,并责令停业整顿;造成旅游者滞留等严重后果的,吊销旅行社业务经营许可证;对直接负责的主管人员和其他直接责任人员,处二千元以上二万元以下罚款,并暂扣或者吊销导游证、领队证:

（一）在旅游行程中擅自变更旅游行程安排,严重损害旅游者权益的;

（二）拒绝履行合同的;

（三）未征得旅游者书面同意,委托其他旅行社履行包价旅游合同的。

第一百〇一条　旅行社违反本法规定,安排旅游者参观或者参与违反我国法律、法规和社会公德的项目或者活动的,由旅游主管部门责令改正,没收违法所得,责令停业整顿,并处二万元以上二十万元以下罚款;情节严重的,吊销旅行社业务经营许可证;对直接负责的主管人员和其他直接责任人员,处二千元以上二万元以下罚款,并暂扣或者吊销导游证、领队证。

第一百〇二条　违反本法规定,未取得导游证或者领队证从事导游、领队活动的,由旅游主管部门责令改正,没收违法所得,并处一千元以上一万元以下罚款,予以公告。

导游、领队违反本法规定,私自承揽业务的,由旅游主管部门责令改正,没收违法所得,处一千元以上一万元以下罚款,并暂扣或者吊销导游证、领队证。

导游、领队违反本法规定,向旅游者索取小费的,由旅游主管部门责令退还,处一千元以上一万元以下罚款;情节严重的,并暂扣或者吊销导游证、领队证。

第一百〇三条　违反本法规定被吊销导游证、领队证的导游、领队和受到吊销旅行社业务经营许可证处罚的旅行社的有关管理人员,自处罚之日起未逾三年的,不得重新申请导游证、领队证或者从事旅行社业务。

第一百〇四条　旅游经营者违反本法规定,给予或者收受贿赂的,由工商行政管理部门依照有关法律、法规的规定处罚;情节严重的,并由旅游主管部门吊销旅行社业务经营许可证。

第一百〇五条　景区不符合本法规定的开放条件而接待旅游者的,由景区主管部门责令停业整顿直至符合开放条件,并处二万元以上二十万元以下罚款。

景区在旅游者数量可能达到最大承载量时,未依照本法规定公告或者未向当地人民政府报告,未及时采取疏导、分流等措施,或者超过最大承载量接待旅游者的,由景区主管部门责令改正,情节严重的,责令停业整顿一个月至六个月。

第一百〇六条　景区违反本法规定,擅自提高门票或者另行收费项目的价格,或者有其他价格违法行为的,由有关主管部门依照有关法律、法规的规定处罚。

第一百〇七条　旅游经营者违反有关安全生产管理和消防安全管理的法律、法规或者国家标准、行业标准的,由有关主管部门依照有关法律、法规的规定处罚。

第一百〇八条　对违反本法规定的旅游经营者及其从业人员,旅游主管部门和有关部门应当记入信用档案,向社会公布。

第一百〇九条　旅游主管部门和有关部门的工作人员在履行监督管理职责中,滥用职权、玩忽职守、徇私舞弊,尚不构成犯罪的,依法给予处分。

第一百一十条　违反本法规定,构成犯罪的,依法追究刑事责任。

附　则

第一百一十一条　本法下列用语的含义:

(一)旅游经营者,是指旅行社、景区以及为旅游者提供交通、住宿、餐饮、购物、娱乐等服务的经营者。

(二)景区,是指为旅游者提供游览服务、有明确的管理界限的场所或者区域。

(三)包价旅游合同,是指旅行社预先安排行程,提供或者通过履行辅助人提供交通、住宿、餐饮、游览、导游或者领队等两项以上旅游服务,旅游者以总价支付旅游费用的合同。

(四)组团社,是指与旅游者订立包价旅游合同的旅行社。

(五)地接社,是指接受组团社委托,在目的地接待旅游者的旅行社。

(六)履行辅助人,是指与旅行社存在合同关系,协助其履行包价旅游合同义务,实际提供相关服务的法人或者自然人。

第一百一十二条　本法自2013年10月1日起施行。

附录2 导游管理办法

《导游管理办法》是为加强导游队伍建设,深化导游体制改革,保障导游合法权益,提升导游服务质量,依据法律法规而制定的法规。本办法共六章四十条,自2018年1月1日起施行。

中华人民共和国国家旅游局令

第44号

《导游管理办法》已经2017年10月16日国家旅游局第17次局长办公会议审议通过,现予公布,自2018年1月1日起施行。

国家旅游局局长 李金早

2017年11月1日

第一章 总则

第一条 为规范导游执业行为,提升导游服务质量,保障导游合法权益,促进导游行业健康发展,依据《中华人民共和国旅游法》《导游人员管理条例》和《旅行社条例》等法律法规,制定本办法。

第二条 导游执业的许可、管理、保障与激励,适用本办法。

第三条 国家对导游执业实行许可制度。从事导游执业活动的人员,应当取得导游人员资格证和导游证。

国家旅游局建立导游等级考核制度、导游服务星级评价制度和全国旅游监管服务信息系统,各级旅游主管部门运用标准化、信息化手段对导游实施动态监管和服务。

第四条 旅游行业组织应当依法维护导游合法权益,促进导游职业发展,加强导游行业自律。

旅行社等用人单位应当加强对导游的管理和培训,保障导游合法权益,提升导游服务质量。

导游应当恪守职业道德,提升服务水平,自觉维护导游行业形象。

第五条 支持和鼓励各类社会机构积极弘扬导游行业先进典型,优化导游执业环境,促进导游行业健康稳定发展。

第二章 导游执业许可

第六条 经导游人员资格考试合格的人员,方可取得导游人员资格证。

国家旅游局负责制定全国导游资格考试政策、标准,组织导游资格统一考试,以及对地方各级旅游主管部门导游资格考试实施工作进行监督管理。

省、自治区、直辖市旅游主管部门负责组织、实施本行政区域内导游资格考试具体工作。

全国导游资格考试管理的具体办法,由国家旅游局另行制定。

第七条 取得导游人员资格证,并与旅行社订立劳动合同或者在旅游行业组织注册的人员,可以通过全国旅游监管服务信息系统向所在地旅游主管部门申请取得导游证。

导游证采用电子证件形式,由国家旅游局制定格式标准,由各级旅游主管部门通过全国旅游监管服务信息系统实施管理。电子导游证以电子数据形式保存于导游个人移动电话等移动终端设备中。

第八条　在旅游行业组织注册并申请取得导游证的人员,应当向所在地旅游行业组织提交下列材料:

(一)身份证;

(二)导游人员资格证;

(三)本人近期照片;

(四)注册申请。

旅游行业组织在接受申请人取得导游证的注册时,不得收取注册费;旅游行业组织收取会员会费的,应当符合《社会团体登记条例》等法律法规的规定,不得以导游证注册费的名义收取会费。

第九条　导游通过与旅行社订立劳动合同取得导游证的,劳动合同的期限应当在1个月以上。

第十条　申请取得导游证,申请人应当通过全国旅游监管服务信息系统填写申请信息,并提交下列申请材料:

(一)身份证的扫描件或者数码照片等电子版;

(二)未患有传染性疾病的承诺;

(三)无过失犯罪以外的犯罪记录的承诺;

(四)与经常执业地区的旅行社订立劳动合同或者在经常执业地区的旅游行业组织注册的确认信息。

前款第(四)项规定的信息,旅行社或者旅游行业组织应当自申请人提交申请之日起5个工作日内确认。

第十一条　所在地旅游主管部门对申请人提出的取得导游证的申请,应当依法出具受理或者不予受理的书面凭证。需补正相关材料的,应当自收到申请材料之日起5个工作日内一次性告知申请人需要补正的全部内容;逾期不告知的,收到材料之日起即为受理。

所在地旅游主管部门应当自受理申请之日起10个工作日内,做出准予核发或者不予核发导游证的决定。不予核发的,应当书面告知申请人理由。

第十二条　具有下列情形的,不予核发导游证:

(一)无民事行为能力或者限制民事行为能力的;

(二)患有甲类、乙类以及其他可能危害旅游者人身健康安全的传染性疾病的;

(三)受过刑事处罚的,过失犯罪的除外;

(四)被吊销导游证之日起未逾3年的。

第十三条　导游证的有效期为3年。导游需要在导游证有效期届满后继续执业的,应当在有效期限届满前3个月内,通过全国旅游监管服务信息系统向所在地旅游主管部门提出申请,并提交本办法第十条第(二)项至第(四)项规定的材料。

旅行社或者旅游行业组织应当自导游提交申请之日起3个工作日内确认信息。所在

地旅游主管部门应当自旅行社或者旅游行业组织核实信息之日起5个工作日内予以审核,并对符合条件的导游变更导游证信息。

第十四条 导游与旅行社订立的劳动合同解除、终止或者在旅游行业组织取消注册的,导游及旅行社或者旅游行业组织应当自解除、终止合同或者取消注册之日起5个工作日内,通过全国旅游监管服务信息系统将信息变更情况报告旅游主管部门。

第十五条 导游应当自下列情形发生之日起10个工作日内,通过全国旅游监管服务信息系统提交相应材料,申请变更导游证信息:

(一)姓名、身份证号、导游等级和语种等信息发生变化的;

(二)与旅行社订立的劳动合同解除、终止或者在旅游行业组织取消注册后,在3个月内与其他旅行社订立劳动合同或者在其他旅游行业组织注册的;

(三)经常执业地区发生变化的;

(四)其他导游身份信息发生变化的。

旅行社或者旅游行业组织应当自收到申请之日起3个工作日内对信息变更情况进行核实。所在地旅游主管部门应当自旅行社或者旅游行业组织核实信息之日起5个工作日内予以审核确认。

第十六条 有下列情形之一的,所在地旅游主管部门应当撤销导游证:

(一)对不具备申请资格或者不符合法定条件的申请人核发导游证的;

(二)申请人以欺骗、贿赂等不正当手段取得导游证的;

(三)依法可以撤销导游证的其他情形。

第十七条 有下列情形之一的,所在地旅游主管部门应当注销导游证:

(一)导游死亡的;

(二)导游证有效期届满未申请换发导游证的;

(三)导游证依法被撤销、吊销的;

(四)导游与旅行社订立的劳动合同解除、终止或者在旅游行业组织取消注册后,超过3个月未与其他旅行社订立劳动合同或者未在其他旅游行业组织注册的;

(五)取得导游证后出现本办法第十二条第(一)项至第(三)项情形的;

(六)依法应当注销导游证的其他情形。

导游证被注销后,导游符合法定执业条件需要继续执业的,应当依法重新申请取得导游证。

第十八条 导游的经常执业地区应当与其订立劳动合同的旅行社(含旅行社分社)或者注册的旅游行业组织所在地的省级行政区域一致。

导游证申请人的经常执业地区在旅行社分社所在地的,可以由旅行社分社所在地旅游主管部门负责导游证办理相关工作。

第三章 导游执业管理

第十九条 导游为旅游者提供服务应当接受旅行社委派,但另有规定的除外。

第二十条 导游在执业过程中应当携带电子导游证、佩戴导游身份标识,并开启导游执业相关应用软件。

旅游者有权要求导游展示电子导游证和导游身份标识。

第二十一条　导游身份标识中的导游信息发生变化,导游应当自导游信息发生变化之日起10个工作日内,向所在地旅游主管部门申请更换导游身份标识。旅游主管部门应当自收到申请之日起5个工作日内予以确认更换。

导游身份标识丢失或者因磨损影响使用的,导游可以向所在地旅游主管部门申请重新领取,旅游主管部门应当自收到申请之日起10个工作日内予以发放或者更换。

第二十二条　导游在执业过程中应当履行下列职责:

(一)自觉维护国家利益和民族尊严;

(二)遵守职业道德,维护职业形象,文明诚信服务;

(三)按照旅游合同提供导游服务,讲解自然和人文资源知识、风俗习惯、宗教禁忌、法律法规和有关注意事项;

(四)尊重旅游者的人格尊严、宗教信仰、民族风俗和生活习惯;

(五)向旅游者告知和解释文明行为规范、不文明行为可能产生的后果,引导旅游者健康、文明旅游,劝阻旅游者违反法律法规、社会公德、文明礼仪规范的行为;

(六)对可能危及旅游者人身、财产安全的事项,向旅游者做出真实的说明和明确的警示,并采取防止危害发生的必要措施。

第二十三条　导游在执业过程中不得有下列行为:

(一)安排旅游者参观或者参与涉及色情、赌博、毒品等违反我国法律法规和社会公德的项目或者活动;

(二)擅自变更旅游行程或者拒绝履行旅游合同;

(三)擅自安排购物活动或者另行付费旅游项目;

(四)以隐瞒事实、提供虚假情况等方式,诱骗旅游者违背自己的真实意愿,参加购物活动或者另行付费旅游项目;

(五)以殴打、弃置、限制活动自由、恐吓、侮辱、咒骂等方式,强迫或者变相强迫旅游者参加购物活动、另行付费等消费项目;

(六)获取购物场所、另行付费旅游项目等相关经营者以回扣、佣金、人头费或者奖励费等名义给予的不正当利益;

(七)推荐或者安排不合格的经营场所;

(八)向旅游者兜售物品;

(九)向旅游者索取小费;

(十)未经旅行社同意委托他人代为提供导游服务;

(十一)法律法规规定的其他行为。

第二十四条　旅游突发事件发生后,导游应当立即采取下列必要的处置措施:

(一)向本单位负责人报告,情况紧急或者发生重大、特别重大旅游突发事件时,可以直接向发生地、旅行社所在地县级以上旅游主管部门、安全生产监督管理部门和负有安全生产监督管理职责的其他相关部门报告;

(二)救助或者协助救助受困旅游者;

(三)根据旅行社、旅游主管部门及有关机构的要求,采取调整或者中止行程、停止带团前往风险区域、撤离风险区域等避险措施。

第二十五条 具备领队条件的导游从事领队业务的,应当符合《旅行社条例实施细则》等法律、法规和规章的规定。

旅行社应当按要求将本单位具备领队条件的领队信息及变更情况,通过全国旅游监管服务信息系统报旅游主管部门备案。

第四章 导游执业保障与激励

第二十六条 导游在执业过程中,其人格尊严受到尊重,人身安全不受侵犯,合法权益受到保障。导游有权拒绝旅行社和旅游者的下列要求:

(一)侮辱其人格尊严的要求;

(二)违反其职业道德的要求;

(三)不符合我国民族风俗习惯的要求;

(四)可能危害其人身安全的要求;

(五)其他违反法律、法规和规章规定的要求。

旅行社等用人单位应当维护导游执业安全、提供必要的职业安全卫生条件,并为女性导游提供执业便利、实行特殊劳动保护。

第二十七条 旅行社有下列行为的,导游有权向劳动行政部门投诉举报、申请仲裁或者向人民法院提起诉讼:

(一)不依法与聘用的导游订立劳动合同的;

(二)不依法向聘用的导游支付劳动报酬、导游服务费用或者缴纳社会保险费用的;

(三)要求导游缴纳自身社会保险费用的;

(四)支付导游的报酬低于当地最低工资标准的。

旅行社要求导游接待以不合理低价组织的旅游团队或者承担接待旅游团队的相关费用的,导游有权向旅游主管部门投诉举报。

鼓励景区对持有导游证从事执业活动或者与执业相关活动的导游免除门票。

第二十八条 旅行社应当与通过其取得导游证的导游订立不少于1个月期限的劳动合同,并支付基本工资、带团补贴等劳动报酬,缴纳社会保险费用。

旅行社临时聘用在旅游行业组织注册的导游为旅游者提供服务的,应当依照旅游和劳动相关法律、法规的规定足额支付导游服务费用;旅行社临时聘用的导游与其他单位不具有劳动关系或者人事关系的,旅行社应当与其订立劳动合同。

第二十九条 旅行社应当提供设置"导游专座"的旅游客运车辆,安排的旅游者与导游总人数不得超过旅游客运车辆核定乘员数。

导游应当在旅游车辆"导游专座"就坐,避免在高速公路或者危险路段站立讲解。

第三十条 导游服务星级评价是对导游服务水平的综合评价,星级评价指标由技能水平、学习培训经历、从业年限、奖惩情况、执业经历和社会评价等构成。导游服务星级根据星级评价指标通过全国旅游监管服务信息系统自动生成,并根据导游执业情况每年度更新一次。

旅游主管部门、旅游行业组织和旅行社等单位应当通过全国旅游监管服务信息系统,及时、真实地备注各自获取的导游奖惩情况等信息。

第三十一条 各级旅游主管部门应当积极组织开展导游培训,培训内容应当包括政

策法规、安全生产、突发事件应对和文明服务等,培训方式可以包括培训班、专题讲座和网络在线培训等,每年累计培训时间不得少于24小时。培训不得向参加人员收取费用。

旅游行业组织和旅行社等应当对导游进行包括安全生产、岗位技能、文明服务和文明引导等内容的岗前培训和执业培训。

导游应当参加旅游主管部门、旅游行业组织和旅行社开展的有关政策法规、安全生产、突发事件应对和文明服务内容的培训;鼓励导游积极参加其他培训,提高服务水平。

第五章　罚则

第三十二条　导游违反本办法有关规定的,依照下列规定处理:

(一)违反本办法第十九条规定的,依据《旅游法》第一百〇二条第二款的规定处罚;

(二)违反本办法第二十条第一款规定的,依据《导游人员管理条例》第二十一条的规定处罚;

(三)违反本办法第二十二条第(一)项规定的,依据《导游人员管理条例》第二十条的规定处罚;

(四)违反本办法第二十三条第(一)项规定的,依据《旅游法》第一百〇一条的规定处罚;

(五)违反本办法第二十三条第(二)项规定的,依据《旅游法》第一百条的规定处罚;

(六)违反本办法第二十三条第(三)项至第(六)项规定的,依据《旅游法》第九十八条的规定处罚;

(七)违反本办法第二十三条第(七)项规定的,依据《旅游法》第九十七条第(二)项的规定处罚;

(八)违反本办法第二十三条第(八)项规定的,依据《导游人员管理条例》第二十三条的规定处罚;

(九)违反本办法第二十三条第(九)项规定的,依据《旅游法》第一百〇二条第三款的规定处罚。

违反本办法第三条第一款规定,未取得导游证从事导游活动的,依据《旅游法》第一百〇二条第一款的规定处罚。

第三十三条　违反本办法规定,导游有下列行为的,由县级以上旅游主管部门责令改正,并可以处1 000元以下罚款;情节严重的,可以处1 000元以上5 000元以下罚款:

(一)未按期报告信息变更情况的;

(二)未申请变更导游证信息的;

(三)未更换导游身份标识的;

(四)不依照本办法第二十四条规定采取相应措施的;

(五)未按规定参加旅游主管部门组织的培训的;

(六)向负责监督检查的旅游主管部门隐瞒有关情况、提供虚假材料或者拒绝提供反映其活动情况的真实材料的;

(七)在导游服务星级评价中提供虚假材料的。

旅行社或者旅游行业组织有前款第(一)项和第(七)项规定行为的,依照前款规定处罚。

第三十四条 导游执业许可申请人隐瞒有关情况或者提供虚假材料申请取得导游人员资格证、导游证的,县级以上旅游主管部门不予受理或者不予许可,并给予警告;申请人在一年内不得再次申请该导游执业许可。

导游以欺骗、贿赂等不正当手段取得导游人员资格证、导游证的,除依法撤销相关证件外,可以由所在地旅游主管部门处1 000元以上5 000元以下罚款;申请人在3年内不得再次申请导游执业许可。

第三十五条 导游涂改、倒卖、出租、出借导游人员资格证、导游证,以其他形式非法转让导游执业许可,或者擅自委托他人代为提供导游服务的,由县级以上旅游主管部门责令改正,并可以处2 000元以上10 000元以下罚款。

第三十六条 违反本办法第二十五条第二款规定,旅行社不按要求报备领队信息及变更情况,或者备案的领队不具备领队条件的,由县级以上旅游主管部门责令改正,并可以删除全国旅游监管服务信息系统中不具备领队条件的领队信息;拒不改正的,可以处5 000元以下罚款。

旅游行业组织、旅行社为导游证申请人申请取得导游证隐瞒有关情况或者提供虚假材料的,由县级以上旅游主管部门责令改正,并可以处5 000元以下罚款。

第三十七条 对导游违反本办法规定的行为,县级以上旅游主管部门应当依照旅游经营服务不良信息管理有关规定,纳入旅游经营服务不良信息管理;构成犯罪的,依法移送公安机关追究其刑事责任。

第三十八条 旅游主管部门及其工作人员在履行导游执业许可、管理职责中,滥用职权、玩忽职守、徇私舞弊的,由有关部门责令改正,对直接负责的主管人员和其他直接责任人员依法给予处分。

第六章 附则

第三十九条 本办法下列用语的含义:

(一)所在地旅游主管部门,是指旅行社(含旅行社分社)、旅游行业组织所在地的省、自治区、直辖市旅游主管部门或者其委托的设区的市级旅游主管部门、县级旅游主管部门;

(二)旅游行业组织,是指依照《社会团体登记管理条例》成立的导游协会,以及在旅游协会、旅行社协会等旅游行业社会团体内设立的导游分会或者导游工作部门,具体由所在地旅游主管部门确定;

(三)经常执业地区,是指导游连续执业或者3个月内累计执业达到30日的省级行政区域;

(四)导游身份标识,是指标识有导游姓名、证件号码等导游基本信息,以便于旅游者和执法人员识别身份的工作标牌,具体标准由国家旅游局制定。

第四十条 本办法自2018年1月1日起施行。